El cuerpo del delito

Un manual

10 0305940 8

Josefina Ludmer

El cuerpo del delito

Un manual

Chacabuco 271 (1069) Buenos Aires

Diseño: Claudia Vanni
ISBN: 950-639-270-6
Hecho el depósito que indica la ley 11.723
Primera edición: marzo de 1999
Composición: Taller del Sur.
Paseo Colón 221, 8º 11. Buenos Aires
Impreso en el mes de febrero de 1999
Cosmos Offset S. A.
Coronel García 444, Avellaneda. Provincia de Buenos Aires
Impreso en la Argentina - *Printed in Argentina*

Índice

Introducción

El delito como instrumento crítico

Mi tema es "el delito" y este libro es un Manual sobre su cuerpo. Un manual sobre "el delito" entre comillas (y sobre el delito y las comillas), porque no sólo uso la palabra en su sentido jurídico sino en todos los sentidos del término. Y porque mi campo es la ficción: los "cuentos de delitos" sexuales, raciales, sociales, económicos, de profesiones, oficios y estados. Que son los que forman *El cuerpo del delito. Un Manual.*

Este es un Manual sobre la utilidad del delito y sobre el delito como útil. Hoy, el delito es una rama de la producción capitalista y el criminal un productor, y esto lo dijo Karl Marx en 1863 cuando quiso mostrar la consustancialidad entre delito y capitalismo y sin quererlo, como un Astrólogo, previó este Manual:

> Un filósofo produce ideas, un poeta poemas, un clérigo sermones, *un profesor tratados,* y así siguiendo. Un criminal produce crímenes. Si observamos de más cerca la conexión entre esta última rama de la producción y la sociedad como un todo, nos liberaremos de muchos prejuicios. El criminal no sólo produce crímenes sino también leyes penales, y con esto *el profesor que da clases y conferencias* sobre esas leyes, y también produce *el inevitable manual* en el que este mismo profesor lanza sus conferencias al mercado como

"mercancías". Esto trae consigo un aumento de la riqueza nacional, aparte del *goce personal que el manuscrito del manual* aporte a su mismo autor.

El criminal produce además el conjunto de la policía y la justicia criminal, fiscales, jueces, jurados, carceleros, etcétera; y estas diferentes *líneas de negocios,* que forman igualmente muchas categorías de la división social del trabajo, desarrollan diferentes capacidades del espíritu humano, crean nuevas necesidades y nuevos modos de satisfacerlas. La tortura, por ejemplo, dio surgimiento a las más ingeniosas invenciones mecánicas y empleó muchos artesanos honorables en la producción de sus instrumentos.

El criminal produce además una impresión, en parte moral y en parte trágica según el caso, y de este modo presta "servicios" al suscitar los sentimientos morales y estéticos del público. *No sólo produce Manuales* de Derecho Penal, no sólo Códigos Penales y con ellos legisladores en este campo, *sino también arte, literatura,* novelas y hasta tragedias, como lo muestran no sólo *Los ladrones* de Schiller, sino también *Edipo Rey* y *Ricardo III*. El criminal rompe la monotonía y la seguridad cotidiana de la vida burguesa. De este modo la salva del estancamiento y le presta *esa tensión incómoda y esa agilidad sin las cuales el aguijón de la competencia* se embotaría. Así, estimula las fuerzas productivas. Mientras que el crimen sustrae una parte de la población superflua del mercado de trabajo y así reduce la competencia entre los trabajadores –impidiendo hasta cierto punto que los salarios caigan por debajo del mínimo–, la lucha contra el crimen absorbe a la otra parte de esta población. Por lo tanto, el criminal aparece como uno de esos "contrapesos" naturales que producen un balance correcto y abren una perspectiva total de ocupaciones "útiles".[1]

En este práctico Manual usaremos al delito como Marx, como un *instrumento crítico* que nos servirá para realizar diversos tipos de operaciones. El "delito" es un instrumento conceptual particular; no es abstracto sino visible, representable, cuantificable, personalizable, subjetivizable; no se somete a regímenes binarios; tiene historicidad, y se abre a una constelación de relaciones y series.[2]

Desde el comienzo mismo de la literatura, el delito aparece

como uno de los instrumentos más utilizados para definir y fundar una cultura: para separarla de la no cultura y para marcar lo que la cultura excluye. Por ejemplo "el delito" femenino en el Génesis o, después, "el asesinato del padre" por la horda primitiva de hijos en Freud. Fundar una cultura a partir del "delito" del menor, de la segunda generación, o fundarla en el "delito" del segundo sexo, implicaría no sólo excluir la anticultura, sino postular una subjetividad segunda culpable. Y también un pacto. Así parecen funcionar, muy a primera vista, las *ficciones de identidad cultural* con delito.

Veamos la construcción "fantástica" (así la llama) de Sigmund Freud en *Tótem y Tabú* (1912-1913).[3] Freud liga su concepción psicoanalítica del tótem (su ficción del animal totémico como sustitución del padre: ambivalencia amor-odio) con la teoría-ficción de Darwin de la horda primitiva. Darwin supone la existencia (y dice que este estado primitivo no ha sido observado) de un padre violento y celoso, que se reserva las hembras y expulsa a los hijos a medida que crecen; después cada uno funda su horda.

Freud se apoya entonces en la ficción positivista del padre de Darwin para continuarla con su propia ficción psicoanalítica del padre, le agrega el delito, y la funda en *un acontecimiento cultural,* la fiesta de la comida totémica. Imagina Freud: un día los hermanos expulsados se reunieron, mataron al padre y devoraron su cadáver en la fiesta, *poniendo fin a la dominación*. Unidos, pudieron hacer lo que individualmente hubiera sido imposible, dice Freud. Quizá dispusieron de una nueva arma, añade *(ligando la tecnología con el crimen o ligando el crimen fundador con cierta "modernidad")*. Devoraron el cadáver, se identificaron con él, y se apropiaron de su fuerza.

Para Freud la conciencia de culpabilidad nace en el acto criminal, porque los hijos, mientras comen al padre en la fiesta de la liberación, se prohíben a sí mismos lo que él les prohibió y renuncian al contacto sexual con las mujeres de la tribu. Para Freud la culpa de los hijos *(de los "menores")* engendraría los dos tabúes *("delitos")* fundamentales que inician la moral humana: el asesinato y el incesto.

La comida totémica, quizá *la primera fiesta* de la Humanidad, dice Freud, sería "*la reproducción conmemorativa de este acto criminal y memorable* que constituyó el punto de partida de las organizaciones sociales, de las restricciones morales y de la religión".

El "delito" es, entonces, uno de los útiles o *instrumentos críticos de este Manual* porque funciona, como en Freud, como *una frontera cultural* que separa la cultura de la no cultura, que funda culturas, y que también separa líneas en el interior de una cultura. Sirve para trazar límites, diferenciar y excluir. Con el delito se construyen conciencias culpables y fábulas de fundación y de identidad cultural.

Pero en este Manual el "útil" delito no sólo nos sirve como divisor, como ficción de fundación de culturas (y también como un instrumento de definición por exclusión), sino como articulador de diferentes zonas. El "delito", que es una frontera móvil, histórica y cambiante (los delitos cambian con el tiempo), no sólo nos puede servir para diferenciar, separar y excluir, sino también para relacionar el estado, la política, la sociedad, los sujetos, la cultura y la literatura. Como bien lo sabían Marx y Freud, es un instrumento crítico ideal porque es histórico, cultural, político, económico, jurídico, social y literario *a la vez:* es una de esas *nociones articuladoras* que están en o entre todos los campos.[4]

Tratemos de ver para qué sirve el instrumento "delito" en la literatura porque de ella se trata en *El cuerpo del delito. Un Manual.* En las ficciones literarias "el delito" podría leerse como *una constelación* que articula delincuente y víctima, y esto quiere decir que articula sujetos: voces, palabras, culturas, creencias y cuerpos determinados. Y que también articula la ley, la justicia, la verdad, y el estado con esos sujetos.[5]

Entonces, según cómo se represente literariamente la constelación del delincuente, la víctima, la justicia y la verdad (que son elementos que parecen encontrarse en las ficciones literarias con delitos), el "delito" como línea de demarcación o frontera puede funcionar en el interior de una cultura o literatura nacional (y de eso trata este Manual). Puede servir para dividir ciertos tiempos de esa cultura, y también puede servir para dividir y definir diversas líneas o niveles. En cada tiempo y en cada línea la constelación es diferente, porque desde la representación literaria del delito (y su complejo verbal de subjetividades, justicias, poderes y verdades), las fronteras son más o menos nítidas. Tendremos diversas líneas y tiempos según quién diga yo en la configuración de delincuente, víctima, investigador, testigo (es decir, según dónde se subjetiviza el delito en las ficciones). Y también tendremos distintas líneas y tiempos según el tipo de "justicia" o "castigo" que se aplica al delito (es decir, si hay justicia estatal o no). Y tendremos distintas líneas según la relación que se establece entre esa justicia (estatal o no) y la verdad: según el tipo específico de "justicia" y de "verdad" que postulan las ficciones.

La constelación del "delito" en literatura no sólo nos sirve para marcar líneas y tiempos, sino que nos lleva a leer en las ficciones la correlación tensa y contradictoria de los sujetos, las creencias, la cultura, y el estado. Y en una cantidad de tiempos, porque las creencias culturales no son sincrónicas con la división estatal, sino que arrastran estadios o temporalidades anteriores y a veces arcaicas.

Este Manual pone en escena el delito como "útil", el poder divisor y el poder articulador del "delito" en la literatura, y a la vez pone en escena dos dramas o dos pasiones argentinas: el drama cultural de creencias en las diferencias, y el drama político del Estado en cada coyuntura histórica.

Los "cuentos" del cuerpo del delito

El Manual está hecho con una masa de "cuentos de delitos" de la literatura argentina que forman *El cuerpo del delito* (y "el cuerpo del delito" también puede ser "la evidencia"). Los "cuentos" tienen sujetos y familias, tienen delitos, tienen delincuentes y víctimas, y también tienen "soluciones finales". Son un tipo de cuentos que no solamente están en la literatura argentina, en sus ficciones, sino también en la cultura argentina. Se sitúan más allá de la diferencia entre ficción y realidad; se sitúan entre texto y contexto, entre literatura y cultura. O, si se quiere, entre "la literatura" y "la vida", en uno de los espacios que las conectan. Porque los "cuentos de delitos" son los cuentos que nos podemos contar entre nosotros: son "las conversaciones de una cultura".

Cuentos de educación y de matrimonio, cuentos de exámenes, cuentos de operaciones, cuentos "argentinos" (de tango, de canillitas, de Juan Moreira), cuentos de manuscritos de escritores, cuentos de judíos, de mujeres, de genios, de artistas, de hombres célebres: *todos con "delitos"*. Y también "los cuentos" de la verdad y la justicia con delitos. Este es un "manual de las conversaciones" de una cultura a partir de los "cuentos de delitos" de su literatura.

Un "cuento de delito" puede ser un momento, una escena de un relato o novela, una cita, un diálogo, o también una larga "historia" que abarca muchas novelas. La desestructuración de las narraciones en "cuentos" y la alteración de su escala; la oscilación de los "cuentos" entre texto y contexto (entre literatura y vida), el hecho de que todos estén en el mismo nivel, permite establecer entre ellos los vínculos que se desee. Por eso "los cuentos" de este Manual se organizan en diversas formas y se mueven en diversos trayectos temporales: en parejas, series, redes, familias, cadenas, genealogías, superposiciones, ramificaciones. Estas formas y trayectos proliferan y dibujan el cuerpo o *corpus* del delito, que es un campo específico, hecho de "cuentos de delitos".

El cuerpo del delito de este Manual, por lo tanto, no es un *corpus* de libros ni autores ni textos (entendidos como entidades autónomas), sino un corpus narrativo de "cuentos" organizados de diversos modos; un gran espacio-tiempo móvil de "cuentos de delitos" que está entre la ficción y la realidad: en "las conversaciones de una cultura". En el cuerpo del delito todos los "cuentos" se relacionan entre sí, trazan trayectos y fronteras y cuentan "historias".

El cuerpo del delito. Un Manual es una zona flotante, sin profundidad ni permanencia; una zona en la que me puedo mover como quiero, puedo saltar de un "cuento" a otro, y también atravesar tiempos y realidades. Esa es "la diversión" de este útil Manual, que usa las ficciones mismas de la literatura para contar toda clase de historias. Una diversión temporaria, sujeta a reformulación.

Notas

1 Karl Marx, *Historia Crítica de la Teoría de la Plusvalía,* 3 vol. (traducción de W. Roses), México, Fondo de Cultura Económica, 1945, tomo I, p. 217.

2 "El no delito: ¿tan sólo una ilusión? Entrevista a Juan Carlos Marín" (en *Delito y Sociedad.* Revista de Ciencias Sociales, Buenos Aires, año 2, nº 3, primer semestre de 1993, pp. 133-152).

Marín sostiene que el delito no es una "anormalidad" sino al revés; lo normal, *lo dominante como modo de normalización social es el delito.* Esto es lo que recibimos como información dominante en la prensa, en la literatura, y en la comunicación en general, dice Marín. El discurso de lo normal es la violencia y el delito, y el discurso de lo ideal es la ausencia de delito. Entonces hay una *ausencia de polaridad.*

Marín dice también que el *delito es una teorización;* la relación "crimen y castigo" es una teoría acerca del uso de la fuerza y del poder en la raza humana y en la sociedad. El esquema crimen y castigo es una falacia, dice, en el sentido de quienes le pretenden dar y otorgar un uso y un absoluto que no tiene. *Tiene historicidad, y forma parte de los modos de la cultura legitimadora de una clase dominante.* Y esto desde que se construyó un orden social. El esquema crimen y castigo es un esquema legitimador, que pasa de un dominio al otro. Y agrega que *la cultura mantiene separados en la ley y unidos en la conciencia al pecado, la transgresión y el delito.* Hasta aquí, Marín.

En el mismo número de la misma revista hay un artículo (traducido del inglés) de Roger Matthews y Jock Young ("Reflexiones sobre el 'realismo' criminológico", pp. 13-38), quienes nos presentan a la nueva escuela inglesa de criminólogos "realistas-radicales" (ellos dicen que se llaman así porque son radicales pos-utópicos). Sostienen que el delito debe entenderse en un cuadrado de relaciones (un esquema donde aparece como la intersección y articulación de una serie de líneas): por un lado el delincuente, por otro la víctima, por otro el estado y por otro la sociedad. La naturaleza de las relaciones dentro del cuadrado y la construcción de diferentes "delitos" están en función de la relación de fuerzas en el interior del mismo, dicen los nuevos criminólogos. Las relaciones entre estado y sociedad civil, y entre víctima y delincuente, son de distinto tipo y magnitud. El cuadrado es complejo, y muestra los distintos procesos a través de los que se construye el "delito", dicen Matthews y Young.

Los autores hablan de la emergencia de enfoques alternativos al problema del delito, y que se estaría en la necesidad de construir una criminología "radical" y "realista" al mismo tiempo. Hay nuevos "realistas" de derecha, que tienen ciertos puntos de contacto con los "realistas radicales": comparten el interés por los efectos corrosivos que puede tener el delito sobre la comunidad y por la formulación de políticas factibles, pero representan dos posiciones opuestas. Se diferencian por las causas del delito: los de derecha lo ven como un resultado ahistórico de la "naturaleza humana", sin contexto socioeconómico, y adoptan políticas punitivas para controlar al "malvado", priorizan el orden sobre la justicia y vuelven a las teorías genéticas para echar la culpa a la "clase baja". Los realistas de izquierda dan prioridad a la justicia social, o injusticia que margina a sectores y genera delito. Si algo tienen en común, es el rechazo del utopismo.

Estos nuevos criminólogos "realistas radicales" no sólo se diferencian de los "nuevos realistas", sino también de los "posmodernistas" –los "realistas radicales" defienden la modernidad como proyecto inconcluso–, y toman un elemento del "feminismo situacionista": el conocimiento está en función del punto de vista o del lugar del sujeto colectivo. Los distintos grupos sociales hablan desde diferentes posiciones y experiencias sociales.

Un tema central tanto en los realistas radicales como en las feministas es la *definición de delito*, que siempre fue un obstáculo dentro de la criminología. Muchos han caído en definiciones simplistas del delito considerándolo un "acto" o han negado su significación reclamando que es una consecuencia de la "reacción". Dicen Matthews y Young que el realismo radical examina los procesos de acción y reacción a través de "el cuadrado del delito", un esquema diseñado con la idca de que *el "delito" aparece como la intersección de una serie de líneas de presión.* Es un antídoto contra los que analizan el delito en los términos de víctimas y delincuentes, e ignoran el rol del estado y la opinión pública. Y también sirve de crítica a los que ven el proceso de "criminalización" como algo enteramente generado por el estado.

El "realismo radical" ofrece un enfoque diferente de los procesos a través de los que se construye el delito, que evita idealismo y esencialismo, dicen Matthews y Young. Sostiene que las teorías criminológicas anteriores han sido parciales, y sólo enfocaron una parte del cuadrado: el estado (teoría del etiquetamiento), la sociedad (teoría del control), el delincuente (positivismo), o la víctima (victimología). Quiere analizar el delito en todos los niveles y critica las nociones simplistas de causalidad. Finalmente, el realismo radical postula la *repolitización del delito.* La reducción del delito requiere una amplia gama de procesos políticos y estructurales que escapan de las fronteras de la criminología tradicional. El control del delito debe ser parte de un programa político global, concluyen los autores.

[3] En *Obras Completas* (traducción de Ballesteros y Torres), tomo II, Madrid, Biblioteca Nueva, 3ª, 1973, p. 1838.

[4] Howard Zehr (*Crime and the Development of Modern Society. Patterns of Criminality in Nineteenth Century Germany and France,* Totowa, Nueva Jersey, Rowmanand Littlefield, 1976) mostró en los años setenta la correlación entre delito y modernización y cierta "funcionalidad" del delito, y dijo que *el delito era inherentemente político.* Puede implicar un rechazo o una protesta contra la sociedad y sus normas (y aquí es político desde el punto de vista del delincuente, dice Zehr). Pero también lo es desde el

punto de vista de la sociedad. Es resultado de decisiones políticas (por ejemplo, el uso del desempleo como un medio de combatir la inflación). Pero la naturaleza política del delito es más profunda, dice Zehr, porque el delito, por su definición misma, es político; su acción, sus causas, su definición, hacen del delito un acto político. La posición conservadora es que la responsabilidad es del criminal; la posición liberal absuelve al criminal, dice Zehr.

Zehr vuelve a Émile Durkheim (*Suicidio*, 1951) con la idea de que el crimen es normal y juega un papel determinado en la sociedad. Y con la idea de que la conducta de los delincuentes no es demasiado diferente de la nuestra, sobre todo en una sociedad en modernización. Eso, en los años setenta.

En los años sesenta dijo Hans Magnus Enzensberger: "Entre *asesinato y política* existe una dependencia antigua y estrecha. Dicha dependencia se encuentra en los cimientos de todo poder. Ejerce el poder el que puede dar muerte a los súbditos. El gobernante es el sobreviviente" (*Política y delito,* Barcelona, Seix Barral, 1968).

[5] En los años noventa, David Lloyd y Paul Thomas ("Culture and Society or 'Culture and the State'?", en *Social Text* 30, vol. 10, nº 1, 1992; este artículo de Lloyd y Thomas está reelaborado en su libro conjunto *Culture and the State,* Nueva York y Londres, Routledge, 1998) *no* relacionan directamente *la cultura con la sociedad, sino más bien con el estado.* Les interesa la función de la cultura en su intersección con el estado y en las bases de lo que Althusser llamó "aparatos ideológicos del estado". Revisan *Culture and Society. 1780-1950* de Raymond Williams y dicen que Williams no piensa en el estado ni en la relación entre estado y teoría cultural. Puso más énfasis en una "historia intelectual" o "historia de las ideas", que en la relación entre industria, política y cultura, y esto le impidió captar posibilidades más radicales. En la "alta" tradición de Burke, a través de Coleridge, Mill y Arnold, que es la más importante para Williams, reaparecen una serie de preocupaciones: la fragmentación de lo humano por la división del trabajo, la mecanización, la pobreza cultural y la explotación de las masas.

Sostienen Lloyd y Thomas que el discurso sobre la representación, siempre implícito en la teoría de la cultura, debe ser comprendido en conexión con los debates sobre la representación dentro de la prensa y de los movimientos socialistas del período, y en conexión con los debates sobre representación y educación, y con el tipo de sujeto formado por o contra el estado emergente.

I
De la transgresión al delito

Los sujetos del estado liberal
Cuentos de educación y matrimonio

La coalición

1880[1] representa en la Argentina no sólo un corte histórico con el establecimiento definitivo del Estado,[2] la unificación política y jurídica, y la entrada al mercado mundial. También representa un corte literario, porque surge un grupo de escritores jóvenes (edad promedio treinta y cinco; el presidente Roca tiene treinta y ocho)[3] que forma algo así como la coalición cultural del nuevo estado. No son literatos profesionales, sino los primeros escritores universitarios y a la vez funcionarios estatales en la cultura argentina. La coalición cultural y literaria de 1880 es, por lo tanto, una coalición estatal, quizá la primera.

Esa cultura rica de 1880 (la Argentina prometía ser uno de los países más ricos del mundo con la entrada en el mercado mundial), viajera y diplomática, hizo el gesto de apropiarse de toda la literatura occidental y sobre todo europea (y por lo tanto no sólo cambió la relación de la lengua nacional con las extranjeras sino que fundó la traducción como género literario, por ejemplo el *Enrique IV* de Shakespeare traducido por Miguel Cané), y produjo una escritura fragmentaria y conversada, novelera y elegante, sustancialmente culta y refinada: "aristocrática" (de un país latinoamericano). La coalición que funda y constituye la alta cultura argentina es homogénea en los lugares comunes del liberalismo, el positivismo, el Club del Progreso, el Teatro Colón, la Recoleta y algunos carnavales.

Pero "la coalición" no es sólo el grupo de jóvenes escritores de la "generación del 80", sino el tejido de posiciones y sujetos de las ficciones que ellos escriben. Los escritores reales y los sujetos ficcionales o literarios que producen constituyen "los sujetos del estado liberal": una conjunción de diferentes grados de ficcionalidad (o de realidad). Y este punto es esencial en el Manual, porque no es en los escritores reales sino en las posiciones escritas en su literatura (las primeras personas autobiográficas y sus otros) donde se leen las relaciones entre Estado y cultura en 1880, junto con la invención de la cultura "aristocrática" argentina.

Imaginemos entonces que una coalición de escritores (es decir, un grupo de diversos sectores que se unifican con fines precisos) escribe ficciones para el Estado y con ellas produce los "sujetos" del estado liberal. El Estado necesita esas ficciones, no solamente para organizar las relaciones de poder (y para tener un mapa completo de la nueva sociedad tal como la coalición lo traza en 1880) sino también para postular sus propias definiciones y alternativas. La coalición cultural del Estado liberal aparece entonces como construcción crítica: fantasmagoría, aparato de lectura, entre la "realidad" y la "ficción".

Sus leyes y sus "cuentos"

Uno de los momentos cruciales de la constitución definitiva del Estado en 1880 ocurre cuando se discuten las leyes de educación y de registro civil, en 1883 y 1884 (y cuando el presidente Roca se enfrenta con la Iglesia y expulsa al Nuncio papal). El grupo de escritores está representado de un modo directo en la elaboración de las leyes de educación laica y de registro civil porque Eduardo Wilde, uno de sus miembros, precisamente el más fragmentario y humorista (su autobiografía *Aguas abajo* quedó inconclusa), es ministro de Instrucción Pública en ese momento. Más adelante, cuando se sancione la ley de matrimonio civil, será ministro del Interior de Juárez Celman.

Alrededor de estas leyes, por las que el estado liberal se autodefinió tomando posesión del nacimiento, la educación, el matrimonio y la muerte de todos sus sujetos, los escritores de 1880 escribieron una red de "cuentos" autobiográficos de educación y de matrimonio. Como literatura, esos "cuentos" serían la ficción o el revés de las leyes estatales, porque singularizan las universalidades legales (les ponen yoes y personas), y porque es en el momento mismo en que las leyes de educación y de matrimonio son violadas que los sujetos autobiográficos constituyen su propia identidad y las de sus otros. *La transgresión a las leyes liberales constituye sus identidades liberales.* Las leyes de educación y matrimonio no sólo dan la materia misma de los relatos, sino que su transgresión define a los sujetos de la coalición estatal. La literatura de la coalición muestra así *la relación íntima entre las prácticas hegemónicas y los discursos legales.*

Los cuentos de educación y matrimonio de la literatura de 1880 giran alrededor de ciertas escenas de colegios, contadas como autobiografías. Y por otro lado, separados por una distancia de espacio, tiempo, persona o cambio de mundo, están los "cuentos" que giran alrededor de los problemas matrimoniales de un personaje cercano al narrador autobiográfico, un pariente o un amigo.

LOS PATRICIOS Y SUS CUENTOS AUTOBIOGRÁFICOS DE EDUCACIÓN

La escena del colegio puede ser biográfica o autobiográfica, fragmentaria o no, postulada como "realidad" o ficción (son algunas de las variantes de la prosa narrativa de 1880). En cuanto a los nombres propios, verdaderos mitos autobiográficos, los textos se definen según su uso: los nombres reales, los seudónimos y los anónimos constituyen el grado de ficcionalidad de la posición autobiográfica. Son autobiografías de la era del realismo. Los nombres funcionan también como valoraciones de las transgresiones: a mayor anonimato, mayor transgresión.

En la escritura autobiográfica de 1880 se pueden leer dos fábulas de identidad a la vez: la de la nación y la personal.[4] La historia nacional, hasta la frontera del Estado, coincide totalmente con la historia personal. Los dos tiempos han llegado a una detención y a una fusión para poder escribirse. En *Juvenilia* (1882, pero publicada en 1884), la autobiografía real en forma de "Recuerdos", y en *La gran aldea* (1884), la autobiografía ficcional (en forma novelada o de "Crónicas bonaerenses") pueden leerse las primeras conversaciones o "cuentos" sobre los colegios y la educación. Se habla de y desde colegios secundarios en el momento mismo en que el Estado se hace cargo de la enseñanza primaria gratuita, obligatoria, laica. Los dos escritores, Miguel Cané y Lucio V. López, y también el "inglés" Eduardo Wilde, el ministro que dejó una autobiografía inconclusa, nacieron afuera de la nación, durante el exilio político de sus padres. Cané en 1851: tiene treinta y un años cuando escribe *Juvenilia.*

Juvenilia y *La gran aldea* se abren con la muerte del padre y cuentan desde el presente. Hablan del colegio por la memoria de la juventud, de los años de formación. Y *los lugares desde donde narran* esas escenas juveniles (en los dos sentidos: también donde ponen la representación del colegio) *definen las posiciones exactas de los sujetos autobiográficos*. Las posiciones exactas desde donde formulan la fábula de identidad nacional que coincide con la autobiografía. *Juvenilia* y *La gran aldea* cuentan la historia del narrador y a la vez la historia de los acontecimientos políticos que llevaron al corte estatal de 1880. Pero el colegio se sitúa en el interior en López, y en Buenos Aires en Cané.

Las divertidas aventuras de Juvenilia

Miguel Cané, por lo tanto, es el escritor de la coalición cultural de 1880 que escribe la autobiografía real de su vida en el colegio (usa nombres reales), y cuenta la fábula de identidad porteña de la nación.

En *Juvenilia* la historia nacional está narrada en un tono entre farsesco y picaresco, en clave "travesuras del colegio secundario" de la capital, el Nacional de Buenos Aires. Y ese tono es el que constituye el encanto y la frescura del texto. Las memorias se organizan alrededor de una doble inscripción, temporal y espacial, porque hay una repetición de fechas y de posiciones del autor-narrador. Por un lado la fecha de la muerte del padre, 1863, que se toca dos veces, la primera para marcar su entrada al colegio, en el capítulo I, y la segunda vez para marcar su participación personal en la historia política de la nación y su entrada en la Legislatura, como culminación de las travesuras o transgresiones a las reglas del colegio, en el capítulo XXIX. "En 1863" Cané cuenta primero la muerte de su padre y la entrada al colegio, y al fin enuncia su identidad política y familiar: era pro porteño, crudo, y era pariente de los Varela.

Y por el otro lado, hay una doble inscripción de la narración y su relación con la escritura, porque el colegio, su espacio y sus personajes, está recordado dos veces o desde dos lugares: como ministro-embajador al principio, *en la introducción* previa al primer capítulo, cuando se encuentra con los fracasados ("¡Yo había sido nombrado ministro, no sé dónde!, y ¡él!..."), y como examinador al final, *en los dos últimos capítulos* (XXXV y XXXVI):

> Muchos años más tarde, volví a entrar un día al Colegio; a mi turno, iba a sentarme en la mesa temible de los examinadores

y:

> –Los exámenes van a comenzar, doctor. Sólo a usted se espera.

Cuando vuelve al Colegio Nacional a tomar examen y lo vuelve a recordar en el último capítulo, en 1880, es doctor, funcionario del Estado y periodista. Es un típico hombre de la coalición cultural que se vuelve hacia adentro:

> vivía agobiado por el trabajo; a más de mi cátedra, dirigía el Correo, pasaba un par de horas diarias en el Consejo de Educación, y sobre todo, redactaba *El Nacional*, tarea ingrata, matadora, si las hay.

Y, por fin, el relato de las transgresiones está escrito en 1882 desde el exterior, en Venezuela, como diplomático o representante del Estado nacional, para "matar largas horas de tristeza y soledad". Esa tristeza y esa soledad eran las que sentía cuando entró al colegio en 1863 después de los funerales de su padre, en el capítulo I:

> Silencioso y triste, me ocultaba en los rincones para llorar a solas, recordando el hogar.

En el exilio del colegio leyó desesperadamente novelones y folletines ("Todo Dumas pasó", capítulo III). Y en Venezuela, el otro exilio, escribió *Juvenilia*. Se escribe desde donde se leyó.[5]

Para decirlo con otros términos: en 1880 Cané fue designado director general de Correos y Telégrafos, redactor de *El Nacional* y miembro del Consejo de Educación. Ese es el momento en que aparece como examinador cansado, y los recuerdos del colegio se vuelven a inscribir. En 1881 se trasladó a Colombia y Venezuela como representante diplomático argentino, y allá lejos, solo y triste como cuando entró al colegio, escribió *Juvenilia*. En esos lugares o posiciones, desde la representación interior y exterior del Estado de 1880, que sirven de marco al texto (ocupan la introducción y los últimos capítulos), Cané cuenta y se divierte con sus travesuras juveniles, en el colegio y en las escapadas afuera del colegio, entre los años 1863 y 1869.

El héroe de la revolución (del) Nacional

En el Colegio de Buenos Aires cuenta cómo él, el narrador en persona, encabezó la revolución contra la tiranía del vicerrector español Torres y la opresión de la falta de comida, cómo fue al exilio (lo expulsaron del colegio) y cómo volvió:

> Recuerdo haber pronunciado un discurso sobre la ignominia de ser gobernados, nosotros republicanos, por un español monárquico, con citas de la Independencia, San Martín, Belgrano y creo que hasta la invasión inglesa (capítulo X).

Hay varias cosas divertidas y definitivas en esta historia: el amado maestro francés Jacques,[6] exiliado político, la ciencia y el progreso en persona, lo expulsa del colegio por el discurso de la revolución antiespañola y antimonárquica (y me gustaría pensar que este es uno de los chistes internos de la coalición). Se va con el baúl al exilio de la plaza de la Victoria, solo, de noche. Y allí lo encuentra el Presidente de la nación en persona, el vicepresidente de Mitre en ejercicio de la presidencia, y se lo lleva a dormir a su casa porque era amigo de su familia. Sale de "la nación" anterior (en la forma de "revolución" contra la tiranía en el colegio), va al "exilio" (y el Estado mismo lo aloja), y después vuelve al colegio. Y esta secuencia no sólo cuenta la historia nacional sino la historia de su propio padre: su revolución contra la tiranía de Rosas, su exilio en Montevideo (donde nació Cané), y su retorno. Para Cané, y en adelante para la "alta" cultura argentina, la historia del padre es la historia de la nación.[7]

Esos hijos de la nación y del exilio como Cané, López y Wilde, constituyen en ese momento, para nosotros, un sector específico de la alta cultura en la coalición liberal latinoamericana de 1880: los patricios que escriben autobiografías.

La estética de las autobiografías patricias

Cané, López y Wilde tienen una posición doble y ambivalente frente al cambio de 1880: por un lado no dejan de representarlo y de participar de la modernidad política, por otro rechazan cierta modernidad cultural. Su oposición al nuevo orden no es política sino cultural, y *son ellos mismos los que elaboran la separación de las dos esferas.* Se definen a sí mismos como sencillos, cultos, más o menos pobres: ellos son la nación y la nación es lo simple, lo anterior, lo patriótico (esos tenderos y esa "Flor de un día" de López...). Por lo tanto, postulan una estética "aristocrática" de la sencillez, y critican el barroquismo francés de la "cultura moderna": lo recargado y cambalachero de la nueva moda (esa "Vida moderna" de Wilde).

En *Juvenilia,* en la introducción anterior al primer capítulo, Cané se refiere a esta estética:

Nada he escrito con mayor placer que estos recuerdos. Mientras procuraba alcanzar el estilo que me había propuesto, sonreía a veces al chocar con las enormes dificultades que se presentan al que quiere escribir con sencillez. Es que la sencillez es la vida y la verdad y nada hay más difícil que penetrar en ese santuario.

La guerra de la transición

Para seguir con la historia de la nación, el héroe de *Juvenilia* cuenta su participación en el colegio, como "abajeño", en la guerra de los porteños contra los provincianos representados por un cura extranjero nombrado vicerrector:

> Don F. M. nos organizaba bailes en el dormitorio antiguamente destinado a capilla, en el que aún existía el altar, y en el que, en otro tiempo, bajo el doctor Agüero, se hacían lecturas morales una vez por semana. No fue por cierto el sentimiento religioso el que nos sublevó ante aquella profanación; pero como en esos bailes había cena y se bebía no poco vino seco, que por su color reemplazaba al jerez a la mirada, sucedía que muchos chicos se embriagaban, lo que era no solamente un espectáculo repugnante, sino que autorizaba ciertos rumores infames contra la conducta de don F. M. que hoy quiero creer calumniosos, pero sobre cuya exactitud no teníamos entonces la menor duda. El simple hecho del baile revelaba, por otra parte, en aquel hombre, una condescendencia criminal, tratándose de un Colegio de jóvenes internos, régimen abominable por sí mismo y que sólo puede persistir a favor de una vigilancia de todos los momentos y de una disciplina militar (capítulo XVIII).

El indignado párrafo (que dice todo lo que vendrá después, en relación con el discurso del liberalismo de 1880) se organiza alrededor de la sustitución y la serie. La sustitución, en el dormitorio con altar, de las lecturas morales de Agüero por los bailes de embriagados de F. M. (y también del jerez por el vino a la mirada), lleva directamente, en Cané, que piensa como un ateo, a la repugnancia y a la criminalidad. Y de allí, directamente, a la disciplina militar.

La cuestión es que don F. M. apoya a los provincianos (que son la mayoría de los internos: las dos terceras partes de la totalidad del internado) y castiga siempre a los porteños ("¡nosotros éramos del 'Estado' de Buenos Aires!"). El cura gobierna con un solo partido, de allí la indignación porteña y por lo tanto el heroísmo de Cané.

La minoría porteña se organiza. "A la conspiración vaga sucedió una organización de carbonarios. Yo no tuve el honor de ser iniciado: era muy chico aún y pertenecía a los 'abajeños', es decir, a los que vivíamos en el piso bajo del Colegio" (o sea que eso puede haber ocurrido, también, en 1863). El que participa es su amigo mayor Eyzaguirre, quien le da instrucciones para cuando estalle el desorden de las dos bombas anónimas: que ataque al provinciano más cercano. Y es curioso que Cané, cuando escribe *Juvenilia,* siga manteniendo el secreto de los carbonarios: quién puso las bombas.

Hubo expulsados y encierros sin salidas los domingos, hasta que se afirma efectivamente la disciplina con el ingreso del autoritario don José M. Torres, cuyo recuerdo se liga, en Cané, con la prisión (y también con "la revolución" contra su tiranía española).

Este episodio del Nacional cuenta, por lo menos, dos luchas por la hegemonía. En primer lugar, la lucha interior por la hegemonía entre los estudiantes del colegio, donde el número de provincianos era muy superior al de porteños porque eran internos en Buenos Aires. Y en segundo lugar, la lucha por la hegemonía ideológica y pedagógica entre los rectores y vicerrectores. Describe el cambio crucial que representó la transición entre el anciano rector sacerdote Agüero, representante del paternalismo colonial en la época de la revolución (lecturas morales), a Jacques, el héroe francés positivista. En la guerra de la transición el cura extranjero, anónimo y "criminal" sexual (y es interesante la asociación) ligado con los provincianos, es vencido y sustituido, o mediado por un instante, por un cura bueno, el "venerable Dr. Santillán", para después pasar al español autoritario Torres (que está implicado como punto final de la serie en el indignado discurso de Cané contra F. M.). Y de allí al francés Jacques traído por Mitre.

Como se ve por los graciosos episodios, el narrador no abandona la posición de héroe de la historia (del) Nacional. Dijo el discurso de la revolución contra Torres y luchó contra el cura perverso y sus provincianos.

Y otro heroísmo, *el primero:* inventó un "método criollo" para poder seguir durmiendo de mañana en el colegio, y esa es la primera travesura que cuenta, *y la primera escapada del Colegio,* en el capítulo I. En el mercado vio que debajo de una carreta de bueyes colgaba un cuero y adentro dormía un niño, y se le ocurrió *una idea genial:* aplicar el método a su propia cama. Veamos cómo vivió el héroe el momento de su asociación criolla:

> Fue para mí un rayo de luz, la manzana de Newton, la lámpara de Galileo, la marmita de Papin, la rana de Volta, la tabla de Rosette de Champollion, la hoja enroscada de Calímaco.

La asociación es totalmente borgeana y latinoamericana: a un elemento criollo sucede, inevitablemente, una enciclopedia (en este caso del "invento" o "descubrimiento"). Esta asociación es una de las herencias que nos dejó la alta cultura liberal de 1880, y que Borges llevó a su culminación.

La revolución real de 1863

La cumbre de las transgresiones escolares transcurre afuera, en la realidad, en una de las escapadas del Colegio Nacional de la capital, cuando cuenta su participación personal en la revolución de los crudos y cocidos. Recordemos que esto ocurre en el año mismo de la muerte del padre, 1863, cuando entra al colegio. Pero se la narra casi al final, en el capítulo XXIX, para cerrar el relato de las transgresiones a las reglas del Colegio como historia política de la nación. Y en el lugar mismo donde traza el plan del texto, porque repite el esquema 1880-1863 (extrañamente invertido), dice que no tiene plan:

> Como escribo sin plan y a medida que los recuerdos vienen, me detengo en uno que ha quedado presente en mi memoria con una clara persistencia. Me refiero al famoso 22 de abril de 1863, en que "crudos" y "cocidos" estuvieron a punto de ensangrentar la ciudad,

> los cocidos por la causa que los crudos hicieron triunfar en 1880 y recíprocamente. Yo era crudo y crudo "enragé".

En los patricios, la identidad personal es familiar y política al mismo tiempo. Ese día de 1863 el sujeto autobiográfico define su identidad familiar y política porque cuenta cómo participó personalmente, como crudo, igual que su familia y en alianza con ella, en la revolución. *Se escapó dos veces del Colegio:* en la primera escapada vio en la calle Moreno una escena borgeana: un duelo a cuchillo, a muerte, y hombres con pañuelo al cuello. En la segunda escapada, esta vez por las azoteas, llegó a la Legislatura. Y al primero que vio allí fue a su pariente Horacio Varela, que era "como mi hermano mayor", y que lo mandó para su casa con un mensaje: "que no volvería hasta tarde". Y por lo tanto autorizó la escapada del Colegio por los techos, *la transgresión máxima* que cierra la historia del Nacional.

Los amores de un porteño

Allí termina la historia política de la identidad personal y nacional, porque el capítulo que sigue, el XXX, se abre con el fin: "Es tiempo ya de dar fin a esta charla, que me ha hecho pasar dulcemente algunas horas de esta vida triste y monótona que llevo". Y allí comienza la historia económica y cultural, colectiva y personal.

Colectiva:

> La mayor parte de nosotros éramos pobres y nuestras madres hacían sacrificios de todo género para darnos educación [...] Éramos filósofos descreídos y un tanto cínicos [...] Éramos ateos en filosofía y muchos sosteníamos de buena fe las ideas de Hobbes. Usábamos el pelo largo y descuidado [...] Éramos, con todo, felices y despreocupados.

Personal:

En el capítulo XXXIII Cané vuelve a su padre (que es el demarcador personal de la narración) para construirse una identidad cultural y algo más, afuera de la política del Colegio:

> En cuanto a mí, recordaba bien que de los ocho a los doce años no había faltado casi ni una noche a la Ópera; mi padre me llevaba siempre consigo.

Entonces cuenta cómo, en *la última escapada del Colegio,* a los dieciocho años, encontró el amor en el lugar mismo donde encontró la música con su padre. Se escapa solo, va al palco de su familia en el Colón, y se enamora durante la ópera. "¡Quisiera volver a amar como amé entonces y como sólo entonces se ama, puro el corazón, celeste el pensamiento!..." Y para volver a entrar al colegio imita la voz del vicerrector y derriba al cancerbero.

El héroe nacional porteño de la revolución es pobre y huérfano pero su familia, y él mismo por lo tanto, no sólo se encuentra en la Legislatura, en el periodismo, y es amiga del presidente. También se encuentra, con sus hijos y mujeres, en la Ópera. Este es el lugar donde la coalición de 1880 encuentra el amor y lo representa, en el Colón.

Los amores de un provinciano

Mientras el héroe se enamora en el Colón, los provincianos se enamoran en los ranchos, y este es uno de los episodios más divertidos y definitivos de *Juvenilia.*

En la sede Chacarita (de verano) del Colegio, el héroe cuenta sus aventuras ecuestres. Y representa, de un modo totalmente carnavalizado, la otra parte de la historia nacional, la de las escapadas a caballo y sus jefes. Todos son vados, zanjas, pasos, alambrados, límites y jurisdicciones en las transgresiones de la Chacarita.

La mejor escapada fue una especie de excursión a los indios ranqueles, a caballo, organizada por un riojano enamorado de una chinita, para ir a un baile en un rancho. Allí tocaba el acordeón un italiano y había un gaucho viejo que pedía luz, "como Goethe moribundo". (No hay gaucho sin su Goethe en Cané, como en Borges.) Ellos debían llevar yerba, azúcar, cerveza y ginebra.

El retorno al colegio, ante la alarma de que los habían descubierto, fue otra aventura heroica. Atravesó los campos con otros cinco compañeros en un caballo conducido por el riojano, con su "mona". El caballo, prestado por el gaucho viejo, tropezó con un alambrado y cayó y murió en una zanja. Sus cuerpos se hundieron en el barro y tuvieron que llegar caminando al colegio (capítulo XXVIII).

Veamos la pareja de enamorados porque también cuenta otra historia. El riojano enamorado, organizador de la transgresión, era llamado, en el colegio, "el loco" o "el loro" Larrea ("Queda entendido que he alterado su verdadero apellido", capítulo XXVI) y Cané lo describe de este modo:

> La cara de Larrea era una obra maestra. En primer lugar, aquel rostro sólo se conservaba a costa de incesante lucha contra la cabellera, tupida y alborotada, pero eminentemente invasora. No puedo recordar la fisonomía de Larrea sin el arco verdoso que coronaba su frente estrecha, precisamente en la línea divisoria del pelo y el cutis libre. Era un depilatorio espeso, de insoportable olor, que Larrea se aplicaba con una constancia benedictina todas las noches, a fin de evitar los avances capilares de que he hecho mención.

Su chinita era deliciosa, "sin más defecto que aquel pescuezo angosto y flaquito que parece ser el rasgo distintivo de nuestra raza indígena".

El primer amor del provinciano y la escapada a los indios ranqueles representa uno de los universos amorosos de la coalición, que juega graciosamente con el universo del primer amor del porteño y su escapada al Colón. (Los dos universos jugarán en *Sin rumbo* de Eugenio Cambaceres.) Esa aventura, que termina en el capítulo XXVIII, precede inmediatamente a la revolución de los crudos y los cocidos.

Una serie de brutos peludos

El "loco" Larrea es uno más en una serie que realmente insiste en *Juvenilia,* la de los peludos provincianos o extranjeros.

Uno de los momentos culminantes de la historia del Nacional, donde el sujeto deja de ser héroe y se transforma en contemplador, en el capítulo XII, es el combate singular entre el incomparable Jacques (nombrado por Mitre para enseñar y dirigir el colegio, y cuya tumba visita cuando visita las de sus familiares), y un condiscípulo, el "montonero" Corrales, que no tenía la noción de ángulo recto y que tenía un "pelo lacio, duro y abundante, obedeciendo sin trabas al impulso de veinte remolinos". En el calor de la lucha cantaba con acento jadeante: "¡Diande!", "¡cuándo, mi vida!". Entonces Cané desencadena la ya para nosotros *clásica enciclopedia universal argentina,* en este caso de la guerra:

> Corrales era un simple montonero, un Páez, un Güemes, un Artigas; no había leído a César, ni al gran Federico, ni las memorias de Vauban, ni los apuntes de Napoleón, ni los libros de Jomini. Su arte era instintivo y Jacques tenía la ciencia y el genio de la estrategia.

Por eso triunfa el francés de la Enciclopedia. En 1863-1869, en el colegio y en la Chacarita, las diferencias políticas entre porteños y provincianos son también diferencias culturales, corporales y raciales.[8]

El último bruto es el enfermero-portero italiano que peleó en la legión extranjera de Montevideo (es decir, que colaboró con los enemigos en la guerra antirrosista) y que cambiaba el lugar de aplicación de las medicinas.

> Empezaba su individuo por una mata de pelo formidable que nos traía a la idea la confusa y entremezclada vegetación del Paraguay, de que habla Azara. Debía haber servido en la legión italiana durante el sitio de Montevideo o haber vivido en comunidad con algún soldado de Garibaldi en aquellos tiempos, porque en la época en que fue portero

entraba en los cuartos cantando en italiano, con el aire de una diana militar:

"Levántasi, muchachi, / que la cuatro sun / e lo federali / sun vení o Cordún."

Además, tiene un cuerpo indefinido: no se sabe si es flaco o gordo, como el coronel Buendía. Aquí la diferencia nacional se construye como diferencia lingüística, corporal (y "de pelo"), cultural, política y, quizá, sexual al mismo tiempo (como en el caso de don F. M.) porque se trata de un sirviente del Colegio.

En esa diferencia nacional va a intervenir Cané, diecisiete años después de escribir *Juvenilia,* con un libro y una autoría cruciales en la historia política argentina. En el segundo ciclo de la coalición (y del estado liberal: las relaciones de la coalición cultural siguen un proceso), en 1899, y como senador nacional por la Capital, Cané presenta a la Cámara de Senadores su proyecto de Ley de residencia, y da a publicidad un librito, *Expulsión de extranjeros,* donde sintetiza la legislación de las principales naciones europeas sobre el derecho de expulsar extranjeros. Por lo tanto, el autor de *Juvenilia* es también uno de los autores de la ley 4144 (1902), llamada Ley de Residencia. Por ella se podía expulsar del país a los extranjeros "de mala conducta" (política: anarquistas y socialistas).[9]

La despolitización de 1880 y la moraleja

Volvamos al colegio de *Juvenilia.*

En el Colegio, entre 1863 y 1869, las diferencias políticas y nacionales son también diferencias culturales y algo más: de pelo en un caso, de arenilla dorada, en el otro.

En 1880 en cambio, en el marco de la narración, el funcionario estatal que tiene el yo *despolitiza la representación* de las diferencias entre los compañeros. Y los clasifica de otro modo, con otros nombres. Al principio mismo, antes del comienzo de la narración de las aventuras, Cané, como doctor y ministro, como coalición cultural del Estado liberal, pasa revista a los fracasados del colegio, a los que protege y ayuda. Fracasaron por no saber francés (el famoso Binomio, que era genial en matemáticas y ahora es un pobre oficinista), o por ser viciosos o bebedores o perdidos en la bohemia o excesivamente imaginativos y no poder escribir. Y allí no hay diferencias políticas porque estamos en 1881 y se lo llama "ministro". Y al final, como doctor examinador de 1880, bendice el colegio y recomienda, con un chiste final, implícito, para la coalición: Chicos, vayan al colegio secundario (que no es obligatorio), admiren a los profesores sabios, hablen francés, no beban y no sean viciosos ni fantasiosos, y podrán llegar a ser futuros funcionarios del estado, en el interior y en el exterior de la nación.

El "cuento de educación" de las transgresiones y de la historia nacional se abre y se cierra en 1880 sin política ni peludos, y con advertencias y moralejas para los jóvenes de los colegios secundarios, que siguen leyendo hoy mismo, en la Argentina, *Juvenilia* y se ríen con Cané de sus travesuras porteñas.

Juvenilia, *del ministro Cané, es aplaudida rápida y anónimamente por el ministro Wilde*

La carta de Eduardo Wilde a Miguel Cané a propósito de la publicación de *Juvenilia,* en 1884, apareció sin firma en *Sud-América,* órgano oficial de la coalición cultural, el 20 de mayo de 1884.

Wilde despolitiza y deshistoriza totalmente la lectura, porque compara los recuerdos de *Juvenilia* con sus propios recuerdos del Colegio de Concepción del Uruguay (provincia de Entre Ríos), y dice que son exactamente los mismos. Binomio era un tal Chicharra. Los dos colegios, su comida y su tristeza son, también, los mismos. Lo que le gusta a Wilde de *Juvenilia* es que pudo encontrarse allí, en ciertas partes comunes: la desolación de los primeros días del internado, la pobreza de su familia. Y, para pasar a 1880, compara a los recién llegados al colegio con algún viejo socio retraído del Club del Progreso, que va poco y lo reciben como intruso. Lo que el ministro de Instrucción Pública dice al final se cumple:

> Es lo mejor que has escrito… Tu libro será leído en los colegios con cariño y con deleite, y fuera de ellos, con aquella dulce melancolía de los recuerdos… Y al concluir la última página, no viendo mi

> nombre sino el tuyo al pie de ella, un sentimiento legítimo me ha invadido y he pensado con justicia que la envidia es una grande y noble calidad humana.[10]

Una envidia grande y noble enlaza a los miembros de la coalición.

Juvenilia con La gran aldea

La novela de 1880 es *La gran aldea* de 1884 porque representa el corte histórico-cultural que produce el Estado, y lo cuenta después del colegio, que está situado en el interior y no en la capital como en Cané. López, en su autobiografía ficcional, habla nada más que del cambio político y cultural, del antes y después de 1880, y el colegio divide las dos épocas, como en Cané. Pero no habla como funcionario real del Estado sino como un cronista social (como testigo e historiador ficcional, con cambio de nombres). Por lo tanto, *los cambios son la sustancia de la narración:* de domicilio por muerte del padre (a la casa de la tía Medea y sus mitristas, a los diez años; la madre murió cuando él nació). El cambio de su situación en la casa de los tíos por la batalla de Pavón (en 1861, donde el narrador representa su identidad familiar y política, a los doce años como en Cané). El cambio de ciudad por el colegio en el interior, a los quince años. Y el cambio de situación en la casa del tío por la muerte de la tía Medea, cuando regresa del colegio después de cinco años. Esa muerte transforma al tío en heredero y hace posible su segundo matrimonio, el de 1880, que es el anuncio que abre la novela y la enmarca. A partir de entonces la narración se mueve hacia el pasado político, desde la muerte del padre hasta el colegio, y hacia la catástrofe (o moraleja) final, que hace retornar al narrador al espacio del colegio, donde se enamoró y leyó, a los diecisiete años. Y desde allí está escrita.

La gran aldea y *Juvenilia* no sólo coinciden en la apertura con la muerte del padre en 1860, sino en el marco de 1880; entre los dos tiempos se definen sus sujetos. El espacio del colegio (las conversaciones autobiográficas de colegios) corta, en *La gran aldea,* el tema de los matrimonios desiguales del tío, el primero con la tía Medea, y el segundo con Blanca Montifiori. Y su segunda inscripción, el retorno al colegio, como en Cané, cierra la narración. Cada matrimonio del tío representa, en *La gran aldea,* una parte de la novela y una época histórica. La primera es la crónica de la nación anterior, política, de Alejandro y la tía Medea en 1860, y la segunda la crónica de la nueva cultura de 1880 de Blanca Montifiori. El contraste de una y otra cultura (o de una y otra política femenina) es constante, pero el verdadero cambio entre el primer matrimonio del tío y el segundo (entre las dos partes de la novela), es la despolitización absoluta de la vida familiar, social y cultural.

Las dos partes de *La gran aldea,* la autobiografía ficcional de 1880, divididas por el colegio secundario, ilustran *el cambio en la representación literaria que trae 1880* y que ya vimos en *Juvenilia:* el relato se despolitiza en la segunda parte, para hacerse solamente social "cultural". Las fechas patrióticas son, en 1880, las fechas de las fiestas sociales: el tío de Julio se casa con Blanca el 20 de junio de 1883.

Como en Cané, el sujeto autobiográfico construye su identidad política y familiar el día mismo en que ocurre un acontecimiento histórico fundamental de la nación anterior al Estado, en 1861. El narrador en primera persona cuenta cómo participó personalmente, gracias a su tía política Medea, de la noticia primero, y después de los festejos, de la derrota o la victoria de Pavón (1861). En el lugar mismo de la noticia oficial de la victoria, en la tienda patriótica de Bringas, la tía lo nombra (y el cronista se nombra por primera vez), y también declara la identidad política de su padre. La tía Medea dice: este niño se llama Julio Rolaz, y es hijo de un pobre empleado urquicista muerto, hermano de mi marido. El día de la victoria de Pavón define su identidad doble y desgarrada: hijo de un urquicista, de un perdedor, que vive en una casa mitrista, triunfadora. Es, como el negro Alejandro, el sirviente, un enemigo político en la casa de su tía política Medea. En *La gran aldea* el narrador es un testigo desgarrado entre dos épocas y dos lealtades; un cronista dividido en su interior, *como la nación misma:* su nombre es Julio. Ocupa el lugar de la nación anterior e interior: sola, huérfana, pobre, desgarrada entre dos lealtades y también entre dos épocas. El sujeto autobiográfico de *Juvenilia,* el representante del Estado cansado, o triste y solo, ocupaba, en sus travesuras del recuerdo, el lugar de héroe nacional porteño.

Los patricios de la coalición cultural definen su identidad nacional como familiar y política al mismo tiempo. Se ve en ellos *el peso de la familia y del parentesco en el cuerpo político* (se ve cómo en América Latina los patrones tradicionales penetran en los sistemas parlamentarios y burocráticos, que aparecen como familias extendidas) *y en las definiciones de identidad* (un rasgo de la cultura "aristocrática" latinoamericana que todavía se lee en Borges, Mujica Lainez y Victoria Ocampo.)

En *Juvenilia* y *La gran aldea* la cultura de la nación anterior es "la cultura nacional". La modernización de 1880 obliga a la adopción, por parte del estado, de una *cultura nacional* (obliga a la *nacionalización de una literatura y la literaturización de la nación*) porque la nacionalidad es requisito para funcionar como "un sujeto" en el nuevo orden mundial moderno. En sus "cuentos de educación" los patricios de la coalición inventan una *cultura nacional que es agente de cohesión para el estado.*

Dos sujetos y dos fábulas

Lucio Vicente López dedica a Cané *La gran aldea* cuando se publica como libro, en 1884: "A Miguel Cané, mi amigo y camarada, L. V. L.". *La gran aldea* había aparecido como folletín del *Sud-América,* diario que el mismo López fundó en 1884 con, entre otros, Pellegrini y Gallo, para auspiciar la candidatura de Juárez Celman a la presidencia.

Entre *Juvenilia* y *La gran aldea* se construyen dos posiciones de escritura o dos sujetos claves del Estado latinoamericano, desde su emergencia misma: el funcionario memorialista y el cronista. Son las posiciones tradicionales pero ocupadas, ahora, por la coalición cultural de 1880, para narrar la historia de la nación anterior. Y son también las *posiciones literarias tradicionales* en el estado liberal de una nación que toca el punto más alto del capitalismo latinoamericano de ese momento, su entrada al mercado mundial. Las memorias del funcionario y del cronista son la escritura de los patricios de la coalición. Que, sin embargo, construyen versiones alternativas de la nación anterior.

La historia nacional de Cané tiene el tono de las transgresiones o travesuras en el Colegio Nacional de Buenos Aires durante la presidencia de Mitre. La historia nacional de López, que es la primera parte de *La gran aldea,* tiene el tono grotesco del mitrismo de la tía Medea y sus amigos los porteños. Por lo tanto, Cané y López difieren políticamente, radicalmente, en la definición cultural del mitrismo.[11] (Y pueden oírse claramente, en los textos, los diferentes tonos de las conversaciones y por lo tanto una de las primeras diferencias internas de la coalición.) Fue gracias a Mitre, dice Cané, que tuvimos a Amadeo Jacques, el sabio europeo que cambió la enseñanza y trajo el positivismo. Y López en "Julio": fueron los mitristas ignorantes y autoritarios de la tía Medea los que me recomendaban no leer libros y no ir a la escuela. Y los ve ahora, en 1880, agonizantes y ridículos con su cura, en el entierro de la tía Medea, "la política", que al morir de rabia, por una lucha entre mujeres, se lleva con su hemorragia cerebral la nación anterior.[12]

Yo diría que "el cuento de educación" de los dos libros canónicos de los patricios de 1880 cuenta una fábula de identidad de la nación anterior al Estado, dividida (cultural y políticamente) en dos posiciones y en dos versiones opuestas, una mitrista y porteña, y otra urquicista y del interior. Por eso el colegio secundario de López está en el interior (y divide las dos épocas) y el de Cané es el Nacional de Buenos Aires (y une las dos épocas).

Los patricios de la coalición estatal

La coalición liberal y "aristocrática" de 1880 creó un espacio nuevo en la representación de la vida. Con ellos surge "la vida social" como "vida puramente cultural" y ya no como vida política, como en la literatura del momento anterior. El nuevo Estado y el cambio cultural que cuenta *La gran aldea* son uno y lo mismo. La producción de ese cambio de la representación de la vida social estuvo a cargo de los escritores de la coalición cultural. Ellos construyeron, en su literatura, una serie de posiciones-sujetos del estado liberal con sus familias, lugares y soledades, y también sus moralejas. Por ahora tenemos sólo dos: el funcionario de Cané (que se divierte recordándose como héroe nacional), y el cronista de López (que se lamenta por tener que representar la nación; López es el primero de la coalición que escribe *Viajes,* y después una *Historia*). A partir de ellos podemos adelantar algunas hipótesis provisorias sobre las relaciones entre el estado liberal de 1880 y este sector de su coalición cultural donde se encuentran Cané y López y que llamamos el ala "aristocrática" patricia.

Los patricios más o menos pobres (y que representan la pobreza en sus textos: Cané, López, Wilde, los hijos de los exiliados de Rosas y los nietos de los héroes de la independencia), que son, casi todos, funcionarios importantes del nuevo estado, hablan del corte y del cambio, en forma de autobiografías "reales" o ficcionales. Son memorias de infancia y adolescencia escritas como cuentos, novelas, recuerdos, crónicas, notas de viaje o charlas. Cuentan sus recuerdos de educación y a la vez cuentan, a partir del cambio y de la memoria, la historia de la nación anterior, en sus dos versiones políticas opuestas, porteña y provinciana. López y Cané representan a sus enemigos políticos (que en cada texto son opuestos: porteños en un caso y provincianos en otro) como incultos, como el afuera de la cultura. (Y si se incluyen las *Memorias* de Mansilla se tienen otras versiones políticas y culturales opuestas.) Los patricios conversan acaloradamente, en la coalición, sobre la herencia política y cultural de la nación.

Sus diversas versiones coexisten, y este es uno de los gestos literarios fundamentales de *la coalición, que se afirma sobre la superación de las diferencias políticas anteriores.* Todas son *culturalmente, literariamente,* válidas y verdaderas, porque 1880 cambia la representación literaria: los escritores mismos despolitizan la escritura cuando cruzan ese umbral. En sus cuentos, las diferencias políticas y sociales posteriores a 1880 son *puramente culturales.*

Para el estado liberal que se autodefine como tal, las versiones políticas opuestas de los patricios son igualmente válidas porque las absorbe o, mejor, *porque postula su novedad precisamente en la absorción de las diferencias políticas de la nación anterior a su constitución.* Entonces el estado liberal argentino transforma las versiones alternativas en sus complementos culturales: en coalición.[13] Y los cuentos de educación de *Juvenilia* y *La gran aldea* se transformaron en "clásicos" de la cultura argentina.

Los dandis y sus cuentos de matrimonio

Un resumen para poder continuar. Nuestro tema es la coalición cultural del estado liberal porque en este primer momento nos interesan las relaciones entre estado y cultura en 1880. La coalición es un grupo de jóvenes escritores universitarios que produce cuentos, literatura, fábulas de identidad: ficciones para el estado. El estado necesita esas ficciones (el estado necesita ficciones), no solamente para organizar las relaciones de poder (y para tener un mapa completo de la nueva sociedad tal como la coalición lo traza en 1880) sino también para postular sus propias definiciones y alternativas. Con su literatura autobiográfica la coalición produce ficciones para el estado y una serie de posiciones del "yo" –miradas, lenguas, espacios, perspectivas– que llamamos los "sujetos del estado liberal". Son las primeras personas de sus "cuentos de educación y matrimonio", que "coinciden" con la promulgación de las leyes fundamentales del estado liberal de 1880: la de educación laica y la de matrimonio civil. En los cuentos de educación y matrimonio, la coalición escribe esas "ficciones legales" y esas "subjetividades legales" para el nuevo estado liberal.

Para poder imaginar a la coalición y sus diferentes sectores necesitamos postular cierta relación entre las personas "reales" de los escritores (algo de sus "biografías") y los sujetos "ficcionales" que inventan. Necesitamos manejarnos, por lo menos, con dos grados de ficcionalidad: la "real" y la "ficcional". Hasta ahora tenemos a los patricios Cané y López, nacidos en el exilio, que definen sus identidades como familiares y políticas el día mismo en que ocurre un enfrentamiento político fundamental, anterior a 1880. Y que ponen sus cuentos de colegio en Buenos Aires o en el interior (y los ponen atrás, en la infancia traviesa y política anterior a 1880), y con esto instauran un tipo especial de sujetos, un tercer grado de ficcionalidad: el "héroe (del) nacional" de *Juvenilia* (el "héroe" de lo que hemos llamado la fábula de identidad porteña de la nación), y el sujeto autobiográfico de *La gran aldea,* desgarrado entre dos fidelidades y espacios y entre el antes y el ahora (el "héroe" "Julio" de lo que hemos llamado la fábula de identidad de la nación: Lucio Vicente López fue el hijo del autor de la *Historia Argentina* Vicente Fidel López, y el nieto de Vicente López y Planes, autor del Himno Nacional Argentino). En 1880, los patricios constituyen el ala política de la coalición y ocupan cargos políticos en el estado liberal.

Pero (y aquí puede verse la proliferación de grados de ficcionalidad: la pluralidad de posiciones que coexisten en lo que llamamos "los sujetos del estado liberal") esos patricios de la coalición toman en la literatura misma, en los géneros literarios, el papel de memorialista autobiográfico –Cané– y de cronista –López–. Memorialista y cronista: son las posiciones más tradicionales de los escritores del estado latinoamericano, que aparecen con su institución misma como colonia española.[14] Estas posiciones tradicionales, ligadas con la definición de "lo nacional" y la construcción de la nación anterior (y son los patricios mismos los que nos van a llevar, con sus discursos y proyectos, de la construcción de la nación al nacionalismo), no son suficientes para la joven coalición ni para el nuevo estado.

Estamos en el apogeo del capitalismo de un país de América Latina, su entrada al mercado mundial (y por lo tanto son necesarias, en las periferias, las fábulas de identidad nacionales), pero también estamos en plena modernización, y hay que inventar nuevos sistemas de clasificación de los sujetos. Hay que narrar el presente y se necesitan posiciones más modernas, algún tipo de "vanguardia" en la coalición: el estado liberal se define precisamente por su "salto modernizador". Nuevos aliados más despolitizados, más específicamente culturales, más independientes, que cuenten otros cuentos, más "privados", de educación y de matrimonio: por ejemplo el dandy y el hombre de ciencia. Estos son los nuevos sujetos de la coalición cultural.

El palco del Colón y el carnaval del Club del Progreso

La coalición es un tejido que converge en determinados espacios. Oigamos a Miguel Cané (que hace un rato parecía conversar con López, quizás en el Club, sobre la herencia cultural del mitrismo), lo que dice ahora de Eugenio Cambaceres (1843-1889), que inventa la novela moderna en Argentina con un "cuento de matrimonio" contado en el slang "aristocrático" de Club, y también inventa los nuevos sujetos del estado liberal.

> ¡Esa *avant scène*! Eugenio Cambaceres, con el atractivo de su talento, de su gusto artístico, de su exquisita cultura, de su fortuna, de su aspecto físico, pues todo lo tenía ese hombre que parecía haber nacido bajo la protección de un hada bienhechora, era *el jefe incontestado.*[15]

Cané declara a Cambaceres "el jefe" del Teatro Colón, adonde van los hombres de la coalición con sus mujeres o a buscar mujer; es el jefe de la institución puramente cultural y artística de la representación que acompaña al estado liberal como su otra cara, su ficción, como su otro-mismo. En el momento en que ya no se puede pensar (ni actuar) la política como guerra, en 1880, aparece con el Colón ese espacio de ilusión y de juego, donde la coalición se pone en escena, entre las mujeres, para reproducir "en ficción" la escena del estado liberal.

El teatro y la representación (en tanto *performance:* espectacularización, ficcionalización, simulación y disfraz) no sólo sirven para pensar la política del estado liberal y su política de la representación.[16] Sirven también para pensar sus ficciones, porque lo que Cambaceres escribe cuando funda la novela moderna es precisamente *el teatro del estado liberal*. Representa teatralmente el mundo privado y escribe los primeros "cuentos de educación y matrimonio" de 1880, anteriores a *Juvenilia* y a *La gran aldea*. En su novela *Pot Pourri* (*Silbidos de un vago*), que apareció en 1882 sin nombre de autor, Cambaceres elige al dandy "argentino"(o *gentleman* o señorito) como sujeto de su ficción autobiográfica, y lo designa como "actor" y "musicante" (o al revés: elige como sujeto ficcional a un "actor" o "vago" que hace de "dandy"). Y con ese sujeto puramente cultural, y "en representación", va a contar "el cuento de matrimonio" del estado liberal.

Decíamos que la coalición es un tejido de conversaciones (las conversaciones del '80), referencias, unanimidades, ironías y discrepancias, con diferentes grados de ficcionalidad y en diversos lugares y espacios. Cané, en *Prosa ligera,* pone a Cambaceres en el Colón, en "la realidad", con su nombre y como el-que-lo-tiene-todo: cultura, fortuna y físico. En la ficción de *Pot Pourri* el yo "actor" de Cambaceres pone a Cané y a la coalición en el baile de carnaval del Club del Progreso con el régimen de nombres reales, mientras él mismo se representa como anónimo (y sus personajes tienen nombres "genéricos": Juan, María, Pepe, Taniete). Cambaceres representa "realmente" a la coalición en el Club del Progreso, la institución social masculina por excelencia del '80 donde fue también un "jefe" (vicepresidente en 1873). *Pero en el baile de carnaval del Club del Progreso donde son las mujeres, las mascaritas, las que eligen pareja*:

> Por las inmediaciones de la orquesta (y cuidado que es este el punto más estratégico, el lugar donde más abunda la pesca en aquel charco humano), pasan su noche en blanco, a plancha corrida, sin una dejada de la mano de Dios que les diga ni tampoco: ¡por ahí se pudran! carilargos y a trueque de desarticularse los carrillos, Miguel Cané, Lucio V. López, Manuel Láinez, Roque Sáenz Peña y otros más de la cosecha, mientras cuanto tilingo, cuanto badulaque pulula en los salones, se ve buscado como a pleito, perseguido y acosado por las dichosas mascaritas, como un terrón de azúcar por un puñado de moscas.
>
> Dime con quién andas... El hecho no necesita comentarios (p. 61).[17]

Compárese el tono "real" de Cané para hablar de Cambaceres en el Colón y el tono "real" de Cambaceres para hablar de Cané y la coalición en el Club (los dos espacios "puramente culturales"), y se podrá imaginar su lugar en la coalición. Esos tonos: solemne y reverente el patricio en el Colón, y ¿cómo decirlo? divertido el dandy que se ríe de la coalición entre las mujeres, *con la lengua oral y modernísima del Club.* Esa diferencia de tonos podría separar a los patricios de los dandis "vanguardistas" de la coalición y mostrar sus tensiones.

Porque quisiera pensar que la coalición patricia no le perdonó el chiste de los carilargos que planchan y no lo integró en su seno hasta 1885, después de la publicación de *Sin rumbo* (donde Cambaceres abandona el tono satírico y el *slang* "aristocrático" porteño) y del feroz ataque de los católicos. En ese momento será reconocido como "el fundador de la novela nacional" en el órgano oficial, el periódico *Sud-América* (fundado, entre otros, por Lucio V. López en 1884), donde el crítico oficial de la coalición Martín García Mérou escribe en 1885: "El autor de los *Silbidos de un vago* ha fundado entre nosotros la novela nacional contemporánea".[18]

El "Cambaceres real"

Como se ve, los personajes de las novelas no son los únicos "personajes" del cuerpo del delito. Veamos al personaje "real" para poder precisar su diferencia "de tono" en la coalición cultural del estado y mostrar sus tensiones.

Eugenio Cambaceres, primera generación de argentinos y la "aristocracia" del poder económico (representa en sus novelas la propiedad de la tierra y sus dramas), es una figura única en la coalición porque constituye *su vanguardia ideológica y literaria.* En *Pot Pourri,* su primera novela, inventa un nuevo sujeto para las ficciones del estado liberal: un actor anónimo que actúa de dandy que actúa al fin de jefe de estado. Y con ese sujeto múltiple inventa una nueva lengua literaria (una jerga "aristocrática porteña" para los chistes del Club de la coalición) y una nueva fábula de identidad de la "alta" cultura porteña.

Cambaceres no es un funcionario estatal como Cané (ni un diputado como López), ni un hijo de exiliados, sino el hijo-heredero de un estanciero (el lugar de la entrada al mercado mundial) que se hizo millonario con los campos y los saladeros en la época de Rosas. Su padre era un joven químico francés que conoció en París al cónsul argentino Larrea y llegó a la Argentina en 1829, también con una herencia que invirtió en campos y saladeros. (Y me gustaría poner a ese padre en la mitología cultural del siglo XIX: un químico aventurero o un adelantado de la expansión imperial francesa –la aventura como el mito del imperio– a las periferias o colonias donde se hará millonario. Entonces el dandy argentino del hijo es el hijo del explorador: dos mitos de la modernidad, dos ficciones culturales encadenadas genealógicamente en el espacio de los centros y las periferias.)

A diferencia de los patricios que nacieron en el exilio Cambaceres, como Lucio V. Mansilla, vivió el rosismo y su cultura popular, y vivió en París. Sintetizan en sus vidas esa combinación específica entre lo criollo y lo europeo que es una de las marcas de la "alta" cultura. Cambaceres y Mansilla, los dos bellos dandis de la coalición (cuyos padres hacían dinero con Rosas mientras los patricios lo perdían todo en el exilio): ¿los "verdaderos" aristócratas criollos? Y su literatura ¿la "verdadera" escritura "aristocrática" latinoamericana del siglo XIX? Y sus "lenguas familiares" e irónicas, sus tonos ¿son más "altos" que las lenguas y tonos de los patricios? Los llamamos dandis (podrían ser caballeros, gentilhombres, *gentlemen*, señoritos) aunque Sylvia Molloy discute la designación en el caso de Mansilla (y tiene razón porque, según parece, el término "dandy" era despectivo *en el sector patricio* de la coalición; se ve en *La gran aldea* con "el dandy" Montefiori).[19] Los llamamos dandis para diferenciarlos precisamente de los patricios: por sus tonos "divertidos".

En 1880 Cambaceres (que era abogado pero no ejercía el derecho: se graduó en 1869 de "Doctor en Jurisprudencia" con una tesis pragmática y capitalista titulada *Utilidad, valor y precio*) firma, junto con López, Cané, José María y Ezequiel Ramos Mejía (eran cincuenta y cuatro y ya estaba la coalición) un manifiesto por la candidatura de Sarmiento: lo proponen como candidato de paz y transacción frente a Roca, Tejedor y Bernardo de Irigoyen. Pero Cambaceres está ausente de la política en 1880 (y esto lo separa otra vez de los patricios, que después del manifiesto por Sarmiento apoyaron a Roca) por haber sido *excesivamente* liberal o moderno para concebir las leyes de este país de América Latina en los años anteriores a 1880. En su juventud fue una especie de republicano puro, jacobino (y "le atribuyeron erróneamente", dice Paul Groussac, un abuelo francés: Jean Jacques Régis de Cambacérès, célebre jurisconsulto y convencional, nombrado por Napoleón I Archicanciller y Duque de Parma).[20]

El "francés" Cambaceres, como tantos, fue un vanguardista político tan extremo que tuvo que abandonar radicalmente la política. Como diputado en la Convención de la provincia de Buenos Aires había presentado en 1871 (tenía veintiocho años) un proyecto de separación de la Iglesia y el estado y perdió. El proyecto se fundaba en un *liberalismo puramente económico:* ¿por qué el Estado debe mantener a la Iglesia Católica con los impuestos que pagan los ciudadanos de todas las religiones?[21] Y en 1874, como diputado nacional y con un *liberalismo puramente político,* denunció los fraudes electorales de su propio partido y no lo oyeron. En esos "extremos" liberales encontró *los límites del estado argentino o latinoamericano*; renunció a su banca de diputado nacional y se retiró de la política en 1876. Vivió, en adelante, entre su palacete de Buenos Aires,[22] su estancia "El Quemado", y su residencia de París. Escribió, desde 1881 hasta 1887, cuatro novelas, y murió tuberculoso en Buenos Aires en 1889.

No se casó con mujer argentina (y "el actor" dice desde la *avant-scène* de *Pot Pourri:* ¿por qué no se educan aquí las mujeres como en Estados Unidos? ¿Por qué seguimos la vetusta tradición española?)[23] sino, siempre en escena, con la cantante lírica italiana Luisa Bacichi que conoció en París (a quien llevaba diecisiete años) y que murió en 1924.

La historia quiere ser sumamente instructiva, porque en este "personaje" real Cambaceres, que no tiene nada que perder, puede verse una de las distorsiones que sufre el pensamiento iluminista-liberal moderno en América Latina. En el momento mismo en que se encarna en los modernos estados latinoamericanos el esquema aparece como imposible, y después como incumplido.

El "personaje Cambaceres" de mi ficción representa la vanguardia ideológica de la coalición: es el escritor que ha podido vivir en carne propia la diferencia entre el estado liberal latinoamericano, el francés, y el norteamericano. Tiene conciencia de los límites de la periferia y su sujeto ficcional es el que fracasa en todo: "No hay vuelta que darle por más que chille el amor propio; soy un hombre completamente *raté*". Y entonces en 1880 separa claramente la parte política de su vida, que pone en el pasado como farsa y fracaso, de la parte literaria y "teatral" que es el presente y *Pot Pourri,* donde "el actor" de la farsa de matrimonio es un sujeto despolitizado que va a representar, al final, como su límite, la farsa del poder político.

Una "teoría" de la vanguardia literaria de 1880

Cambaceres escribe con *Pot Pourri (Silbidos de un vago)* no sólo el primer "cuento de matrimonio" y la primera novela moderna, sino también la primera teoría de la modernidad literaria en el momento de la emergencia del estado liberal, 1882. El "dandy-actor" representa la vanguardia literaria de la coalición porque:

1) En sus cuentos de educación y matrimonio separa la literatura de la política de partidos, la autonomiza radicalmente de la política. Y porque mientras viaja a la estancia de su amigo Juan en ferrocarril, y leyendo el periódico, el dandy anónimo "se representa" a la política como una farsa republicana en cuatro actos: Primero, *La farsa* de la elección; Segundo, *El teatro* bajo de las Cámaras legislativas; Tercero, *El simulacro* de levantamiento militar, y Cuarto y último, *La voz* del Pueblo. (Recordemos los proyectos de separación de la Iglesia y del estado y de "limpieza" política de Cambaceres y podremos comparar, entonces, las tres "ficcionalidades".)

2) *Pot Pourri* es la primera novela, por lo tanto, que pone en acción literaria la metáfora del estado liberal como teatro y representación. Y también es el primer "cuento de matrimonio" de la coalición.

3) *Pot Pourri,* una novela hecha de fragmentos, hace novela con toda la prosa de 1880: con las memorias, autobiografías, cartas, crónicas de viaje, cuentos y artículos periodísticos (y to-

dos "se representan" como "escenas", en estilo teatral: en sátira y en farsa). (A propósito de los viajes, el "actor-dandy" de la coalición parece referirse a *Recuerdos de viaje* de López cuando "visita" a Juan pero en realidad quiere hablar con la pícara María: "Recordéle la promesa que me había hecho de un libro, no con la intención de leerlo, se trataba de un volumen de viajes escrito por un joven compatriota, ¡Dios me preserve!".)

Cambaceres es el antifragmentario de la coalición y el que escribe con los "fragmentos del '80", para pulverizarlos, una novela. En la modernidad literaria de *Pot Pourri* los fragmentos se unen por una historia de adulterio, uno de los temas centrales de la novela y el teatro francés contemporáneo.[24] (La historia de la novela latinoamericana moderna puede leerse como historia de la sexualidad en Latinoamérica. Foucault: "La historia de la novela no puede entenderse separada de la historia de la sexualidad". Pero también como historia del estado.) Los fragmentos de *Pot Pourri* se unen por un "cuento de matrimonio" concebido como ruptura del *contrato* que lo sostiene todo –de él dependen los demás– y que mantiene el sistema. (Me estoy refiriendo al mismo tiempo al texto, al sistema literario, y al sistema político-estatal.) El "cuento de matrimonio" y de adulterio está puesto en el presente y en la mirada y la lengua insolentes del actor que hace de dandy argentino: un "aristócrata" rico, culto, ocioso y solterón que lo tiene todo, que critica todo, y que está de vuelta de todo.

4) Pero *Pot Pourri* es la primera novela (y la primera "teoría") de vanguardia de la coalición porque, como Luigi Pirandello después, separa autor, actor y personaje. Y también porque es el primer *best-seller* y el primer escándalo literario de la coalición, que abre otra de nuestras historias: la de los "cuentos de *best-sellers*" (¿o "los cuentos" de la vanguardia?).

5) Cambaceres representa la vanguardia literaria de 1880 porque *argentiniza* directamente la literatura europea contemporánea: el teatro de boulevar, el realismo, el naturalismo y modernismo-decadentismo franceses de fin de siglo. Para poder argentinizarlos los superpone, los acumula y los exagera. Lo

mismo hace en *Pot Pourri* con las lenguas extranjeras –italiano, francés, latín, inglés– para inventar una oralidad argentina prepotente, desenfadada y "aristocrática": el "*slang* porteño" a que alude Martín García Mérou, o "el dialecto aristocrático-criollo" al que se refiere despectivamente Paul Groussac. Cambaceres no sólo nacionaliza las lenguas extranjeras sino todo lo que toca: argentiniza al dandy (*Pot pourri,* 1882), argentiniza, otra vez con el dandy, la sexualidad y la enfermedad de fin de siglo (*Música sentimental,* 1884 con el mismo narrador); con el naturalismo de "la decadencia" argentiniza el *spleen*, el hastío, la pérdida de creencias, la depresión, y también argentiniza el suicidio en la estancia, mientras el peón la incendia (*Sin rumbo,* 1885). Y "argentiniza" al hijo del inmigrante con las leyes de la herencia y el medio de Zola para contar su educación y su matrimonio (*En la sangre,* 1887), y esta es la novela de Cambaceres que se lee en los colegios secundarios...

(La coalición funda la "alta" cultura argentina y la traducción como género literario; el gesto de Cambaceres es otro y el mismo porque plagia e importa ideas, dichos, posturas, modos de narrar, posiciones y géneros europeos, pero los pone en un espacio, un tono y una lengua absolutamente "criollos" o argentinos: los "traduce" literariamente.)

6) En la serie de operaciones del "cuento de matrimonio" de la "vida privada" de "la sociedad" del '80 de *Pot Pourri,* la posición "dandy argentino" oscila entre la transgresión y el escándalo *después del primer baile de carnaval* ("el actor" se pone *on the divide* y muestra la desigualdad sexual y la "injusticia"), y la convención y el conformismo *después del segundo:* en el modo en que "arregla" la solución final del adulterio actúa como "la ley" encarnada en el jefe del estado. El lugar de este nuevo sujeto de la coalición, *el lugar de "la vanguardia*" cultural o del "dandy", sería ese vaivén específico entre la transgresión a la ley y su encarnación, entre los dos límites que son los bailes seriados de carnaval.

7) Con *Pot Pourri* en 1882 se inventa la novela moderna "de vanguardia" y se da un salto hacia adelante tan largo (que casi

queda como "no leída"; no se reedita ni se lee en los colegios secundarios; la tesis de Jorge Salessi sobre Cambaceres duerme inédita en los anaqueles de Yale), que puede leerse desde la escritura de Manuel Puig. Leerse desde "Puig y sus precursores", en esa específica posición literaria de la representación: para Cambaceres el teatro (el Colón y la Comedie Française y el teatro de boulevard), para Puig la radio argentina y el cine norteamericano.

Los dos trabajan con una teoría minimalista de la representación, con el fragmento y con la proliferación de discursos dialogizados y citados: diálogos "escénicos", noticias de periódicos, gacetillas sociales, avisos, cartas, discursos interiores y monólogos, notas al pie. Y los ligan con una oralidad "familiar" y con un relato simple, de melodrama, tomado del teatro o del cine contemporáneos. Con su "cuento de matrimonio" Cambaceres inventa una teoría de la representación para la *high life* de 1880 y también inventa una lengua privada "aristocrática", y un tono impersonal para un sujeto anónimo, que está en Puig para la clase media: un lenguaje oído hecho de clisés, refranes, dichos, lo común de "la lengua común". Para contar la ruptura del contrato que lo sostiene todo, Cambaceres inventa (como Puig en los años sesenta) el *"on dit"* de 1880: un discurso sobre "el decir" de la "aristocracia latinoamericana" para sus cuentos de educación y matrimonio.

El best-seller *del '80: autor, actor y personaje*

Vayamos de una vez al "cuento de matrimonio" de la vanguardia de la coalición, con sus identidades ficcionales, para ver su proliferación y su coexistencia en el nuevo sujeto del estado liberal. Cambaceres tiene treinta y ocho años cuando publica el "anónimo" como "una bofetada al gusto del público". *Pot Pourri* apareció en Buenos Aires (editorial Biedma) en 1882 sin firma de autor y con el subtítulo de "Silbidos de un vago" (que es el mismo subtítulo de la novela siguiente, *Música sentimental,* que apareció en París en 1884 sin nombre de autor y con el mismo dandy narrador). El éxito fue sensacional: el primer "anónimo" de la coalición es *el primer best-seller de 1880* y su primer escándalo o "delito" literario: fue atacado, reeditado y parodiado.[25] Se agota el mismo año y es seguido de una segunda edición; en 1883 aparece la tercera (París, Denné) siempre anónima, con "Dos palabras del autor". El "autor" anónimo es un ocioso rico que se refiere al *escándalo* que levantó la primera edición y cómo *lo acusaron de "criminal";* dice que no es el *"flâneur"* o "vago" de los silbidos (y no nos vamos a detener en *"el flâneur"*...); enuncia su proyecto vanguardista de demoler las instituciones; y al fin se presenta también como "fracasado": esta vez como el "autor fracasado" de una farsa "en que se canta clarito la verdad". Oigamos su lengua conversada, rápida, *a la vez tan criolla y francesa,* y veamos al divertido "aristócrata argentino" del '80 que está de vuelta de todo y que es *el nuevo sujeto del estado liberal:*

> Una mañana me desperté con humor aventurero y, teniendo hasta los tuétanos del sempiterno programa de mi vida: levantarme a las doce, almorzar a la una, errar como bola sin manija por la calle Florida, comer donde me agarrara la hora, echar un *bésigue* en el Club, largarme al teatro, etcétera, pensé que muy bien podía antojárseme cambiar de rumbos, inventar algo nuevo, lo primero que me cayera a la mano, con tal que sirviera de diversión a este prospecto embestiador, ocurriéndoseme entonces una barbaridad, como otra cualquiera: contribuir, por mi parte, a enriquecer la literatura nacional.
>
> Para que uno contribuya, por su parte, a enriquecer la literatura nacional, me dije, basta tener pluma, tinta, papel y no saber escribir el español; yo reúno discretamente todos estos requisitos, por consiguiente, nada se opone a que contribuya, por mi parte, a enriquecer la literatura nacional.
>
> Y a ratos perdidos, entre un bostezo a dos carrillos y un tarro de *caporal,* llegué a fabricar el atajo de vaciedades que ustedes saben y que tal polvareda ha levantado, tanto alboroto y tanta grita contra una humanidad de tercer plano: el autor.
>
> Francamente, *le jeu n'en valait pas la chandelle.*
>
> Pero como así como así, me han *caído* espantosamente y como cuando a uno le *caen* el derecho de pataleo es libre, según decimos

> en criollo, aguántenme ahora dos palabras por vía, no de enmienda, sino de explicación...
>
> Es que, impunemente, no se hacen trabajos de zapa, no se empuñan el pico o la barreta para minar los cimientos de un edificio, aunque amenace ruina....
>
> Pero, de veras, nunca me figuré que les diera tan fuerte y que llegaran hasta desgañitarse, vociferando: *¡à la garde, au voleur, à l'assassin!* en presencia de un prójimo inofensivo, de un musicante infeliz que se presenta en público con el sombrero en la mano, que no dispara de la justicia porque ni es ladrón, ni es asesino y cuyo solo delito consiste en haber escrito una farsa, en haber compuesto un *Pot pourri* en que se canta clarito la verdad.
>
> Concluyo.
>
> He querido hacer reír y he hecho rabiar.
>
> Fiasco completo; no era eso lo convenido.
>
> ¿Reincidiré?
>
> Quien sabe (pp. 15-17, bastardilla del original).

Y reincidió. Este es "el autor" fracasado que con la farsa de la verdad toca *los límites literarios de la periferia,* entre "la transgresión" y el "delito verbal". El público no entendió el contrato literario de "minar los cimientos de un edificio, aunque amenace ruina": no entendió la verdad del "contrato" que lo sostiene todo, pero lo transformó en el *best-seller* de "la coalición".

Estas "Dos palabras del autor" se añadieron en la tercera edición, en 1883. En 1882 *Pot Pourri* se abría con la primera autobiografía-manifiesto del estado liberal (estamos en "la vanguardia literaria"). Habla un sujeto múltiple y anónimo (o anónimo porque es múltiple) que parece ser siempre el mismo (el mismo Cambaceres): un "aristócrata" heredero de una gran fortuna, otra vez *un rentista* como Flaubert (y Cambaceres gusta *"épater le bourgeois"* y gusta después, exasperadamente, del indirecto libre para meterse en otros yoes sin darles el yo), *un ocioso* que "vegeta" (recordemos al agotado Cané de *Juvenilia,* que iba del correo al diario al colegio) porque tiene un drama: la realización personal. *Es un sujeto frustrado en su vocación por la familia de la que es heredero y rentista.*

Dice: "Sí, señor. He nacido para cómico", y cuenta que tiene no sólo la vocación sino el talento perfecto del actor: una "inteligencia plagiaria", tela bohemia para buscar "los placeres", y un buen físico, especial para "la traducción de todos los arranques del alma". Pero:

> Desgraciadamente, la buena posición social de mi familia y el menosprecio del mundo por el artista de teatro, resabio estúpido de los tiempos en que la máscara del histrión degradaba el ejercicio de la noble carrera del arte, violentaron los impulsos de mi naturalcza, haciéndome renunciar a mi inclinación predilecta (p. 20).

La identidad familiar de este sujeto "anónimo", que también cuenta su cuento de educación, no es política, como en los cuentos de educación de los patricios pobres Cané (el del "nombre real") y López (el del seudónimo o "nombre ficcional"), sino económica y social. Las dos ficcionalidades: la de autor fracasado y la de actor frustrado se unen en la fábula de identidad de este "nuevo sujeto de la coalición cultural del estado liberal": desgarrado entre lo económico y lo social en estas periferias atrasadas, se transforma, finalmente, en escritor. Es la posición de Victoria Ocampo en su autobiografía, en otro avatar de las relaciones entre coaliciones culturales y estados liberales en América Latina. Y para ella también el adulterio, "el amor pasión" con el anónimo, es el centro que articula los fragmentos del sistema.

La mirada del dandy: odios y amores

Como *El príncipe* de Maquiavelo, el "actor" que hace de "dandy" para contar "el cuento de matrimonio" está en perpetua representación y ve el mundo como representación. Y va a usar diversas máscaras, y esa es precisamente su transgresión de la prohibición familiar del teatro. Pero el esquema de su posición es simple y consiste en ponerse fuera y por encima del confìcto (no me caso),[26] y en oscilar entre dos límites (o entre los límites de la periferia).

En la "suntuosa fiesta de baile" (no es un baile de carnaval) del capítulo II el dandy, que está de vuelta de todo y usa guantes, contempla distante el teatro de la "elite de la sociedad" argentina con la mirada del "demonio de la murmuración". Y allí exhibe otro de los gestos característicos del dandy histórico (uno de los temas de la "teoría del dandy"): "el placer aristocrático de disgustar" de Baudelaire:

> Hallábame en uno de esos momentos fatales; *el demonio de la murmuración aguijoneaba mi espíritu.*
>
> Sentía despertarse en mí, viva, punzante, *la índole del mal;* hubiera llegado hasta clavar mis dientes para desgarrar con ellos la blanca túnica de la virgen, y, a través de esa *verdadera rabia de dañar* que me asaltaba, todo me parecía revestir las formas más odiosas (p. 25, bastardilla nuestra).

La mirada de odio del actor-dandy y su posición es la argentinización-traducción (¿parodia?) del dandy histórico: distante entre el cinismo y el sadismo, entre ascético y maligno, entre misógino y andrógino, entre antisolemne e impertinente, entre inteligente y provocador.[27] Ese dandy "lanzado" contra la *high life* del teatro del estado liberal es nuestro nuevo sujeto de la coalición. Representa la "aristocracia" económica y cultural, y exhibe uno de los rasgos fundamentales de la "alta" cultura argentina: la crítica a su propia cultura, la autocrítica cultural. Para esto, la mirada de odio del dandy (esa posición y esa voz) se sitúa en sus alianzas entre dos límites o lenguas, la femenina y la masculina: *on the divide*. La alianza verbal femenina es la de una "vieja amiga", "lo que vulgarmente se llama una lengua de víbora" que "ha inventado bajezas, ha mentido infamias, ha forjado atrocidades" (p. 27). Oye sus "cuentos" y en *alianza verbal-retórica con el crimen* (otro de los rasgos del dandy histórico) contempla el desfile de los personajes del baile *high life*. La crítica cultural de la "lengua de víbora", con la metáfora del teatro, del "actor" y de "la representación": *con la metáfora de las identidades dobles del teatro y del liberalismo,* habla de hipocresía, farsa y crimen en la vida privada del círculo "aristocrático". Y muestra al horrible "burgués" periférico por detrás de las bellas apariencias: espíritu utilitario, bajeza de espíritu, vulgaridad y conformismo.

La alianza verbal masculina, el otro límite, aparece al final, cuando sale asqueado del veneno de la "vieja amiga" y se encuentra con un "joven periodista" para irse con él y cerrar felizmente el capítulo de "la suntuosa fiesta de baile" de "la *elite* de la sociedad": "Saturado de talento hasta el último rincón de la cabeza, es brillante, afilado y peligroso como una navaja de barba" y mira "con ojos de maligna travesura y un permanente sarcasmo en el rostro". Lo toma del brazo y salen a "respirar el aire puro de la noche" (p. 32).

Entre las malignidades y odios de los dos géneros, el que hace de "personaje" dandy (o el dandy que hace de actor para contar "el cuento de matrimonio") es un "aristócrata espiritual" que exaspera su singularidad y que se pone por encima de todo conflicto ("yo no me caso") para "cantar la verdad" de la vida privada de "la modernidad" (despolitizada). Lo que definiría su modernidad cultural sería ese rechazo "aristocrático" de la modernidad burguesa que atribuye a la *high life* local.

¿Es posible formar parte de la coalición cultural del estado liberal (producir ficciones para el estado) y atacar culturalmente, "literariamente", la cultura social que acompaña o que produce el estado liberal? Quizá sería posible con, por lo menos, estas condiciones que cumple *Pot Pourri:* ponerse culturalmente arriba y afuera, despolitizar, y oscilar entre "la izquierda" y "la derecha" y entre los dos géneros sexuales.

En cuanto a los amores, la mirada del dandy sólo ve negritos y gauchos.

En el baile de carnaval son los diminutivos:

> Los mononos de los negritos, sobre todo, esos son los que me hacen completamente feliz.
>
> No puedo mirarlos con sus caritas tiznadas, sus casaquitas celestes, sus calzoncillos blancos, sus botitas de charol, sus latiguitos, tamboritos, matraquitas y campanillitas, sin que se me caiga la baba de gusto al pensar que tanta gracia y tanta sal se cría en mi tierra.
>
> ¡Angelitos! (p. 60).

Y en el acto cuarto de la farsa política republicana es la injusticia con el gaucho soldado patriota:

> Allá, en la zona más desierta de la Pampa, arrastra una existencia miserable el noble y desgraciado soldado argentino, ese tipo estoico, encarnación admirable de la resistencia de la bestia unida a la resignación del cristiano.
>
> La patria le exige todo y todo se lo da a la patria.
>
> Su hogar y su familia que abandona, su patrimonio que pierde, su vida que incesantemente expone a las rudas acechanzas del salvaje en una guerra sin tregua y sin cuartel.
>
> ¿Qué es lo que recibe en cambio, qué premio, qué recompensa en la desesperante soledad donde sufre y muere por los otros? (p. 45).

Esta alianza hernandiana con el gaucho y la denuncia de las injusticias de la patria es, como se sabe, uno de los discursos de los estancieros.

Por fin, el "cuento de matrimonio"

El dandy cuenta el matrimonio de Juan y María en este orden. Primero, la visita "de investigación" a la estancia donde pasaron la luna de miel (María ya se aburre); segundo, el primer baile de carnaval, donde María sospechosamente se cambia el dominó con una amiga y desaparece; tercero, el segundo baile de carnaval con el seguimiento de María por parte del bruto Taniete (sirviente gallego del dandy transformado en espía) y su descubrimiento de que el intruso es Pepe, el hombre de confianza o secretario de Juan; y cuarto, su propia intervención en dos tiempos, primero con la carta a María, y segundo con el nombramiento de Pepe como cónsul en Mónaco.

La estrategia del dandy para resolver el problema de su amigo Juan con la pícara María y el traidor Pepe tiene además varios pasos y oscilaciones según los interlocutores. Se mueve entre límites, "en femenino" y "en masculino", entre "la izquierda" y "la derecha". Se mueve entre la transgresión y la representación de la ley, y este es el movimiento de "la vanguardia" de la coalición.

Primero en la transgresión. Entre hombres iguales (para los amigos) dice "la verdad" sobre el sexo: muestra la igualdad natural y la desigualdad social ("transgrede", se pone "en femenino"). Dialoga con Juan después del primer baile de carnaval, cuando ya sospecha algo de María, *con notas al pie, como apuntaciones escénicas:*

> Bueno está que uno se case y junto con su mujer tire el carro de la vida, pero, ¡Señor! a sus horas.
>
> El hombre es como el caballo: necesita, de vez en cuando, agarrar el campo por suyo, alzar la cola, retozar y revolcarse aunque sea en el barro, si no tiene arena a mano.
>
> Si el hombre es como el caballo, naturalmente la mujer tendría que ser como la yegua, que alza la cola, retoza, y se revuelca ella también.
>
> ¿Qué dirías si tu mujer razonara como tú?
>
> –¡Alto ahí! El hombre es hombre y la mujer es mujer; esta lleva polleras y aquel gasta pantalones.
>
> –¡De cómo nosotros los varones, hechos a imagen y semejanza de Dios, practicamos la justicia distributiva en este valle de lágrimas! (p. 70).

Segundo en "la ley". Después del segundo baile de carnaval le escribe una carta a María donde le dice que es una bribona y que se olvide de Pepe, si no se lo contará a Juan. Se la lleva (y ella le contesta que más bribón es el delator), y después, *en un monólogo dirigido "imaginariamente" a María,* le dice "la verdad": reformula "en masculino", y desde un liberalismo puramente económico, el lugar de cada sexo en el nuevo contrato civil de matrimonio:

> ¿Sabe Vd. lo que ha hecho casándose?
>
> Ha enajenado el uso de su persona, ha firmado *un contrato* de alquiler, *ni más ni menos que si fuera una casa,* contrato en virtud del cual no puede Vd. ser afectada a otros objetos que aquellos a que expresamente la destine su inquilino.
>
> Juan la ha tomado a Vd. para habitarla y como *Juan tiene fortuna,* es de suponer que no quiera vivir a medias con nadie, *máxime,*

> cuando *el intruso no paga alquiler,* pretendiendo pasárselo de gorro como un sinvergüenza.
>
> Vd., en una palabra, *no es suya* y siendo ajena y haciéndose usufructuar clandestinamente por tercera persona, incurre, según las prescripciones del referido código de Astete, *en pecado mortal,* como *delito de robo* y no es otra cosa por consiguiente, que una pecadora ladrona que no merece perdón de Dios (pp. 86-87, bastadilla nuestra).

El primer "anónimo" de la coalición es el primer *best-seller* de la coalición y su primer escándalo o "delito" literario. Y uno de los puntos centrales del escándalo es el *liberalismo puramente económico* de Cambaceres en el discurso de separación de la Iglesia y del estado y también en el contrato "legal" del matrimonio. La sexualidad femenina es ahora el equivalente biológico del capitalismo: la verdad es el cuerpo de la mujer como propiedad, como mueble o cosa, y el delito de robo, el límite.[28] Sólo Juan es *"naturaleza" libre que iguala tiempo y dinero*, le dice imaginariamente, siempre a María:

> Pero admitamos un momento que como hijo legítimo de Adán, el que lo hereda no lo hurta, suela declarar cerrado el punto de sus tareas matrimoniales y decretarse sus horas de vacaciones y de asueto.
>
> ¿Qué mal hay en eso? ¿Cuál es el perjuicio que Vd. sufre?
>
> ¿Teme, por ventura, que su marido la descuide o la quiera menos?
>
> ¡Disparate, señora! El corazón de los hombres es muy grande: caben en él, cómodamente, muchas de Vds. al mismo tiempo.
>
> *El Señor y la Naturaleza,* en su sabiduría infinita, han dispuesto que así sea. Ahí tiene Vd., sin ir más lejos, los gallos y otros cuadrúpedos que hacen bueno lo que digo.
>
> Conocí a un amigo, *verbigracia,* que se pasaba las noches en casa de su ilegítima y que un buen día, por librar al suegro de una quiebra fraudulenta, entregó *su fortuna* a su mujer.
>
> *A la querida el tiempo, a la mujer el dinero,* y como el tiempo es dinero, tanto daba a la una como a la otra, y como *el amor se mide con la vara del interés,* quiere decir que dándoles a las dos, *a las dos las quería igual* (p. 87, bastadilla nuestra).

La ecuación matrimonio, sexualidad y dinero queda resuelta por el dandy en el capitalismo liberal, gracias a su posición "en la representación de la ley".

El jefe de estado y la solución final

Pot Pourri exhibe la complicidad y la relación doble del estado con el actor y con la representación: es su otro, su ficción y su transgresión, y también es el mismo: *lo representa*. Porque el dandy-actor, que habló "en femenino" a Juan y "en masculino" a María, encarna al final al jefe de estado que expulsa elegantemente de "la nación" al "intruso" Pepe; Juan no se enterará.

Manda a Taniete (el "gallego bruto" que hizo de espía) a buscar a Pepe, y cuando este llega a su casa le cuenta su "cuento de educación y matrimonio" y dice en el último capítulo, XXVI:

> Cuando un hombre empieza por ser *un pillete que hace su escuela, de noche, en las puertas de los teatros,* vendiendo contraseñas y recogiendo puchos y, de día, en media calle, peleándose con los otros a las bolitas y a los cobres, mientras su madre enferma y pobre se lo pasa tirada en una cama.
>
> Cuando otro hombre, compadeciendo a la vieja infeliz y condoliéndose de la suerte reservada al muchachuelo, estira su bolsa a la primera y *se encarga de la educación* del segundo, lo hace gente, lo llama a su lado *y le da un puesto de confianza en su casa* con entrada libre a todas horas.
>
> Cuando el *nene* este a veinte años, es decir a una edad en que el roce con los hombres y el ambiente morboso en que se agitan, no han tenido tiempo aún de pervertirle el corazón, se porta como un bellaco, yendo hasta hacer de la mujer de su patrón una prostituida vulgar.
>
> Cuando todo esto sucede, digo, razón tengo y sobrada, para afirmar que en el pillo de que me ocupo hay todo el paño de un galeote (p. 90, bastadilla nuestra).

Entonces lo pone ante la alternativa del honor o del duelo de caballero: si asume la relación ("si el asunto es serio y el fuego de una pasión intensa inflama su pecho") él llama a Juan, le cuenta todo y les da, a cada uno, un revólver "para que no salga diciendo después que lo han muerto como a un perro". O, "si la mujer no le importa un zorro" y no tiene honor y es cobarde, lo que ocurre con Pepe, "el estado soy yo" y lo expulso de "mi casa":

> He previsto el caso y me he munido de esta *bolsa* que contiene mil patacones en piezas de veinte francos, de este *pasaporte* con su nombre, *ordenando a las autoridades nacionales* y *rogando a las extranjeras* que no le pongan impedimento en su tránsito, y por fin, de este *nombramiento* recaído en su distinguidísima persona para desempeñar el delicado puesto de Cónsul Argentino en… Mónaco.
>
> Vaya Vd., mi joven amigo, vaya Vd. a aumentar el número de los que, salvo honorables excepciones, noble y dignamente *representan a la República* en el extranjero.
>
> Le recomiendo el *treinta y cuarenta* de Montecarlo (p. 90, bastardilla nuestra).

Con la representación de la cabeza del estado liberal por el actor "dandy", se funda y se cierra la novela de la coalición. Este nuevo sujeto es, quizás, el más poderoso (el que lo tiene todo: el millonario jefe del Colón), el único que se atreve a "representar" al jefe de estado que nombra cónsules y embajadores (uno de los destinos de la coalición cultural), porque la posición del dandy (la distancia física y la mirada que lo separa del mundo) asegura su dominación. Es el jefe de la institución cultural de la representación que acompaña al estado liberal como su otro y su mismo. Y, en farsa, nombra cónsules a los que prefiere ver lejos de las mujeres de sus amigos.

El estado liberal marca los límites de esta subjetividad y de esa fábula de identidad. En el dandy argentino se verifica la constante "transgresora" de la coalición, lo que hace de ella una coalición cultural del estado liberal: las subjetividades legales tienen un límite que es ocupado por el Estado mismo (su representante, su "actor"). Y al tocar ese límite, el dandy reformula el código masculino "de honor": un código "aristocrático" que pone por un lado al "caballero", al *gentleman* (masculinidad "alta" de Juan, con "el duelo de honor", y masculinidad ascética de él mismo) y por otro a la masculinidad "baja" de Pepe, el "cobarde" y "traidor" (¡a quien se le pagó la educación!). Se trata de una pirámide masculina (latinoamericana) de protectores, y de definir al "verdadero *gentleman*".[29]

La ficción del dandy para el estado sería "la representación" del código de los géneros sexuales para el contrato económico y legal del matrimonio liberal, y también una fábula de identidad masculina: una identidad "privada" (de género sexual) "aristocrática", frente a la identidad pública, nacional, de los patricios.

Pot pourri *con* La gran aldea

El cuento de matrimonio-adulterio (el contrato y la ruptura del contrato que amenaza el orden social, viola fronteras e implica contaminación y polución)[30] es la *institución narrativa* central de 1880 porque no sólo constituye el correlato de la ley civil, marca el abandono de la política y pone como centro el mundo privado para construir un universo "puramente cultural y social". También provee tópicos, acontecimientos, modos de abrir y cerrar los relatos. Con el "cuento de matrimonio" de *Pot pourri* en 1882 se abren una serie de nudos narrativos que se leen en *La gran aldea* en 1884: el anuncio del matrimonio abre la narración (en Cambaceres el sujeto autobiográfico es el amigo del que se casa; en López, el sobrino); el adulterio ocurre en carnaval con cambio de disfraces o dominós (con identidades dobles, que es el modo de representar la transgresión femenina y también el modo de representar el teatro liberal), y tiene un desenlace o "solución final". Lucio V. López toma entonces, para narrar el cambio cultural de la segunda parte, el esquema despolitizado del matrimonio que ha establecido Cambaceres, y también toma al nuevo sujeto del estado liberal, el gentilhombre o dandy.

Matrimonio, sexualidad, dinero, honor: ese es el núcleo de los cuentos de adulterio del estado liberal y esa es la incógnita y la ecuación que tiene que resolver el dandy. En *La gran aldea* el matrimonio de la joven Blanca Montefiori con el viejo tío es exclusivamente por dinero: las "nuevas" mujeres del '80, que "cultivaban las letras", separan matrimonio-dinero de sexualidad. Y no sólo Blanca y no sólo en Buenos Aires: el sujeto autobiográfico irónico de *La gran aldea* vuelve al final al colegio del interior para buscar a Valentina, "su novia" de entonces, y la encuentra "felizmente" casada con un viejo rico.

La misoginia de *La gran aldea* culmina en la cazuela del Colón,[31] pero lo que nos interesa es el dandy y "la solución final". La solución final: el adulterio de *La gran aldea* no tiene salida; el tío es viejo y el narrador autobiográfico –sin dinero ni poder– no puede intervenir (y además él también deseaba a Blanca; está siempre desgarrado entre dos fidelidades: es "la nación"). Entonces se precipita el final apocalíptico del incendio en carnaval con la nena quemada, el viejo-planta y los culpables que huyen, que son los diferentes sexuales (la mujer adúltera que huye con su amante y no duerme más), raciales (el negro sirviente Alejandro), y nacionales (la mucama francesa que debía cuidar a la niña y que se puso el dominó que Blanca había usado la noche anterior para ir al baile de carnaval, y que desaparece al fin con el negro Alejandro).

Cambaceres y López, con la crónica de la nueva cultura de 1880, cierran de modos opuestos, y con una alternativa notable, la relación matrimonio, sexualidad, dinero: o se arregla desde el estado, como en *Pot pourri* (expulsión "diplomática-"de la nación) u ocurre una catástrofe, como cuenta el testigo autobiográfico al fin de *La gran aldea*. Estado o apocalipsis *(justicia más allá del estado)* es la alternativa ficcional y final que plantea la coalición cultural de 1880 en los "cuentos de matrimonio" con violación a sus "leyes" por parte de las mujeres. Y entonces se puede ver funcionar otra vez el tejido de la coalición, que le da al estado la alternativa última (la no alternativa) frente a la ruptura del contrato legal que lo sostiene todo.

Las posiciones autobiográficas –los sujetos del estado liberal– se definen por sus aliados, y en cada una de las partes en que se divide el sujeto y la narración de *La gran aldea* se define cierta política masculina con "padres" y "protectores". La *alianza política* de Julio con Alejandro, el sirviente negro y fiel de su padre, pobre y urquicista como él, que domina la primera parte, se rompe en la segunda para dar espacio a la *alianza social y cultural* con un gentilhombre virtuoso y transparente llamado Benito Cristal: un solterón alegre que fue amigo de su padre, lee a Rabelais, conoce el Club del Progreso desde su fundación y goza allí de "una influencia única". Se necesitan, en 1880, otros aliados familiares, y también se disuelven solidaridades políticas anteriores. Entonces, con la despolitización, el lugar del negro Alejandro cambia totalmente: vuelve a ser un mero criado y como tal uno de los culpables del desastre final.

No sólo con "la solución final" *La gran aldea* abre alternativas patricias frente a *Pot pourri,* sino también con el dandy. Ante la reproducción periférica (¿en farsa periférica?) del dandy histórico de *Pot pourri,* Benito Cristal aparece como "el otro" latinoamericano del dandy, como la versión "buena" y alegre, donjuanesca: la *versión patricia del "aristócrata" solterón* que "tenía las debilidades mundanas de los galanteos", y que al final se casa de un modo ejemplar, con una mujer "rica y de edad proporcionada a la suya" (p. 181).

El "gentilhombre" o "caballero" Cristal es la alternativa patricia, *straight* y española de este "nuevo sujeto del estado liberal" pero conserva ciertos rasgos del dandy: la frialdad ante la vida, la burla y el sarcasmo ante el positivismo o utilitarismo (ante el dinero), y la encarnación de "la verdad" y "la virtud". Cristal:

> Amaba con delirio la verdad, y podía decir con orgullo que no había nunca mentido en su vida... La *honradez acrisolada de su palabra* no cedía en nada a la honradez de sus acciones, y llevaba su *culto por la virtud* hasta la delicadeza de practicarla en silencio, sin proclamarla como el fariseo (p. 91, bastardilla nuestra).

Benito Cristal, el protector de Julio (en cuya casa vive una de sus peregrinaciones), no sólo se diferencia nítidamente del dandy de Cambaceres sino de Montefiori, el padre de la adúltera Blanca, que *sí es llamado dandy,* y entonces podemos ver, quizá, qué era exactamente un "dandy" para el sector patricio de la coalición que exhibe el "buen gusto" de la sencillez: "Como todos los viejos *dandies,* después de tragar sus píldoras de salud, entregaba su figura a los afeites milagrosos de Guerlain" (p. 111). Montefiori, ex diplomático, es "lo chic" en la aristocracia bonaerense; tiene un aire de *garçon*, es epicúreo, gourmet, hombre de gran mundo, habla francés e inglés y en su casa rinde culto a la tapicería y al bibelotaje. Pero, y aquí pueden verse las ironías, rechazos, exclusiones: aparece como "un católico recomendable" (p. 138), y su mujer y su hija son adúlteras. Porque "el dandy" Montefiori no sólo resulta ser el padre de la adúltera Blanca que se casó con "el tío" para gastarle el dinero, sino el marido de Fernanda con quien Benito Cristal tiene relaciones secretas en Palermo.

Otra vez: quisiera pensar que en la coalición hay ciertas tensiones que girarían alrededor de la definición de un tipo específico de "aristocracia" masculina: de su relación con el dinero, con "el honor" y con "la verdad" (y con "la mujer" y los tonos). Los patricios pobres diferencian nítidamente dinero y honor, porque López traza una confrontación entre el dandy con dinero Montefiori y el gentilhombre Cristal que desprecia el dinero precisamente por el honor: uno le pone los cuernos al otro.

Esta posición "del honor" del dandy, que aparece con los cuentos de matrimonio, constituye un nuevo sujeto de la coalición con sus alternativas para el estado: rico, ascético y misógino en Cambaceres; pobre, donjuanesco y "correcto" en López. Este nuevo sujeto sirve al estado liberal para representar al "género masculino aristocrático" en privado, en el espacio puramente "cultural", y *para representar sus exclusiones.*

Porque los nuevos dandis y señoritos de *Pot Pourri* y de *La gran aldea,* que encarnan el "código masculino aristocrático" de la coalición *expulsan del honor, de la verdad –y de la nación– a diferentes "personajes*". El actor-dandy de Cambaceres expulsa de la nación, como "presidente" que nombra funcionarios del servicio exterior, al "secretario" que entró en la casa de su amigo y protegido Juan para hacerle perder el honor (¡y a quien Juan protegió y pagó la educación!). Y lo que el "caballero" alternativo de *La gran aldea* va a excluir de la verdad, del honor, de la distinción masculina y de la "alta" cultura "aristocrática latinoamericana" es al judío como representante del dinero, en cuya "cueva" su amigo-protegido Julio puede perder el honor (y entonces separa nítidamente dinero y honor). Lo va a excluir, también, de "la nación".

La gran aldea es la novela del '80 porque en 1884 contiene toda la década, hasta la Bolsa y el judío (y también contiene un "apocalipsis final"). A propósito del "cuento de matrimonio" cuenta el cambio (la despolitización, la "modernización" y sus espacios, las nuevas alianzas, los nuevos sujetos, el dinero, la Bolsa y el judío) y también todos los "peligros" y amenazas del cambio; cuenta desde "la nación". Quisiéramos detenernos un instante en esta figura del judío Eleazar de la Cueva de *La gran aldea* (que lleva directamente a *La Bolsa* de Julián Martel de 1891, la "clásica" novela antisemita de la literatura argentina) porque con ese "judío" se abre, en el sector patricio y político de la coalición del estado liberal, una historia que llega hasta el presente. Con él se abren los "Cuentos de judíos" que pueden leerse en la "Antología" del Manual.

En el capítulo 10 de *La gran aldea,* después del gran cambio del '80 –después que regresa del colegio del interior–, Julio trabaja en el

> escritorio de comercio de don Eleazar de la Cueva, el hombre de negocios más vastos y complicados de la República Argentina, que tenía vara alta con los gobiernos, con los bancos, con la Bolsa, con todo el mundo. Hombre manso y *cristiano* ante todo, muy devoto y muy creyente [...] era una especie de astrólogo para sus negocios (p. 89).

Cuenta Julio: "Don Eleazar era ante todo un especulador; en su casa de comercio no se compraba ni se vendía sino papeles de Bolsa" y tenía "la paciencia y la tenacidad de un *israelita*" (p. 92). (Y aquí puede observarse una vacilación sobre el especulador: por un lado era cristiano, por otro un israelita: ¿es posible que la construcción del judío en la literatura del liberalismo contenga ese indicio de vacilación en el nombrar?)

De la Cueva se declara en quiebra y *le dice a Julio:* "¡Todo lo he perdido! Desde hoy vivo de la caridad de mis parientes; sí, señor, de la caridad de la familia…" (p. 99). Y aquí interviene *el Cristal contra la Cueva* y *le dice a Julio:* "Su quiebra es una quiebra que no lo arruina ni lo lleva al tribunal; todo se resuelve para él en no pagar" (p. 96).

Esto se confirma *precisamente* en la fiesta de casamiento de Blanca Montefiori con su tío, porque allí *dice Julio irónicamente:* "mi ex patrón, don Eleazar de la Cueva, un hombre quebrado, en una situación desesperante de fortuna, había arrojado sobre la cabeza y el cuello de la linda novia una cascada de perlas y de diamantes.

"–Pero don Eleazar es famoso *–exclamaba Montefiori,* admirando los espléndidos aderezos *del viejo judío…*–. ¡Es un artista *homme de monde*!" (p. 150, bastardilla nuestra, y *fin de la vacilación*).

Eleazar no sólo finge quiebras y regala diamantes a la hija del dandy. Con él aparece, por primera vez en la literatura argentina, lo que se leerá en casi todos los panfletos posteriores: la "política judía" de los dos bandos.

Cuenta Julio:

> Don Eleazar, sin ser hombre de mundo, sin ser hombre político, tenía cierta influencia política; sin ser hombre de partido, tenía cierta intervención y participación en todos los partidos [...] su nombre y su influencia se dejaba sentir en mil formas distintas: en *las elecciones* formaba siempre parte *en los dos bandos* sin dar su nombre, y concurría eficazmente al triunfo de ambos partidos con sumas gruesas de dinero [...] *con todos promiscuaba,* porque en la viña del Señor tanto valía para él ser judío como cristiano (p. 89, bastardilla nuestra).

Y dice Cristal a Julio, para expulsarlo de "la nación": en la Bolsa "sus agentes, divididos *en dos bandos que operaban en sentido contrario, preparaban su golpe*"; de la Cueva siembra el terror "sin consideración de ningún género de *patriotismo*" (p. 94-95, bastardilla nuestra).

"Solución final": el gentilhombre que "amaba con delirio la

verdad", y defendía "todas las reglas de la gentilhombría" le recomienda a Julio que salga de la Cueva:

> –¡Amigo, amigo, busque otro destino, mire que esa casa de don Eleazar es peligrosa! Vale más correr el peligro de perder la camisa, *como yo,* que exponerse a *perder allí la honra* (p. 92).

Los nuevos sujetos de los cuentos de matrimonio (su proliferación ficcional: el "jefe del Colón", millonario-rentista, dandy misógino, actor, "presidente de la república" por un lado, y el gentilhombre patricio, clubman y donjuanesco de "la verdad" por el otro), son los que representan *(los encargados de "la representación")* un espacio privado de matrimonios y un espacio público "puramente" social cultural que sirve de mapa, ficción o fantasma del estado liberal. Representan a la coalición en los eventos sociales y entre las mujeres: en el Club de Progreso, en el Colón, en los bailes de carnaval y en las fiestas de casamiento. Critican la cultura moderna de su propio círculo por la inautenticidad de sus valores, por el utilitarismo y la hipocresía burguesa. Y producen alternativas (o "soluciones finales") ante el escándalo del adulterio, de la sexualidad y el dinero, para postular una nueva fábula de identidad (privada, de "género") para la coalición y para el estado. Una fábula masculina "aristocrática" para el estado liberal latinoamericano, que expulsa cada vez de la nación –de sus "casas"–, a "los que amenazan el honor", o "promiscuan": Pepes y judíos. Se necesita un sujeto masculino despolitizado y con una ética ejemplar en relación con el dinero, el honor y la verdad (y "la nación"), para representar culturalmente al estado y para representar, por lo tanto, sus exclusiones "de honor".

El mapa del mundo cultural es el mapa del estado liberal

Al despolitizar la identidad familiar del sujeto autobiográfico y representarlo como un actor o un cronista social, o mejor, al despolitizar la representación a partir de 1880 (y despolitizar es, en realidad, producir una reformulación de lo político),[32] los nuevos sujetos de la coalición (con los "dandis" y los "gentilhombres", y con sus alternativas) inauguran la crítica cultural y *la nueva política cultural* que acompaña al estado liberal y lo representa. En relación con el matrimonio, la sexualidad, el dinero y el honor construyen nombres, clases y géneros sociales, culturales, sexuales y raciales: una serie de categorías para los que están o entran en sus propias casas o mundos privados: mujeres, "hombres de confianza", Pepes, sirvientes inmigrantes, negros y judíos. Y los representan como enemigos porque pueden amenazar el honor, la verdad y "la nación". Esas diferencias puramente culturales trazan un mapa fantasmático de la vida privada que es a la vez un mapa del estado liberal: la coalición estataliza el espacio privado porque es en el teatro privado donde se representa la "diferencia interior" como suplemento (y amenaza) de los estados nacionales.

Cuentos de exámenes de física: locura, simulación y delito en el Nacional Buenos Aires

De golpe, en 1887, nos encontramos con un examen de física en el Nacional:

> Seguro del terreno que pisaba, dueño absoluto de sí mismo, la palabra brotaba de sus labios, fácil, fluida, franca, en el recogido silencio de la sala; con el brillo y la pureza del cristal sonaba el timbre de su voz que la emoción ligeramente estremecía. [...]
>
> Habríase dicho *una ficción, por momentos, una falsa imitación* más bien, de saber y de talento, el oropel de *una apoteosis de teatro*, trabajada, artificial, la luz del gas simulando el sol.
>
> Fue un triunfo, sin embargo, un momento espléndido de triunfo. La más alta, la más honrosa de las clasificaciones; una especial mención de los miembros de la mesa, felicitando a Genaro por su soberbio examen; el aplauso general, los parabienes de sus compañeros, aún de aquellos cuyo altanero desdén más dolorosamente había sentido siempre pesar sobre él y que, con la sonrisa en los labios, acercábansele ahora, estrechábanle solícitos la mano.
>
> E iba a *ser publicado* todo eso, pensaba lleno de orgulloso júbi-

lo Genaro, veríase en letras de imprenta él, *su nombre,* su oscuro, su desconocido nombre, el nombre del "hijo del gringo tachero" aparecería en las columnas de la prensa, circularía de mano en mano, rodeado como de una aureola brillante de *fama* y de prestigio. (Eugenio Cambaceres, *En la sangre,* Buenos Aires, Imprenta de Sud-América, 1887. Capítulo XIV, pp. 95-96, bastardilla nuestra.)

Y enseguida, en 1889, nos encontramos con otro examen de física, también en el Nacional de Buenos Aires:

Al poco rato de ingresar en el recinto de examen, suena un nombre desconocido para todos, y de pronto, como movido por un pinchazo, y cuando buscábamos con la mirada al dueño de tal apellido, el individuo estaba ya erguido, tembloroso, transfigurado, y hacía girar la manija de la urna para sacar su bolilla. A la segunda vuelta, salta una: el número 13, fatídico, estaba grabado con tinta negra, de relieve, en la pequeña esfera de madera. Mala estrella, pensamos, y, efectivamente, el desgraciado empezó a revolver su programa, a acomodarse en el asiento, a fingir un poco de tos, y, por último, dijo con voz apagada: –No la sé. –¿Eh? saque otra –le dice el malogrado doctor Bartolazzi, con su acento francachón y bondadoso; vuelta la urna, y otra bolilla, saltarina como un grito, cae en el platillo de madera: número tantos. Número... un suspiro suave y un aire de resignación cristiana que le habría envidiado un mártir, acompañan a otro: –No la sé, señor. –Hombre, saque otra, vaya, saque otra –le dice de nuevo el catedrático, inspirándole un poco de coraje para disimular por su cuenta la vergüenza del rechazo. Salta la tercera bolilla, más retozona que las dos primeras, y el desdichado abre desmesuradamente los ojos, deja caer los brazos como dos ahorcados, y balbucea de nuevo su estribillo: –No la sé.

–¿Y qué sabe usted? –le pregunta el catedrático en el colmo de la impaciencia.

–Yo sé los imanes.

–¿Los imanes? bien, diga usted los imanes.

–Los imanes –empieza el afligido examinando... los imanes... señor... no los sé...

> Desapareció como una sombra sorprendida por un rayo de luz que la borra de improviso; y se deslizó por la escalera, haciendo sonar sus canillas largas y descarnadas y los fuelles de sus zapatos agujereados. (Manuel T. Podestá, *Irresponsable. Recuerdos de la Universidad* [1889], Buenos Aires, Editorial Minerva, 1924. Cap. I, pp. 20-25.)

¿A quién, que lee, no le gusta leer cuentos de exámenes? ¿Y especialmente cuentos de exámenes de física, que ponen a prueba ciertas "superioridades"?

Hoy nos está permitido revivir el momento fatídico de los temblores ante el Tribunal porque encontramos "cuentos de exámenes de física" en la literatura de la coalición cultural del estado liberal que hemos tomado como punto de partida para narrar algunas historias. Con los exámenes de física culminan los cuentos de educación y matrimonio y los cuentos del Nacional de *Juvenilia*. Están contados por un nuevo sector de la coalición (diferente de los patricios y de los gentilhombres), por la voz y la mirada del sujeto positivista, y en una segunda fase o coyuntura del estado liberal, que se encamina a su primera crisis. El sector científico de la coalición es el más moderno y abierto, el que nos lleva al futuro, pero ahora lo importante es precisamente "la física": el conocimiento de las leyes y de las fuerzas que mueven los cuerpos.

Con el sujeto positivista y sus "casos" ponemos fin a la ficción de la coalición porque es el que nos lleva a la frontera del delito, tema de este Manual.

El problema de las ficciones científicas y naturalistas de este nuevo sujeto del estado liberal es el problema de la epistemología estatal.

¿Qué necesita saber el estado, con la modernización y con lo que José María Ramos Mejía, el autor del primer texto psiquiátrico argentino (*La neurosis de los hombres célebres* publicado entre 1879 y 1882) llama en *Los simuladores de talento* "las tendencias de nivelación llevadas con tanta insolencia hasta el sagrario del genio"? ¿Qué saber sobre la igualdad y las diferencias, los ascensos y los descensos, los ganadores y los perdedores?

Es el tiempo de la movilidad social producida por la expansión de la alfabetización; *el tiempo de las celebridades* ligadas con la profesionalización del periodismo y con la industria de la cultura; y también el tiempo de los locos, los criminales y los *freaks* que acompañan a los célebres como las dos caras de la misma moneda.

¿Qué necesita saber el estado en una cultura "moderna" que se define por la educación y la prensa? O mejor ¿qué saber necesita, qué tipo de saber específico? ¿Cómo se define una epistemología estatal?

Hay que controlar la movilidad social liberal y darle un sentido; trazar un mapa de los ganadores y perdedores y definir sus posiciones relativas; establecer científicamente una nueva clasificación jerárquica de los hombres por sus méritos o capacidades; saber diferenciar los verdaderos genios (únicos) de los falsos, los astutos y los mediocres (la mayoría), y también de los "anormales" que se desvían... Estamos en plena expansión capitalista: hay que redefinir las redes diferenciales. Y esto de un modo "científico" y riguroso, basado en los componentes físicos y materiales que rigen los procesos biológicos y sociales: fuerzas, masas, movimientos, transmisiones, resistencias, velocidades, intervalos de tiempo. Y por fin, hay que organizar ese saber en leyes.[33]

Todo debe someterse a examen y los "cuentos de exámenes de física" del Nacional Buenos Aires van a articular algunos de estos enigmas porque pertenecen a la literatura naturalista, que es la contraparte literaria del materialismo cientificista: cuenta procesos de generación (el personaje de Cambaceres se llama Genaro) y de degeneración (de "el loco de los imanes"), y conecta economía y sexualidad.[34] El problema de la literatura naturalista, el problema de la posición científica de la coalición, y el problema de la epistemología estatal, es la relación entre dos campos de determinaciones, el biológico-genético y el social. ¿Dónde articular la dualidad? Y además ¿cómo ligar el saber científico y la decisión ética y jurídica? Hay que encontrar un puente que permita deslizarse de la genética a la sociedad y a la ley. Y allí es donde aparece ante nosotros "el cuento del examen de física" como el acontecimiento "riguroso" que produce la conversión de la información genética en conducta social, responsable o no (culpable o no). El examen de las leyes de la ciencia de los cuerpos articula las dos corporalidades y articula la ciencia con el derecho. El examen traza la red legal: las leyes de la física, las de la herencia, las leyes sociales y las penales. Para el sujeto científico de la coalición, el saber se apoya en leyes y conduce a la ley.

Los narradores de las novelas naturalistas *En la sangre* (1887) de Eugenio Cambaceres, e *Irresponsable* (1889) del médico alienista Manuel Podestá,[35] examinan o someten a "examen físico", ante las autoridades del Nacional Buenos Aires, ciertos casos "anormales" de la movilidad social del estado liberal, que suben o bajan las escaleras del colegio y entran donde no se debe el día del examen. Y nos cuentan el agujero negro del examen (todo es performance y espectáculo en la modernización) para trazar el mapa de un tipo específico de diferencias y fundar científicamente esas diferencias en los genes y en la sociedad. Es decir, en los códigos deterministas de la biología y la sociología. Cuando caen las Diferencias Políticas se abre el Proyecto Genoma Humano, representado por el sector "científico-literario" de la coalición.

Las características de la estética naturalista: *determinismo y degeneración,* se aplican a estos "anormales" de la física. "El hijo del gringo tachero" de cabeza cuadrada,[36] primera generación de argentinos (en la novela de Cambaceres), y el hijo de un adinerado alcohólico, que usa sombrero de copa pero tiene los zapatos rotos (en la de Podestá), son los que resultan respectivamente "ganadores" y "perdedores" en los exámenes de física.

En esas novelas científicas aparecen por primera vez las biografías de ciertos sujetos: el simulador de talento y el loco, que ocuparán a escritores, científicos y juristas, y que se definen de modos opuestos en los exámenes de física, por el éxito de uno y el fracaso del otro. El examen de física del simulador y el examen de física del loco articulan ciencia con cuerpos, ciencia con derecho, herencia con sociedad. Desde la "familia" de la identidad científica (desde la autobiografía del médico alienista en *Irresponsable,* o desde la mirada naturalista de *En la sangre:* este es un sujeto científico "ficcional", el otro "real") hay que definir a la locura y a la simulación (y a estos nuevos personajes) como la negación misma de las leyes universales del estado liberal.

Por eso en los cuentos de exámenes de física no sólo se abre la historia de los que representan una movilidad o travesía social-institucional "anormal", sino que se abre la historia de *una nueva correlación*, una pareja singular (el uno para el otro) entre la posición científica del estado liberal y el simulador de talento y el loco. Y en esa correlación consiste la fábula de identidad del sujeto científico de la coalición, que requiere un tipo específico de "otro" (judaizado, como se verá enseguida) para existir y definirse. Un yo autobiográfico y científico (y un nosotros comunitario) en Podestá, o un narrador omnisciente y naturalista en Cambaceres, penetra en un otro (un "él" opuesto a "ellos" o a "nosotros"), abre esa interioridad (en estilo indirecto libre, sin darle el yo), le da una identidad, y pone como su límite el delito y la ley: esa es la fábula de identidad del sujeto científico o naturalista de la coalición, y su ficción para el estado.

El hombre de ciencia, el simulador y el loco (y la prensa, la fama, los ganadores y perdedores) son los personajes que simultáneamente cierran nuestra historia y la abren al futuro, porque constituyen el pasaje entre la cultura del estado liberal y la nueva cultura (una pos-modernidad) que surge a fin de siglo. (Esta transición puede verse nítidamente en las relaciones entre las obras de los científicos José Ingenieros y José María Ramos Mejía a propósito de la simulación. Con sus diferencias, los dos unen la simulación con la locura y las llevan a la frontera del delito.)[37]

La fábula del simulador de talento

"¡El único talento que tenía él era el de engañar a los otros haciendo creer que lo tenía!" dice el narrador científico de *En la sangre*, que cuenta la biografía de Genaro Piazza desde el día de su nacimiento hasta que él mismo se declara "irresponsable" de sus delitos "como las víboras de su veneno". El simulador de talento se liga con las identidades dobles de la literatura de fin de siglo, con la representación, y por lo tanto con la escena y el teatro liberal.

Veamos *el momento anterior al examen:* la bolilla 13, que no sabe, la puerta abierta de la sala de examen, la urna... y el robo:

> A fines de año, una vez, entre un crecido número de sus condiscípulos, acababa Genaro de *bajar la ancha escalera* que *del salón de grados* llevaba a la planta baja.
>
> Iba y venía intranquilo... absorto, abismado por completo en una preocupación única: su examen.
>
> Era que jugaba el todo por el todo él en la partida, que era cuestión para él de vida o muerte, se decía...
>
> Una idea además lo perseguía, fija, clavada en su cerebro; aumentando sus zozobras, un triste presentimiento lo aquejaba con la implacable tenacidad de una obsesión.
>
> Dominado por la aversión profunda, irresistible, que llegara a inspirarle una de las materias encerradas en el programa del año, había rehuido su estudio.
>
> Era en física, *el coeficiente de dilatación de los gases.* Al abordar por vez primera el punto, habíale sido imposible comprender, se había afanado, se había ofuscado, había sido un laberinto su cabeza. [...]
>
> ¡Pero cuánto y cuánto lo deploraba, le pesaba ahora, *trece* del mes y viernes, pensaba, trece el número de la cuestión en el programa, trece su propio nombre en la lista!...
>
> No le faltaba sino ponerse a creer en brujerías, él también, en *gettaturas* y usar cuernos de coral como su padre después de comprar reloj... [...] pero ¿por qué, sin embargo, esa extraña coincidencia de tres *trece* reunidos?
>
> Él mismo, semejante al reo que hace entrega de su persona, con mano trémula y vacilante, iría a sacar de la urna la bolilla, la primera, la última, cualquiera... la bolilla augurosa, el número fatídico, cabalístico: trece... ¡era fatal!... [...]

Genaro ve la puerta abierta y entra en la sala de exámenes:

> Pero la urna maldita, semejante a un mensajero del infierno, lo atraía, lo fascinaba, derramaba sobre el todo el demoníaco hechizo de la tentación.
>
> Vanamente se exhortaba, luchaba, se resistía, le era imposible desviar de ella la vista, seguíala, envolvíala a pesar suyo en un *ojeo avariento de judío.*

Y el robo:

> Entonces, como arrebatado del suelo por el azote de algún furioso huracán, con todo el arrojo de los valientes, con todo el amilanamiento de los cobardes, incapaz de discernir, sin mínima conciencia de sus actos, como si contemplase a otro en su vez, *se vio Genaro de pie junto a la urna.* Había metido la mano, había tenido la sensación de una mordedura de plomo líquido en las carnes; erizado de terror, la había sacado. [...] *¡la había robado... o más bien no, ella sola había debido metérsele entre los dedos!...*
>
> Era tiempo; el Rector, los catedráticos, los otros estudiantes, subían, asomaban por la escalera.
>
> Guarecido, acurrucado en un hueco de la pared, su instinto solo, su maravilloso instinto de zorro lo había salvado (cap. XIII, pp. 79-93, bastardilla nuestra).

En el momento anterior al robo "instintivo", cuando se debate sobre el delito, Genaro es un sujeto dialogizado con dos voces en su interior: la atávica del padre napolitano y la de la educación argentina. Su conciencia está en perpetuo debate y la novela va a llevar al extremo la explotación del doble sentido: herencia como genes y dinero; la bolilla del examen, que roba, y la bolilla negra del Club del Progreso, que veta su nombre y su entrada en el recinto de los *gentlemen;* Piazza es su apellido y es en la plaza del Parque donde él mismo se juzga y se absuelve.

El simulador de talento es un nuevo sujeto "en representación" y un "delincuente" de la verdad. Astuto como un zorro, *atraviesa todas las clases sociales* desde el conventillo donde nació hasta la estancia de su mujer Máxima, hija de un millonario patricio emigrado en el año 1940, antiguo oficial de Lavalle, con la que se casa después de *violarla en el palco del Teatro Colón en carnaval* y dejarla embarazada. Se casa con su "herencia". Llegó al Nacional de Buenos Aires por la herencia que dejó su padre el napolitano avaro y porque es inteligente, según dijeron a la madre el maestro y un abogado amigo (la madre inmigrante, una buena viejita, lo quiere doctor: "Los doctores eran todo en América, Jueces, Diputados, Ministros...".). En el momento del examen el hijo del inmigrante está, con sus dos "herencias", en la escuela media y en el punto de partida de la clase media.

Y *después del examen,* en el festejo con sus pares, simula estar ebrio para no hablar. Ramos Mejía también se extiende sobre el silencio solemne del simulador de talento, pero el indirecto libre de Cambaceres dice más:

> Nada... ni una frase, ni dos palabras siquiera, sensatas, pertinentes, atinadas, habríase creído capaz de hacer brotar de sus labios... nada... Y con toda la destreza, con la artimaña de un cómico, simuló hallarse ebrio él también; embotó la vista, separó una de otra las piernas, ladeó el cuerpo, como descuajado en la silla cabeceaba, babeaba, tartamudeaba, pedía más vino (p. 105).

Y en adelante, el "actor" se expande hasta llegar a la cima social (su único límite es el Club del Progreso, por la "bolilla negra"), especula con el dinero de Máxima, falsifica su firma, le roba, la maltrata (y también maltrata a los peones en la estancia), y al fin le dice en la primera edición de *En la sangre* (censurada en las ediciones posteriores ¿para el colegio secundario?):

> –¿La dueña, dices? de tu plata, pero no de tu culo ¡de ese soy dueño yo!...

Este es el hijo del tachero napolitano, primera generación de argentinos inteligentes, que roba una bolilla para "ganar" en el examen de física; la serie simulación, fraude, falsificación y delito se lee después, nítida, en Arlt (y también se lee en Arlt "el examen" de física).

La fábula del loco: el derecho por equivocación, el "judío errante" y el descenso

> Era un alumno de quinto año que iba a rendir su examen; nadie lo conocía, jamás había frecuentado la clase, y sólo supimos que aquel era su objeto al afrontar tan peligroso percance, cuando él mismo, con una timidez de doncella, nos preguntó sin dirigirse directamente a ninguno: –¿Hoy hay examen de física? –Sí, señor –le contestó uno, y nuestro hombre, sin decir palabra, se introdujo *sin miramientos y por equivocación en el salón de grados*, cuya puerta estaba inmediata a la escalera...
>
> Alguien le observó que allí se daba *examen de Derecho* y que en la sala contigua podría dar el suyo de Física...
>
> Una figura que no se borró nunca de nuestra memoria, una fisonomía que nos bastó ver de nuevo, después de muchos años, para recordarla intacta, un *judío errante* de la Universidad, un paria, que anda todavía en busca de carrera, de fortuna, y que la suerte traidora y parcial no ha tocado con su dedo mágico... (p. 20).
>
> Médicos, abogados, ingenieros, ministros, diputados, comerciantes... en la cúspide de una montaña hasta los más inservibles habían ascendido; lo que les negara el talento se los concedió la fortuna; pero al fin, a fuerza de luchar, a fuerza de caer y levantarse, habían trepado... Y él, que iba bajando las gradas carcomidas del desquicio... (pp. 209 y 222).

En *Irresponsable* (del médico Manuel Podestá) el narrador es un médico anónimo que cuenta, junto con su propia autobiografía científica, la vida de un hombre que desfila por sus mismas instituciones educativas y científicas con el seudónimo de "el hombre de los imanes". Lo vio en el examen de física del Nacional, después lo vio en el anfiteatro de disección de la Facultad de Medicina, y al fin lo vio en el asilo; así establece las etapas de su propio ascenso y al mismo tiempo el descenso y la caída del loco. En el examen de física no pudo responder a las preguntas, incluso a lo que dijo que sabía, los imanes. En el anfiteatro de disección de la Facultad de Medicina se echó a llorar por la prostituta muerta, en lugar de observar científicamente el cadáver. Después vino la política, y en una manifestación habló inflamado contra sus propios correligionarios que se volvieron contra él y lo lincharon, como si fuera de la oposición. Le da un ataque de epilepsia, pierde el sombrero de copa, lo llevan preso y de allí al manicomio, "como un perro".

El loco fue un hombre "bien" (usa sombrero de copa, y cuando lo pierde se pierde), pero la herencia alcohólica y el deseo de casarse con una prostituta para "redimirla" ("Había abandonado por ella mi familia, mis amigos, mi carrera, todo, todo lo había sacrificado... Me había impuesto una misión, quería redimir a esa mujer a costa de mi propio sacrificio") lo precipitaron al abismo de *la locura, es decir, a la negación de las instituciones de educación y matrimonio del estado liberal*. Ella era bellísima, depravada e irredimible porque carecía del gen del "sentido moral"; era "loca, histérica, corrompida. Su organismo estaba conformado así" (p. 196). La deja, ella se suicida, y su cadáver aparece desnudo en el anfiteatro de disección, donde la describe largamente el científico autobiográfico. (La novela realista-naturalista parece requerir la figura de la prostituta: un modo de en-carnar "la caída" y hacer visible lo social. Visibilidad de la prostituta y de la novela realista como máquina de ver.)

Un amigo del loco (un doble del narrador, que fue ascendiendo gracias al sacrificio y al estudio, mientras el loco era rico y abandonó la carrera) le dice:

> eres un desgraciado, uno de tantos, en los que se cumple fatalmente una ley de herencia, de la que pocos pueden substraerse (p. 263).

También le dice:

> Ha sido una felicidad para ti que tu situación no te condujese a extremos más peligrosos. Cuando estabas alucinado por las impresiones que trastornaban tu cerebro... has podido ser criminal... (p. 266).[38]

Pero no hay delito en el loco y en su descenso, es el *Irresponsable* que termina "como un perro".

Las leyes de la física: los que saben lo que no saben

¿Pero por qué es el "cuento del examen de física" el que define al simulador de talento y al loco, nuevos "personajes otros" del estado liberal narrados por el sujeto científico? Ellos encuentran en el examen de física su "verdad" porque hay siempre una bolilla (una ley de la física) que estos sujetos saben que no saben, y también está el trece, la ley de la suerte.[39] El hijo del tachero napolitano se llama Genaro Piazza y sabe que no sabe el coeficiente de la dilatación de los gases, que es la bolilla número trece (y esto ocurre en el capítulo XIII de *En la sangre*); el hijo del alcohólico saca primero la bolilla número trece, dice que no la sabe y que sólo sabe los imanes, que después dice que no sabe, y de allí toma su nombre literario y científico: "el hombre de los imanes". *Irresponsable* tiene trece capítulos.

Las leyes que saben que no saben en el momento del examen son las leyes de las expansiones (Ramos Mejía usa esta palabra para los simuladores de talento: la "expansión individual") y las leyes de las atracciones. *Lo que saben que no saben es lo que encarnan:* una ley de la física, en la corporalidad física y en la corporalidad social a la vez, en los colegios y matrimonios. Esa ley es el centro de sus historias y los determina inexorablemente. Yo sólo sé que no sé la expansión de los gases, se dice el simulador de talento, que roba una bolilla y que va a ascender socialmente hasta la cima misma por su matrimonio con la aristocrática "Máxima". Yo sólo sé que no sé los imanes, dice el loco magnetizado por la bella prostituta con la que quiso casarse, que va a descender hasta la cárcel y el manicomio. Porque las narraciones refieren las atracciones y expansiones de esos "personajes", que son travesías por la sociedad, por las instituciones, y por los cuerpos femeninos con sus "herencias".

Las miradas "científicas" del narrador naturalista de Cambaceres, que borra el proceso de enunciación, y del médico alienista de Podestá, que cuenta al mismo tiempo su vida "científica" en forma de "recuerdos", explican, en los exámenes de física, la historia de esos sujetos marcados por el trece. Los dos transgreden las leyes de la educación y del matrimonio. Los dos *serializan instituciones y clases sociales* para poner como límite el delito y la opción jurídica: responsables o irresponsables. La locura de "el hombre de los imanes", en su proceso de degradación, es definida como la negación "irresponsable", una por una y en serie, de las instituciones del estado liberal: la educación, la ciencia, el matrimonio, la política (y hasta la amistad). Y la simulación de Genaro es definida, en su proceso de expansión, como violación "en delito" de las barreras entre las clases sociales: Genaro nace en el conventillo, atraviesa la clase media en el Colegio (donde roba una bolilla), y llega a la estancia gracias a su matrimonio.

Hay una red que liga los tópicos del examen de física del simulador y del loco (y esa misma red es la que traza el sujeto científico del estado liberal): entran donde no se debe y por eso transgreden el derecho y la ley, el loco por equivocación (es "irresponsable"), el simulador por decisión (es "culpable"); los dos tienen el número trece como suerte y destino, los dos saben lo que no saben y juegan el todo por el todo en el examen. *Y los dos son "como" judíos:* el "como" judío avaro de Cambaceres es una conciencia "moderna" y "realista"; una falsa conciencia iluminista (como dice Peter Sloterdijk en *Crítica de la razón cínica*). Representa la desviación cínica y procede como si las leyes existieran sólo para los tontos: hay que sobrevivir, hay que ganar y hay guardar las formas. Es "el ganador". El otro "como" judío errante de Podestá es el paria demente que se equivoca con el derecho y con la ley fatal de la herencia: tiene la "ilusión" de casarse con la prostituta y "redimirla", y abandona todo por ese "sueño literario". Es "el perdedor".

La red que une los tópicos del examen de física de los cuentos de educación y de matrimonio de la coalición constituye lo que podríamos llamar una configuración cultural, que se transforma en *un artefacto cultural* (un complejo entretejido, mutante, de posiciones, relatos y soluciones finales), y se abre en una multiplicidad de direcciones. No sólo reaparece y atraviesa la historia de la cultura, sino que en cada uno de los puntos de que está hecho se instalan "cuentos" que forman series, cadenas, familias, genealogías, y que nos llevan al futuro. Por ejemplo, la historia de los "cuentos de exámenes".[40] O los "cuentos de simuladores", los "cuentos de locos", los "cuentos de ganadores y perdedores" y los "cuentos de judíos".

NOTAS

[1] Este trabajo no es más que un intento de reordenamiento de uno de los campos críticos fundamentales de la literatura argentina que establecieron David Viñas y Noé Jitrik (los escritores del '80 y el liberalismo), en función de las categorías de Estado, de cultura y de posiciones-sujetos, que considero hoy fundamentales para pensar las literaturas latinoamericanas. Véanse los clásicos trabajos de Viñas: "El escritor *gentleman*"; "Infancia, rincones y mirada"; "De la sacralidad a la defensa: Cané", en *Literatura argentina y realidad política. De Sarmiento a Cortázar,* Buenos Aires, Siglo Veinte, 1971. Y "Cané: miedo y estilo", "'Niños' y 'criados favoritos'" en *Literatura argentina y política. De los jacobinos porteños a la bohemia anarquista*, Buenos Aires, Sudamericana, 1995. Y de Noé Jitrik, *El '80 y su mundo. Presentación de una época,* Buenos Aires, Jorge Álvarez, 1968, y *Ensayos y estudios de literatura argentina,* Buenos Aires, Galerna, 1970.

Este trabajo no es, entonces, sino "un trabajo escolar" para mis queridos maestros del grupo *Contorno*. Un examen ante *Contorno* con los "cuentos de educación y matrimonio de la coalición", dedicado a la memoria de Ramón Alcalde.

[2] En 1880 se ve claramente que la modernización se realiza desde el Estado en América Latina (como ocurre en general en las periferias); es el Estado el que racionaliza la sociedad desde arriba en ausencia de una burguesía autóctona poderosa.

Gregory Jusdanis (*Belated Modernity and Aesthetic Culture. Inventing National Literature*, Minneapolis, University of Minnesota Press, 1991) se refiere (a propósito de la Grecia moderna) a las diferentes modernidades y a la incongruencia en las sociedades periféricas entre originales occidentales y realidades locales como deficiencia estructural (modernidad incompleta). Marca la modernización desde el estado con resistencia de la iglesia, y las contradicciones entre estado y sociedad que genera la modernización. Jusdanis analiza en Grecia el peso de la familia y el parentesco en el cuerpo político; la modernización sin industrialización y la incorporación de instituciones burguesas sin una política de ciudadanía (p. 106). En los países periféricos el Estado domina a la sociedad civil, dice Jusdanis, y subraya esa tensión: el estado penetra en la sociedad civil y borra las distinciones entre esferas privada y pública: *no hay fronteras entre estado y cultura*. Jusdanis marca también la sobrepolitización de la sociedad y las redes clientelísticas que surgen como resultado de la integración imperfecta de prototipos occidentales en la infraestructura autóctona; la modernidad se instala sobre la base de patrones de parentesco que se integran y se transforman en el nuevo contexto, y no son eliminados. Hasta aquí Jusdanis con la modernidad periférica.

Julio Ramos (en *Desencuentros de la modernidad en América Latina,* México, Fondo de Cultura Económica, 1989) sostiene que la modernización desigual en América Latina implicaría la imposibilidad de institucionalización (autonomización) total de la literatura; antes de fin de siglo los letrados son políticos y estatales a la vez. Nuestro análisis no hace más que continuar el de Ramos en ese sentido, con un énfasis mayor en los procesos de autonomización literaria producida por la autonomización política (constitución del Estado): un énfasis en la despolitización de las representaciones literarias a partir del umbral de 1880. Paradojalmente, las ficciones que escribe la coalición cultural para el estado requieren una despolitización, que implica cierta autonomización, de la literatura.

En la Argentina la modernización desde el estado en 1880 representa un corte literario porque la literatura se constituye como completamente diferente de la literatura anterior, hasta el punto en que podría pensarse que el siglo XIX abarca dos universos: uno a partir de la Independencia, y el otro a partir de 1880.

En la primera fase, la de las guerras civiles, la literatura gira alrededor de un espacio nacional fantasmático, como utopía de la unificación. La literatura está *casi fundida con la política* porque todas las voces o representaciones verbales están politizadas y toda diferencia cultural es diferencia política.

El otro universo surge a partir del corte estatal de 1880, en que *se despolitizan las representaciones* y se transforman en puramente sociales y culturales. Con la constitución del estado se autonomiza lo político y se constituye como esfera separada del espacio cultural y literario. El corte pone fin al discurso de la guerra y la literatura de la coalición cultural del estado liberal traza un mapa social, cultural, nacional, racial y sexual de la sociedad despolitizada de 1880. Esa autonomización de la esfera de la literatura y la cultura, visible en los "cuentos" de la coalición (que representan un pasado político en los "cuentos de educación" y un presente puramente cultural en los "cuentos de matrimonio"), produce un cambio total en la historia literaria, o en la historia a secas. Porque la representación literaria "puramente cultural" de la coalición que surge en 1880 "inventa" o genera, hacia adelante y hacia atrás, otras secuencias.

En primer lugar funda la lengua y la representación literaria de la cultura alta, "aristocrática", la cultura de la dominación en Argentina: las voces del Colón, de la Recoleta, del Jockey Club, con sus citas en las lenguas europeas originales, con sus criollismos y sus enciclopedias, y con su estética de la simplicidad. En segundo lugar la independencia de la literatura y la política abre otra secuencia hacia atrás, porque unifica las voces desgarradas y polémicas, político-culturales de la nación anterior, en la nueva secuencia de la "literatura nacional". Dicho de otro modo: la independencia de las esferas "literatura" y "política" permite *la nacionalización* de las voces y culturas en guerra de la fase anterior (y para esto, la coalición cultural construyó versiones alternativas de la nación anterior en guerra en los "cuentos de educación").

[3] La llamada "generación del 80" está formada por escritores "menores", clásicos dentro de las fronteras nacionales y desconocidos fuera de ellas, porque las culturas periféricas sólo

trascienden las fronteras con una cuota de dos o tres "obras maestras" para cada nación, o para cada siglo de cada nación. Es interesante la relación inversa: los escritores de clásicos secundarios de las culturas dominantes son, por lo general, leídos y admirados en los países periféricos y este es uno de los signos de "alta cultura". Borges fue uno de los escritores argentinos que preconizó la lectura de los clásicos secundarios de las culturas dominantes.

Estos escritores fundadores de la alta cultura argentina fueron diplomáticos, diputados, ministros, senadores, y escribieron discursos políticos, memorias, cuentos, fragmentos, notas de viajes y crónicas culturales. Nos referiremos a dos de ellos en esta primera coyuntura de la coalición; sus textos son relativamente poco conocidos fuera de la Argentina pero canónicos en la cultura nacional: se leen en los colegios secundarios y se editan permanentemente.

Miguel Cané (1851-1905), el autor del clásico *Juvenilia,* nació en Montevideo, durante el rosismo y el exilio político de sus padres, y a partir de 1880 fue diplomático en Colombia y Venezuela, y después en Viena, en Berlín y en Madrid. Sus crónicas y relatos se reunieron en *En viaje* (1884) y en *Charlas literarias* (1885). En 1892 fue Intendente de Buenos Aires. En 1899, como senador por la capital, publicó el libro *Expulsión de extranjeros,* donde sintetizó la legislación de las principales naciones europeas sobre el derecho de expulsar extranjeros, y presentó al senado el proyecto de otro tipo de ley del estado liberal, la ley 4144 (1902), llamada Ley de Residencia. Por ella se podía expulsar del país a los extranjeros "de mala conducta" (política: anarquistas y socialistas). En 1900 fue decano de la recién creada Facultad de Filosofía y Letras.

Lucio V. López (1848-1894), el autor de *La gran aldea,* fue hijo del historiador y novelista romántico Vicente Fidel López, y nieto de Vicente López y Planes, autor del Himno Nacional argentino, y nació en el exilio de Montevideo, como Cané. En 1880 fue Diputado al Congreso Nacional, y en 1881 escribió *Recuerdos de viaje,* el primer libro de viajes de 1880. Fue también uno de los fundadores, en 1884, el diario *Sud-América* (donde publicó *La gran aldea,* su única novela, como folletín), uno de los órganos oficiales del roquismo y de la "generación del 80". En 1890, en vísperas de la Revolución del 90, que apoyó, pronunció un famoso discurso en la colación de grados de la Facultad de Derecho, exhortando al regreso al pasado y a la lucha contra el avance cosmopolita. En 1891 publicó un *Curso de Derecho Constitucional,* y en 1893 fue, durante treinta y seis días, ministro del Interior de Aristóbulo del Valle. Murió en 1894 en un duelo con el coronel Carlos Sarmiento por discrepancias políticas. Uno de sus padrinos en el duelo fue Lucio V. Mansilla. Murió en brazos de Aristóbulo del Valle y sus últimas palabras fueron: "¡Que injusticia, Aristóbulo! ¡Así son estas democracias inorgánicas!...".

4 Maria Antonietta Saracino ("L'autobiografia di una Nazione", en *L'Autobiografia: il vissuto e il narrato,* Quaderni di Retorica e Poetica, I, 1986, Padua, Liviana Editrice, 1986) analiza las autobiografías de líderes políticos de la independencia y el establecimiento de los nuevos estados africanos (Ghana, Kenya, Zambia) en el sentido de una *doble autobiografía, individual y nacional*. Son obras publicadas en ocasión de la independencia del país, y casos emblemáticos. Por ejemplo en Ghana: *The Autobiography of Kwame Nkrumah,* publicada el día mismo de la proclamación de la independencia, el 6 de marzo de 1957. Estos libros no se escriben al fin de una vida, no son memorias que acompañan el cumplimiento de una parábola humana; se escriben en la culminación de una carrera, y el yo está presente en la modulación de los procesos históricos.

5 Se escribe desde donde se leyó. Martín García Mérou fue secretario de Cané en la misión diplomática en Venezuela y Colombia, cuando escribió *Juvenilia* en 1882. Y cuenta:

> Cané había sido mi examinador en Historia y, a la aparición de mi primer libro de *Poesías,* escribió en *El Nacional* algunas líneas afectuosas de aliento, que obligaban mi gratitud. [...] Nuestra permanencia en Venezuela no pasó de cuatro meses. Vivíamos juntos, entregados al trabajo intelectual, en una casita pintoresca, con un jardín

bellísimo, lleno de plantas y árboles tropicales [...] Cuando comíamos solos, abatidos por aquella existencia sin atractivos, por la soledad y el alejamiento de la patria, absorbidos en pensamientos que en ninguno de nosotros tenían color de rosa, después de la frase obligada de saludo amistoso, nos sentábamos a la mesa cada uno con un libro por delante. [...] Cané era en aquel tiempo uno de los lectores más formidables e incansables que conozco. Permanecía horas y horas, desde la mañana hasta la noche, con el libro en la mano, devorando volúmenes de crítica, de historia, de derecho político, de filosofía, de literatura.

En aquella época Cané escribió las resplandecientes escenas de *Juvenilia* que me envió algunos años más tarde. [...] Sí, yo las vi escribir, día por día, en cuadernitos cuya fabricación era una de mis especialidades, y que se llenaban rápidamente, con la letra menuda, apretada e irregular de su autor. Algunas horas en que el *spleen* nos daba un respiro, me leía fragmentos de esas deliciosas reminiscencias de la vida estudiantil. [...] Es imposible leer *los cuadros del colegio,* las aventuras infantiles de aquella alegre y burlona epopeya de la adolescencia, sin pasar de los estallidos de la más franca hilaridad a las dulzuras del enternecimiento. [...] Y todo ello tiene un carácter especial, típico, un *colorido nuestro, porteño,* por decirlo así, que constituye otro de los atractivos de este juguete escrito de mano maestra. (Martín García Mérou, *Recuerdos literarios*, Buenos Aires, Rosso, 1937, pp. 339 y ss.; bastardilla nuestra.)

Y un último desplazamiento: *Juvenilia* fue escrita en 1882, cuando Cané era diplomático en Venezuela. En 1883 pasó como representante diplomático a Viena, donde se publicó *Juvenilia* en 1884.

Dice Ricardo Sáenz Hayes que "la primera expresión de simpatía es la del que está más cerca de Viena y del corazón de Cané", y cita una carta de Martín García Mérou a Cané cuando aparece *Juvenilia:* "Usted, tal vez sin pensarlo y sobre todo sin proponérselo, ha hecho el poema de esa edad tan interesante y tan llena de sensaciones, poema completo, donde el análisis es más de una vez delicado y profundo, donde nada falta, pues hasta el amor primero, el más puro de la vida, la ambición que insinúa promesas halagadoras, la pobreza infantil llena de grandezas ignoradas, todo está fielmente contado en esas páginas donde V. ha puesto lo mejor que hay en cada hombre: ¡su corazón!". Ricardo Sáenz Hayes, *Miguel Cané y su tiempo (1851-1905)*, Buenos Aires, Kraft, 1955, p. 317.

6 Amadeo Jacques (1813-1865) llegó en 1852 a la Argentina como exiliado político, después de haber sido expulsado de su país, junto con Victor Hugo. Se estableció primero en Santiago del Estero y más tarde en Tucumán, y aunque había estudiado en las principales universidades europeas, debió ganarse la vida trabajando como panadero. Pero alguien advirtió su capacidad y en 1858 fue invitado a dirigir el Colegio Nacional de San Miguel. Puso en marcha un proyecto pedagógico revolucionario para la época. En 1863, Bartolomé Mitre asumió la presidencia y emprendió un plan de reorganización y mejora de la escuela secundaria y universitaria y nombró a Jacques director del Colegio Nacional de Buenos Aires y profesor de física en la Universidad. Jacques dio nuevo impulso al estudio de las ciencias sociales y naturales y a las artes, y tuvo el raro mérito de ser adorado por sus alumnos, a pesar de tener un carácter duro y bastante irascible. Cané lo describe como un hombre alto y corpulento, algo descuidado y siempre vestido de negro. Y cuenta que llegaba al colegio a las nueve de la mañana y preguntaba si algún profesor había faltado. En ese caso, iba al aula y sin dudar podía dar clases de química, física, matemática, historia, literatura o latín. Su exposición, cuenta Cané, podía ser tan apasionante que los alumnos cerraban la puerta para que no se oyera la campana que indicaba el fin de la hora y así seguir escuchándolo. Era además un hombre de gran idealismo, defensor de la libertad y la justicia. (*Clarín,* 4 de julio de 1997, "Esto pasó un 4 de julio" [de 1813, día del nacimiento de A. J.].)

7 Sylvia Molloy ("A School for Life: Miguel Cané's *Juvenilia*", en su *At Face Value. Autobiographical Writing in Spanish America,* Cambridge, Cambridge University Press, 1991. Traducción castellana: *Acto de presencia. La escritura autobio-*

gráfica en Hispanoamérica, México, Fondo de Cultura Económica, 1996) analiza el texto de Cané "Mi padre", que precede a *Juvenilia* en varias ediciones posteriores a la muerte de Cané. Molloy escribe que el retrato del padre podría leerse como un resumen de la propia obra de Cané, que también produjo algunos textos efímeros y pensaba escribir una novela nacional, *De cepa criolla,* que dejó inconclusa. El análisis de Molloy muestra la relación necesaria, en Cané, entre la historia del padre y la del colegio. Lo mismo ocurre cuando analiza otras dos figuras paternas, la de Agüero y la de Jacques, en relación con la historia intelectual. En este ensayo no hago más que continuar sus hipótesis. La lectura de Molloy se cierra con la alusión irónica a la lectura actual de *Juvenilia* en los colegios secundarios argentinos: los descendientes de los inmigrantes se burlan, junto con el yo de Cané, de los inmigrantes. Y, agregaría yo, también se burlan los provincianos de los provincianos de Cané. "One would like to think that the irony would not be lost on Cané", concluye Molloy.

[8] Y otra diferencia con los provincianos, que Cané comparte con Goyena y con Sainte-Beuve. En el capítulo XV Cané dice que el profesor de filosofía Pedro Goyena, repitiendo a Sainte-Beuve –que escribió la frase que repite Cané en francés como epígrafe de *Juvenilia* , dijo que a un correntino "le falta la arenilla dorada".

[9] Para continuar con este salto hacia adelante y leer a Cané en el segundo ciclo de la coalición y del estado liberal, véase Carlos Sánchez Viamonte, *Biografía de una ley antiargentina. La ley 4144,* Buenos Aires, Nuevas Ediciones Argentinas, 1956. Dice Sánchez Viamonte: "El primer antecedente de la ley de expulsión o extrañamiento de extranjeros número 4144, lo constituye un proyecto presentado en 1899 por el senador doctor Miguel Cané". Y transcribe el proyecto, que en el Artículo 2 dice: "El Presidente de la República, en acuerdo de ministros, podrá ordenar la expulsión de todo extranjero cuya conducta pueda comprometer la seguridad nacional, turbar el orden público o la

tranquilidad social". (Y en estas palabras se lee otra vez la historia del Estado liberal y sus discursos militares futuros.)

Félix Luna, en *Soy Roca* (Buenos Aires, Sudamericana, 1989, p. 345), explica que en 1901 y 1902, durante la segunda presidencia de Roca, las huelgas, dirigidas por "ácratas extranjeros", ponían en peligro la propiedad y seguridad de la población. "Por eso promulgué sin vacilaciones la ley que autorizaba la expulsión de extranjeros indeseables que promovió Cané según el texto que le preparó Paul Groussac, a quien, dicho sea de paso, designé director de la Biblioteca Nacional, para la que pidió y obtuvo el espléndido edificio que se había construido con destino a la Lotería, en la calle México."

Lo divertido, en esta aventura real, es la alianza de Cané con el francés Groussac y con la Biblioteca Nacional (y ya se lo oye a Borges), que sustituye a la lotería de la calle México. Del ensayo y el proyecto de expulsión de extranjeros, con Groussac en la Biblioteca, Cané pasa, en 1891, a publicar su traducción del *Enrique IV* de Shakespeare y a ocupar el puesto de decano de la recién creada Facultad de Filosofía y Letras.

10 En Eduardo Wilde, *Páginas escogidas,* Buenos Aires, Estrada, 1939.

11 Nicolas Shumway, en el capítulo VIII "Bartolomé Mitre y la galería de celebridades argentinas" de *The Invention of Argentina,* Berkeley-Los Ángeles-Oxford, University of California Press, 1991, pp. 188-213 (traducción castellana de César Aira: *La invención de Argentina,* Buenos Aires, Emecé, 1994), se hace una serie de preguntas sobre la historia nacional a partir del debate entre Sarmiento y Alberdi. Por ejemplo: ¿Qué visión del pasado llegaría a ser la oficial?, ¿Quiénes quedarían consagrados como héroes nacionales?, ¿Quién construiría el panteón nacional? Y se refiere a Bartolomé Mitre, defensor del privilegio porteño, rival de Alberdi y de Urquiza, como el creador de la historia oficial. Dice que Mitre puso en marcha sus proyectos históricos más ambiciosos entre 1853 y 1880, y que el más significati-

vo fue un volumen de biografías titulado *Galería de celebridades argentinas,* publicado en 1857. Editado por Mitre con la ayuda de Sarmiento, el volumen era una colección de biografías; todas servían a la causa porteña y no había biografía de caudillos. Lo que nos interesa en este momento es la disputa entre Cané y López alrededor del mitrismo, pero es posible que, más adelante en el Manual, estas "celebridades" reaparezcan, junto con *Las neurosis de los hombres célebres* de Ramos Mejía.

[12] Francine Masiello sostiene que la tía Medea simboliza la decadencia de la Argentina, y su muerte, vigilada por la ciencia, es una metáfora de un flujo narrativo que no puede sostenerse en un cuerpo viejo y gastado. En *Between Civilization and Barbarism. Women, Nation, and Literary Culture in Modern Argentina*, Lincoln y Londres, University of Nebraska Press, 1992. Capítulo III, nota 29, p. 214. (Traducción castellana en Beatriz Viterbo, Rosario, 1997.)

[13] Esta hipótesis de la transformación de las diferencias políticas del pasado en culturales, de la absorción de las diferencias políticas anteriores, cada vez diferentes, y la simultánea despolitización de la cultura, podría medir la historia de los sucesivos estados liberales argentinos y las coaliciones culturales, patricias o no, que casi siempre los acompañaron, hasta 1960. (Por ejemplo, el estado liberal-militar de la Revolución Libertadora y el lugar de *Sur* en su coalición cultural.)

[14] Roberto González Echevarría (*Myth and Archive: A Theory of Latin American Narrative,* Nueva York, Cambridge University Press, 1990, capítulo 2: "The Law of the Letter: Garcilaso's *Comentarios*", pp. 43-92. Traducción castellana: *Mito y archivo: una teoría de la narrativa latinoamericana,* México, Fondo de Cultura Económica, 1999) dice que la escritura legal fue la forma predominante de discurso en el Siglo de Oro español. Permeó la escritura de la historia, sostuvo la idea de Imperio, y fue instru-

mental en la creación de la novela picaresca (pp. 45-46). La característica más significativa del Estado español que se reprodujo en América fue la cobertura legalista, y el rasgo más visible la meticulosidad de su organización y la inclusión del individuo en un complejo de relaciones con el poder central, dice González Echevarría. Se creó la posición de *cronista mayor,* una persona designada oficialmente para escribir la versión de la historia del Estado (p. 48). En cuanto a la *relación en primera persona* (un informe, deposición o confesión en el sentido penal) es una imposición arbitraria desde el exterior que liga el individuo y la historia de su vida con el Estado. El yo y las convenciones retóricas de la relación darán a la novela, desde la picaresca en adelante, su forma autobiográfica y reflexiva, dice González Echevarría (pp. 56-57).

15 Miguel Cané, "La primera de Don Juan en Buenos Aires", en *Prosa ligera,* Buenos Aires, "La cultura argentina", Vaccaro, 1919, p. 89 (el texto es de 1897 pero se trata, otra vez, de recuerdos; Cambaceres ya ha muerto).

Se lee en *La gran aldea:* "Una noche clásica de ópera en el Colón reúne todo lo más selecto que tiene Buenos Aires en hombres y mujeres. Basta echar una visual al semicírculo de la sala: presidente, ministros, capitalistas, abogados y leones, todos están allí" (Buenos Aires, Eudeba, 1960, p. 142).

16 Eduardo Rinesi (*Ciudades, teatros y balcones. Un ensayo sobre la representación política*, Buenos Aires, Paradiso Ediciones, 1994) analiza la concepción de la política liberal como teatro y representación. Dice que la metáfora teatral es constitutiva del modo moderno de pensar la política, porque política y teatro tienen en común el atributo de representar lo que está fuera de "escena", y la representación aparece como enmascaramiento y también como puesta en escena de un Texto que precede y habla (p. 42).

Su tesis fundamental es que "La metáfora teatral para pensar la política es absolutamente funcional a cierta tradición filosófico-política de enorme importancia en la Modernidad: la liberal"

(p. 63). Rinesi analiza la lógica de las privatizaciones que acompaña esta metáfora y critica el paradigma representacionalista, teatral, porque no hay apariencia contra realidad o verdad; la apariencia no oculta nada, es la realidad (p. 106). Entonces: "pensar contra la analogía entre teatro y política es pensar a favor de la democracia" (p. 65).

El teatro para Rinesi es la metáfora del modelo político de una democracia liberal, representativa, que retacea a sus ciudadanos el derecho a la deliberación y a la participación activa en la gestión de sus asuntos comunes (en *"la escena" de "lo público"*). La política es constitutivamente espectacular (ahora se reemplazó el modelo teatral por el de la "escena fantasma" cinematográfica y televisiva, dice Rinesi). Véase también su *Mariano*, Buenos Aires, La marca, 1992.

Otra mirada sobre el teatro y la democracia en la modernidad. Dice Friedrich Nietzsche en *El nacimiento de la tragedia* (en el "Intento de Auto-Crítica", de 1886, escrito para una nueva edición) que la perversión de la música de Wagner no representa una desviación accidental de la especificidad de un arte sino que expresa *la crisis total de la modernidad,* que se manifiesta por lo que Nietzsche llama, sugestivamente, *teatrocracia.* Wagner es un "histrión incomparable", un *actor.* No es un músico que se equivoca, tampoco un poeta, sólo un actor de genio: "se transformó en un músico, se transformó en un poeta porque el tirano dentro suyo, su genio de actor, lo obligó". La música de Wagner, si no estuviera basada en el teatro, sería simplemente mala música. Dice Nietzsche: Victor Hugo y Wagner, que apelan a las masas, significan lo mismo; en las culturas decadentes que se ligan con las masas, la autenticidad es superflua. Sólo el actor provoca entusiasmo. La modernidad lleva a la teatrocracia porque "el teatro es una forma de demolatría" (de culto a las masas) en materia de gusto; el teatro es una revuelta de las masas, un plebiscito contra el buen gusto, y esto se prueba en el caso de Wagner: ganó la multitud, corrompió el gusto y pervirtió nuestro gusto por la ópera. Fin de la diatriba de Nietzsche contra la "teatrocracia" citada por Matei Calinescu en *Five Faces of Modernity. Modernism. Avant-Garde. Decadence. Kitsch. Postmodernism,* Durham, Duke University Press, 1987, pp. 191-192.

[17] Las citas de *Pot Pourri* corresponden a la primera edición de las *Obras Completas* de Cambaceres (Santa Fe, Castellví, 1956).

Los pocos críticos de *Pot Pourri* no mencionan el *Pot Pourri* de Voltaire (1765), uno de sus *Cuentos* en forma de panfleto que asimila al cristianismo con una empresa de fabricación de marionetas. El personaje central es Polichinela, que con una troupe de titiriteros bohemios recorre los pueblos representando farsas. Véase Voltaire, *Romans et Contes,* París, Garnier, 1960, pp. 408-423.

[18] El estudio de Martín García Mérou, titulado "La novela en el Plata - *Pot Pourri* (*Silbidos de un vago)* - *Música Sentimental* - *Sin rumbo* (estudio) por Eugenio Cambaceres" apareció en *Sud-América* el 7 de diciembre de 1885 (pág. 1, col. 2, 3, 4, y 5). Y fue recogido al año siguiente en *Libros y autores* del mismo autor (Buenos Aires, Félix Lajouane Editor, 1886, pp. 71-90) con el título de "Las novelas de Cambaceres".

Dice Martín García Mérou de *Pot Pourri:*

> ...ha provocado nuestro juicio y producido nuestra simpatía literaria. [...] ¡Cuánta originalidad, la de ese libro tan profundamente humano, tan vívido, escrito con un derroche tan continuo de paradojas humorísticas y reflexiones bizarras! ¡Cómo se ve desfilar la sociedad, la política, la prensa, la vida que palpita a nuestro alrededor y que él reproduce como una daguerrotipo implacable! [...] La cualidad culminante en los escritos de Cambaceres es la fuerza, el vigor mancomunado del pensamiento y de la palabra! [...] Sus párrafos incisivos, cortantes, ásperos y de aristas agudas tienen el temple del acero [...] una sátira terrible, un odio casi ditirámbico.
>
> Para terminar, notemos en las obras que nos ocupan dos rasgos distintivos. Ante todo, el medio. El autor de los *Silbidos de un vago* ha *fundado entre nosotros, la novela nacional contemporánea* [...] En segundo lugar, el idioma. Es el verdadero *slang* porteño, como lo ha hecho notar un joven crítico de espíritu sagaz. Las locuciones más familiares, los términos corrientes de nuestra conversación, la

jerga de los paisanos como *el argot semi-francés, semi-indígena de la clase elevada,* son los retazos que forman la trama de ese lenguaje pintoresco, hábilmente manejado, *genuinamente nacional,* en que están escritos los libros que nos ocupamos. [...] Cambaceres, en suma, es una personalidad literaria original, y dotada de mérito propio. En nuestra escasa vida intelectual está llamado a ocupar un puesto importante y abrir el sendero en que se espaciará en el porvenir la novela argentina (p. 89, bastardilla nuestra).

El artículo de García Mérou es de 1885, después de aparecida la tercera novela de Cambaceres, donde abandona el tono satírico y el *slang.* Es un texto crítico fundamental porque marca, muy abiertamente, la adopción del escritor como figura de la coalición. Tres semanas después, el 28 de diciembre de 1885, Cambaceres publica a su vez en *Sud-América* (pág. 1, col. 2 y 3) un artículo titulado "García Mérou", a propósito de *Ley Social,* novela del anterior, de reciente publicación. Dice: "Me resumo: *Ley social* tiene su puesto designado, un puesto de honor en nuestra literatura embrionaria. Su autor, talento incuestionable, luminoso, sólido, es uno de los escritores argentinos llamados a quebrar la escarcha de la indiferencia pública en esta bendita tierra, donde tan poco se lee y donde tantas otras cosas peores se hacen" (citado en Claude Cymerman, "Para un mejor conocimiento de Eugenio Cambaceres", *Cuadernos del idioma*, Buenos Aires, año III, nº 11, 1969, p. 62).

Como se ve, los escritores de la coalición son también críticos y escriben unos sobre los libros de los otros. Ese tejido de referencias mutuas publicadas en el periódico oficial es el tejido central de la coalición. Fundado en 1884 para auspiciar la candidatura de Juárez Celman por Lucio V. López y otros (Pellegrini, Gallo, etcétera), el *Sud-América* publica *La gran aldea* en folletín (y García Mérou publica una nota sobre *La gran aldea* en 1885). Y en 1887 publicará, también en folletín, *En la sangre,* la última novela de Cambaceres, con una *campaña publicitaria* previa. Dice Claude Cymerman: "El *Sud-América* anunció entre marzo y septiembre de 1887 la salida inminente, constantemente pospuesta, de *En la sangre,* picando la curiosidad de los lectores". Los derechos de publicación le fueron comprados a

Cambaceres por cinco mil pesos moneda nacional, suma considerable para la época. (El autor del *best-seller* del '80 ¿es también un "escritor profesional"?)

19 ¿Por qué no podemos tener "nuestros" dandis? ¿Cuáles son sus diferencias con los dandis ingleses y franceses? ¿Están en la seducción o en la dirección de la sexualidad? ¿En la violencia de su discurso? ¿O la diferencia está en el tipo de "aristocracia", europea o latinoamericana, con la que se relacionan? ¿O con el tipo de estado? ¿O en la lengua y los tonos que usan? ¿O en el modo en que representan "lo criollo"? ¿O en cierto "rastacuerismo"?

Gloria Ortiz (*The Dandy and the Señorito. Eros and Social Class in the Nineteenth-Century Novel,* Nueva York y Londres, Garland Publishing, Inc., 1991) separa al dandy histórico ("la quintaesencia del dandy"), que, dice, no era un seductor, del señorito español y latinoamericano que sí lo es, con raras excepciones. El legado del dandy al señorito, dice Ortiz, se confinó al reino de la ropa, la apariencia y un modo de vida ocioso. Mimado, narcisista, aparece como un activo seductor que conquista mujeres para alimentar su autoestima. Y agrega: el señorito generalmente es joven; tiene aversión al trabajo; a veces se emplea en algo que requiere mínimo esfuerzo como algún nombramiento político logrado por conexiones; da gran importancia a la ropa y confía en ella para producir una impresión de bienestar económico y distinción social que a veces están desvaneciéndose o no existen. La condición del señoritismo parece más un estado mental que implica una falsificación de valores, concluye Gloria Ortiz.

Sylvia Molloy ("Imagen de Mansilla", en Gustavo Ferrari y Ezequiel Gallo [comps.], *La Argentina del ochenta al centenario,* Buenos Aires, Sudamericana, 1980, pp. 745-759) también marca la diferencia de Mansilla con los dandis clásicos. Dice Molloy: "Se ha hablado a menudo de su dandismo y es cierto que, en el contexto del ochenta, es el artífice máximo de su persona: "soy el hombre de mi facha y de mi fecha" (EN, p. 607). Se diría que Mansilla adivina los *mots justes* del dandismo –pasar por lo que no somos, falsificarse a deshoras, mi facha y mi fecha– pero que a la vez no puede contenerse: la imagen escandalosa no queda libre. Ocurre con Mansilla, desembozadamente, lo que jamás ocurría con el dandy de Baudelaire, "fuego latente al que hay que adivinar que podría, pero que no quiere, irradiar" (p. 747).

Molloy habla de la diferencia entre el discurso de Mansilla y el del dandy. "El discurso del dandy es intransigente, es un discurso de veras manco que rechaza todo contacto; en sus textos, en cambio, Mansilla necesita tocar con la vehemencia de *quien busca complacer* a todo precio" (p. 748).

Sin embargo la tierra del dandy: el teatro, el yo, están en Mansilla. "Las referencias *al teatro, a la simulación,* son frecuentes en *Una excursión a los indios ranqueles* como en todo escrito de Mansilla. Comediante como lo fue siempre, no deja de contar con el provecho del efecto" (p. 756, bastardilla nuestra).

Continúa Molloy: "Textura del yo de Mansilla, de la *abrumadora persona* que domina a su interlocutor y a la vez se desarma ante sus ojos. Es tarea inútil intentar recomponer a un yo que por fin no quiere componerse: que prefiere –no como un dandy sino como un adolescente– mantenerse en la indecisión. Pero también es difícil leer a Mansilla prescindiendo de esa primera persona que, tanto en sus disimulos como en sus epifanías, opera como perpetua pantalla" (pp. 757-758).

Hasta aquí Sylvia Molloy y las diferencias (¿dandy o adolescente?, ¿intransigencia o complacencia?, ¿irradiar o no irradiar?) entre dandis europeos y latinoamericanos. Sin embargo, la vida del bello Mansilla en París lo pone en estrecho contacto con algunos dandis franceses "históricos" o "clásicos", por ejemplo con el Conde de Montesquiou. En el "Frontis" que precede al Estudio preliminar de *Una excursión a los indios ranqueles* de Lucio V. Mansilla (Estudio preliminar de Mariano de Vedia y Mitre, Buenos Aires, Ediciones Estrada, 1959) dice de Vedia que la mejor pintura de la personalidad de Mansilla fue trazada por George Brandes, que conoció a Mansilla en París (esa "pintura" está en el tomo IX, p. 379 de las *Obras Completas* de Brandes). El artículo de Brandes se titula "En el Bois de Boulogne" y allí describe un almuerzo "internacional" que ofrece Maurice Barrès en el verano de 1896, donde está también el famoso dandy Conde de Montesquiou. Cito a de Vedia que cita a Brandes:

> Ante todo el general argentino Lucio Mansilla, sobrino de Rosas –el otrora dictador de su patria–, un verdadero *aventurero y un hombre hermosísimo,* quien, a pesar de sus cabellos y barba blancos, por su aire marcial y su jovialidad podría ser todavía un peligroso rival para cualquier joven. Es tan hermoso con su prestancia militar, con sus ligeros rasgos de "rastacuère" y con la picardía de sus ojos negros, que hasta su propia satisfacción de su persona física "no le está mal".
>
> En el curso de la comida usé la palabra espléndido *(esplendide).* Él: –¿Hablaba Ud. de mí con Montesquiou? –No. –¿No? Cuando oigo palabras tales como espléndido o esplendidez, creo siempre que se está hablando de mí. Y se reía como un niño. Pero con razón son tan célebres en Sudamérica sus campañas militares como sus otras conquistas más pacíficas. [...] En la compañía de Mansilla se encontraba otro militar argentino. Era joven y esbelto, pero la vasta personalidad y el "humour" de su viejo compatriota dejábanlo totalmente en la sombra (pp. VII-VIII).

Algo sobre el conde de Montesquiou como dandy "clásico" y sus relaciones con los "espléndidos" argentinos ligeramente rastacueros (¿es ese rastacuerismo nuestra diferencia?, ¿el aire marcial?). Patrick Chaleyssin (*Robert de Montesquiou. Mécène et dandy,* París, Éditions d'art Somogy, 1992) dice que Montesquiou (1855-1921), un dandy a la Brummel (es decir, el epítome mismo del dandy), fue amigo de Proust, que lo tomó de modelo para su barón de Charlus. Pero antes fue el modelo de Jean Floressas Des Esseintes de *A rebours* de Huysmans. Montesquiou fue un excéntrico, altanero e impertinente que admiró a Baudelaire, quien formuló uno de los principios del dandismo: "el placer aristocrático de disgustar". Practicaba *el chiste y el sarcasmo, y era temido.* Arrogante, puntilloso en cuanto a su presencia, *se entregaba a juegos verbales a veces violentos,* escribe Chaleyssin. Fue pintor, escritor simbolista, y un poeta de talento reconocido a partir de 1892. Muy sensible a las artes decorativas, también fue un mecenas generoso para los poetas y pintores, sobre todo con Verlaine, que le agradeció en verso. Gracias *a sus alianzas aristocráticas y artísticas*, era el invitado de honor a los bailes de disfraces y a las *soirées* elegantes de la "Belle époque" (pp. 139-144, bastardilla nuestra).

Montesquiou y los argentinos. Aparte del almuerzo "internacional" "En el Bois de Boulogne" que ofreció Maurice Barrès en el verano de 1896, donde están Montesquiou y Mansilla hablando de lo "espléndido", y que fue contado por Brandes (¿iban los patricios Cané, López y Wilde, por ejemplo, a ese tipo de eventos sociales?), aparece en el libro de Chaleyssin otro argentino en relación con el famoso conde dandy: un "secretario privado fiel" y "agente secreto". Dice Chaleyssin: El barón Doasan había descubierto *detrás de un mostrador del Louvre* a un joven nacido en Argentina en 1868: Gabriel Yturri. En 1885 Montesquiou lo sacó de su puesto en el Louvre e Yturri se transformó en el fiel secretario que Montesquiou impuso a sus amigos. Comparte pronto las pasiones de su patrón y lo secunda en todas las mundanidades; pronto será *su agente secreto*. Con su marcado acento lo llamaba: "Mossou le connte". La diabetes lo matará más tarde, dice Chaleyssin (pp. 29-30, bastardilla nuestra).

Y siguen las preguntas. Mansilla, Cambaceres, López, Cané: ¿tensión entre "aristocracias" "masculinas": entre los patricios exiliados políticos de Rosas y los millonarios herederos de la economía de Rosas? Hablan los mismos idiomas y leen los mismos libros, pero los herederos (el poder económico) son, paradójicamente, más modernos, más franceses, más audaces, más "fin de siglo". Y más "criollos". Cierta tensión, entonces, entre los "antiguos" y "los modernos" de la coalición que se resuelve, por lo general, con una guerra "aristocrática" de ironías mutuas entre los "héroes nacionales" y los dandis, a propósito de las mujeres: "en femenino".

20 Paul Groussac se refirió a la "mentira inventada en esos lejanos parajes", para atacar enseguida al escritor como "habiéndose improvisado novelista con la publicación de anécdotas escandalosas, contadas, como en una mesa de club, en un *dialecto aristocrático-criollo*, tuvo la ingenuidad de querer llevar adelante –con el éxito que se adivina– su vena literaria, tan artificial como su nobleza del Imperio" ("Trois pionniers du progrès", *Le*

Courrier de la Plata, 16 de diciembre de 1917, en Claude Cymerman, p. 53).

Hemos tomado de los artículos de Cymerman y de Rodolfo A. Borello ("Para la biografía de Eugenio Cambaceres", en *Revista de Educación*, La Plata, primer bimestre de 1960) los datos biográficos de Cambaceres.

21 "Separación de la Iglesia y del Estado. Discurso del Sr. Dr. D. Eugenio Cambaceres. En la sesión de la Convención de la Provincia para la reforma de su Constitución del 18 de Julio de 1871" (En *Revista del Río de la Plata*, nº 2, 1871, pp. 275-289).

Pide la más completa libertad en materia de religiones, sin privilegios, y dice:

> ¡No legitimemos ante los ojos de la República ese aborto político que se llama Religión de Estado!
>
> ¿Qué es el Estado? en efecto, señor Presidente: el estado en su acepción poítica, es la reunión de los poderes públicos; y desde que esos poderes se hallan constituidos por los delegados, por los mandatarios del pueblo, el estado no es sino la expresión, la manifestación, diré así, del pueblo mismo. Partiendo, pues, de esta base y profesando el pueblo, como profesa, diferentes creencias religiosas, ¿con qué derecho declara el Legislador una religión oficial? ¿Sobre qué fundamento jurídico se apoya el estado para decir, yo soy católico, prostestante, judío o mahometano? Él, representante de los católicos, de los protestantes, de los judíos, y de los mahometanos a la vez? Evidentemente, señor, la contradicción más palpable se encuentra en una declaración semejante, y falso el principio, falsas tienen que ser también las consecuencias.
>
> Justifíquese, si no, el sostenimiento de la Religión católica, la retribución de sus ministros, la construcción y refacción de sus templos, etcétera, con los dineros del pueblo. Pruébese que es justo y equitativo decir al protestante, por ejemplo, tan ciudadano como el católico: tiene usted la facultad de ser protestante, si le place, pero al mismo tiempo *pague usted impuestos y contribuciones de todo género destinados a costear un culto que no es el suyo;* esto es, compre usted el derecho de ser protestante, pagando su culto a los cató-

licos. No, señor Presidente, la simple enunciación de una doctrina tal, consagrada en el mismo código que reconoce la facultad de rendir culto a Dios según la propia conciencia como un derecho, es la refutación más elocuente que de ella se puede hacer.

Concluye así:

Basado en estas consideraciones y obedeciendo a una convicción profunda, propongo a la Honorable Convención una enmienda al artículo que se discute, agregándole las siguientes palabras u otras análogas: "el Estado no tiene religión, ni costea culto alguno".

Dice Cymerman que este proyecto "lo enemistó con todo el partido católico, encabezado por Estrada y Goyena", hasta tal punto que su órgano de prensa, el periódico *La Unión,* pidió, el 1º de noviembre de 1885, que se prohibiese *Sin rumbo* y que se multase a su autor. Y Cymerman cita de *La Unión* (pág. 1, col. 6), el periódico católico: "El Intendente Municipal [...] ninguna medida ha tomado tendiente para impedir la venta del nuevo libro de don Eugenio Cambaceres titulado *Sin rumbo,* no obstante ser una publicación altamente inmoral...". El periódico pedía además que se multara al autor y que se secuestraran "los ejemplares actualmente en venta en todas las librerías de la Capital" (p. 48).

1885: en el momento en que el "partido católico" pide la prohibición y el secuestro de *Sin rumbo* (y en el momento en que abandona el tono satírico y la novela de fragmentos), la coalición cultural patricia lo integra abiertamente en su seno literario.

[22] En el *Sud-América* aparece el 15 de julio de 1886 (pág. 1, col. 5) una descripción del palacete de Cambaceres. Citamos de Cymerman (p. 57): la casa, que estaba en el límite de la calle de Buen Orden, hoy Bernardo de Irigoyen, donde se convertía en Avenida Montes de Oca, "tiene todo el aspecto de un castillo colocado sobre una colina en miniatura". "Su escalinata de mármol da acceso a una sala cubierta de ricos gobelinos; aquí un cuadro, allí un mueble de valor inapreciable, donde está marcado el sello de la mano del artista; más allá un espléndido espe-

jo de luna veneciana; sillones y muebles que incitan a la dulce voluptuosidad de una pereza decente; por otra parte, una ventana cubierta de ricos y pesados cortinados... Cambaceres pasa, al mismo tiempo, una vida activa y muelle –tiene gustos de sibarita y nerviosidades de industrial emprendedor–; es una mezcla de gran señor y de hombre pobre que pugna con la suerte por alcanzar fortuna. Es entendido que la fortuna que busca actualmente es la del renombre –que ya tiene conquistada a medias por sus anteriores libros, y que acrescentará prodigiosamente con los sucesivos–."

23 Es el mismo gesto de Marcelo Torcuato de Alvear, otro aristócrata "radical", futuro presidente de la nación, que en 1906 se casó con la soprano portuguesa Regina Pacini provocando un escándalo en la "sociedad" argentina. Dice el *Clarín* del 29 de abril de 1998 ("Esto pasó un 29 de abril") que la conoció en el teatro Politeama en 1899; ella tenía veintiocho años y prestigio internacional, y él treinta y uno y era dirigente del radicalismo, pero su fama de deportista y seductor era mayor que su prestigio político. Cuando se anunció la boda más de quinientos amigos, parientes y correligionarios le escribieron una carta en la que le rogaban que no se casara. A pedido de la familia Alvear los diarios argentinos no publicaron la noticia de la boda. Regina abandonó su carrera artística, se encargó de tareas de beneficencia y fundó la Casa del Teatro.

Dice el dandy de Cambaceres mientras contempla a una argentina en el baile de la elite:

> hueca, superficial e ignorante como la inmensa mayoría de las mujeres argentinas, cuya inteligencia es un verdadero matorral, merced a la tierna y ejemplar solicitud de nuestros padres de familia...
>
> Pero, acérquensele con la pretensión de pasar media hora en su amable compañía; o no resisten diez minutos, el fastidio los azonza como un golpe de maza, o se hallan fatalmente obligados a echar mano de la trivialidad, a darle o recibir de ella lo que se conviene en llamar una broma, a hablar de novios, de que dicen que fulano festeja y se casa con fulanita, la que ha hecho bolsa a zutano, o bien,

como recurso supremo, a desenvainar las tijeras y a cortar a destajo las carnes del infeliz que cae bajo la afilada herramienta.

Y como si la mujer fuera un cero a la izquierda, algo de poco más o menos y no debiera ejercer maldita la influencia en la familia y, por consecuencia, en la sociedad, en su marcha y perfeccionamiento, es así como tratamos de levantar su nivel moral.

¿Qué nos importa que en otras partes, en los Estados Unidos, por ejemplo, que tenemos a gala de plagiar, muchas veces sin ton ni son como los monos, la dignifiquen hasta el punto de preocuparse de sus derechos políticos y hacer de ella altos funcionarios públicos, médicos, abogados, etcétera?

A nosotros nos acomoda y da la regalada gana tenerla en cuenta de cosa.

¿Por qué?

Porque sí, porque la rutina es un vicio inveterado en nuestra sangre y porque tal era la antigua usanza de nuestros padres los españoles de marras.

¡A lo que te criaste grullo, y siga la danza y viva la república a lo año diez! (p. 27).

24 La comedia francesa contemporánea le da a Cambaceres el tema del adulterio y el dinero. Lucio V. López, en *Recuerdos de viaje* (1881), el primer libro de viajes del '80 (Buenos Aires, La Cultura Argentina, 1917) escribe "La Comedia Francesa" (datado en Vichy, 19 de agosto de 1880):

"La escuela de Molière inspira a la comedia moderna... *El adulterio* ha sido la musa de Alejandro Dumas, y las *cocottes* las heroíneas de Augier." Pero critica esa "literatura dramática de nuestros días" porque, dice, el teatro de Sandeau, de Feuillet, de Augier o de Sardou es una "escuela de decadencia moral. Estos pretendidos reconstructores de la sociedad comienzan por demoler lo existente sin reconstruir nada en cambio". López cuenta el argumento de *Le Gendre de Monsieur Poirier* de Sandeau, que es muy semejante al de *En la sangre:* un "repugnante pillastre se casa con una muchacha delicada, sin amarla y contando solamente con pagar sus trampas con los tres millones de Monsieur Poirier." Y se pregunta ¿por qué atacar tanto a la *bourgeoisie* si se quieren dar batallas sociales y políticas, y no a los jesuitas o a la prensa roja, que hace el panegírico de las llamas de 1871? (pp. 184-186).

Hay un problema con los "enemigos" culturales o políticos y un problema de "moral" y "buen gusto" en la coalición "aristocrática". Los patricios o "antiguos" parecen ser "más morales", más políticos, y cultivan el "buen gusto"; los dandis Cambaceres –y Mansilla– más "modernos", más despolitizados, y más "canallas" (palabra de Cambaceres).

[25] Parodiado: los críticos mencionan al autor Suárez Orozco, que con el seudónimo de "Rascame-Bec" publicó *Música celestial* (193 páginas, París, José Jola, 1885. Véase Cymerman, *op. cit.*, p. 51).

Atacado: Cymerman se hace cargo de las repeticiones de los "escasos biógrafos" y críticos anteriores (Carlos A. Leumann, E. M. S. Danero, Alberto Oscar Blasi *Los Fundadores: Cambaceres, Martel, Sicardi,* Buenos Aires, Ediciones culturales Argentinas, 1962); se lo denigró en vida con los motes de *masón, impío, ateo.* Y agrega que estaba rodeado de un "escandaloso anticonformismo" y de "mala fama" en el "ambiente burgués y pacato de la época".

[26] ¿Casarme yo? dice el dandy:

> ¡Bonito andaría yo con la cruz a cuestas!
>
> Introducir en mi domicilio a un ente extraño, a una Juana de los Palotes que compartiera mis cosas, mi mesa, mi baño y, lo que es mucho más serio, mi cama, donde fuerte con su título de legítima, pretendiera tener derecho a acostarse de día y de noche, sin que por mi parte pudiera reservarme el recurso de ponerla de patitas en el suelo a la hora que se me antojase y no me cuadrara el contacto (p. 54).

[27] El "actor" de *Pot pourri* se presenta como un auténtico dandy "histórico" o "clásico": ¿es su "parodia" o "farsa", su "ar-

gentinización", su "traducción"? Esa importación de un mito cultural europeo a América Latina ¿ataca al "modelo" o se mezcla con rasgos locales que lo corroen por dentro? Quizá su diferencia resida en la inexistencia en América Latina de una verdadera aristocracia, que da sentido al dandy en Europa.

Veamos algo de la historia del dandy para dejar al lector las respuestas posibles a este enigma. El primero parece ser Alcibíades, *arbiter elegantiarum* de la antigüedad griega; después reaparece con los nombres de *cortegiano, courtier* y *honnête homme* en Italia en el siglo XVII, en Inglaterra en la época isabelina, y en Francia en el XVII. Pero la palabra "dandy", y la historia moderna de los dandis del siglo XIX, se abre con el "reinado" del "bello" Brummell (George Bryan, 1778-1840) en la corte de Inglaterra, entre 1805 y 1816. Protegido y encumbrado por el príncipe de Gales (después conoció una caída vertiginosa y murió loco), ostentó una distinción discreta e inconfundible que habría de convertirse en el ideal inglés de la elegancia. Su principio: el que quiera dominar (y Brummell era algo así como el otro de Napoleón, *y esto es algo que queremos subrayar por la relación entre el dandy y el Estado*) no debe dejarse dominar por los sentimientos. Según Ellen Moers (*The Dandy: Brummell to Beerbohm*, Lincoln y Londres: University of Nebraska Press, 1978) Brummell no era tan hermoso pero se vestía en un estilo austero y digno, y contrariamente a la leyenda popular no usaba joyas, perfumes ni colores brillantes.

A medida que la moda del dandy se extendía sufrió varias metamorfosis: una de las primeras fue su exportación a Francia, donde se mezcló con otra exportación inglesa, el romanticismo. La versión francesa del dandy inglés, dice Moers, tomó su inspiración de los libros y por lo tanto fue más intelectual que el inglés.

El dandismo del siglo XIX es sobre todo *una actitud intelectual* y aparece como el "destino del artista moderno" dice Hans Hinterhäuser (*Fin de siglo. Figuras y mitos,* Barcelona, Taurus, 1980, traducción de María Teresa Martínez).

En los tratados de Balzac ("Traité de la vie élégante", 1830), de Barbey d'Aurevilly (*Du dandysme et de George Brummell,* 1844), y de Baudelaire (*Un peintre de la vie moderne,* 1859) aparece esa figura como encarnación de la protesta social y la rebelión contra la hipocresía y el conformismo: contra la masa hostil al arte y al espíritu. Aunque los dandis franceses de Balzac, de Barbey y de Baudelaire difieren, podemos sintetizar sus rasgos en una "filosofía del dandismo" tal como la fijan estos escritores y tal como se la lee en la antología clásica de Émilien Carassus, *Le mythe du dandy* (París, Armand Colin, 1971), que contiene una introducción y los textos más importantes sobre y de dandis –textos de Balzac, de Barbey d'Aurevilly, de Théophile Gautier, de Byron, de Baudelaire, de Huysmans, de Albert Camus, de Jean-Paul Sartre y de Roland Barthes, entre otros–.

Veamos los rasgos de esta representación cultural:

Las armas del dandy

El dandy es antiburgués y antiutilitario; exaspera su singularidad y tiene un "proyecto aristocrático" de distinción; su rol es el de un actor en perpetua representación y creación de sí mismo; es impasible e imperturbable (forma moderna del estoicismo); se sitúa más allá del bien y del mal; produce lo imprevisto; sabe modular la impertinencia, la ironía, el desprecio, en un juego que tiene dosis variables de cinismo y sadismo y que culmina en la provocación. Pero su juego es mantenerse dentro de la convención: gira alrededor de sí mismo y no pretende cambiar al mundo.

¿Una nueva aristocracia?

Dice Baudelaire que el dandismo es "una especie de religión" con leyes rigurosas y *una nueva forma de aristocracia* que aparece en épocas de transición política, cuando las democracias no están consolidadas. El rechazo del dandy de la vulgaridad burguesa (si se entiende por burgués el amor por el dinero y la bajeza de espíritu) configura un nuevo ideal de la personalidad.

El dandy y el poder

Dice Jean-Pierre Saidah ["Le dandysme: Continuité et rupture", en Alain Montandon (comp.), *L'honnête homme et le dandy*.

Tübingen, Gunter Narr Verlag, 1993, pp. 123-149] que el dandismo procede a un rechazo de la sentimentalidad y desarrolla *un gusto por la dominación;* huye de todas las situaciones donde puede estar en posición de debilidad y de perder el control. *Hay en el dandismo una voluntad de poder.* ¿No se decía que Brummell *reinó* en la corte de Inglaterra? Los dandis imponen su ley y su voluntad. Su actitud *blasée,* el aburrimiento que exhiben en su pose, ahonda la distancia que los separa del mundo y asegura su dominación. La máscara exhibe una realidad maquillada, artificial, producto de una voluntad actuante y expresión de un *culto de la forma* (p. 143).

El dandy y la literatura

Dice Saidah que una de las rupturas esenciales que realizó el dandy es una *ruptura literaria:* contra la ideología romántica y la ideología de la mímesis, contra el discurso dominante y por la preeminencia del juego. Negándose a tomarse en serio, *presenta al mundo como un vasto escenario donde todo está permitido;* la desenvoltura del narrador siempre presente, el recurso a las figuras del distanciamiento, remiten a una concepcion lúdica de la literatura que parece enmascarar un amor ardiente y desgarrado (p. 148).

El dandy y la ley

Y Françoise Coblence ("El dandysme et la règle". en Montadon, *op. cit,* pp. 169-177) dice que la ley a la que el dandy se somete, y de la cual es el autor, *es la misma a la que se somete el artista.* El dandy *es* la regla, la ley que inscribe sobre su ropa, su cuerpo, su personaje. *La ley del poder político no puede nada contra el dandy.* Su cuerpo encarna, pues, el rigor de la ley. Por eso, el dandy atestiguaría el vacío de la ley y la imposibilidad de una estética y de un heroísmo moderno, en el seno de un mundo sin modelo ni aura (p. 177).

El dandy y el orden social

En su *Baudelaire* (Gallimard, Idées, 1963, p. 184) Jean-Paul Sartre definió al dandy como el parásito del poeta que es también un parásito de una clase de opresores; Albert Camus (*L'homme révolté,* Gallimard, 1972, pp. 67-74) hizo del dandy un héroe romántico que desafiaba el orden existente *limitándose al momento de la negación y de la irrisión,* por el asombro y la sorpresa que provoca; una revuelta abortada, *respetuosa de un orden social que no piensa derribar.* Y su esteticismo aparece como rechazo del compromiso político.

El dandy y la fama

Dice Leo Braudy (*The Frenzy of Renown. Fame and Its History,* Nueva York y Oxford, Oxford University Press, 1986) que en el siglo XIX la cuestión de la fama toma un aspecto explícitamente político que toca a todos en la sociedad. La expansión del público lector aseguraba que cualquiera que aspirara al reconocimiento público no podía ignorar la multitud de modos en que esto ocurrió en el pasado y el presente. *La respuesta fue un interés por el estilo y a veces la sustancia de la marginalidad social.* La apelación al *outsider,* quizá nuestra herencia psicológica más difundida de la Europa del siglo XIX, dice Braudy, parece necesariamente generada para curar las heridas de un vasto número de individuos que, aunque exitosos, se sintieron afuera del desfile triunfal de la fama y del progreso social y científico. El dandy dio vuelta esa alienación y la transformó en un estilo de honor; *un aristócrata que está fuera de las convenciones sociales, poniendo a las circunstancias más ordinarias en un punto de vista ridículo.* El dandy como *aristócrata espiritual,* cuyo estilo era independiente de la clase o la genealogía, podía compartir características con *el criminal,* que desdeñaba las normas sociales, y también con *el sabio y el héroe,* que las superaban. En un mundo cada vez más especializado, esta nueva fama era no profesional, especialmente cuando tocaba a la obra de arte (pp. 477-479, bastardilla nuestra).

Dandy, periodismo y moda

En 1830 se introdujo "el periodismo" en Inglaterra, importado de Francia, para denotar *el procesamiento diario del mundo* por el periódico. La "columna de chismes" apareció en la década de 1850 pero en las páginas de caricaturas, anécdotas y comentarios de eventos sociales, la actitud existía mucho antes que la palabra. Aquí nacería también *la moda* moderna como conciencia de la ropa y del estilo como forma de autoexpresión disponible a todos los que estuvieran interesados (Braudy, p. 479).

El dandy y el género sexual

Es conocida la misoginia del dandy. Baudelaire:
"La femme est le contraire du dandy...
La femme est naturelle, c'est-à-dire abominable.
Aussi est-elle toujours vulgaire, c'est-à-dire le contraire du dandy" (*Oeuvres Completes,* París, Gallimard, 1975, p. 1272).

El dandy "clásico" exhibe una marcada ambivalencia sexual, una androginia y una misoginia que se expresa hasta la provocación; la mujer aparece como un chivo emisario involuntario y sobredeterminado. Se la acusa de incapacidad de elevación intelectual y espiritual, y se la reduce a un objeto puramente decorativo, en una ginofobia que va a la par con la tentación homosexual.

Para Albert Camus el dandy es una especie de rebelde: "un hombre que dice no". Para Walter Benjamin, es siempre el *flâneur,* nunca la *flâneuse,* el hombre de la multitud que recorre la ciudad. Émilien Carassus, en su antología, no incluye ninguna mujer dandy, como si el concepto fuera una contradicción en los términos. Dice Roland Barthes que el dandismo es "un fenómeno esencialmente masculino" (Carassus, p. 315).

Dice Jessica R. Feldman (*Gender on the Divide. The Dandy in Modernist Literature,* Ithaca y Londres, Cornell University Press, 1993): "El dandismo existe en el campo de fuerza entre dos nociones opuestas, irreconciliables, sobre el género sexual. Primero, el dandy (siempre masculino) se define atacando a las mujeres. Segundo, tan cruciales son las características femeninas para la autocreación del dandy, que se define abarcando a las mujeres, apropiándose de sus características". El punto central de Feldman es que en una cultura que polariza los géneros el dandismo tiende a borrar las fronteras porque se sitúa precisamente en la división, y la violencia de esta posición genera la energía del dandismo como forma cultural (pp. 6-7).

Feldman examina los dandis de Gautier, de Barbey d'Aurevilly, de Baudelaire, y en el campo del inglés norteamericano, de Willa Cather, de Wallace Stevens y de Nabokov, y muestra que estos escritores rechazan y buscan a la vez a las mujeres porque se embarcan en una de las actividades que más dividen al sujeto *(self-dividing):* vivir dentro de las formas culturales dominantes, mientras se imaginan nuevas formas que tienen lugar en un "más allá" no muy definido. El cambio cultural puede comenzar, dice Feldman, con ese tipo de individuos que ven las cosas de un modo nuevo (y a veces ilógico, o hasta aparentemente loco).

De hecho, la literatura del dandismo desafía el concepto mismo de dos géneros separados. Sus héroes masculinos colocan al dandismo dentro del género femenino para ir más allá de lo masculino y lo femenino, más allá de la dicotomía del género. Porque el dandy no es ni totalmente hombre ni totalmente mujer, sino la figura que borra irrevocablemente estas distinciones (p. 11).

El dandy y el anarquista

Michel Onfray (*Politique du rebelle. Traité de résistance et d'insoumission,* París, Grasset, 1997; existe traducción castellana de Perfil Libros, 1999) reivindica hoy al dandy, junto con los cínicos de la tradición griega, desde una política libertaria. Dice que el dandismo y el pensamiento libertario funcionan en todos los que, lejos de los imperativos del realismo socialista en virtud del cual hay que someter el arte a la política, plantean exactamente lo inverso y esperan que el arte nutra la política, le transmita fuerza y energía. En esta perspectiva, el dandismo (contemporáneo del siglo de la revolución industrial) puede leerse como reacción contra la unidimensionalidad generada por la metamorfosis del capitalismo. Dice Onfray: "Contra el igualitarismo, esa religión nociva de la igualdad, el dandismo reivindica una subjetividad radical activa en el combate contra todas las consignas del momento: culto al dinero y a la propiedad, dogmas burgueses y mitologías familiaristas" (p. 226). Diógenes y Baudelaire, Wilde y Carlyle reconciliados. Véase la genealogía del dandy y el anarquista en "Historia de un *best-seller*, del anarquismo al peronismo" más adelante en este Manual.

[28] Walter Benn Michaels, en *The Gold Standard and the Logic of Naturalism. American Literature at the Turn of the Century* (Berkeley, University of California Press, 1987) establece una serie de relaciones entre el yo como propiedad y el cuerpo femenino como cuerpo utópico de la economía de mercado, imaginado como una escena de circulación (p. 103). En el naturalismo norteamericano de fin del siglo XIX (por ejemplo, en la "ficción corporativa" de *The Octopus* de Frank Norris –y no se puede sino recordar el pulpo que cierra *La Bolsa* de Julián Martel– o en *The Financier* de Theodore Dreiser) Michaels establece una serie de relaciones entre el capitalismo, un sistema específico de representación –el daguerrotipo o la foto– y la mujer (o el esclavo) tratados como propiedad. La sexualidad femenina aparece como el equivalente biológico del capitalismo y el contrato de matrimonio, lo que Michaels llama "la fenomenología del contrato", aparece como estrategia para contener (y reprimir) su desorden. Porque el deseo puede subvertir el orden social y es una amenaza a la forma de la ficción realista (pp. 125 y ss.).

[29] James Eli Adams (*Dandies and Desert Saints. Styles of Victorian Masculinity*, Ithaca y Londres, Cornell Univesity Press, 1995) se refiere al héroe de *Sartor Resartus* de Carlyle, y dice que la persistencia del *dandy como una sombra tanto del profeta como del capitalista* refleja una paradoja dentro del régimen de lo que Max Weber llamó ascetismo mundano-interno. Como el eremita del desierto, el dandy se exhibe constantemente, aun en medio de la soledad: la disciplina ascética dicta la presencia de una audiencia. Desde este punto de vista el dandismo es un ascetismo ejemplar. Como dice Baudelaire, es "un tipo de

religión" gobernada por una disciplina "tan estricta como cualquier regla monástica", que acepta abiertamente una mirada pública. Es por eso que el dandy es una presencia tan tenaz y central en los escritos de Carlyle, como en tantos discursos victorianos sobre el modelo masculino *de clase media* (p. 35).

La noción de la masculinidad como disciplina ascética forma un continuum poderoso entre la primera y la última retórica victoriana de identidad masculina, y entre los escritores que aparentemente ocupan lados opuestos de la frontera que divide las sexualidades normativas y transgresivas (p. 230).

Las luchas por la autoridad masculina tienen un análogo más mundano en la preocupación victoriana por *definir un verdadero gentleman, distinguiendo entre sinceridad y performance*. Si el status de *gentleman* no se funda en distinciones heredadas de familia y rango, sino que se realiza a través de la conducta ¿cómo se distingue el "verdadero" *gentleman* del aspirante que meramente "actúa" la parte? Esto fue un desafío, por la movilidad social y porque el rol del *gentleman* suponía *un grado de teatralidad*, dice James Eli Adams (p. 53).

[30] Dice Tony Tanner (*Adultery in the Novel. Contract and Transgression*, Baltimore y Londres, The Johns Hopkins University Press, 1979) que aunque la novela de los siglos XVIII y XIX se mueve hacia el matrimonio y la continuidad genealógica, extrae su fuerza narrativa de una energía que amenaza romper la estabilidad de la familia sobre la que se basa la sociedad. Es así un objeto paradojal, un texto que puede subvertir lo que parece celebrar, porque el adulterio, el acto de transgresión que amenaza a la familia, es un intento de establecer *un contrato extracontractual, o un anticontrato que amenaza las seguridades y continuidades*. Pero lo que vale la pena explorar, dice Tanner, son las relaciones entre un tipo específico de acto sexual, un tipo específico de sociedad, y un tipo específico de narración (pp. 3-6).

El adulterio como fenómeno aparece en la literatura desde sus comienzos mismos, en Homero, y dice Tanner que la triangularidad inestable del adulterio, más que la simetría estática del matrimonio, es la forma generativa de la literatura occidental. Es un rasgo dominante en la literatura de caballería y en las obras de Shakespeare, *pero toma una importancia especial en la novela del fin del* XVIII *y* XIX (pp. 11-12). Muchas de las novelas del siglo XIX que han sido canonizadas (*La Nouvelle Héloïse*, de J. J. Rousseau, *Madame Bovary* de Flaubert, *Anna Karenina* y *La Sonata a Kreutzer*, de León Tolstoi), se centran en el adulterio.

Para esas novelas el matrimonio es el contrato que todo lo organiza y subsume, la estructura que mantiene la Estructura o Sistema. Al confrontar los problemas de matrimonio y adulterio, dice Tanner, la novela tiene que enfrentar no sólo el carácter provisorio de las leyes y las estructuras sociales, sino también el de sus propios procedimientos y afirmaciones. Porque es cuando el matrimonio es visto como la invención del hombre, y el contrato central del cual los otros dependen de algún modo, que el adulterio deviene no una desviación incidental de la estructura social, sino un asalto frontal a ella. El divorcio es el camino por el cual la sociedad enfrenta al adulterio, pero es notable que en ninguna de las novelas consideradas ocurre ese divorcio, ni parece ofrecer soluciones radicales a los problemas que surgen, escribe Tanner (pp. 14-18).

El extraño en la casa se titula uno de los capítulos del libro de Tanner, donde analiza la violación de fronteras, la hospitalidad y la disrupción de un orden previo. Y Tanner concluye que la aparición del artista como un rol dominante en la novela marca la declinación de la novela burguesa como tal. La emergencia del artista como héroe (se ve en las novelas de Henry James) parece coincidir con la sensación de la ruina de la familia (p. 99).

[31] "En la cazuela no queda títere con cabeza; albergue de solteronas y de doncellas, a las que el lujo y la riqueza no sonríen ni popularizan, se convierte en Criterion: allí se pasan por cedazo todas las reputaciones, ya sean de hombres o de mujeres [...] las lenguas, como otras tantas navajas de barba, no se contentan con afeitar; degüellan, ultiman." Y enseguida el autoritarismo de los patricios: "Los que tenéis autoridad, abolid la cazuela, meted en ella el elemento masculino; la mujer sola se vuelve culebra en aquel antro aéreo" (pp. 144-145).

[32] Despolitizar es producir una reformulación de lo político. Los escritores de la coalición, como dijimos a propósito de Cané, despolitizan las representaciones cuando cruzan, en sus textos, el umbral de 1880. El pasado de los colegios es político y se pone en 1860, el presente de los matrimonios de 1880 es puramente cultural y social. Esa operación les permite anunciar una nueva política: la del estado liberal de la fase de la dominación de fin de siglo.

[33] La epistemología estatal liberal es positivista-materialista y es por esto que el sector científico de la coalición abarca no sólo a los escritores naturalistas sino a todos los que explican el mundo por la ciencia: sirve de puente entre la cultura liberal y la nueva cultura "progresista". En 1896 se crea el Centro Socialista de Estudios; Leopoldo Lugones es bibliotecario y Roberto Payró secretario y da una conferencia titulada "De las relaciones de la biología con la sociología".

Hugo Vezzetti, en *La locura en la Argentina* (Buenos Aires, Paidós, 1985), marca la diferencia entre los socialistas y los anarquistas en relación con los temas de la degeneración y la criminalidad y el dispositivo higienista del Estado. El anarquismo individualista, dice, tendió a rechazar el aparato del higienismo y a denunciarlo como un instrumento de la dominación del Estado, aunque parece reemplazarlo por la construcción de un ideal ascético. El socialismo en cambio converge con el pensamiento médico y, más aún, colabora activamente en la confirmación del dispositivo higienista y criminológico. Y no solamente porque encuentra coincidencias con su programa de reformas sino porque se afirma en esa utopía positivista que hace de la ciencia y el progreso de las instituciones el motor principal del cambio social. Desde su óptica reformista y sus esperanzas en el papel de la ciencia, los socialistas tomaron una posición de principio, según la cual la elevación social y moral de las masas populares exigía la lucha declarada contra la desviación y el delito (pp. 180-184).

[34] Mark Seltzer (*Bodies and Machines,* Nueva York y Londres, Routledge, 1992) se refiere al vínculo, en la literatura naturalista norteamericana, entre los procesos de generación y degeneración (o degradación), y también a la relación entre lo económico y lo sexual. Registros que aparecen como contradictorios pero que se conectan y coordinan en una economía general, en un circuito de intercambio entre máquinas y cuerpos. Dice Seltzer que el tema de la novela realista es la génesis interna y la evolución del carácter en la sociedad, y que sus técnicas de vigilancia narrativa, continuidad orgánica y progreso determinista, aseguran la inteligibilidad y supervisión de los individuos en una narración genética y evolucionista. Hay un "progreso" del sujeto, consistente con antecedentes determinantes. Los efectos se intensifican en historias de matrimonios y adulterios, de casos, de cuerpos, sexualidades y poblaciones (pp. 38-43).

La coalición rechazó y después aceptó el naturalismo literario. Dice Martín García Mérou, el crítico oficial (en "Las novelas de Eugenio Cambaceres", *Libros y autores, op. cit.,* p. 88): "No es posible examinar las novelas de Cambaceres, sin rozar de paso la eterna cuestión del naturalismo. Apresurémonos a decir que, según nosotros, no debe ser considerado discípulo de Zola". Y agrega que antes él mismo estuvo en contra del naturalismo de Zola (y ese rechazo también se ve en los *Recuerdos de viaje* de Lucio V. López), pero "La reflexión y la vida, tanto como la experiencia propia, nos han mostrado más tarde la profunda y desoladora verdad de aquellas pinturas" (se refiere a *Nana*).

[35] Cambaceres inventa en sus cuatro novelas dos posiciones narrativas, *ligadas con la representación teatral,* para encarnar los nuevos sujetos o miradas: la del dandy y la mirada científica naturalista. El teatro o el palco del dandy, donde el yo es nítido y masivo, y el anfiteatro del científico, sin yo. Son miradas distantes, una "estética" y la otra "científica", que van juntas y acompañan a la cultura estatal como su otro autonomizado. La diferencia está en lo que se ve: el dandy mira sólo a su alrededor, a la *high life,* y el científico mira hacia abajo a los otros. Pero en los dos casos se trata de personajes que se introducen en

las "casas propias" de los estancieros (el secretario "hombre de confianza" de Juan en *Pot Pourri,* y Genaro el marido de Máxima en *En la sangre*).

Manuel T. Podestá (1853-1918) fue contemporáneo de Cambaceres y del imperio de Zola y Daudet. Cursó los estudios preparatorios en el viejo Colegio Nacional de *Juvenilia,* y a los veinte años ya era jefe de clínica quirúrgica en el antiguo Hospital de Hombres. Más tarde fue diputado nacional por la provincia de Buenos Aires, secretario del Departamento de Higiene, director del Hospital San Roque, jefe de la Asistencia Pública, profesor de la Facultad de Medicina, y clínico del Hospital de Alienadas.

[36] Hugo Vezzetti (*op. cit.*, capítulo 5, "Locura e inmigración") se refiere al Genaro de Cambaceres *en relación con la inmigración.* Dice que en Ramos Mejía subsiste una característica del inmigrante evangélico, el obrero ideal, ligado al trabajo constante y santificado en la fidelidad a los patrones. Pero que también se ve en Ramos el anuncio de la inmigración degenerativa, en sus retratos del "guarango". Dice Vezzetti que en otros textos se dibuja la contracara de ese inmigrante bíblico: el ocioso, el advenedizo (como Genaro Piazza), el anarquista, con la referencia degenerativa que se ve en la literatura de los naturalistas. Sin la masa de extranjeros no sería posible la serie de tesis psiquiátricas sobre la simulación, dice Vezzetti, pero *es evidente que esa figura del advenedizo se construye en la novela:* en *En la sangre* Genaro resulta una forma pura, decididamente arquetípica (p. 186, bastardilla nuestra).

Hasta aquí Vezzetti. Creo que sería interesante contrastar a *Irresponsable* con *En la sangre* por *la opuesta representación de los inmigrantes.* Y poder entrever, otra vez, ciertas diferencias en el sector científico de la coalición cultural. O ciertas diferencias entre "la coalición" y un sector científico que se desprende de ella para instalarse en otra cultura. El bruto "tachero napolitano" de cabeza cuadrada que es el padre de Genaro en Cambaceres difiere de los inmigrantes sanos, robustos, con sus niños rollizos y sus mujeres de seno turgente que pasan por la calle Florida en Podestá. Las "bestias" en *Irresponsable* son los criollos de la comisaría, los policías "de raza inferior" del capítulo 11. En el momento en que aparece la transición entre la cultura del estado liberal y otra cultura "más moderna" y progresista, aparece la diferencia entre las "razas inferiores". La elección de las "bestias" es crucial y define diversas líneas culturales.

37 *Una disputa sobre la simulación del talento*

Con Podestá y con Cambaceres, con sus "cuentos de educación y matrimonio", la coalición *(el sujeto científico-ficcional del estado liberal)* define, científica y narrativamente (literariamente), a un loco y a un simulador de talento. Estos aparecen en el mismo momento no sólo en la literatura sino también en la ciencia, la psiquiatría, la criminología y la política. En los tratados puramente científicos sobre la simulación de José Ingenieros (1877-1925) y de José María Ramos Mejía (1849-1914) estas dos categorías se unen en un punto. *Tanto Ingenieros como Ramos parten de la simulación y terminan en el delito y en la locura.* Así, los "casos" de Cambaceres y Podestá, unidos por el examen, se vuelven a unir científiamente y se cierran en el delito.

Los simuladores y el análisis de la simulación, que desarrollan casi conjuntamente Ramos e Ingenieros, apuntan a un dato fundamental: *las diferencias en el interior de una sociedad "moderna"*. La pirámide de los genios y talentos, que no simulan, con los mediocres en el centro, que simulan, y los brutos o idiotas en la base. El "medio" es el problema.

La simulación (objeto privilegiado del liberalismo y sus identidades dobles) nos interesa porque puede ser tomada como un "delito de la verdad" (porque pone en movimiento el problema de las creencias), y porque se liga con la falsificación y el fraude. Pero la simulación es un objeto privilegiado porque *es el lugar donde hay una disputa sobre la representación, y también un debate político*. Es una teoría de la representación y de la resistencia. Y aquí es donde Ramos Mejía e Ingenieros se diferencian.

José María Ramos Mejía, en *Los simuladores del talento,* aparecido en 1903 (citamos por la edición de Tor, Buenos Aires, 1955) ataca de entrada a su discípulo José Ingenieros, que ya había publicado capítulos de *La simulación en la lucha por la vida* en *La semana médica* y en los *Archivos de Psiquiatría* entre 1900 y 1902. (Ingenieros *es uno de los primeros intelectuales inmigrantes y se introduce en la ciencia por la simulación;* el texto de Ingenieros fue presentado a la Facultad de Medicina como introducción de su tesis *Simulación de la locura,* 1900.)

En la *Introducción* misma de su estudio Ramos Mejía dice que *Ingegnieros* (así lo escribe: Ingenieros como inmigrante italiano) describió psicológicamente a los simuladores y los clasificó. Pero Ramos reivindica la originalidad y la anterioridad de su enfoque específico, el talento. Dice que *nadie* abordó el tema que estudia en este libro y cuyo primer capítulo publicó hace varios años en los *Anales de la Facultad de Derecho*. El núcleo para el desarrollo de la tesis era el *caudillo argentino*. Este libro, dice Ramos Mejía, estudia las *"facultades defensivas" que los caudillos aplicaron a su gestión política.* (En Ramos Mejía está "lo criollo" y "la enciclopedia": está lo nacional de la cultura "aristocrática" latinoamericana.)

Y dice Ingenieros en la nota 5 a la 8ª edición de *La simulación en la lucha por la vida:* "Ramos Mejía ha estudiado particularmente *Los simuladores del talento* en un interesante libro de *proyecciones políticas*". Y al final: "La tesis de este libro es paradojal: es necesario poseer talento verdadero para efectuar con éxito semejante simulación del talento" (vol. 1 de las *Obras Completas*, Buenos Aires, Elmer Editor, 1956, p. 87).

Ingenieros niega simple y llanamente el libro de Ramos, en sus fundamentos mismos: dice que es *un libro político, no científico,* y que no hay simulación de talento porque el talento no es representable: hay que tener talento para "simularlo". Esa disputa es crucial, los separa radicalmente, y es posible que separe dos líneas de la cultura argentina. O que separe "un sujeto científico de la coalición" de otro tipo de científico.

Ingenieros, con el talento, está a un punto de refutar la teoría de la simulación en el punto mismo en que la simulación o representación (performance) sería la "verdad" de un sujeto, *porque la politiza.* Las críticas a las sucesivas teorías de la simulación se acompañan de la crítica a la verdad que estaría más allá de ella, y también de la politización de la simulación. No hay un ser real y verdadero, opuesto al que se exhibe o se simula; no hay verdad por debajo de la ficción en el corazón mismo del sujeto; se es lo que se representa. Sólo se puede refutar la teoría de la simulación desde el corazón mismo del sujeto que es llamado "simulador", y desde la política y la resistencia.

Ramos Mejía e Ingenieros se diferencian y también se unen, porque fuera del talento los dos coinciden en que la simulación es un problema de la modernización, y coinciden en el darwinismo y en la simulación como recurso de la vida misma (de "la lucha por la vida"). Ingenieros y Ramos construyen un mundo social darwiniano y nietzscheano, totalmente penetrado de ficción, de falsificación y de fraude: un mundo que va a alcanzar su culminación en Arlt.

Pero Ingenieros no solamente universaliza la simulación y la liga con el fraude, sino que la opone a la guerra y a la violencia: es un procedimiento pacífico, dice, para no enfrentar. La muestra como resistencia. Dice Ingenieros: todos en la lucha por la vida son gladiadores que pelean o actores que recitan. Y concluye que con la revolución social (y cita a Marx), con formas venideras de organización social, la simulación parece destinada a disminuir, en la medida en que se atenúe "la lucha por la vida".

Los dos científicos de la coalición coinciden en que hay *simulaciones peligrosas que hay que denunciar: son las que llevan al delito y a la locura*. Simuladores y locos otra vez, girando como en un círculo, porque la aparición de uno convoca inmediatamente la del otro. Y entre los dos, el delito.

Dice Ramos Mejía que la simulación es viveza o delito, según cómo se la mire, y que algunos simuladores tiran la máscara, rompen los diques de la disciplina, y se desbordan *en el asesinato* o en la simple agresión compensadora (pp. 94-95). "Ese es el tipo *de agresor por desequilibrio,* del asesino neurótico, *fronteró de la locura,* sin estar completamente dentro de ella, pero bebiendo en tan rubias fuentes la inspiración y el impulso irresistible que lo empuja" (p. 96).

Y en "Clasificación de los simuladores", Ingenieros hace un cuadro y los diferencia entre mesológicos (adquiridos o por el medio: astutos o serviles), congénitos (fumistas o refractarios) y patológicos (psicópatas o sugestionados). Los simuladores por adaptación al medio incluyen a los astutos, encarnación del "vividor", pero en algunos asume proporciones predominantes. "La personalidad de estos sujetos se afirma en terreno moralmente resbaladizo. Dado el propósito utilitario de la simulación, llega a las *zonas linderas de la delincuencia, engendrando un tipo mixto de "simulador-delincuente*" (pp. 83-85).

En Ingenieros el estudio de la simulación lleva al delito y a una reforma penal. Y para esto escribe la segunda parte, *La simulación de la locura*. Los delincuentes que simulan ser locos son declarados irresponsables; la reforma jurídica que propone Ingenieros tendería a *terminar con la simulación de la locura en los delincuentes:* con el engaño al estado.

Simuladores, locos, delincuentes: un campo común une *La simulación en la lucha por la vida* de José Ingenieros, con el tratado de la simulación y el delito de los locos y monstruos de Roberto Arlt (con *Los siete locos* y *Los lanzallamas,* 1929 y 1931). En Arlt insiste la serie de Ingenieros (o los límites de la simulación y sus combinaciones): la locura se puede simular, y los simuladores se pueden enloquecer y pueden llegar al delito. De hecho, Ingenieros define a ciertos personajes de Arlt: al Astrólogo, a los Espila y a Erdosain.

El Astrólogo:

> Numerosos simuladores conocimos entre individuos dedicados profesionalmente a la propaganda de *ideas políticas,* religiosas, sociales, etcétera. En ellos existe la obligación, como *modus vivendi,* de simular a hora fija y ante los públicos más variados, pasiones políticas, religiosas y sociales que en algunos casos riñen con su estado mental y orgánico del momento; pero, si no fuesen oportunamente simuladores, comprometerían, junto con su prestigio, el pan cotidiano que ganan mediante la simulación. Ellos constituyen *la antítesis desagradable* de esa otra figura, simpaticísima, del individuo lleno de fe y de convicción que se sacrifica en la propaganda de cualquier idea –noble o absurda– pero que, sinceramente, considera buena o justa (pp. 90-91).

El mundo brechtiano y capitalista del Chicago de Ingenieros con *la simulación de los mendigos,* también está en Arlt, en los Espila como simuladores de mendigos "víctimas de la ciencia":

> En estos sujetos la *mise en scène* suele ser aparatosa y refinada. En Chicago, según refirió la prensa, la policía descubrió un club de mendigos, hace algunos años, en West Adam Street. Encontróse allí una comitiva de sujetos; sanísimos y alegres, que comían, bebían, jugaban, fumaban y poseían una biblioteca de filósofos antiguos para recrear sus ratos de ocio. Todos ellos, durante el día, simulaban ser cojos, ciegos, mudos, idiotas, sordos, y mendigaban por las calles de la ciudad; por la noche reuníanse en su club para gozar tranquilamente de las ganancias de su "trabajo" diario. La policía encontró en una de las habitaciones gran cantidad de carretelas para tullidos, muletas, piernas de palo, zapatos simulando pies deformes, anteojeras y vendas para los ojos, bastones para ancianos débiles, barbas postizas, cajas de pinturas destinadas a simular sobre la piel toda clase de llagas y pústulas, ocupándose en esta especialidad dos miembros del club, verdaderos artistas del pincel. Había numerosos *carteles* con inscripciones apropiadas: "soy ciego de nacimiento", "soy sordomudo por susto", "inválido de la guerra civil", "ha adquirido su lepra prestando servicios a otros enfermos", etcétera. Arrestados, se comprobó un excelente estado de salud y sus aptitudes para el trabajo; desde largo tiempo habíanse asociado para explotar la caridad de los filántropos, en perjuicio de los verdaderos pobres.
>
> Casos como el anterior –que por su magnitud alcanzó cierta celebridad– ocurren en todas las grandes ciudades. En Buenos Aires la mendicidad fraudulenta aún no ha alcanzado vastas proporciones. Conocemos, sin embargo, un ladrón profesional que nos refirió *haber sido ciego de profesión durante cinco años;* ejerció "honradamente" su trabajo con discretas ganancias hasta que la policía descubrió su fraude y le arrestó. En la prisión conoció a varios ladrones profesionales; al ser puesto en libertad no pudo volver a su antiguo oficio de ciego, y se dedicó al *robo* profesional con sus nuevos amigos (pp. 112-113, bastardilla del original).

Ingenieros nos lleva también *al cajero ladrón:* al padre de Emma Zunz y a Erdosain *el cobrador ladrón de Arlt:*

> "Observacion persecutoria". Es un cajero bastante ilustrado, jugador, que no tiene herencia neuropática, pero que tomó dinero de la caja para hacer frente a *compromisos de juego*. Los patrones notaron el desfalco, lo arrestan, y cuando es llamado a declarar tiene una actitud desconfiada, contesta con dificultad, presenta *ideas delirantes* de naturaleza persecutoria acompañadas por alucinaciones del oído, vista y olfato, e *ideas de suicidio*. No hay signos físicos de la enfermedad. El defensor pide que lo declaren irresponsable por afección mental. Pero le descubrieron la simulación y fue condenado. En la cárcel su falsa melancolía no desapareció repentinamente, dice Ingenieros, pero "se fue normalizando". Su sentido moral se conservaba (Observación XXV, p. 199).

Arlt transforma la teoría de la simulación de Ingenieros de 1900 en una ficción politizada de los años veinte: la simulación, la locura y el delito con el dinero, el plan y "la revolución".

Ingenieros y Arlt también comparten un campo final. Dice Elías Castelnuovo en sus *Memorias* (Buenos Aires, Ediciones Culturales Argentinas, 1974) que Arlt

> sentía una atracción morbosa por todo lo macabro. Recuerdo que una mañana visitamos juntos el crematorio municipal, instalado en la Chacarita, *con fines puramente periodísticos*. De inmediato, se hizo gran amigo *del director del instituto, un médico higienista*, partidario ferviente de la cremación, cuyo afán proselitista sobre el particular, lo hacía bastante sospechoso. Más que un informe acerca de la técnica del procedimiento, nos dio una clase magistral, aprovechando paralelamente sus conocimientos respecto a la putrefacción del cadáver, para realizar contra nosotros una propaganda catequizante a objeto de que cuando nos tocase abandonar este valle de lágrimas, no permitiésemos que los gusanos se ensañasen con los restos de nuestra envoltura corporal. Al efecto, disponía de un registro, metido en un cartapacio, donde podíamos poner nuestra firma con semejante finalidad.

> Arlt se entusiasma:
>
> –¡Qué estupendo! –exclamaba, abriendo tamaños ojos–, ¡Ver reducir a un mastodonte de ciento veinte quilos *[sic]* de peso, con los

bolsillos llenos de plata, a un quilo y medio de polvo! *¡Es fantástico! ¡Bárbaro!*

La amistad de este médico, finalmente, le costó cara a Roberto Arlt. Porque sea por convicción o sea por condescendencia, el caso es que a la postre colocó allí su nombre y apellido, sellando de esta manera su conformidad. Y luego de su muerte, ya se sabe lo qué ocurrió. El triste desenlace que tuvo: pasó a ocupar un vaso en el columbario de la Chacarita, junto a José Ingenieros, partidario él también de la cremación (pp. 142-144).

La simulación hoy

De la simulación a la cibernética

En 1981, Jean Baudrillard (en *Simulacres et simulation,* París, Galilée, 1981) declaraba abierta "la era de la simulación" por supresión del referente y por la sustitución de lo real por los signos de lo real. En la simulación, dice Baudrillard, "Ya no se trata de imitación, ni de duplicación, ni tampoco de parodia. Se trata de una sustitución de lo real por los signos de lo real, es decir, de una operación de disuación de todo proceso real por su doble operatorio" (p. 11).

Dice Baudrillard: "Disimular es fingir no tener lo que se tiene. *Simular es fingir tener lo que no se tiene.* Uno remite a una presencia, el otro a una ausencia. [...] La diferencia es siempre clara, pero está enmascarada. Fingir, o disimular, deja intacto el principio de realidad, mientras que *la simulación pone en cuestión la diferencia de lo "verdadero" y lo "falso", de lo "real" y lo "imaginario"* (p. 12).

Y opone simulación a representación: "La representación parte del principio de equivalencia del signo y de lo real (aun si esta equivalencia es utópica, y este es un axioma fundamental)". Y la simulación "parte del signo como reversión y muerte de toda referencia" (p. 16).

Baudrillard: "El pasaje de los signos que disimulan algo a los signos que disimulan que no hay nada, marca el giro decisivo. Los primeros remiten a una teología de la verdad y del secreto (de la que todavía forma parte la ideología). Los segundos inauguran la era de los simulacros y de la simulación, donde ya no hay Dios para reconocer los suyos, ni Juicio Final para separar lo falso de lo verdadero, lo real de su resurrección artificial, pues todo está ya muerto y resucitado de antemano" (p. 17).

Dice Baudrillard que los modelos o simulacros cibernéticos ya no constituyen una trascendencia o una proyección, ya no constituyen un imaginario en relación con lo real; son ellos mismos anticipación de lo real, y no dejan lugar a ninguna suerte de anticipación ficcional; son inmanentes, y no dejan lugar a ningún tipo de trascendencia imaginaria. El campo abierto es el de *la simulación en sentido cibernético,* es decir, el de la manipulación de esos modelos, pero entonces *nada distingue esta operación de la gestión y de la operación misma de lo real: ya no hay ficción* (pp. 180-181, bastardilla nuestra).

De la simulación a los travestis

Severo Sarduy en *La simulación* (Caracas, Monte Ávila, 1982) se refiere sobre todo a los travestis y al barroco, y separa copia de simulacro: "aquí entraría la simulación que constituye su propio fin, fuera de lo que imita: ¿qué se simula? La simulación". Dice Sarduy: "El travesti no copia; simula, pues no hay norma que invite y magnetice la transformación, que decida la metáfora: es más bien la inexistencia del ser mimado lo que constituye el espacio, la región o el soporte de esa simulación, de esa impostura concertada: aparecer que regula una pulsación goyesca: entre la risa y la muerte" (pp. 11-13).

Sarduy dice que habría en la simulación del travesti *una pulsión de metamorfosis, de transformación* que no se reduce a la imitación de un modelo real, sino que quiere sobrepasar el límite, yendo más allá de la mujer. Trata de demostrar, con Roger Caillois (*Méduse et Cie,* París, Gallimard, 1960), que el mimetismo animal *es inútil* y no representa más que un deseo de gasto, de lujo peligroso, una necesidad de desplegar, aun si no sirven para nada (numerosos estudios lo demuestran, dice), colores, texturas, etcétera. Un deseo de barroco que existe en la conducta humana y que el travesti confirma, y (cita de Caillois) *que existe en el mundo vivo una ley de disfraz puro, una práctica que consiste en hacerse pasar por otro,* claramente probada, y que no puede reducirse a ninguna necesidad biológica derivada de la competencia entre las especies o la selección natural (p. 16).

Según Sarduy el simulador no copia sino que hace un simulacro, da la ilusión del modelo (y cita a Deleuze, *Logique du sens*). Las copias-íconos (ligados con una Idea) tratan de duplicar la verdad del modelo, en cambio los *simulacros-fantasmas agreden al modelo, son "contra el padre", no pasan por la Idea.*

La idea central de Sarduy sería que la *simulación aparece como mofa, contrahechura* de un modelo, que implica reírse de la autoridad, garabatear el modelo, impugnar a los inquisidores, ensuciar, manchar lo impoluto, lo perfecto, lo inalcanzable por su nitidez y armonía. Rescata la energía iconoclasta, la subversión de la figuración clásica, la blasfemia. El modelo y su copia desfigurada, el monumento y su parodia, la operación y su blasfemia, cambian la carga sacramental que el poder pone en la cultura, escribe Sarduy (p. 123).

De la simulación a la resistencia

James C. Scott, en *Domination and the Arts of Resistance. Hidden Transcripts* (New Haven y Londres, Yale University Press, 1990) se refiere a la simulación como resistencia: a las máscaras, gestos, performances, actuaciones, siempre en jerarquías de género, raza, casta y clase social. La práctica de la dominación crea lo oculto en los grupos subordinados engendrando una subcultura y oponiendo su forma propia de dominación frente a la de la elite. Habría siempre, dice Scott, una conducta pública y otra oculta, una observable por el poder o dicha ante el poder, y otra dicha por detrás o para otra audiencia.

[38] Dice Vezzetti *(op. cit.)* que en la tesis de doctorado de Alejandro Korn, *Locura y crimen,* 1883, se anuncian las nociones y el enfoque fundamental de la criminología positivista (tal como quedará constituida con Ingenieros y de Veyga); la tesis concluye así: "Desde un punto de vista filosófico convendremos, pues, en

que entre el crimen y la locura no existe sino una diferencia de grado" (p. 118). Y más adelante agrega que en 1902 comienza la publicación de los *Archivos de Psiquiatría y Criminología,* dirigida por Ingenieros, y en el Comité de Redacción figuran, además de Ramos Mejía (que en 1895 publicó *La locura en la historia*), Francisco de Veyga, Manuel Podestá y Pietro Gori, abogado penalista italiano que residió en la Argentina de 1898 a 1902 y cumplió un papel importante en la difusión y organización del anarquismo. Gori fundó en 1898 *Criminología Moderna,* en cuyo cuerpo de redacción figuraban profesores de la Facultad de Derecho y de Filosofía y Letras, diputados nacionales, médicos alienistas como Manuel Podestá, y funcionarios policiales como Juan Vucetich (pp. 180-181).

La criminología tiene una historia paralela a la del estado dice Marie Christine Leps (*Apprehending the Criminal. The Production of Deviance in Nineteenth-Century Discourse,* Durham y Londres, Duke University Press, 1992). Y agrega: la circulación intertextual del discurso criminológico ha coincidido con períodos marcados por inquietud civil: durante la gran depresión del fin del XIX, cuando los movimientos por los derechos de los trabajadores en general, y de las mujeres en particular, aumentaron, y en el XX, durante los años sesenta y setenta. El concepto del "hombre criminal" presenta ventajas ideológicas que garantizan la emergencia de la criminología, la ciencia del "criminal", cuando las estructuras de autoridad se ven amenazadas.

Leps dice que *la criminología es una ciencia intertextual,* un bricolage: medicina, fisiología, psiquiatría, antropología, zoología y botánica, lingüística y filosofía. Como ciencia intertextual, fue una amalgama de principios ideológicos sobre la desviación determinada por nociones ideológicas sobre nacionalidad, raza, sexo, clase y moralidad. Al negar la noción de libre voluntad y postular que los actos ilegales estaban determinados biológica y socialmente, la criminología cambió las reglas de la administración de la justicia, dice Leps (pp. 43-44).

39 Jonathan Cott (*Thirteen. A Journey Into the Number*, Nueva York, Doubleday, 1996) dice que algunos consideran que el trece da mala suerte y otros que da buena suerte, y explora las muchas y curiosas facetas de este "calumniado número". Cuenta cómo el compositor Arnold Schoenberg numeró los sonidos de a doce, y se aterrorizó tanto después de cumplir 76 [7 + 6 = 13], que el viernes 13 de julio de 1951 se fue a la cama, donde murió trece minutos antes de la medianoche.

El trece (o *la ley de la suerte en el campo de los números*) generó una "industria" que no tardará en imponerse entre nosotros, dice nuestro dandy Lucio V. Mansilla en esta *Causerie* titulada "Superstición y puntualidad" (*Entre-nos* –Causeries del Jueves, 1890, en *Humorismo argentino,* con Prólogo, selección y notas biográficas de Luis Alberto Murray, Buenos Aires, Ediciones Culturales Argentinas, 1961). Debo este texto a Marta Palchevich.

> Ayer fue martes; mal día para embarcarse, casarse, presentar solicitudes, pedir dinero a rédito y suicidarse.
>
> A más de ser martes, esta carta debía llevar, como lleva, el número trece, número de mal agüero, misterioso, enigmático, simbólico, profético, fatídico, en una palabra, cabalístico.
>
> Las cosas que son trece salen siempre malas. Entre trece suceden siempre desgracias. Cuando trece comen juntos, a la corta o a la larga alguno de ellos es ahorcado, muere de repente, desaparece sin saber cómo, es robado, naufraga, se arruina, es herido en duelo. Finalmente, lo más común es que entre trece haya siempre un traidor.
>
> Es un hecho que viene sucediéndose sin jamás fallar desde la famosa cena aquella en que Judas le dio el pérfido beso a Jesús.
>
> Es por esa razón que en *Francia, nación cultísima, hay una industria que no tardará en introducirse en Buenos Aires, donde todas las plagas de la civilización nos invaden día a día con aterrante rapidez.* [...] La industria de que hablaba toma su nombre de los que la ejercen, llamados *quatorzième* (décimo cuarto). [...]
>
> Cuando alguien ha convidado varios amigos a comer en su casa, en el restaurante o en el hotel, y resulta que por la falta de uno o más no hay reunidos sino trece, y que se ha pasado el cuarto de hora de gracia concedido a los inexactos, se recurre al *quatorzième.*

Y nuestro inefable Mansilla se dedica, en adelante, a describir el funcionamiento de esa "industria cultural" francesa.

40 *Cuentos de exámenes. Apuntes para una posible antología*

El examen de física de 1880 como "cuento de educación y matrimonio", como examen liberal de la verdad social puesta en la ciencia abstracta de los cuerpos, abre ciclos y nos lleva al futuro: nos deja en Roberto Arlt, 1920. *Marca una unidad de tiempo cultural, entre dos cambios o mutaciones.* Una unidad de tiempo entre Genaro Piazza y "el hombre de los imanes", y Silvio Astier y Augusto Erdosain; la unidad cultural del cuento de los exámenes de física con simuladores, locos y delincuentes (y con "judíos"). Porque ¿qué otra cosa que un cuento de "examen" de física es lo que sufre el personaje autobiográfico de *El juguete rabioso* en la Escuela de Aeronáutica, adonde lo envió *la judía* vecina? Un examen que "aprueba" pero que no le sirve: aquí no queremos gente que sepa sino brutos para el trabajo, le dicen. ¿Y qué otra cosa que un "examen escrito" de físico-química con la fábrica de gases asesinos es lo que lleva Erdosain al Astrólogo al fin de *Los lanzallamas* (antes de asesinar a la Bizca), cuando *la sangre del judío* se hace visible en Temperley?

En este ciclo cultural, que es el tiempo entre el examen de física y "el examen" de física, el cuento se dispersa (podría llegar hasta el peronismo para incluir *El examen* de Julio Cortázar) y genera otros cuentos de exámenes, "con risas". Estos son los que formarían la "posible" antología.

La física del estado liberal, como tantas cosas, la inaugura nuestro querido (por Cané) Amadeo Jacques, y aparece en nuestro punto de partida, *Juvenilia*. Y se asocia con un examen de gramática.

En el capítulo XVI de *Juvenilia,* al referirse a Amadeo Jacques, dice Cané: "Una cosa nos disgustaba: que Jacques no nos perteneciera de una manera completa y exclusiva. Habríamos dado algo por verlo renunciar a su cátedra de *física* en la Universidad". Y a continuación cuenta su examen de gramática castellana, que es "la gramática de la traducción", típica de la cultura "aristocrática" de la coalición:

> Para ingresar a la clase de primer año de latín, debí rendir un impalpable examen de *gramática castellana,* en el que fui ignominiosamente reprobado por la mesa, compuesta de Minos, Eaco y Radamanto, bajo la forma de Larsen, Gigena y el doctor Tobal. Me dieron

> un trozo de la *Eneida* traducción de Larsen, para analizar gramaticalmente; era una invocación que empezaba por: "¡Diosa!" "¡Pronombre posesivo!", dije, y bastó; porque con voz de trueno Larsen me gritó: "¡Retírate, animal!" (p. 84).

Otros "cuentos de exámenes" con risas. Los escritores médicos son profusos en *los cuentos de exámenes con locos en la Facultad de Medicina.* Veamos este, que aparece en el *Libro I* del *Libro extraño* del médico y escritor Francisco Sicardi (1856-1927). Aquí se define otra vez a "un loco" perdedor.

Don Manuel de Paloche, cuarenta años, rinde anatomía por segunda vez:

> El doctor Polifemo tosió, señalando uno de los examinadores.
>
> –El cerebro –dijo este muy serio.
>
> –Órgano del pensamiento –contestó en seguida don Manuel, –aunque no rece la doctrina con la religión cristiana.
>
> –No se le pregunta eso –dijo frunciendo el entrecejo el profesor...–. Siga usted... anatomía del cerebro.
>
> –Y asiento del espíritu, que los sabios colocan...
>
> –Vuelvo a repetirle –anatomía del cerebro...
>
> –Esto contesto pues, señor –replicó Paloche irritado.
>
> Se sentían *risas comprimidas.*
>
> –Porque yo no soy –seguía este– de los que se someten a aceptar opiniones, sin discutirlas, y al fin creo que deben siquiera dejarle a uno la libertad de hablar.
>
> *Las risas se acentuaron.*
>
> –Recapacite, señor Paloche, y cíñase a la pregunta.
>
> –Estoy ceñido, señor profesor. Pero antes de entrar al fondo del asunto, hago observar, que un órgano de tanta importancia, merece sus consideraciones psicológicas.
>
> –No divague... al grano, al grano, señor.
>
> –No es divagar hacer psicología –contestó recio Paloche.
>
> –Basta, rugía Polifemo, y tosió. *–Las risas se multiplicaron con cierta seguidilla sorda.* (*Libro Extraño,* tomo I, Barcelona, Granada y Cía. Editores, 1910, pp. 119-120. Este primer libro es de 1894; los cinco tomos se completan en 1902.)

Sicardi fue profesor de José Ingenieros en Medicina e Ingenieros escribió un artículo sobre *Libro extraño* titulado "La psicopatología en el arte", vol. 1903 de *Archivos de Criminología y Psiquiatría*. Veamos, entonces, un examen de Ingenieros con risas, contado por Manuel Ugarte.

> *De la verdad escolástica se burló cierta vez Ingenieros* con sutileza, al examinar a un alumno.
>
> –¿Usted cree que la tierra es redonda? –le preguntó a quemarropa.
>
> El muchacho vaciló, hasta que, recuperando el sentido, halló ánimo para contestar:
>
> –Sí.
>
> –¿Y usted cree también que la tierra gira alrededor del sol? –continuó, con violencia creciente.
>
> La víctima, aterrada, hizo temblando un gesto afirmativo.
>
> –Y entonces –tronó Ingenieros, dando un golpe sobre la mesa–, ¿cómo no se cae?, ¿explíqueme cómo no se cae el mundo?
>
> Frente a la terrible angustia, el verdugo cambió bruscamente de tono y, con voz suave, tendió el salvavida al náufrago.
>
> –¿Ha visto usted alguna vez un mapa?
>
> La respuesta fue un suspiro:
>
> –Sí señor…
>
> –¿Y ha notado usted unas líneas que marcan la latitud y la longitud en el mapa?
>
> –Sí señor…
>
> *Cada vez más sonriente y cordial,* Ingenieros se levantó a estrechar la mano del que resucitaba.
>
> –Si usted ha visto esas líneas, amigo mío –le dijo–; usted puede contestar a mi pregunta. Recuerde siempre lo que oye ahora. Esas líneas son los alambres que están sosteniendo al mundo.
>
> Después de lo cual le puso la calificación más alta, explicando, a manera de epílogo:
>
> –Este, por lo menos, contesta cuando sabe y cuando no sabe se calla (Manuel Ugarte, *Escritores Iberoamericanos de 1900,* México, Editorial Vértice, 1947, pp. 151-152).

"Los Ingenieros" y "los Moreira" son enemigos mortales en

"El cuerpo del delito" y en la Argentina: definen dos líneas de la cultura. Vayamos entonces al examen con risas de un Moreira en la provincia, contado por él mismo, en *Divertidas aventuras de un nieto de Juan Moreira*. Su autor, Roberto Payró, pertenece a la línea socialista y progresista de Ingenieros. Dice "el nieto de Juan Moreira":

> No entendí nada de los abracadabrantes interrogatorios sufridos por los muchachos que me precedieron, y preguntas y respuestas eran para mí un zumbido molesto de cosas informes, el rezongo de una liturgia desconocida. Pero una desazón me oprimía el pecho, perdido ya completamente mi aplomo de Los Sunchos, y cuando me llegó la vez, tiritando me acerqué a la silla que, en medio de un espacio vacío y frente al tapete verde, me parecía el banquillo de un acusado si no de un reo de muerte...
>
> ¿Qué me preguntaron primero? ¿Qué contesté? ¡Imposible reconstituirlo! Sólo recuerdo que don Prilidiano se inclinó al oído de don Néstor, y murmuró, no tan bajo que yo no lo oyera, con los sentidos aguzados por el temor:
>
> –¡Pero si no sabe una palabra!
>
> –¡Bah! Para eso viene, para aprender. Es el hijo de Gómez Herrera –dijo don Néstor.
>
> –¡Ah! Entonces...
>
> El doctor Orlandi cortó el aparte, preguntándome:
>
> –¿Cuále é il gondinende más grande del mondo?
>
> Un relámpago de inspiración me iluminó haciéndome recordar lo que había oído de la grandeza de nuestro país, y contesté, resuelta, categóricamente:
>
> –¡La República Argentina!
>
> *Los tres se echaron a reír* [...] Don Néstor acudió en mi auxilio, diciendo entrecortadamente:
>
> –No es del todo exacto... pero siempre es bueno ser patriota... ¿No aprenden geografía en la escuela de Los Sunchos?... ¡Está bueno!...
>
> Hice ademán de levantarme, considerando terminado el martirio con la muerte moral, pero el latinista me detuvo, haciéndome esta pregunta fulminante:
>
> –¿Cuál es la función del verbo?

Medio de pie, con la mano derecha apoyada en el respaldar de la silla, clavé los ojos espantados y balbucí:

–¡Yo... yo no la he visto nunca!

La ira de don Prilidiano quedó sofocada por *las carcajadas homéricas* de los otros dos, entre cuyos estallidos oí que don Néstor repetía:

–¡Está bien, siéntese! ¡Está bien, siéntese!

Completamente cortado volví a sentarme en el banquillo, diciéndome que aquella tortura no acabaría sino con mi muerte, material esta vez; pero el rector acertó a contenerse y me dijo más claro, con burlona bondad:

–No, no. Vaya a su asiento. Vaya a su asiento.

Los oídos me zumbaban, pero, al pasar junto a los bancos, parecióme oír: "Es un burro", y pensé en huir sin detenerme, hasta Los Sunchos, pero no tuve fuerzas. Caí desplomado en mi asiento. *¡Cómo se habían reído de mí profesores y alumnos! ¡de mí, de quien, en mi pueblo, no se había atrevido nadie a reírse, de mí, de Mauricio Gómez Herrera!...* (Roberto Payró, *Divertidas aventuras de un nieto de Juan Moreira*, Barcelona, Maucci, 1910, pp. 76-78, bastardilla nuestra).

Para cerrar el círculo científico de los exámenes y de la simulación (o el círculo de Ingenieros), o para cerrar por ahora la "posible" antología, digamos que Roberto Payró escribió sobre Ingenieros después de su muerte, sobre "la simulación" de Ingenieros, en *Nosotros* nº 199, 1925, pp. 469-480 (incluido en R. Payró, *Evocaciones de un porteño viejo,* Buenos Aires, Quetzal, 1952).

Allí Ingenieros aparece como inmigrante italiano y *como un simulador de porteño,* más argentino que un argentino:

Era pequeño y menudo, gesticulador, movedizo. Su voz atiplada y bastante agria, desapacible, acentuaba los sarcasmos y las ironías que eran su modo predilecto de expansión. Solía hablar como por explosiones sucesivas, con bruscos saltos de tono, pero siempre con abundancia. [...] Sin embargo, más parecía un exaltado, poco apto para la fría investigación científica, y más bien demoledor que constructor. Algunos, poco aptos para discriminar el fondo de la forma, llegaban a considerarle como un botarate, y tomaban su positivo saber por gárrula charlatanería. Las apariencias engañan, y se diría que Ingenieros se esforzaba en multiplicar y complicar estas apariencias engañosas ¿Por qué? ¿Para qué? Misterio. [...] Pero entre las causas que le impulsaban a esas actitudes, fuera de su carácter siempre juvenil y algo "fumista", no dejará de figurar, sin duda, *su ascendencia italiana meridional,* por un lado, y su evidente deseo de confundirse, de alearse íntimamente con nosotros –acabó por conquistar la "g" de Ingegnieros– *y de ser tan porteño como el que más, adoptando y exagerando algunas de nuestras modalidades,* y entre ellas la ligereza, el escepticismo espiritual y epigramático.

Hasta afectaba no dar importancia alguna a las obras que mayor esfuerzo le habían merecido. Recuerdo que una tarde, en su estudio de la calle Cuyo 1131, como le felicitara yo por su recién aparecida *Simulación de la locura,* me dijo, señalando con ademán despreocupado los libros de su *bien poblada biblioteca:*

–*¡Bah! !Eso se hace con esto!*

Y pocos días después, con motivo de una nota publicada en *La Nación,* me escribía:

"Carísimo Payró: Mil gracias por el benévolo recuerdo de mi libro, que acabo de leer en tu diario. *En vista del buen éxito, continuaré simulando.* Tuyo siempre, Ingenieros."

Esto que a primera vista parece una simple ocurrencia tiene, sin embargo, un fondo positivo, pues según declaración propia, si no simulaba, por lo menos disimulaba, y lo que es peor en exclusivo detrimento suyo, restándose admiraciones y quizás afectos. *Para decir sin ambages todo mi pensamiento, creo que "se pasaba de listo"* (pp. 76-77, bastardilla nuestra).

¿No es este el momento (parece cerrarse un círculo) de dejar aquí a los "cuentos de científicos", de exámenes, de locos y de simuladores? ¿El momento de dejar a "la coalición" con la parodia de la biblioteca del "porteño"?

II
La frontera del delito

Cuentos de operaciones de trasmutación

El viaje por el cuerpo del delito incluye territorios, estaciones y fronteras. Ahora estamos ante la frontera que cierra el trayecto "de la transgresión al delito"; repasemos antes de llegar. El viaje de la transgresión al delito recorrió un campo "clásico" de la literatura y la cultura argentina porque fue un "cuento de examen" para mis maestros. Nos desplazamos por los "cuentos de educación y de matrimonio" de la coalición que fundó la cultura "aristocrática" en Argentina; por la lengua esclarecida, refinada y novelesca y por las ironías y autocríticas de los sujetos del estado liberal. Ellos inventaron, entre todos, un tono y una manera de decir que quiso representar "lo mejor de lo mejor" de un país latinoamericano en el momento de su entrada en el mercado mundial, y que se hizo "clásico" en Argentina. Y también inventaron entre todos, *con ese mismo tono,* una lengua penetrada de arrogancia, de xenofobia, de sexismo y de racismo. Con esos tonos escribieron sus ficciones legales para el estado liberal: los "cuentos" del héroe nacional, de la nación, del dandy, del científico y todos sus otros, y se transformaron en "clásicos" de colegio secundario en Argentina.

La frontera no es sólo el límite de un estado sino un instrumento conceptual particular: una zona inclusiva-exclusiva, una fisura que sutura. Y la que vemos ahora marca la mutación "en delito" de uno de los sujetos del estado liberal, el científico, y cierra un ciclo, el de la coalición. Por eso aquí se cuentan "cuentos de operaciones de trasmutación". La frontera del delito es una zona móvil, hecha de mutaciones en la evolución que crean nuevas especies culturales y literarias (para usar el tono darwinista de entonces), mediante mágicos procesos de ingeniería genética de la literatura y la cultura (para usar otro tono). O, si quieren, los "cuentos de operaciones de trasmutación" de la frontera son experimentos transgresivos de científicos, donde puede verse funcionar "el delito" como divisor de líneas de la cultura. Hacen surgir un límite (donde hay peligro, secreto, ilegalidad, clandestinidad) y afirman la existencia de una diferencia.

La frontera del delito es un lugar de choque o contacto y se abre a todas las direcciones. Su espacio sonoro son los "cuentos de operaciones de trasmutación" que se escriben en la literatura argentina entre 1890 y 1914.[1] En esos "cuentos", la mirada y la voz del sujeto de la coalición que podía identificar "científicamente" a un simulador o a un loco y decidir si era o no delincuente (responsable o irresponsable), aparece ella misma como loca, simuladora o delincuente. El delito traza un límite cultural que muestra otro lado, un "más allá", algo nuevo ("lo nuevo"). Y entonces se abren las lógicas de la diferenciación: otras direcciones, territorios y cuentos. Las fronteras "en delito" (fronteras móviles: mutaciones culturales) funcionan como pasajes que nos permiten viajar por el tiempo y por la cultura. Separan (y unen) culturas, fundan culturas, y también separan (y unen) líneas en el interior de una cultura.

La operación de trasmutación es simple y consiste en levantar una frontera en el corazón mismo del "hombre de ciencia" poniendo "en delito" ese sujeto y esa posición. Y sometiéndolo a otra justicia y a otras leyes. Las mutaciones que sufre la posición del hombre de ciencia en los "cuentos de operaciones de trasmutación", se podrían ver, quizás, en las biografías mutantes de los que los escribieron.[2] En el tiempo de la frontera, y en Argentina, hay por lo menos cuatro "cuentos de operaciones".

Primera operación de trasmutación

Es la del hombre de ciencia en detective en 1896. Nace el relato policial con "La bolsa de huesos" (1896) de Eduardo Holmberg (1852-1937). El hombre de ciencia comete un delito amparado por una jurisprudencia propia, corporativa *(no estatal)* del grupo profesional "científico": una jurisprudencia que está más allá de "las leyes sociales".

El narrador se presentaba como médico en *Irresponsable* y su familia (y su autobiografía) era la científica; de allí al detective hay un paso y una mutación. "La bolsa de huesos" es el primer relato policial de la literatura argentina (un escándalo sexual en la Facultad de Medicina: crimen y travestismo), contado autobiográficamente (y con un tono liviano y autoirónico: con "el humor del científico") por un científico naturalista que "hace" de detective para escribir una novela. Él, el hombre de ciencia, debe identificar al asesino y esa identificación es la de su identidad sexual, la de los signos femeninos de fin de siglo y sus "delitos". Lo ayuda un amigo frenólogo, y el científico narrador dice: "nuestra ciencia médica, representada por sus dignos sacerdotes, comete más errores en el diagnóstico o en el tratamiento que un amigo mío a quien jamás le he visto cometer, como frenólogo, una sola equivocación", pero: "Nuestras facultades han rechazado siempre la frenología" (p. 178). (Con este relato policial nace un campo simbólico nuevo y un nuevo género literario que mezcla lo culto con lo popular; para nosotros, en el Manual, nace "el cuento de las mujeres que matan".)

El "hombre de ciencia" de "La bolsa de huesos" (que es también médico) no sólo se trasmuta en detective para investigar el misterio del sexo femenino en nombre de la ley (para el estado), sino para escribir una novela "que despiste": "Unos dirán que es novela, otros que es cuento, otros narración, algunos pensarán que es una pesquisa policial, muchos que es mentira, pocos que es verdad. Y así nadie sabrá a qué atenerse" (p. 232). En sus investigaciones no debe intervenir "la justicia oficial" (p. 201). Y la resolución misma se da fuera de la ley, puesto que ese médico-detective-escritor, cuando llega a "la verdad" y es testigo de la operación de trasmutación del "asesino" de "hombre" en mujer (y él la contempla extasiado), impone "justicia literaria". Induce a la bella criminal a tomar porción doble de la misma droga peruana desconocida por la ciencia que usó en sus asesinatos seriales de estudiantes de medicina, y que produce éxtasis seguido de muerte. Y con esto comete un delito que no recibe justicia del estado y que queda como "secreto médico", más allá de "las leyes sociales" (la frontera es el lugar del secreto y del "más allá"). El relato de Holmberg está dedicado a su amigo Belisario Otamendi, jefe del Departamento de Policía, y los otros dos personajes médicos de la ficción se llaman doctor Pineal y doctor Varolio, "dos nombres cerebrales" dice el mismo narrador. Oigamos a nuestro hombre de ciencia con el frenólogo, en "el círculo" y en el momento clásico del relato policial:

> Se trataba de dos esqueletos semejantes, olvidados del mismo modo, por la misma persona misteriosa. *Hay que identificar a la persona.* Desde las primeras investigaciones, sospecho que se trata de una mujer; se me ocurre un drama pasional, lo sigo y llego al desenlace. *Es una mujer.* Pero soy yo quien hace la pesquisa, como novelista, como médico, con espíritu romántico –la mujer me interesa, y me propongo salvarla– y la salvo, es decir, la salvo de la garra policial; pero para eso es necesario que tome una dosis doble de veneno.
>
> –*Pero usted es culpable, usted es criminal,* como instigador de un suicidio.
>
> –Bueno. ¿Sabía usted quién era Clara? ¿Sabía usted lo que me importaba sustraerla a sus jueces naturales? Usted no sabe nada de eso, ni lo sabrá jamás. *Ahora se interpone el secreto médico.*
>
> –¡Pero hombre desgraciado! *Usted será víctima de su curiosidad.*
>
> –Convenido. *Esto no impedirá que continúe pensando que el secreto médico se sobrepone a las demás leyes sociales.*
>
> ¿Cuándo publica la novela?
>
> –Muy pronto. ¿No ve? Ya voy a concluir. Con la tinta fresca todavía la mandaré a la imprenta.
>
> –¿Y el pulido?
>
> –Eso vendrá.
>
> –¿Y el *éxito*?
>
> –No sé.

–Pero si se trata de un escándalo, de varios crímenes.

–No, señor; se trata de la aplicación de los principios generales de la *medicina legal,* que es una ciencia, y de demostrar que la ciencia puede conquistar todos los terrenos, porque ella es la llave maestra de la inteligencia. La ciencia conquistará al hombre, que no han conquistado aún la religión ni la política.[3]

El frenólogo fuera de las academias lo acusa de criminal y le pregunta por el éxito, y nuestro científico-detective-escritor (un "nuevo" sujeto) se pone más allá de las leyes sociales, de "la garra policial" y de "los jueces naturales", y más allá de la ciencia (en la literatura), para decir que la novela demuestra que la ciencia del estado (la medicina legal) conquistará todos los terrenos porque conquistará "al hombre".[4] Es un sujeto "científico-legal" del estado liberal y a la vez un "delincuente" escritor; quizá sea esa ambivalencia (esa hibridación) entre ciencia y literatura lo que define la primera trasmutación del hombre de ciencia en detective *y la constituye en frontera.* ¿Habrá tenido éxito con su novela "científica y policial" sobre el sexo femenino de fin de siglo y sus "delitos"? ¿Se la lee en los colegios secundarios...?

Holmberg es un escritor "de frontera" porque forma parte de dos coaliciones, la de 1880 y la de los modernistas; y también es ambivalente como una frontera porque es nuestro primero y último "médico-escritor" de la serie de "médicos en delito" que le sigue; en adelante, los autores de los "cuentos de operaciones de trasmutación" ya no serán universitarios (como los de la coalición), sino escritores profesionales que se ganan la vida con la escritura. Y aquí, en la frontera y en la disputa por "la verdad" (y "la justicia") entre la literatura y la ciencia, aparece otro "nuevo sujeto": el periodista-escritor o sujeto modernista.

La frontera no sólo es el límite de un estado sino una zona de apertura y creatividad. Estamos en la cultura "internacional" de fin de siglo XIX y vemos que nacen al mismo tiempo las novelas de Conan Doyle, los textos de Freud, el estudio de los signos (la semiología) y la abducción de Pierce. A partir de las huellas y los detalles nace otro tipo de racionalidad: *un nuevo modelo epistemológico, otra forma del saber*. Surge, también en el lado "nacional" de la frontera, la pasión del desciframiento, "el misterio" y el estudio de la mente, y la operación de develamiento no tiene límites: la mente del artista, del investigador científico, del genio, del hombre célebre, y también la del delincuente y la mujer. Y de los dos lados: de la ficción y de la ciencia. Y de las ciencias ocultas y de las ciencias visibles. Y con la pasión del desciframiento surge la indeterminación interpretativa, la textualidad del enigma y *la ambivalencia en la literatura.*

En Holmberg se ve la ambivalencia de la frontera del delito (su detective literario es un hombre de ciencia "en delito"), y también la proliferación que produce (la apertura en todas las direcciones). Holmberg no sólo escribió, fundándolos, relatos policiales sino también relatos fantásticos y de ciencia ficción.

Segunda operación de trasmutación

En "El Psychon", un cuento modernista (¿fantástico o de ciencia ficción?), "internacional", de *Las fuerzas extrañas* (1906) de Leopoldo Lugones (1874-1938), el hombre de ciencia se trasmuta en "ocultista" *(al margen de las academias)* y en inventor de aparatos de trasmutación de "fuerzas" o "cuerpos" que se vuelven contra sí mismo y lo llevan a la aniquilación. El hombre de ciencia extranjero "trasmuta" el pensamiento y encuentra la locura.

En la coalición estatal (en "De la transgresión al delito") la continuidad e identidad se daba entre lo biológico, lo social y lo jurídico; en la variante modernista, antiacadémica y científico-ocultista de estos cuentos de Lugones, la identidad o continuidad se daría entre el pensamiento y el universo, y entre la física y la metafísica. *Las fuerzas extrañas* se fundan en un principio animista-ocultista desarrollado al final en forma de una "Cosmogonía en diez lecciones" de un shamán o Maestro-Teósofo que predica la identidad de las leyes en el pensamiento y en el universo. Los hombres de ciencia de "las fuerzas extrañas" (fuera de las academias o instituciones, "extranjeros" transgresores en Cosmópolis, como los anarquistas) prueban sus hipótesis animistas en la luz, el sonido y el pensamiento, y construyen aparatos para realizar operaciones de trasmutación.

En la frontera está "El Psychon" no sólo porque se trata de trasmutar el pensamiento, sino también porque continúa con "la física" (y con los gases, que ahora no se expanden sino que son licuados) del estado liberal, y con ella define la locura. En Holmberg narró el hombre de ciencia-detective en primera persona y su víctima fue "la bella de la Facultad de Medicina"; en Lugones narra un ex paciente del médico, que es también un iniciado, y la víctima es el científico mismo. Es el Dr. Paulin, un médico-físico extranjero que estudió la sugestión y la licuación de los gases pero, dice el narrador, tenía un "defecto grave": era espiritualista y lo confesaba. Decía que el espíritu rige los tejidos y las funciones fisiológicas y las academias lo miraban de reojo. El narrador iniciado asiste a sus experimentos (y reproduce sus discursos científicos llenos de nombres, números, fórmulas, técnicas y aparatos) desde que llegó a Buenos Aires a estudiar la botánica aplicada a la medicina. Pero es precisamente en Buenos Aires donde Paulin descubre un gas o "un cuerpo" que "podría ser el pensamiento volatilizado" y lo llama Psychon. Intenta licuarlo con un aparato de "tres espirales concéntricas formadas por tubos de cobre y comunicadas entre sí", llevándolo a una temperatura cercana al cero absoluto.

El narrador:

> Si pudiera traducirse, pensaba, *¿qué diría* este poco de agua clara que tengo antes mis ojos? ¿Qué oración *pura* de niño, *qué intento criminal,* qué proyectos estarán encerrados en este recipiente? ¿O quizás alguna malograda creación de *arte,* algún descubrimiento perdido en las *oscuridades del ilogismo*?...

Pero cuando el líquido pensante comienza a escapar del aparato ocurren otras trasmutaciones:

> noté en la cara del doctor una expresión sardónica enteramente fuera de las circunstancias; y casi al mismo tiempo, la idea de que sería una inconveniencia estúpida saltar por encima de la mesa acudió a mi espíritu; mas, apenas lo hube pensado, cuando ya el mueble pasó bajo mis piernas, no sin darme tiempo para ver que el doctor arrojaba al aire como una pelota su gato... Lo cierto es que durante una

> hora estuvimos cometiendo las mayores extravagancias... Yo recuerdo apenas que, en medio de la risa, me asaltaban *ideas de crimen* entre una vertiginosa enunciación *de problemas matemáticos*... el pensamiento puro que habíamos absorbido era seguramente el elixir de la locura.[5]

La identidad de las leyes en el pensamiento y en el universo, la continuidad entre "materia" y "espíritu", la trasmutación del pensamiento líquido en "elixir de la locura". La locura, antes de la trasmutación, se liga con el arte (así como el crimen se liga con el niño). Después de "la operación" la locura está hecha de extravagancias, risas, ideas de crimen y problemas matemáticos. El pensamiento puro lleva al crimen y a la locura; el Dr. Paulin desapareció al día siguiente y el narrador cree que repitió su trasmutación porque "se encuentra en Alemania en una casa de salud". Por esta peligrosa frontera del pensamiento pasamos de Cosmópolis a Locópolis.

Porque lo que importa para dejar atrás a los sujetos de la coalición, y poder cruzar la frontera del delito, es *el gesto antiestatal* de los nuevos científicos "fuera de las academias" de Lugones (como "el frenólogo" de Holmberg): *el ataque a la ciencia oficial* que implica la incorporación de las teorías teosóficas, que se presentan como "científicas": la demolición misma del sujeto científico de la coalición. José Ingenieros y Leopoldo Lugones dirigieron en 1897 *La Montaña. Periódico socialista revolucionario.*[6] En el número 11 hay un artículo "La ciencia oficial y la Facultad de Ciencia Herméticas" firmado con las iniciales de José Ingenieros (J. I.), donde ataca al "monopolio que de la ciencia pretenden hacer los sabios que podemos llamar oficiales" comparándola con la Inquisición, y pone frente a ella "*una ciencia revolucionaria* que provoca discusiones, expone métodos y sistemas, acumula apruebas, ensaya demostraciones". Se refiere a Annie Besant, a Madame Blavatsky, a Rochas, Aksakoff y a otros, y a sus "importantes estudios de Ocultismo y Teosofía, [que] nos han dado a conocer fenómenos de indiscutible realidad que están en contradicción con *las pretendidas leyes de los sabios oficiales*". Ingenieros aplaude la fundación en Buenos Aires de una Facultad de Estudios Superiores donde se darían cursos de Ocultismo, Kabbala, Terapéutica oculta y Magnetismo trascendental, y recomienda un curso de Hiperquímica y una sección de trabajos experimentales. "Aunque no compartimos en su totalidad los principios que informan la creación de esta Facultad de Ciencias Herméticas, hacemos votos por su progreso, *a despecho de nuestro mundo científico oficial* que la ha recibido con un silencio absoluto y con sonrisas delatoras de su crasa ignorancia en esta materia."

Tercera operación de trasmutación

Es la del hombre de ciencia en torturador y asesino en *El hombre artificial* (1910) de Horacio Quiroga (1878-1937), que se inserta también en otra serie, los "Cuentos de tortura" o en "Para una historia literaria de la tortura en la Argentina".[7]

El hombre artificial se publicó en la serie "Folletines de *Caras y Caretas*", año XIII, n°s 588 a 593, Buenos Aires, del 8 de enero al 12 de febrero de 1910 en seis entregas, y con *el seudónimo* de S. Fragoso Lima.[8] Allí, entre avisos de oporto El abuelo y galletitas Bu-Bu, artículos sobre el primer aeroplano en Buenos Aires, la "revolución oriental", la cura radical de la colitis y el viento en Mar del Plata, convive en el número 589 con un capítulo de la autobiografía *Aguas abajo* de Eduardo Wilde, y en el 590 con "El angel caído" de Amado Nervo.

En *El hombre artificial* la operación de literaturización de la ciencia (o la operación de trasmutación del científico en delincuente, que es uno de los rasgos centrales de "la frontera") está contada por un narrador externo, un cronista moderno que usa *flash-backs*, y se resuelve de este modo. Un círculo "internacional" de científicos (el médico ruso Donissoff, el argentino Ortiz, ingeniero eléctrico que estudió en Búfalo, y el médico italiano Sivel; todos han roto con sus familias después de alguna historia trágica y *han renunciado a sus herencias*), se encierran en un laboratorio de Buenos Aires "montado con los tipos más perfectos de máquinas e instrumentos *que encargaron expresamente a Estados Unidos*" (aparatos de química, anatomía, bacteriología, lámparas eléctricas), para dar vida a una rata y después construir un hombre artificial. Lo llamaron Biógeno pero necesitaban darle vida con sensaciones; Donissoff sostiene "científicamente" que es necesaria *una producción de dolor* en el sistema nervioso para provocar una sensibilidad en el otro, el artificial. Entonces comienza el cuento de la "operación de trasmutación".

Donissoff (es noble, tiene un bello rostro de arcángel y habla en francés y en inglés) sale a buscar a la víctima y vuelve con "*un hombre pobremente vestido, muy flaco y de semblante amarillento*" y anteojos oscuros. "Y volviéndose a Sivel y Ortiz, les dijo rápidamente *en inglés:* Hay que sujetar enseguida a ese hombre. No perdamos un momento porque va a desconfiar." Lo atan a la camilla para torturarlo por "el ideal científico" y el torturador es el mismo Donissoff, un príncipe revolucionario que entregó a su noble tutor al grupo anarquista terrorista del que formaba parte en Rusia.

> Un grito de horror, un alarido desgarrante, había partido de la garganta del pobre diablo al oír *tortura*. Atemorizado ya al infinito con el lazo que le habían tendido, aquel laboratorio con su aspecto de infierno, y los tres demonios devoradores de hombres, su ser todo se había roto en un alarido al ver lo que le esperaba.
>
> Hizo un esfuerzo terrible para romper las ligaduras, y rodó por el suelo en una convulsión. Lo levantaron, sentáronle de nuevo, y Donissoff, poniéndole la mano en el brazo, le dijo fríamente:
>
> –Es inútil que grite; no se oye absolutamente nada desde la calle. Ahora, si la seguridad de que nosotros sufrimos más que usted con su propio dolor puede servirle de algo, téngala en un todo. [...]
>
> El hombre inmovilizado sintió la aproximación de Donissoff y el contacto de su fina mano en una de las suyas. Durante cinco segundos el corazón del pobre ser latió desordenadamente, muerto de angustiosa espectativa. Y de pronto lanzó un grito terrible: una de sus uñas, cogida por el borde con el alicate, acababa de ser arrancada hacia atrás.
>
> Fue un solo grito, pero que llevaba consigo un delirante paroxismo de dolor. [...]
>
> El pobre ser torturado parecía ahora de una flacura cadavérica. Tenía el vientre horriblemente hundido y las costillas salientes, proyectadas hacia arriba por contraste, parecían romper la piel. Tenía el

> rostro lívido y los ojos hundidos en el fondo de las órbitas. De sus fosas nasales caían dos hilos de sangre que cortaban paralelos los labios y se perdían en la barba. No conservaba una sola uña en sus dedos (p. 130).

Los otros (el italiano y el argentino) no toleran "la sesión" y se retiran, pero "el genio ruso" continúa "la operación" hasta que Biógeno absorbe las torturas del otro y parece vivir porque se toca las uñas, grita de dolor y habla con la voz del torturado: "¡Hemos hecho un horror, Donissoff –clamó de nuevo Sivel, pasándose la mano por su frente angustiada–. Ese hombre no tiene vida propia. Es un maniquí; le hemos transmitido el alma del otro". El torturado deja de sentir y se muere y es la segunda vida que sacrifica Donissoff. Entonces decide que lo hipnoticen a él mismo para recibir el exceso de carga de Biógeno y en su mente surge, en ese momento, la escena del comité secreto revolucionario en que "había sacrificado algo más que su propia vida" diciendo que el príncipe (su tutor que lo cuidó cuando quedó huérfano, y al que quería enormemente) tenía que ser ejecutado. Donissoff ("criatura sublime, arcángel de genio, voluntad y belleza" dice el narrador-cronista) se tiende al lado de Biógeno en "la sala de tortura", le tiende la mano, grita, y cae "destrozado por aquella abominable máquina de dolor que había creado con su genio y que concluía de descargar de golpe todos sus sufrimientos acumulados: había estallado, matando a Donissoff" (p. 132).

La "modernidad" de la frontera, su ambivalencia plural, y los túneles al futuro. En *El hombre artificial,* en 1910, la relación entre *ética y ciencia* se plantea al mismo tiempo que la relación *ética y política* revolucionaria en *el ruso* Donissoff, *un anarquista* entregador de nobles en Rusia ("por la revolución") y después, en la Argentina, *un científico* torturador de pobres ("por la vida"), que trabaja con instrumental *norteamericano y habla en inglés con sus pares para que no lo entienda el flaco pobremente vestido.*[9]

Cuarta operación de trasmutación

Aquí ¡el hombre de ciencia es un Frankenstein que realiza una operación de trasmutación a un Moreira! Un Frankenstein argentino que ya apareció en *Caras y Caretas.*[10] También él comete un delito con su operación de Moreira y es amparado, otra vez, por el secreto y por una *jurisprudencia propia* del grupo profesional "científico": una jurisprudencia que está "más allá de las leyes sociales". Nace la novela satírica y utópica con *La ciudad de los locos (Aventuras de Tartarín Moreira),* de Juan José de Soiza Reilly (periodista de *Caras y Caretas*), que apareció en Barcelona, editada por Maucci, en 1914. *La ciudad de los locos* es el Virgilio de este Manual porque está habitada por célebres, locos, genios, monstruos, Moreiras, médicos, periodistas de la verdad y delincuentes, y abre y continúa infinitas series. Con esta operación pasamos definitivamente la frontera entre Cosmópolis y Locópolis.[11]

En *El cuerpo del delito* Moreira sufre diversas operaciones de trasmutación, en negro y blanco. En "Los Moreira", más adelante pero de vuelta a 1880, veremos en el *Juan Moreira* de Eduardo Gutiérrez la transformación del gaucho Juan Moreira en Juan Blanco, un terrateniente: una "operación de blanqueamiento". Y aquí, en *La ciudad de los locos* de 1914, asistimos a la "operación de ennegrecimiento" para transformar al "loquito" Tartarín Moreira (el Moreira "francés" de las patotas "bien" de fin de siglo: la otra cara o la misma de los hijos del estado liberal) en genio superhombre inyectándole fluido de un negro idiota. Las dos "operaciones de trasmutación" de Moreira, un verdadero mutante en blanco y negro, están sostenidas por *el deseo de celebridad, de fama,* e inscriben delitos en ciertos cuerpos y en ciertas lenguas. Y las dos están contadas por periodistas orgánicos de medios claves: en 1880 el periódico *La Patria Argentina* de los Gutiérrez, y a principios de siglo, *Caras y Caretas.*

En el capítulo V de *La ciudad de los locos*, titulado "Empieza la novela", se nos presenta al "médico alienista" director del manicomio:

El director era un hombre de pequeña estatura. Hablaba velozmente, como todos los seres de espíritu nervioso. Placíale cambiar de tema sin emplear transiciones. De cara, no era feo. Solamente sus ojos eran demasiado turbios y demasiado chicos. Demasiado malignos... De cuerpo era, sin duda, horrible. Poseía rasgos especiales que le asemejaban a un camello. Era rengo y, además, jorobado. Al andar, su enorme jiba se balanceaba a impulsos de su extraña cojera... Su espíritu era cojo. Su corazón tenía jorobas. Su cerebro rumiaba las ideas... Trataba a los cuerdos y a los locos con desprecio agresivo. Era un hombre instruido. Pero mal educado. Este desnivel entre el cerebro y la acción se observa continuamente en los hombres que estudian con exceso (p. 40).

La operación "experimental" del Frankenstein director del manicomio para trasmutar a su hijastro Tartarín Moreira en genio-superhombre y hacerse famoso,[12] es uno de mis cuentos preferidos del cuerpo del delito y no sólo "la perla de las operaciones de trasmutación". Está contado por un periodista satírico y de historieta llamado Agapito Candileja y se encuentra en el capítulo XIV ("Un experimento salvaje"):

–Bueno, querido doctor –decía el jorobado– creo que mi experimento resultará magnífico.

–¿Y el fluido? –inquirió el otro.

–Lo extraje del cerebro de un hipertrofiado. *Un negro abisinio.* Un caso curiosísimo. Era *un idiota perfecto.* Mi teoría es esta: "de la suprema idiotez debe surgir la suprema sabiduría".

–¿Y la inoculación? ¿Dónde?

–En la base del cráneo. Todo consiste en hacer llegar el germen de la idiotez hasta el encéfalo. Entonces, el cerebro se ilumina. La inteligencia se agranda. Y, por el choque de los fluidos mentales, nacerá el super-hombre. El genio...

–¿Podemos probar?

–Enseguida.

–¿Con quién?

–Con mi hijo, es decir, con el hijo de mi mujer. Con Tartarín.

–¿Y él, acepta?

Al principio, se negó. "No quiero ser conejito de la India", dijo

> burlándose. Pero, le di suficiente dinero para que lo jugara en el hipódromo y lo derrochara en los cafés. Aceptó... Pero, él cree que es un experimento sencillo. Una simple prueba de curiosidad científica, como la vacuna, sin peligro ninguno.
>
> –¿No sabe que puede morir en la prueba, o que, en el mejor de los casos, puede volverse loco?
>
> –No sabe nada de eso.
>
> *El otro médico –cuyo nombre jamás conocerá el lector porque aún no ha muerto y porque él fue quien me narró esta historia singular–* ayudó a Tartarín a tenderse, largo a largo, y boca abajo, en la mesa. El jorobado tomó una aguja hueca, de acero, con una pequeña válvula de caucho en el extremo superior. La introdujo en un misterioso tubo de vidrio para que absorbiera un líquido azulado. Después, con una *agradable sonrisa diabólica, el jiboso subióse a un banco*. Escarbó con los dedos la nuca de la víctima. Apartóle el cabello y mientras el otro médico sujetaba al paciente por los brazos, él le hundió rápidamente con una *fuerza hercúlea,* la aguja en el cerebro (pp. 97-98, bastardilla nuestra).

El otro médico inquiere:

> –¿Y si el experimento no diera resultado? ¿Y si, cuando regrese del teatro, su mujer encuentra al hijo, muerto?
>
> –Nadie podrá decir que fui yo quien lo... operó. ¡A menos que usted...!
>
> –¡Doctor!...
>
> –¡No! Ya sé. Tengo confianza en usted. Pero, en resumen: ¿acaso el doctor Jenner no sacrificó también su propio hijo para legar al mundo el prodigioso invento de la vacunación? (pp. 101-102).

Tartarín Moreira se vuelve loco furioso y la madre pasa del teatro al manicomio (de Cosmópolis a Locópolis, como nosotros) llevando a su hijo, *víctima de la ciencia* (y de la mezcla del negro abisinio idiota con Tartarín Moreira, que es una mezcla criollo-francesa-cocoliche). El monstruo jorobado (que después sabremos que se llama Jacinto Rosa...) con el que se casó por el dinero (para proteger a su hijito...) la increpa por haberlo llevado al manicomio donde es director: "Es la luz superior que llega a su cerebro. Tu hijo es un genio. Tu hijo es ahora, gracias a mi ciencia, un super-hombre... ¡No es un loco! ¡No debiste llevarlo! ¡Mala madre!" (p. 103).[13]

> El único que además del director y del médico ayudante estaba en posesión del *bárbaro secreto,* era el doctor Plomitz. En sus estudios sobre la transmisión de fluidos cerebrales, había llegado a las mismas conclusiones a que arribara también el director. Con él conversó a menudo del tema. Fue el doctor Plomitz quien le indicó el mejor sitio para clavar la aguja. Al examinar a Tartarín la noche en que lo trajeron al hospicio, ocurriósele mirarle el occipucio. Allí estaba *la señal denunciadora...* Sabía que aquel muchacho era el hijastro del director. Lo comprendió todo. Y, más que todo, comprendió con pena el fracaso del experimento. *No dijo una palabra. ¡Los delitos de la ciencia escapan a las leyes...!* (pp. 103-104, bastardilla nuestra).

Otra vez el secreto, las señales y los delitos de la ciencia en la frontera... *La ciudad de los locos* tiene una comicidad particular porque se lee como un comic rápido y visual, narrado hacia atrás y hacia adelante (que es atrás), y hecho de superposiciones que mezclan tradiciones y culturas. Los nombres de los personajes, sus acciones, la presencia de una de las figuraciones más durables de la cultura de masas, la del científico como monstruo y loco que representa "el mal" (del saber, el poder del saber), la definen como una novela "norteamericana", popular y periodística, hecha con los embriones de la cultura de masas y con ese tipo particular de *sátira contra el poder* que nace con ella. Es una novela moderna, una novela modernista con Rubén Darío en el Prólogo, y también "una novela popular" argentina, con Moreira y Agapito Candileja. Y apareció, seriada, en *Caras y Caretas*, y después, en libro, en Barcelona. Tiene científicos locos, periodistas de la verdad, secretos, confesiones, delitos, y también utopía, porque Tartarín Moreira, después, pondrá fuego al manicomio y fundará Locópolis, la ciudad donde los deseos se realizan...

Por eso hoy, en la frontera, si yo tuviera que elegir entre las cuatro operaciones de trasmutación (o entre "el delito del científico"), me quedo con esta última y me la llevo al futuro. Me quedo con la parte "no leída", desechada, de la historia literaria, y descubro que si se lee la historia desde allí, si se leen "los muy leídos" desde "los no leídos", algo de la sátira modernista y utópica puede entrar en la sucesión lineal de "los muy leídos" y quebrarla. Por eso *La ciudad de los locos* (el territorio de *Locópolis*) es el Virgilio de este Manual.

El "otro lado" o la ficción del delito

Gracias al delito del científico hemos pasado de una modernización a otra: a "otro lado". En los cuatro "cuentos de operaciones de trasmutación" de la frontera[14] aparecen, por fin, "cuentos de delitos" con delincuentes, víctimas y secretos. Aparece la locura, la tortura, la fama, la ciencia no oficial, la globalización de la literatura latinoamericana, Estados Unidos, el inglés, y la cultura de masas en la literatura argentina.

La "operación de trasmutación" que funde al sujeto científico con el monstruo o con el ocultista o con el detective o el torturador (con otro poder, con "delito", otras justicias y *otras leyes que las del estado*) produce un corte y un salto a otro lado, y abre nuevas escrituras, textualidades, espacios, y nuevos géneros literarios. (Y también abre series y "cuentos" del Manual.) Aquí aparece un nuevo sujeto: el periodista-poeta, el escritor profesional, que es precisamente el que pone "en delito" al hombre de ciencia. Esa guerra cultural por "la verdad y la justicia" entre el poeta (o escritor, o artista) y el hombre de ciencia, una guerra hecha de hibridaciones y de ambivalencias entre "la ciencia" y "la literatura", es lo que cuentan los "cuentos de operaciones de trasmutación". Son operaciones culturales, producidas con el instrumento divisor y articulador que es el delito. Nos introducen en una cultura moderna (y modernista), periodística, movida por *el deseo de la fama,* que escribe listas y colecciones de celebridades, que especula sobre el genio, el talento y la locura, y que clasifica a los hombres en escalas jerárquicas. Y que puede *amenazar,* como el anarquismo y el socialismo revolucionario, y como el ocultismo, *la hegemonía del discurso científico legal-estatal* (lo que hemos llamado la epistemología estatal de 1880). Porque trae "otra verdad", otra modernización más allá de la modernización del estado liberal; una posmodernización más "internacional" y global: la modernización de los medios de comunicación que ya se hace nítida en ese momento, con las grandes empresas periodísticas como *La Nación* y *La Prensa* y las nuevas revistas como *Caras y Caretas*. La aparición de la industria de la cultura se acompaña de una ruptura en la literatura y la cultura hispanoamericana y esa ruptura es lo que cuenta "la frontera del delito".[15]

En esa trama de relaciones (periodismo, modernismo, ocultismo, anarquismo, socialismo) se insertan los hombres de ciencia "en delito", y con ellos se hacen visibles en la literatura y en la cultura nuevos sujetos (nuevos modos de la subjetividad) y nuevos símbolos humanos: el apóstol, el maestro-teósofo o el shamán, el poeta o el artista (Rubén Darío llega a Buenos Aires en 1893), el superhombre, el genio, el revolucionario (y hasta "la bella fatal"): todos sujetos "más allá" del estado que se hacen cargo de *los límites de la ciencia:* del misterio, de los deseos y del espíritu. Y con ellos aparecen otros círculos, diferentes de la coalición oficial: "la secta" y el grupo esotérico, de iniciados, los grupos de poetas de la bohemia, los grupos de escritores de los medios, los grupos de científicos fuera de las academias, los grupos de conspiradores anarquistas, y los grupos de socialistas revolucionarios (y todos están en contacto entre sí). Con estos círculos surgen "estados dentro del estado" con sus propios "poderes", "fuerzas", leyes y justicias. Y, más allá de la frontera del estado nacional, surge Estados Unidos como una fuerza política imperialista que amenaza (con su materialismo y su pragmatismo) a América Latina: a "su espíritu" o cultura.[16]

El relato policial, el relato fantástico, la ciencia ficción y la sátira utópica: estos nuevos géneros de la frontera "en delito" (del científico, o de los límites de la ciencia) contados por un periodista-escritor, nos introducen por pasajes o túneles en la cultura moderna y plantean varios problemas cruciales. En la producción de cultura se definen como marginales y populares (por su lugar de enunciación y también, a veces, por su lugar de edición) y al mismo tiempo como centrales; son máquinas de poder dominadas por la ambivalencia y por cierta indeterminación interpretativa: ¿son enfrentamientos a la ley estatal o sus suplementos? ¿Son ficciones antiestatales, o simplemente ficciones que se han independizado del estado? ¿Son escrituras de deslegitimación?[17]

El delito del artista: cuentos de retratos

Pero el "hombre de ciencia" no está solo con su delito y su ética en la frontera para abrir nuevos géneros. De golpe, en el mismo espacio de *Caras y Caretas,* al lado del científico como torturador (o en *Para una historia literaria de la tortura en la Argentina*), se encuentra el artista como torturador y "en delito". Junto a *El hombre artificial* de Horacio Quiroga está "Historia de un espíritu"[18] de nuestro Juan José de Soiza Reilly, el "no leído" que sirve para leer a "los muy leídos". Los dos aparecieron en el mismo medio –*Caras y Caretas*– y por los mismos años, y representan al científico y al artista como torturadores y criminales. Los dos encarnan la pasión por "lo nuevo". Y los dos, el científico ruso "criatura sublime" ("genio" "arcángel") y el "artista genial" (y por eso "loco") que quiere pintar la sublime "alma maldita" de su generación, inventan una "máquina de dolor" para dar vida, o crear, asesinan y se aniquilan.

En "Historia de un espíritu" el que cuenta es un periodista que va a contemplar el gesto final de *un pintor de telas famosas,* de treinta años, que está por ser fusilado, para escribir una crónica. "La agonía de un hombre de talento es un bello espectáculo que sólo pueden comprender los poetas, los pájaros, los perros y las mujeres" dice nuestro Virgilio. El famoso es un "*pobre artista moderno,* cuyos cuadros fueron siempre *geniales* porque tuvieron mucho de *locura*"; él habla ("es entrevistado") y dice por qué lo matan:

> *Quise hacer algo nuevo.* Algo digno de mi siglo. Algo estético. Algo bello... Quise sentir e interpretar sensaciones mejores. Nuevas... Quise gozar misterios invisibles. Pecados.
>
> –Pero ¿y el crimen?
>
> –Bueno. A eso voy... *No diga el crimen. Diga el experimento* de un alma rabiosa que revienta de sed y que se muere de hambre... ¡Me matan nada más que por eso! (p. 33, bastardilla nuestra).

Tal era su *pasión por lo nuevo* que solicitó modelos hambrientos, *flacos y negros,* porque quería pintar "un alma colectiva". ("La reivindicación de los "pobres" y "débiles", pues estos no son lo que se cree, humildes o desdichados, sino los hombres temibles que sólo tienen alma colectiva" dicen Gilles Deleuze y D. H. Lawrence al final del Manual.) "Por mi taller pasaron todas las flacuras, todas las escualideces, todas las carnes resecas *de los conventillos, de los callejones, de los hospitales, de los manicomios*" (p. 34). Hasta que al fin elige para su operación de trasmutación a un flaco y viejo vagabundo, que es *negro y mudo* (sin lengua, tuvo cáncer):

> Lo até con fuertes sogas a un poste de ñandubay... Y me senté frente al mudo. Frente al horripilado... Y esperé así largos días... Cada diez horas le daba un trozo de pan y un trago de agua con el objeto de que no muriera. Yo quería llevar su flacura a un grado extremo, sin que su vida se apagara. Con un látigo apresuraba el enflaquecimiento de ese cuerpo marchito. El negro quería gritar. Pero ¿cómo? ¿Y el cáncer? ¿Dónde tenía la lengua?... Créame; era una escena hermosa... Cuando pasaron ocho días, la espesa mota de mi modelo emblanqueció. Fue una tragedia silenciosa. Los dientes poco a poco se le fueron cayendo. Los ojos se le escaparon una pulgada de las órbitas. La columna vertebral se le torció... Al décimo día mi modelo ya iba siendo aceptable... Preparé mis pinceles... Aguardando la mueca trágica... El bello gesto final... De improviso, como una fatalidad, un rayo de luna vistió de blanca luz el ca-

dáver del negro... ¡Maldición! Un cadáver con mortaja de plata no podía servir para mi cuadro... No pude hacerlo... Me tomaron preso... Ahora me van a matar con ocho tiros. ¡Qué muerte tan vulgar!... Yo merezco ser ajusticiado con la muerte del negro... Así, en mi propia agonía, en mi propia flacura, en mi propio dolor, hallaría fuerzas suficientes para copiar el alma neurasténica y maldita de mi generación...

Lo nuevo en la frontera: "el alma colectiva de los negros flacos" y el artista como torturador y criminal, junto al científico como torturador y criminal.[19] Este "artista criminal" anuncia, desde el modernismo y desde *Caras y Caretas,* las muecas de los callejones, hospitales, y manicomios de la estética o "alma colectiva" de la literatura social de Boedo.

La concepción de una esfera puramente estética, separada de la ética y *con sus propias leyes* (más allá de "las leyes sociales"), que lleva al delito, a la locura y a la aniquilación, es paralela a la concepción de una esfera puramente científica, también separada de la ética y con sus propias leyes, que lleva al delito y a la aniquilación. La ciencia y la literatura se han independizado del estado, se han autonomizado e institucionalizado, y constituyen "estados dentro del estado" con "sus propias leyes". El *científico como criminal-torturador,* y el *artista como criminal-torturador* van juntos y surgen en la literatura argentina en el mismo momento, en la misma frontera, y también en el mismo medio popular, y se tocan por "lo nuevo" y por las víctimas de la tortura: los "perros", "flacos" y "negros" de la sociedad recogidos en la calle, en los conventillos, los hospitales y los manicomios. De Cosmópolis a Locópolis por la frontera del delito.

Coda

Con la caída "en delito" de uno de los sujetos del estado liberal de 1880 en los "cuentos de operaciones de trasmutación" de la frontera 1890-1914 (y con la aparición del periodista-poeta y el artista como nuevos sujetos), parece cerrarse un ciclo (el primero, el de la emergencia) de "los sujetos del estado liberal".

Pero la cultura "aristocrática" argentina también atraviesa la frontera y "más allá", en el futuro, incorpora al poeta y al artista "en delito" y los pone ante el "hombre de ciencia": hay un "delito" *entre* ellos. Y con esto marca un segundo ciclo de la coalición que se vuelve sobre sí misma y retorna, paradójicamente y "en modernista", a la "alta" cultura del estado liberal de 1880. Y cierra (y *nos* cierra) de este modo el ciclo de la transgresión al delito. Porque la literatura de lo que será la coalición de la revista *Sur* de 1955 (una coalición cultural también liberal y estatal, pero de un estado militar), que continúa la tradición de la cultura "aristocrática" de 1880, incorpora a partir de 1940 al artista "en delito" como otra de sus posiciones-sujetos *frente* al hombre de ciencia. Hay un delito "entre ellos".

Esto ocurre en *Las ratas* (1943) de José Bianco (1909-1986) y en *Los ídolos* (1953) de Manuel Mujica Lainez (1910-1984).[20] Los dos cuentan, en la historia de ciertas familias, la historia de la cultura liberal "aristocrática", desde 1880 y 1890, para cerrarse en sus respectivos presentes. Los dos cuentan una historia cultural en la historia familiar; cuentan lo que era "la cultura alta" desde su origen a fin de siglo; ponen en escena, en esas "historias familiares", a la cultura "aristocrática" latinoamericana. En esa historia, el arte y la ciencia aparecen como hermanos o amigos íntimos, pero es el arte (y la literatura) el que está puesto, en los dos, "en delito". La "alta" cultura ha pasado por el modernismo y por la frontera, y el delito del artista y del poeta liga los dos "cuentos" (y también los liga con *El túnel* de Ernesto Sábato)[21] para cerrar el ciclo familiar de "el hombre de ciencia" de la coalición.

En las dos novelas (dos Bildungsromans como *Juvenilia* o *El juguete rabioso* o *Don Segundo Sombra*) el hombre de ciencia tiene ante sí al "artista adolescente", y ocurre un delito que no es penado por la justicia y que es secreto y ambivalente. En *Las ratas* el joven "artista" (intérprete) del piano habría asesinado a su medio hermano Julio, francés y científico (que trabaja, en su laboratorio y en un instituto de investigaciones bioquímicas, con ratas), y confiesa ese crimen en la escritura. En *Los ídolos* el joven poeta se "hunde" con su "ídolo" (que habría robado a su amigo adolescente, muerto, los poemas del libro *Los ídolos* que lo hicieron famoso) en el río de Stratford on Avon (el sitio Shakespeare), y el drama es narrado por el hombre de ciencia-médico, que fue el amigo adolescente del "joven poeta" y le regaló el retrato del "autor" de *Los ídolos*.

Entremos primero en *Las ratas*, un texto de iniciación que se sostiene en la utopía de decirlo todo y lo dice de un modo secreto, velado, ambiguo. No sólo narra el crimen (familiar) perfecto (se cree en un suicidio) sino también *el crimen como cambio de lugar*, como pasaje de un espacio a otro, de una lengua a otra y de un arte (la música) a otro (la literatura), como en *El túnel* de Sábato. La historia es *la historia de la familia* y su relación con Europa, y también *la historia de un retrato* (como el de Dorian Gray). Está contada por el menor, Delfín Heredia, que tiene el mismo nombre que su abuelo y que confiesa el asesinato de su medio-hermano para cerrar el círculo o ciclo.

Toma a 1880 como su punto de partida (el Colegio Nacional de *Juvenilia* y el apoyo a Roca y Juárez Celman) y se cierra en el presente de los años cuarenta. Todo se mueve entre Francia y Argentina, entre las dos lenguas;[22] entre la ley (del padre: es fiscal del crimen), el arte (pintura-música-literatura) y la ciencia (Julio); entre diferentes "madres" y sus voces. Y entre la Iglesia (los jesuitas y los franciscanos) y el liberalismo (*las dos culturas de la clase "alta" latinoamericana*: la religiosa "femenina" y la liberal masónica "masculina"). Y también se mueve entre la cultura "alta", la música moderna de Prokófiev que interpreta en el piano Delfín, y la moderna cultura de masas con las canciones de cabaret que canta la amiga de su madre y que seducen al científico. En ese vaivén, el relato despliega la hipocresía familiar (no se trata de una verdadera "clase alta"; descienden de un portero de la iglesia de San Francisco), su duplicidad, y la ambigüedad (la ambivalencia) del "artista como criminal" del "hombre de ciencia" Julio, al que da el alimento de las ratas, una solución de acotinina que cura y mata.

La madre, después de muerto Julio (se cree en un suicido), le dice al " joven artista criminal":

> Sé que ustedes no se parecían. Julio tenía otros ojos, otra voz, otras aficiones. ¿Hay algo más distinto de un hombre de ciencia que

> un artista? Entre la biología y la música ¿existe alguna relación? Sin embargo yo las relaciono, y tu piano, por ejemplo, ese piano en que estudias con tanto encarnizamiento, a veces, sin saber por qué, me trae a la memoria la imagen de sus ratas. El parecido no es físico, no es intelectual. Coinciden en algo más profundo: en el carácter (p. 24).

El carácter los une. *Las ratas* (lleno de citas literarias y de "conversaciones sobre literatura", que son una de las marcas de la "alta" literatura argentina de esos años) alude a *El retrato de Dorian Gray* [23] (a la duplicidad del retrato, a los sujetos dobles, a la falsedad y a la hipocresía), y con él a la cultura estética y "criminal" de fin de siglo. El retrato de *Las ratas* es un autorretrato del padre (que de joven quería ser pintor, estudió en Francia, regresó con un hijo natural, Julio, y abandonó la pintura para casarse y trasmutarse en *fiscal del crimen*), pintado hace treinta años, cuando el padre tendría la edad de Julio y quería ser pintor, y está ante el piano de Delfín. Se parece a Julio: para Delfín es el padre y el hermano al mismo tiempo. "La duplicidad del retrato es nuestra duplicidad" dice Delfín, el narrador-asesino de catorce años, que "habla" con "él" todas las tardes mientras toca la Sonata de Liszt y pasa a "otra realidad".

Y nosotros pasamos a *Los ídolos* de Mujica Lainez. En la cadena de pasiones e idolatrías entre varones adolescentes, todo gira alrededor de un libro y un retrato fetichizados, y todo gira alrededor de la muerte. Se trata de la construcción y destrucción de "ídolos", de la idolatría por el escritor admirado como "genio", y que habría resultado un "delincuente" ladrón de literatura. Todas las referencias ligan Europa con Buenos Aires, y también Buenos Aires con la estancia (y aquí sí se trata de "la verdadera" clase alta; en *Las ratas* no hay estancia sino quinta o chacra), y cada elemento se valora en relación con un lugar europeo y con una obra de arte, literatura o pintura. Se narra en (o desde) la diferencia entre ciencia y arte.

Al fin de la primera parte, el narrador médico-investigador imagina:

> Sansilvestre, que no escribió *Los ídolos*, que conservó su precioso manuscrito, ignorado de todos, después de la muerte de Juan Ro-

> mano (siempre que este haya sido su real autor), cedió a la tentación de darlos a la estampa bajo su nombre y así aparecieron. Nunca vislumbró que su repercusión sería tan enorme, y desde entonces vivió, en el curso de una larga existencia, torturado por *el delito* que lo redujo a terrible esclavitud (p. 83).

Sansilvestre, el "autor" de *Los ídolos,* guarda en secreto *un retrato* de Juan Romano, el "autor real" muerto; el narrador le regaló a Gustavo, a los diecisiete años, *el retrato* de Sansilvestre, que fue su "ídolo". La historia de la familia y la historia del retrato se funden y se repiten en el tema del retrato de la tía Duma (que reproduce, en la estancia, el cuento de la idolatría en el pintor, en su hermano, y en la loca de los ranchos de los sirvientes).

El narrador-médico (es un investigador, discípulo de un famoso hombre de ciencia), que fue el pobre amigo apasionado del rico admirador apasionado del poeta (quien a su vez fue el amigo apasionado del joven poeta muerto a quien le habría robado *en 1908* los textos de *Los ídolos,* su único y genial libro de poemas que lo llevaron a *la fama*), muestra la agonía de esta "alta"cultura, su canto de cisne entre 1937 y 1952 (peronismo) con los cisnes de Shakespeare, con los cisnes del modernismo de *Los ídolos* (los sonetos a la noche, a la muerte, de 1908), y con los cisnes de Palermo donde se levanta el monumento a Sansilvestre y a Gustavo.

El yo-médico de *Los ídolos* contempla la "alta cultura" en 1950 en el jardín de la última casa familiar: *la copia-reproducción,* en tamaño natural, de un tapiz de Bayeux del siglo XI (con caballeros, peripecias de la conquista, monstruos, caballos: *una enciclopedia medieval*), que han hecho las tías de Gustavo a lo largo de toda su vida, y que terminan el día en que Gustavo muere en el río Avon con Sansilvestre, su "ídolo". Contempla la combinación de esa reproducción europea, que es como la trama de un destino, con el patio de la vieja casa del barrio Sur, y marca la asociación aparentemente contradictoria del "elemento criollo" con "la enciclopedia" que es uno de los rasgos de la "alta cultura" de 1880:

> ¡Qué desconcierto causaba el friso medieval al avanzar entre las enredaderas invernales y sus clavos herrumbrosos, entre los tinajo-

> nes y las jaulas de pájaros!... en todas partes, en toda la amplitud del paño de medio metro de altura por setenta metros de largo, los "temas" más propios de nuestras viejas casas –el aljibe, el alero, el piso de ladrillos, los malvones– mezclaban su presencia familiar con la fantasía caballeresca, con el bestiario fabuloso... La yuxtaposición de lo de siempre, lo cotidiano, lo sabido, lo muy resabido –concretada en ese aljibe, esos jaulones de cardenales y canarios y esas macetas–, y lo quimérico, rebosante de alusiones remotas, legendarias –que simbolizaba el paño de Bayeux–, *el maridaje de los dos "rasgos" aparentemente contradictorios que caracterizaban con invariable insistencia a la familia de Gustavo,* lograba ese mediodía, en un tranquilo caserón del sur de la ciudad, su expresión más rotunda (p. 186, bastardilla nuestra).

La novela se cierra en 1952 con el yo científico leyendo *Los ídolos*, preso en la malla de pasiones, destinos y delitos de los artistas adolescentes: "Cualquier día puedo morirme con *Los ídolos* entre las manos y será como si continuara leyendo. Ni me daré cuenta. Será como si continuara leyendo, con Gustavo junto a mí".

Estos textos sobre la relación entre el arte y la ciencia (que se resuelve en el delito del artista) parecen marcar, en la cultura "aristocrática" de la segunda coalición, el ciclo literario que va de *la autonomía a la autorreferencia:* los dos se leen como un sistema cerrado que se vuelve sobre sí mismo no sólo porque en su interior "se habla" de literatura, sino también porque los dos giran alrededor de los dobles, los desdoblamientos y las duplicidades, y *alrededor de retratos*. El efecto es una ficción evanescente, llena de ambivalencia y de indeterminación. La escritura "alta" introduce "la ficción del enigma" de los retratos y los dobles para contar "el delito del artista" y su relación con el "hombre de ciencia". Los sujetos del estado liberal separaron en sus "cuentos" de 1880 lo político de lo cultural y literario; paradojalmente autonomizaron la literatura de la política con sus ficciones para el estado liberal. Ahora, en 1940 y 1950 (en el futuro de la frontera), la autonomía da un paso más y lo que se independizó se vuelve sobre sí mismo para contemplarse en un retrato familiar con "hombres de ciencia". En la autorreferencia cultural y social, y no solamente literaria, estos cuentos de retratos suman a 1880 la frontera del delito para cerrar el segundo ciclo de "los sujetos del estado liberal" y de la literatura "aristocrática" argentina.

Los dos Bildungsroman muestran abiertamente la tradición de la cultura "alta" que representarían. Mantienen las lenguas europeas y la traducción como género literario; la erudición literaria, el arte y los viajes; la reunión de un elemento criollo con una enciclopedia europea;[24] los espacios sociales "altos" y familiares; la escritura limpia y los textos conversados entre nos, y por lo tanto la constitución de un círculo o coalición. Y mantienen, también, un rasgo constante de la cultura "alta", que es una doble definición crítica: frente al advenedizo y frente a su propio recinto social, que aparece como "en decadencia". Que *nace* en decadencia cuando se lo representa por primera vez en 1880, con López y Cambaceres. La crítica cultural a la oligarquía es uno de los rasgos fundamentales de la cultura "alta", oligárquica, argentina. No serían entonces Mujica Lainez o Bianco o Victoria Ocampo (de la coalición cultural del estado liberal-militar de 1955) los que habrían inventado esta postura crítica que cierra el ciclo "de la transgresión al delito". Lo que hace la coalición de *Sur* con sus artistas "en delito" es llenarlo de los misterios y los enigmas del modernismo; pasarlo por las ambivalencias y secretos de la frontera. Con la ficción del "hombre de ciencia" y del "delito del artista" inventan un modo de volverse sobre sí mismos, y un modo de atravesar la frontera del delito, para "cortejar su fin".

NOTAS

[1] Dice Eduardo A. Zimmermann (*Los liberales reformistas. La cuestión social en la Argentina, 1890-1916,* Buenos Aires, Sudamericana-Universidad de San Andrés, 1995, pp. 11-16) que en ese período (como consecuencia de la inmigración masiva, de la urbanización y la industrialización) surge nítidamente la llamada "cuestión social": problemas de sanidad, vivienda, criminalidad urbana y protestas obreras. Es un proceso de conflictos sociales y transformaciones intelectuales; surgieron nuevas corrientes ideológicas que desafiaban la validez de las instituciones políticas y económicas vigentes y que instalaron un debate sobre la capacidad de las instituciones liberales clásicas para proveer soluciones a los nuevos problemas. Los reclamos de reformas sociales y políticas coinciden con la aparición de una corriente liberal reformista, desde el gobierno y desde la oposición (radicales, socialistas, católicos), donde actuaban grupos de profesionales (sobre todo abogados y médicos) que buscaban un camino intermedio entre el *laissez faire* ortodoxo y el socialismo de Estado. Eran legalistas, cientificistas e internacionalistas. Zimmermann demuestra que en ese período se constituye un nuevo lenguaje político "inclusivo" (se consolida el principio de ciudadanía) que culmina en la ley Sáenz Peña.

[2] Parece que estas "trasmutaciones" se dieron biográficamente en Lugones (del socialismo revolucionario al fascismo); en Quiroga, con su retiro en Misiones; y en Soiza Reilly, con su abandono de la sátira en los años veinte.

Sobre la frontera: Scott Michaelsen y David E. Johnson, editores. *Border Theory. The limits of Cultural Politics,* Minneapolis-Londres, University of Minnesota Press, 1997, especialmente el artículo de Alejandro Lugo "Reflections on Border Theory, Culture and the Nation" (pp. 43-67). Renato Rosaldo, en su libro *Culture and Truth. The Remaking of Social Analysis* (Boston, Beacon, 1993), define la cultura en términos de frontera. También se refiere a la lógica de la frontera Edward W. Soja en *Thirdspace. Journeys to Los Angeles and Other Real-and-Imagined Places* (Cambridge, Blackwell, 1996). Y como dice Guillermo Gómez Peña en *Warrior for Gringostroika: Essays, Performance Texts, and Poetry* (St. Paul MN. Graywolf Press, 1993) en la frontera hay boicot, complot, ilegalidad, una nueva cartografía y un nuevo internacionalismo.

Sobre los mutantes: Thomas Richards (en *The Imperial Archive. Knowledge and the Fantasy of Empire*, Londres-Nueva York, Verso, 1993, pp. 48-50) dice que hacia *el fin del XIX* surgió una nueva forma de monstruosidad para superar a Darwin. Los nuevos monstruos eran esencialmente mutantes, capaces de catastróficos cambios de forma virtualmente incognoscibles para el sistema de Darwin. Los escritores ingleses comenzaron a imaginar una gran variedad de monstruos que no encajaban en la morfología. Eran amenazas a la pretensión universal del darwinismo porque irrumpían en el orden mismo de las cosas y hasta amenazaban con producir el fin del Imperio. Dice Richards que el monopolio británico del saber termina en *Drácula* (1897) de Bram Stocker, donde una *alteridad colonial,* el vampiro, se resiste a entrar en el esquema del desarrollo histórico-morfológico. Drácula muestra que hay algunas especies cuyos orígenes no pueden ser comprendidos usando el modelo darwiniano, y esas especies sin origen llegaron a ser los monstruos arquetípicos del siglo XX. En *La isla del Dr. Moreau* (1896) de H. G. Wells un médico satánico incuba mutantes en una isla remota.

Richards relaciona estos fenómenos que rompen "las formas" con la trayectoria imperial de colonización, ocupación y descolonización. Revisa la noción de "forma" en el discurso pre-imperial y considera a *Alicia en el país de las maravillas* (1865) y *A través del espejo* (1871) de Lewis Carroll como una anatomía del problema del conocimiento de formas excepcionales dentro de la morfología victoriana. Los libros de Alicia cuentan cómo una niña cae en un mundo de monstruos que cambian de acuerdo a los dictados de la forma lógica. Después de examinar *Drácula,* Thomas Richards analiza *The Crystal World* (1966) de J. G. Ballard, un texto que liga la descolonización de África con la diseminación de una forma cristalina desconocida. Dice Richards que la busca de conocimiento positivo de la forma pasó, como muchos otros proyectos positivistas de fin del XIX, del dominio de la ciencia al del mito y finalmente al de la ideología.

John J. Pierce (*Great Themes of Science Fiction. A Study in Imagination and Evolution,* Nueva York, Westport y Londres, Greenwood Press, 1987, pp. 26-48) dice que el concepto de mutantes apareció en la ciencia ficción norteamericana en 1885, en "Old Squids and Little Speller" de Edward Page Mitchell, y en 1895 en "Another World" de J. H. Rosny.

[3] Eduardo L. Holmberg, *Cuentos fantásticos,* Buenos Aires, Hachette, 1957, pp. 131-133, Estudio preliminar de Antonio Pagés Larraya, bastardilla nuestra).

Eduardo Holmberg inventa, entre los años 1870 y 1890, los géneros fantástico, policial y de ciencia ficción en la Argentina. Funda la literatura que acompaña al realismo y al naturalismo y que es la de *los límites de la ciencia* en los fenómenos mentales (telepatía, espiritismo). Holmberg escribió sobre los procesos de inspiración del artista que habla con su hermana muerta en "El ruiseñor y el artista", de 1876. Allí pone en escena fenómenos telepáticos: la acción de un espíritu sobre otro, la sugestión y la comunicación a distancia. También escribió sobre los autómatas en 1879: "Horacio Kalibang o los autómatas", dedicado a José María Ramos Mejía. La idea es la de un cerebro que funciona independientemente. Esta *nouvelle* pone en escena robots cuando Cibernius no había nacido todavía, dice A. Pagés Larraya en el estudio preliminar.

Bernard Goorden ("De quelques thèmes originaux dans la SF espagnole et hispano-américaine du XXe siècle", en Luk De Vos [comp.], *Just the Other Day. Essays on the Suture of the Future,* Antwerpen [Bélgica], Restant-Exa, 1985, pp. 143-160) dice que en 1875 apareció la novela de Holmberg *Viaje maravilloso del señor Nic-Nac* en forma de folletín en *El Nacional* de Buenos Aires, y que esto marca el verdadero punto de partida de la ciencia ficción hispánica. El autor desarrolla allí el tema de la metempsicosis y de los mundos extraterrestres habitados.

Pero nos interesa marcar el carácter de frontera en Holmberg. En el Estudio preliminar a los *Cuentos fantásticos* de Holmberg, Pagés Larraya se refiere al clima fin de siglo del que participaba: Holmberg aparece como el eslabón perfecto entre los "sujetos del estado liberal" y "la nueva cultura" con sus sujetos. Está en dos grupos al mismo tiempo: la coalición estatal patricia y la bohemia modernista, de allí su ambivalencia. Los "sujetos del estado liberal" lo reconocen como uno de ellos, como patricio, por su familia, por su "sangre". Y por el otro lado, los nuevos sujetos (y medios) con Darío, Lugones, y con Ingenieros, lo reconocen como uno de los suyos.

Del estudio de Pagés Larraya tomamos los siguientes datos:

Del lado de los patricios

Dice Martín García Mérou en *Recuerdos literarios*, "La cultura popular", 1937, p. 299, citado por Pagés Larraya:

"Holmberg es el producto extraño de un genio exótico en nuestra civilización. Por sus antecedentes hereditarios, la sangre que corre por sus venas es *sangre de patriotas y de argentinos;* aunque su abuelo, el barón de Holmberg, que tomó una participación directa en las campañas de la Independencia, fuera compatriota de Humboldt."

Y Miguel Cané, en *Ensayos,* Buenos Aires, La Tribuna, 1877, p. 178:

"La primera vez que el nombre de Holmberg cayó bajo nuestos ojos fue en una página gloriosa de la epopeya de nuestra Independencia. El barón de Holmberg mandaba la artillería patriota en la batalla de Tucumán, a las órdenes de Belgrano. El abuelo *ennobleció su nombre* en los campos de esa lucha santa; el nieto entra a la vida dignificando el suyo con el puro reflejo de una bella inteligencia."

Del lado de los modernistas

Dice Pagés Larraya que después de 1893, con la visita de Darío, proliferan los círculos, tertulias y cafés que frecuenta Holmberg. En *Las Caricaturas Contemporáneas* con que el dibujante Cao inmortalizó a muchos argentinos se le pone este epígrafe:

> D. Eduardo L. Holmberg
> Si de las modas de Francia / no evidencia los progresos, / ni al traje le da importancia, / con la pluma su elegancia / probó en "La bolsa de huesos". // A la Historia Natural / con talento excepcional / se dedica horas enteras, / resultando entre sus fieras / otra fiera... intelectual (*Caras y Caretas,* 23 de junio, 1900).

Darío en sus "Versos de Año Nuevo", enviados también a *Caras y Caretas,* retrató a sus camaradas porteños y a Holmberg:

> Nuestro sabio varón tudesco / nos decía cosas profundas / y en lenguaje pintoresco / daba lauros y daba tundas (en E. J. Mapes, *Escritos inéditos de Rubén Darío recogidos en periódicos de Buenos Aires,* 1938, citado por Pagés Larraya, p. 31).

Con Darío y Holmberg solía verse a José Ingenieros, Antonino Lamberti, Charles de Soussens, Alberto Ghiraldo y todos los que constituyeron la bohemia literaria del 900 porteño, dice Pagés Larraya y agrega que el humor, la originalidad y el *interés del científico en temas esotéricos* interesó a Darío, que cuenta:

> [Yo] Frecuentaba también a otros amigos que ya no eran jóvenes, como ese espíritu singular lleno de tan variadas luces y de quien emanaba una generosa corriente simpática y un contagio de vitalidad y de alegría, el doctor Eduardo L. Holmberg (en *La vida de Rubén Darío escrita por él mismo,* Barcelona, Maucci, p. 167, citado en p. 32 de la Introducción de Pagés Larraya).

También cita un artículo de Leopoldo Lugones en *El tiempo,* 18 de septiembre de 1896, sobre *Nelly* de Holmberg, donde marca el conocimiento literario de los fenómenos telepáticos, y dice que Holmberg es "uno de los más completos intelectuales con que cuenta el país de los argentinos".

Cuando murió, el 5 noviembre de 1937, *La Nación* publica una nota "Eduardo L. Holmberg" donde dice:

> De noche, en la rueda del café, con Rubén Darío, a quien llamaba Holmberg "el último poeta sagrado de la Hélade"; con Roberto Payró, con el astrónomo Harperath, conversaba sobre poesía germánica, sobre las religiones de la India, sobre versiones griegas y latinas. Hablaba con lentitud parsimoniosa, que resaltaba con más fuerza su inesperado comentario, su paradoja desconcertante, en que se mezclaba con la cita difícil el vericueto del gracejo vernáculo (p. 31).

Hasta aquí los materiales de Pagés Larraya que muestran a un Holmberg de frontera y pasaje entre los sujetos científicos de 1880 y los nuevos sujetos modernistas.

[4] Estamos en lo que se ha llamado "la utopía positivista" o "la religión de la ciencia". Léase este discurso pronunciado en la Cámara de Diputados por el diputado por la provincia de Buenos Aires Juan Angel Martínez, el 1º de septiembre de 1902: "La ciencia nos enseñará como cada hombre se educa mejor, para la vida individual y colectiva; la ciencia corregirá todos los grandes errores en que se ha incurrido hasta este momento en las organizaciones sociales y desterrará todas las grandes preocupaciones; ella es la única que puede llegar alguna vez a hacer práctica la doctrina de la fraternidad del cristianismo, de la igualdad ante la ley y de la solidaridad humana; será la única que podrá llegar alguna vez a suprimir las fronteras entre los pueblos; a desterrar, a extinguir los odios de las masas humanas y a acercarnos por el amor y el afecto recíproco a todos los pueblos, a todos los hombres, de todas las creencias, de todas las nacionalidades; a fundir un tipo único de moneda que sirva en el mundo como intermediaria del intercambio de los productos de las artes, del trabajo y de la inteligencia; en una palabra, a conducir a la humanidad a sus destinos más altos, bajo los auspicios de esta trinidad: la justicia, la ciencia y la libertad!" (Debate so-

bre el proyecto de Ley de divorcio en la Cámara de Diputados de la Nación, en Ricardo Rodríguez Molas, *Divorcio y familia tradicional*, Buenos Aires, Centro Editor de América Latina, 1984, p. 116).

[5] Las citas son de "El Psychon", *Las fuerzas extrañas,* Manuel Gleizer Editor, Buenos Aires, 1926, p. 145.

Lugones publicó uno de los cuentos de *Las fuerzas extrañas*, "Un fenómeno inexplicable", con el título "La licantropía" en el primer número (septiembre de 1898) de *Philadelphia,* Revista de las Ciencias Ocultas.

El modernismo como frontera

Howard M. Fraser (*In the Presence of Mystery: Modernist Fiction and the Occult,* Chapel Hill, The University of North Carolina at Chapel Hill, 1992) dice que Lugones, en el "Ensayo de una cosmogonía en diez lecciones", *intentó reconciliar* la literatura con los últimos descubrimientos científicos, o de *leer la ciencia desde la literatura.* Allí se ve toda una geometría pitagórica de donde descienden los objetos y seres. Lugones comunica su interpretación animista de la vida desde el punto de vista de "el hombre", *un viejo de los Andes* que asume la identidad de un *Maestro Teósofo, un gurú* que habla en sentencias epigramáticas y dice que todas las formas de la naturaleza se generaron a partir de una fuerza primordial. El narrador de Lugones puede concebirse como *un modernista típico,* un iniciado que emprende una busca espiritualista hacia la esencia de las cosas (pp. 75-76).

Fraser marca *la convulsión que trajo la modernización-globalización que acompaña al modernismo:* la dislocación, el desconcierto, la amenaza de aniquilación y la violencia, y la *recurrencia al ocultismo como vehículo de una visión cósmica,* primer paso para encontrar soluciones espirituales. Los modernistas *criticaron la supremacía de la razón que fue el centro del positivismo,* y el progreso material como justificación de un nuevo orden social burgués y deshumanizado, y adoptaron la creencia clásica de que "el poeta", una palabra que connotaba al artista, era el único que podía guiar a un mundo espiritualmente ciego. Y ponían al *shamán* que manipula fuerzas cósmicas al lado del *escritor o poeta* (pp. 124-125).

Caras y Caretas, el semanario modernista-popular a partir del cual se podría leer todo "el fin de siglo", difundió los principios de la teosofía, el ocultismo y la adivinación. Y Fraser cita los artículos "La teosofía en Buenos Aires" (nº 157, 1901); "El mundo de las adivinas" de Carlos de Soussens (nº 84, 1902) y "Adivinando el porvenir" de Nemesio Trejo (nº 363, 1905); "La astrología del siglo XX" (nº 489, 1908), "La forma de los pensamientos" (nº 344, 1905), y la columna "Lo desconocido", que manejaba casos de telepatía. También publicó *fotos* de espíritus en "El espiritismo en Buenos Aires. Curiosas fotografías de espíritus materializados" de Benjamín Villalobos (nº 308, 1904).

Fraser se refiere a la fundadora de la American Theosophical Society, Helena Petrona Blavatsky (1831-1891), que fue importante en la atracción de Darío y Lugones hacia la teosofía (69). Y Sandra Hewit y Nancy Abraham Hall analizan estas relaciones en "Leopoldo Lugones and H. P. Blavatsky: Theosophy in the 'Ensayo de una cosmogonía en diez lecciones'" (*Revista de estudios hispánicos* 18, 1984, pp. 335-343).

También fue importante Annie Besant. Hay un ensayo de José Martí "La oradora humanitaria, Annie Besant", donde intentó celebrar la visita de Besant a Estados Unidos diciendo que descubrió y clasificó los hechos del espíritu, y que los trata como datos científicos.

En Martí se usa lo devaluado por la racionalización, dice Julio Ramos (*Desencuentros de la modernidad en América latina, op. cit.*). La oposición a la modernización (leída como "materialismo" o pragmatismo), aparece como definición de los valores culturales de América Latina, de la "identidad latinoamericana". Antes de fin de siglo, cuando se da este proceso de modernización, los letrados eran político-estatales dice Julio Ramos; en Martí hay un lugar de enunciación *fuera del estado, marginal,* y entonces aparece como crítico de los discursos estatales dominantes. (Cambia *el espacio público* donde aparece la literatura y la crónica ligada con el periodismo, el mercado, otra forma de modernidad, dice Ramos.)

Están en la frontera: socialismo revolucionario, anarquismo, teosofía, modernismo y la religión de la verdad: la poesía de Ariel Schettini sintetiza estas relaciones en "Capdevila" (*Estados Unidos,* Buenos Aires, La marca, 1994, p. 55):

> Lugones y Palacios. En Las Heras, el brillo de la noche oscura y muda. Junta.
>
> ...Se habían reunido, como tantas noches, en la Sociedad Teosófica Argentina; y salieron. Mudos y juntos, por Las Heras.
>
> ...Estaban mudos porque conversaban sobre el cartel colgado en la STA:
>
> El apotegma consabido: SATYAT NASTI PARO DHARMAH (no hay religión más elevada que la verdad).

Últimas investigaciones sobre la secta y sus líderes

K. Paul Johnson (*The Masters Revealed. Madame Blavatsky and the Myth of the Great White Lodge,* Albany, State University of New York Press, 1995) sostiene que ese grupo, una verdadera red, estaba comprometido no sólo en movimientos espirituales sino también en *causas políticas clandestinas:* algunos eran masones que apoyaban a Garibaldi en Italia; otros eran líderes políticos y religiosos hindúes que conspiraban *contra el imperio británico.* Blavatsky, que amó tanto las intrigas como las ciencias ocultas, emerge de este libro como una *pionera anticolonialista.*

La hipótesis es que la fama de Blavatsky se basaba en su pretensión de que recibía sus ideas en cartas enviadas a través de un sistema postal astral por miembros de la Great White Lodge, un grupo de "Maestros" de la India y el Tibet. K. Paul Johnson dice que esos "Maestros" no eran astrales, sino personas reales que ocultaban sus identidades con "lo astral".

Arlt, en *Las ciencias ocultas en la ciudad de Buenos Aires* (1920) escribe una biografía de Madame Blavatsky, la liga con el "caduco imperialismo inglés", y dice que Hogdson descubrió sus supercherías. (En 1884, Richard Hodgson, de la British Society for Psychical Research, fue a la India para investigar a Blavatsky y la llamó "uno de los más exitosos, ingeniosos e interesantes impostores de la historia".) Pero lo que no dice Arlt es que Hodgson la consideró una *espía Rusa* vinculada con los ocultistas rusos. El informe terminó con su carrera en la India pero ella revivió en Londres, donde sus admiradores incluían a Yeats y a Gandhi. Murió en Inglaterra en 1891.

Peter Washington (*Madame Blavatsky's Baboon. A History of the Mystics, Mediums, and Misfits Who Brought Spiritualism to America,* Nueva York, Schocken Books, 1995) dice que Blavatsky atrajo a sus seguidores con una mezcla de religión ecuménica y excentricidad personal. Fundó la Sociedad Teosófica en Nueva York en 1875, dos años después de su llegada, y su gran prodigio fue Jiddu Krishnamurti. Pero las complejas organizaciones que fundaron eran *sitios de escándalo, políticas de poder y enredos sexuales.* Blavatsky fue acusada de plagio en sus cartas, y otro miembro fue acusado de pederastia y ventriloquía. Se decía que un espíritu había informado a Leadbeater que "en otras edades la señora Besant adquirió doce maridos para quienes cocinaba ratas". En la Introducción, Peter Washington dice que muchas de las devotas y sus líderes *eran mujeres que desafiaron las convenciones de modos radicales.*

Según Sandra Gilbert ("Heart of Darkness: The Agon of the Femme Fatale", en Sandra M. Gilbert y Susan Gubar, *No Man's Land: The Place of the Woman Writer in the Twentieth Century, vol. 2: Sexchanges,* New Haven y Londres, Yale University Press, 1990, p. 29) hay un vínculo entre las posibilidades alternativas propuestas por el espiritismo y la teosofía, y la posibilidad de "una regla femenina de desorden".

[6] En *La Montaña. Periódico socialista revolucionario* de 1897, dirigido por Lugones e Ingenieros (sus doce números fueron reproducidos y editados en 1996 por la Universidad Nacional de Quilmes), se pueden leer la serie de tópicos antiestatales. El primer número se abre con un manifiesto "Somos socialistas": "porque consideramos que la autoridad política representada por el Estado, es un fenómeno resultante de la

apropiación privada de los medios de producción, cuya transformación en propiedad social implica, necesariamente, la supresión del Estado y la negación de todo principio de autoridad". Después del manifiesto, el primer artículo es "La sociedad sin Estado" de Gabriel Deville, que continúa en el segundo y tercer número.

Los artículos más provocativos de *La Montaña* fueron "Los reptiles burgueses" de José Ingenieros, en los números 2, 5, 8 y 10. Ataques inflamados a las peregrinaciones a Luján y a la Iglesia (nº 2); a "los cerberos de la moral": los comerciantes, los funcionarios públicos, "los soldados que en nombre de la patria matan", los políticos burgueses, los magistrados, los jueces, las señoras de "la alta categoría" (nº 5); a los intelectuales y bolsistas: "El burgués 'intelectual' y el burgués 'bolsista' son seres que no poseen siquiera una psicología propia; son los pedículos del gran pubis social" (nº 8); a "Los padres de la patria", diputados y senadores: "¿Cómo dudar de que el Parlamento argentino es un templo de mediocres?" (nº 10).

Quisiera destacar también, en el número 3, "La desherencia" de Macedonio Fernández (donde se pregunta: *¿por qué parece reinar tan poca luz sobre el problema de la diferencia esencial entre ciencia y arte?*); en el número 8 una polémica con los anarquistas (que acusan a los socialistas de "autoritarios"); en los números 4, 6 y 12, artículos de defensa del feminismo; y en los números 9, 10, 11 y 12, la traducción de "Defensa de los criminales" de Edward Carpenter, cuya última parte se titula "Utilidad del robo y la prostitución".

Leopoldo Lugones, en "Los políticos de este país" (nºs 1 y 4), acusa a los políticos burgueses de robo, y en "La moral en el arte" (nº 5) sostiene que el artista debe sublevarse contra toda "moral eterna, religión eterna, propiedad eterna, comercio eterno, imbecilidad eterna".

Para un análisis del discurso de *La Montaña,* véase Marcela Croce, *La Montaña: Jacobinismo y orografía*. Hipótesis y Discusiones/8, Buenos Aires, Facultad de Filosofía y Letras, Universidad Nacional de Buenos Aires, 1995.

[7] *Para una historia literaria de la tortura en Argentina*

Sarah Wood (*Writing the Violent State: The Representation of State Violence in Southern Cone Narrative,* Tesis de Doctorado, Yale University, 1997) se refiere al cuerpo como "la verdad" en Arlt, y cita a Elaine Scarry (The *Body in Pain. The Making and Unmaking of the World,* Nueva York-Oxford, Oxford University Press, 1987, p. 14): "en determinados momentos, cuando hay en una sociedad una crisis de creencias porque alguna idea, ideología o construcción cultural se ha mostrado como ficticia o ha sido despojada de las formas ordinarias de sustanciación, la factualidad material del cuerpo humano prestará a esa construcción cultural el aura de 'realidad' y 'certidumbre'".

Sarah Wood traza una historia literaria y política de los cuerpos en la Argentina, en su relación con el estado. Antes de la constitución del estado en 1880, dice, aparece en la literatura el *cuerpo femenino –o feminizado– como sitio simbólico de la lucha política entre federales y unitarios, y aparece también la tortura*: *El matadero;* "El testamento de Rivadavia" de Luis Pérez (de *El Torito de los Muchachos,* 1830); "La refalosa" e "Isidora la federala y mazorquera" de Ascasubi; *Amalia;* y Camila O'Gorman con su cuerpo embarazado. (Como se sabe, dice Wood, *Amalia* y *El matadero* marcan la fundación de la tradición narrativa en Argentina.) La politización del cuerpo y la tortura, que corresponden a momentos de crisis y violencia, aparecen en el siglo XX en el Rufián de Arlt (que después del golpe de 1930, en *Los lanzallamas,* es torturado por el oficial Gómez de Investigaciones); en el judío "ruso-bolche" del peronismo de "La fiesta del monstruo" de Borges-Bioy; y en el estudiante Pablo Alcobendas, de *El incendio y las vísperas* de Beatriz Guido, 1969 (escrita entre 1960 y 1964). Todo esto, por supuesto, antes de repetirse en la literatura de la última dictadura, que es el centro del trabajo de Wood.

[8] Nuestras citas de "El hombre artificial" son de Horacio Quiroga, *Obras inéditas y desconocidas*. Novelas cortas, tomo I (1908-1910), Arca, Montevideo, 1967, con Prólogo de Noé Jitrik y Notas de Jorge Ruffinelli.

Dice Noé Jitrik en el Prólogo que Quiroga publicó en total seis folletines entre 1908 y 1913, uno por año, en *Caras y Caretas* cinco de ellos, y "Una cacería humana en África" en *Fray Mocho* con el seudónimo de S. Fragoso Lima. *El hombre artificial* aparece en 1910. Y que tanto "El mono que asesinó" como *El hombre artificial* se ligan con la literatura fantástica de principios de siglo. Ya se vio en los cuentos de *El crimen del otro,* de 1904, la influencia de las lecturas de Poe y las experiencias con drogas, dice Jitrik, y añade que Quiroga tuvo contacto con Lugones y con Ingenieros. Y cita lo que se leía: Ingenieros *(La simulación de la locura, La psicopatología de los sueños, Interpretación científica del hipnotismo y la sugestión, Las doctrinas sobre el hipnotismo);* Lombroso *(Hypnotismo y espiritismo),* Flammarion *(Les forces naturelles),* Charcot *(Traité sur les maladies nerveuses),* José María Ramos Mejía *(La locura en la Argentina),* Enrique García Velloso *(Instituto Frenopático),* Rafael Barret *(El espiritismo en la Argentina),* y también Cosme Mariño, Pancho Sierra, y la madre María.

En el libro de Noé Jitrik *Horacio Quiroga. Una obra de experiencia y riesgo* (Buenos Aires, Ediciones Culturales Argentinas, 1959) hay una Cronología de Oscar Masotta y Jorge R. Lafforgue. Cuando Quiroga regresa a Buenos Aires del Chaco, fracasados los cultivos de algodón y perdido seis mil pesos:

"*1905.* Comparte con Brignole, que a su vuelta de Europa ha resuelto abrir consultorio médico en esta ciudad, una pieza que le sirve al mismo tiempo de dormitorio, biblioteca y taller, pues Quiroga se ha lanzado de lleno a la *galvanoplastia*. Los dos amigos concurren, muy a menudo, a las "tertulias que Lugones y su señora dan una vez por semana" y a la peña que se reúne a la hora del café nocturno en La Brasileña de la calle Maipú. A esta también asisten Soiza Reilly, José Pardo, Roberto Payró y Florencio Sánchez, entre otros" (p. 19).

Quiroga (la huella de Darío en su hijo *Darío Quiroga,* que nació en 1912), Lugones, Soiza Reilly (y su hijo Rubén Darío Soiza Reilly), *Caras y Caretas, Fray Mocho:* otras tertulias y peñas, diferentes de la coalición estatal, con los nuevos sujetos periodista (o escritor profesional)-poeta.

[9] Beatriz Sarlo (*La imaginación técnica. Sueños modernos de la cultura argentina,* Buenos Aires, Nueva Visión, 1992, p. 41) dice que *El hombre artificial* surge del folletín y de la literatura de divulgación, y que "la ciencia toca un territorio mitológico al lograr crear vida, pero encuentra, en el mismo momento, un límite moral: ¿pueden los tres científicos insuflar una conciencia dentro del cuerpo inerte de Biógeno, su criatura, al precio de aniquilar a otro ser humano sometiéndolo a un paroxismo de sufrimiento físico?". Y más adelante: "El positivismo encuentra su límite en esta parábola fáustica, que replantea las relaciones entre saberes y valores y se pregunta, una vez más, sobre la institución de una jerarquía en condiciones de indicar una dirección a la ciencia, y definir cuáles son los obstáculos que le está permitido abordar y ante cuáles debe detenerse".

Beatriz Sarlo no se refiere al paralelismo entre ciencia y política revolucionaria en relación con la ética (y con el sacrificio de vidas), que se marca en la historia de Donissoff.

[10] *Cuentos de científicos*

En "La atrevida operación del Dr. Orts" de Otto Miguel Cione (*Caras y Caretas,* nº 133, 1901), aparece un *Frankenstein argentino* que trasplanta un lóbulo de un cerebro normal para reemplazar el lóbulo enfermo de su hijo, que es cruel, malvado y perverso. Pero la fuerza maligna de la sangre del hijo envenena el implante e infecta todo el cuerpo otra vez. El doctor muere de rabia.

En cuanto al "sabio loco" (porque el jorobado director del manicomio se vuelve loco cuando se da cuenta que Moreira se trasmutó en loco y no en genio-superhombre), veamos la entrada "Sabio loco" en las páginas 797 a 798 de la enciclopedia de Pierre Versins, *Encyclopédie de l'utopie, des voyages extraordinaires et de la science fiction,* Lausana, L'Age d'Homme, 1972.

La figura tiene importancia sobre todo en la ciencia ficción. El "sabio loco" es *el hombre que lo puede todo* y su poder no tiene más límites que los impuestos por la imaginación de los escritores. Domina la época entre Julio Verne y la Segunda Guerra, como loco (su poder lo ciega) o como vengativo (no se le ha reconocido su valor). El prototipo del primero es el Dr. Moreau (de *La isla del Doctor Moreau,* 1896, de H. G. Wells) salvo que se prefiera primero al Dr. Jekyll de *El extraño caso del Doctor Jekyll y Mr. Hyde* de Robert-Louis Stevenson, 1886. Y si se quiere ir a la prehistoria, *Frankenstein* de Mary Shelley, 1817. *Son sobre todo médicos cirujanos.* En el cine norteamericano aparece en 1902 *Frankenstein's Trestle*; en 1910 *Frankenstein* de J. Searle Dawley; en 1931 el primer *Frankenstein* sonoro, el más célebre, de James Whale.

Por su parte, L. Sprage de Camp y Thomas D. Clareson dicen en "The Scientist" (en Patricia Warrick, Martin Greenberg, Joseph Olander (comps.), *Science Fiction: Contemporary Mythology,* Nueva York, Hagerstown, San Francisco, Londres, Harper and Row, 1978, pp. 196-206) que en Estados Unidos el científico demoníaco apareció en 1871 en "The Case of Summerfield" de William Rhodes. El protagonista no tiene otra salida que matar al químico Summerfield, que amenaza con incendiar los océanos del mundo con una píldora que inventó, si los ciudadanos de San Francisco no le pagan un millón de dólares. En *The Sign at Six* (1912) de Steward Edward White, un físico loco amenaza con aniquilar Nueva York cortando las vibraciones del éter que llevan calor y luz, a menos que un notorio capitalista sea juzgado.

Como se ve, es una figura ligada estrechamente con el capitalismo y el dinero. Otro ejemplo de estas primeras obras es el científico "loco" de *The Man Who Rocked the Earth* (1914-1915), de Arthur Train y Robert Wood, que usa sin éxito la energía atómica y amenaza con cambiar el eje de la tierra en un intento de terminar con una guerra en Europa.

Roslynn D. Haynes (*From Faust to Strangelove. Representations of the Scientist in Western Literature,* Baltimore y Londres, The Johns Hopkins University Press, 1994) revisa la historia de la representación del hombre de ciencia desde el alquimista medieval hasta hoy, y marca la influencia de los ficcionales Dr. Faustus, Dr. Frankenstein, Dr. Moreau, Dr. Jekyll, Dr. Caligari y Dr. Strangelove en la imaginación popular y en los estereotipos del científico. Casi todos son hombres mayores o viejos, calvos o con una masa de pelo estilo Einstein, y casi siempre aparecen trabajando solos o en laboratorios aislados: el objeto de su investigación es "secreto" o "peligroso". Esta bien arraigada sospecha respecto de los científicos no se limita a los niños, dice Haynes. Los hombres de ciencia ficcionales son una respuesta al papel de la ciencia y la tecnología en un contexto social particular, y examinados cronológicamente tienen una significación histórica adicional, porque son indicadores ideológicos de la percepción cambiante de la ciencia a lo largo de siete siglos, y también son imágenes que producen nuevos estereotipos.

Haynes examina las siguientes figuras:

–El alquimista, que reaparece en momentos críticos como un científico obseso o maníaco. Ligado con el mal, esta figura se ha reencarnado recientemente en el biólogo siniestro que produce nuevas especies por ingeniería genética.

–El virtuoso estúpido de la sátira inglesa del siglo XVII, que parece a primera vista más cómico que siniestro, pero que ignora sus responsabilidades sociales, preocupado por su mundo científico privado. Su contraparte moderna es el profesor distraído.

–La pintura romántica del científico frío, sin sentimientos, que ha suprimido todos los afectos en nombre de la ciencia. Este ha sido el estereotipo y la imagen más común del hombre de ciencia en la cultura popular, y aparece repetidamente en novelas y films del siglo XX. *Es una figura ambivalente*, porque su deficiencia emocional es condenada como inhumana y a la vez es admirado como el científico que debe pagar el precio de su desinterés en aras de la ciencia.

–El aventurero heroico en el mundo físico o intelectual. Explora nuevos territorios y maneja nuevos conceptos: este personaje aparece en momentos de optimismo científico. Apela a audiencias adolescentes, y sugiere el peligro de su poder carismático al aparecer como el neoimperialista viajero del espacio que coloniza el universo.

–El científico que ha perdido el control de su descubrimiento: ha sido explorado recientemente en relación con los problemas ambientales.

–El científico como idealista, que a veces sostiene la posibilidad de una utopía científica en conflicto con un sistema tecnológico que no considera los valores humanos individuales.

Pero la imagen más influyente, dice Haynes, ha sido la de Victor Frankenstein, inventado por Mary Shelley cuando tenía dieciocho años: los problemas de este científico comienzan con su aislamiento, que lleva directamente a la supresión de relaciones emocionales y experiencias estéticas, y a la ilusión de que su obra es realizada en interés de la sociedad, cuando en realidad sus objetivos reales son poder y fama.

Como Peter H. Goodrich señaló (en "The Lineage of Mad Scientists: Anti-Types of Merlin", *Extrapolation*, 27, 1986, pp. 109-115) el *científico loco* tiene una larga historia anterior a Frankenstein, en la magia negra y blanca, los alquimistas y los ataques satíricos y religiosos contra la ciencia. La obra de Mary Shelley incorpora elementos contradictorios de esa tradición. En un nivel, encontramos *el hombre de ciencia fáustico* que tiene aspiraciones divinas, y su descontento por ser meramente un hombre, incapaz de prolongar eternamente la vida o resucitar a los muertos (crea una criatura que es la contraparte de Mefistófeles). En otro nivel, Frankenstein tiene una base *en la alquimia.* En la novela, la conferencia de Waldman conecta la alquimia, los ocultistas y los hombres de ciencia modernos, y de este modo Mary Shelley marca la importancia de esta tradición.

El símbolo del poder en Frankenstein es la capacidad de resucitar a los muertos, pero a la vez el hombre de ciencia moderno es un violador masculino de la naturaleza femenina. Aquí se ve el tercer nivel de la tradición, que se remonta a Francis Bacon y a su programa de investigación de la naturaleza. El resultado de estos niveles múltiples es una tensión temática visible en Frankenstein y otros cuentos góticos de científicos locos. En consecuencia, *Frankenstein está lleno de indeterminaciones interpretativas*, dice Peter H. Goodrich.

[11] *Cosmópolis* se llamó una de las publicaciones modernistas de Venezuela, y con el mismo título apareció la que en Madrid dirigió Enrique Gómez Carrillo (Ricardo Gullón, *El modernismo visto por los modernistas,* Barcelona, Labor, 1980, p. 36).

12 *Los cuentos de celebridades* internacionales (que hasta hace poco se vendían en Argentina como "Los hombres" pero que antes se llamaban "hombres célebres": *La neurosis de los hombres célebres* de José María Ramos Mejía, "el primer texto psiquiátrico argentino" es de 1879-1882) aparecen en la cultura argentina con el salto modernizador de fin del XIX.

La celebridad es un típico fenómeno de masas que surge a fines del XIX y se relaciona con la profesionalización del periodismo; es una de las industrias culturales del periodismo, la industria del deseo. En Argentina aparecen las entrevistas a celebridades en *Caras y Caretas*. La celebridad también se relaciona con un cambio en las estructuras sociales y la expansión del público lector (con los doscientos mil ejemplares por semana de *Caras y Caretas*).

Dice Joshua Gamson (*Claims to Fame. Celebrity in Contemporary America,* Berkeley, Los Ángeles, Londres, University of California Press, 1994) que en los Estados Unidos, en la segunda mitad del siglo XIX, los cambios en las comunicaciones y en la vida pública (la tecnología de las comunicaciones) establecieron *la celebridad como un fenómeno de masas*. El discurso sobre la fama coincide con la profesionalización del periodismo y con la cultura del consumo. Las historias y los cuentos de personas (las historias de vida) fueron centrales como *símbolos humanos* que podían sintetizar acontecimientos locales, problemas sociales o tragedias sociales. *Los nombres* comenzaron a ser noticia. La *fotografía* daba una imagen realista. Los sujetos podían ser "freaks". La lógica *los monstruos* acompaña *la lógica de los célebres* (pp. 19-20).

Leo Braudy (*The Frenzy of Renown. Fame and Its History,* Nueva York-Oxford, Oxford University Press, 1986) dice que la cultura de la fama es inseparable de la política de la performance, de la cultura visual, e implica la creación de una cultura internacional. P. T. Barnum *inventó la fama en Estados Unidos*. Fue el empresario de una América expansiva, y juntó y exhibió todo lo que fuera único: el más, el mejor. Barnum dio su primer golpe exhibiendo una mujer que, supuestamente, tenía ciento sesenta y un años y que habría sido la enfermera de George Washington. A través de su carrera presentó un conjunto de raros y de exhibiciones teatrales que ayudaron a formar un nuevo público para la exhibición visual en Estados Unidos. Mostró que la exhibición visual, el escenario, es el lugar propio para lo democrático, lo único y lo natural, más que lo jerárquico y lo artificial. *Con sujetos "superlativos"* (el mejor, el más grande, el único, los *freaks*), Barnum *fundó un teatro democrático*, dice Braudy. Desde 1853 hasta su bancarrota en 1855 cultivó la extrañeza visual, y desde 1860 hasta su muerte en 1891 el espectáculo. Barnum se hizo famoso no por lo que él mismo hizo sino por el modo en que llamó la atención a los talentos, peculiaridades de animales, objetos y otros hombres. A través del *poder de la prensa,* y con su *American Museum,* creó éxito nacional e internacional, *inventó la fama de Estados Unidos como nación, y mostró cómo se creaba fama en Estados Unidos* (pp. 499-501).

Leslie Fiedler (*Freaks. Myths and Images of the Secret Self,* Nueva York, Simon and Schuster, 1978) dice que P. T. Barnum fue un creador del siglo XIX tan importante en su propio medio como Dickens en el suyo. Junto con Hugo, Poe y Walt Whitman, ayudó a moldear la imaginación del primer público de masas. En el circo de Barnum se exhibían "freaks and wonders": la mujer más gorda del mundo, el esqueleto viviente, el muchacho con cara de perro, gigantes y enanos, la mujer barbuda, el encantador de serpientes y muchos otros. Su *American Museum* fue una institución tan única para la cultura norteamericana como su nombre lo sugiere. "Originariamente un depósito de curiosidades y *freaks,* se transformó en una vasta 'National Gallery' con un millón de cosas en cada rama de la naturaleza y el arte, que comprendía una *sinopsis enciclopédica* de todo lo que valía la pena ver y conocer en la curiosa economía de este curioso mundo" (p. 277).

Richard Schickel (*Intimate Strangers. The Culture of Celebrity,* Garden City, Nueva York, Doubleday & Co., 1985) sostiene que es más interesante estudiar la celebridad *no* a través de las vidas de las personas que la adquirieron, merecida o inmerecidamente, sino *como un principio para articular ideas* (sociales, políticas, estéticas, morales) *sobre el poder.* Como son *representaciones que condensan deseos*, los famosos son usados como símbolos de estas ideas, o se hacen famosos por ser sus símbolos (pp. viii-ix).

Soiza Reilly se hizo famoso con sus crónicas-entrevistas de celebridades internacionales que aparecían seriadas en *Caras y Caretas* en los años 1907 y 1908, y que reunió en 1909 en un libro titulado *Cien hombres célebres* y subtitulado *Confesiones literarias,* que fue un *best-seller* (y este es nuestro segundo *best-seller,* después de *Pot Pourri*).

Dejemos a uno de "los biógrafos" ecuatorianos de Soiza contar la historia de los *Cien hombres célebres* en los "Apuntes biográficos del autor" por Alejandro Andrade Coello (datados en Quito, Ecuador, 1920), que preceden a *La escuela de los pillos* (Novela) [1920] de Juan José de Soiza Reilly, Buenos Aires, Editorial Tor, 8ª edición, 1939. (¿No se lee en el título de *La escuela de los pillos* la historia de *El juguete rabioso,* que originariamente se llamó "La vida puerca"?)

Andrade Coello dice que Soiza Reilly entrevistó a quinientos treinta y tres hombres célebres, y que es "un cronista sensacional. Ha sabido dar la nota impresionante, la que no puede menos de leerse. Procura demostrar que las noticias deben tener algo de novelesco".

Dice Coello, pragmático: "Título de su primer libro: *En el reino de las Cosas.* ¿Valor de cada ejemplar? Dos libras esterlinas. *El único ejemplar que se vendió* de este *folleto de treinta y dos páginas* fue adquirido por el padre del mismo autor.

Después publicó *Cien hombres célebres.* Editó este *raro* libro la Casa Maucci, de Barcelona. Lleva prólogo de Paola Lombroso, que amablemente llama al crítico argentino pedante y temerario, aunque añade que su espíritu es "agudo y ágil, lleno de ironía y de impertinencia". *La primera edición, de veinte mil ejemplares, produjo a su autor cinco mil pesos de derechos,* dice Coello que, como los chicos de *El juguete rabioso,* pone precio a los libros. Ahora anda por la quinta edición, dice, ha sido muy leído por los colegiales y noveles de Ecuador, y algunos hasta "han imitado su estilo". Está traducida al francés y al italiano. Hasta aquí, Coello.

Soiza Reilly también publicó en esa época *Crónicas de Amor, de Belleza y de Sangre* (Barcelona, Maucci, 1912). (Los *Cuentos de amor, de locura y de muerte* de Quiroga son de 1917.) Estas crónicas están dedicadas "A mis compañeros de labor en *Caras y Caretas*", y precedidas por "Palabras interiores", datadas en Buenos Aires, 11 de junio de 1911. Allí dice: "Hace muchos años que vivo en el ambiente de los *hombres célebres*. En los tiempos actuales, soy el escritor que ha visto de más cerca a mayor cantidad de hombres ilustres... Mis libros *Cien hombres célebres. Confesiones literarias, Hombres y mujeres de Italia, El alma de los perros* y *Cerebros de París,* contienen la descripción de las *mil y una visitas que hice a los más grandes genios y a los más insignificantes hombres populares del mundo*... Yo fui el primer literato que en la América del Sur *desnudó* a los grandes hombres europeos. Con mis libros, he contribuido a que se conocieran muchos talentos que, no obstante estar ya consagrados en el viejo mundo, eran desconocidos para América. Hacer que un libro más se lea, equivale a desasnar un hombre. *Yo he desasnado a muchos*..." (pp. 7-9, bastardilla nuestra).

La colección de celebridades o *best-seller* para los jóvenes latinoamericanos muestra que junto con los nuevos medios aparece una nueva política de la cultura. *Esas series de hombres célebres son fundantes en la "nueva" cultura* porque encarnan ideales y valores, y también una lucha política y cultural por los modelos para los jóvenes.

La entrevista –o reportaje– al célebre es una forma, una función y un tema "educativo", típicamente "norteamericanos". Dice Mirta Varela (*Los hombres ilustres del Billiken. Héroes en los medios y en la escuela,* Buenos Aires, Ediciones Colihue, 1994, p. 47): "A diferencia de la literatura prestigiosa, donde la Argentina recurrió sistemáticamente a modas y modelos europeos, el periodismo, desde fines del siglo pasado, tuvo como referente la prensa norteamericana. Se trata de un momento de modernización, en el que pierde vigencia la prosa polémica y política que había caracterizado la prensa del siglo XIX, y en el que aparece la figura del periodista profesional. Es un proceso que culmina en 1905 con la creación de *La Razón* y en 1913 con *Crítica* que sigue la línea 'amarilla' norteamericana. En el caso de las revistas, este proceso lo realiza *Caras y Caretas* desde 1898. [...] Esta disparidad de fuentes sigue vigente hasta mucho más tarde en la literatura y el periodismo en la Argentina. Es por eso que debemos buscar en la prensa norteamericana los modelos para las biografías de *Billiken.* También existe una 'tradición nacional' en el género, pero el formato –biografías de una página, dentro de una publicación periódica– repite casi sin variantes el de publicaciones norteamericanas de la misma época" (p. 47).

Pero volvamos a los *Cien hombres célebres* de Soiza Reilly (que llena el modelo norteamericano de la fama con los europeos célebres y los *freaks* locales), porque allí se puede ver claramente una posición, un sujeto que tiene al periodismo como forma de vida (y ser periodista es ser moderno), y que escribe sobre los nuevos símbolos humanos. En algunas entrevistas enuncia su estética del periodismo, que es la de la intimidad de la fama. No importan tanto las palabras del célebre entrevistado, dice; eso de citar textualmente al otro (eso lo hace la taquigrafía) y mostrarle la entrevista antes de su publicación es cosa de "idiotas de manual". Del célebre, importa precisamente lo que no dice, su mundo, su escena, sus gestos; lo que importa del célebre es "la intimidad de la fama", y lo que le corresponde como periodista es inventar "un alma" para los célebres (pp. 271, 388, 418, 415). Dice Soiza Reilly: yo creé ese *sistema de la intimidad* con el retrato físico, el ambiente, los gestos, las sonrisas, para saber lo que realmente quiere decir "el célebre" (p. 389).

Porque el periodista-entrevistador de los célebres es, en realidad, un poeta modernista y no un mero periodista. Y dedica su colección de cien "a la condesa de Requena, Doña Gloria Laguna", y le escribe, como Rubén Darío: "Una mujer de vuestras altiveces, de vuestros caprichos, y de vuestros pecados, es digna de merecer el libro de un poeta sin moral y sin fe... Desde mi selva americana os dedico este libro... aproximad el oído...".

La condesa de Requena, "artista" y "bohemia de la aristocracia", es una "dandy mujer" que está contra las convenciones: fuma, toma mate, y se divorció... y Soiza abre la colección con su entrevista. La musa para este poeta es la *outsider* de la aristocracia que encarna la estética aristocrática-anarquista del modernismo. A partir de aquí, se podría trazar una genealogía de los dandis que parta de 1880 con Cambaceres y Mansilla, pase por el modernismo, y aparezca aquí trasmutada en condesa española y en musa de Soiza Reilly; el enlace entre todos (con Manuel Ugarte en el medio), está en "Historia de un *best-seller:* del anarquismo al peronismo".

Pero lo que importa en las crónicas de los cien célebres es que registran nítidamente, en Argentina, los *antagonismos aparentes* que produce la cultura popular de la fama: *son encuentros con genios y talentos, y también con los marginales, bohemios, locos, y criminales.* Los célebres-centros están en el exterior, *en Europa* (hombres de España, Italia, Francia, el Papa, príncipes, socialistas y anarquistas, toreros, cantantes, pintores, escultores, dibujantes), y los célebres-márgenes *en Argentina y Uruguay* (son los *freaks:* bohemios, derrotados, neurasténicos, dementes, criminales, drogadictos y hasta lustrabotas y mendigos).

Y también mujeres de los dos lados, y no puedo resistir y les cuento velozmente lo que pasó en la entrevista con la escritora de folletines "de Almodóvar" Carolina Invernizzio (que lee Hipólita o "la Coja" de Arlt). Es famosa, dice Soiza, todos la conocen pero no la nombran ni la citan. Escribe novelas inolvidables de amores, besos y crímenes; son novelas macabras, con escenas de pasión oscuras y trágicas: ¡todo horrible y lleno de asesinatos! dice nuestro Virgilio (p. 427). Y también dice que son novelas para modistillas, libros románticos sin literatura ni ideas, para "la pobre gente". Pero agrega: hablemos con respeto y cariño de Carolina, porque tiene discípulos en América.

Porque ella, *en persona,* niega sus obras, es todo lo opuesto, no tiene nada trágico: su esposo es "un militar heroico que exhibe medallas y cruces de valiente"... Dice Carolina que escribe todo el día y no tacha nunca (lo opuesto a la Serao, que también tiene su crónica-entrevista); escribo lo que se me ocurre, no sé lo que va a pasar, dejo que corra... Y entonces Soiza la compara no con un escritor popular de folletines en Argentina, sino con "una personalidad apostólica" argentina: su sistema descriptivo, le dice, es igual al de Joaquín V. González. Eso le gustó tanto a Carolina que le prometió que pronto visitará la Argentina...

Pero volvamos a nuestro tema, porque el otro es infinito. En Europa, Soiza Reilly entrevistó a los célebres que en esos mismos años cita Ingenieros: Enrique Ferri, Felipe Turati, Max Nordau, Camille Mauclair, y también a Edmundo D'Amicis, Menéndez y Pelayo en su biblioteca, y hasta a un Mesías (que predica un nuevo mundo que no está arriba ni abajo, sin Satanás ni Cristo; su ciudad santa es la Naturaleza: hay que andar desnudos y alimentarse de hierbas).

En cambio, cuando el entrevistado o narrado es argentino o uruguayo, aparecen un pobre estudiante argentino que se suicidó en París por una "aristócrata" cantante de cabaret; un lustrabotas de la Plaza Lorea (que después, en Italia, se convirtió en pintor famoso); "Un vagabundo lírico" como Martín Goycochea Menéndez, que murió en México; "La locura bohemia" de Florencio Parravicini; "Los martirios de un poeta aristócrata" son los de Julio Herrera y Reissig, que vive solo y usa drogas para escribir (¡y la foto de *Caras y Caretas* lo muestra inyectándose morfina!); "el poeta neurasténico" Zuviría, de Uruguay; el padre Castañeda (con *sangre de Moreira* dice Soiza, p. 372); "El filósofo de los perros"; y la mendiga del Paseo de Julio, una célebre bailarina que asesinó al hijo de un banquero europeo.

Esa combinación de genios, famosos talentos europeos, y "raros", locos, bohemios, neuróticos y delincuentes locales, "forma" y da un orden a la colección de cien celebridades: *es su principal principio de organización.* ¿Sería demasiado aventurado pensar que esa "combinación" constituye, en la cultura moderna y progresista, el equivalente de la combinación del elemento criollo y la enciclopedia en la cultura alta? (En Arlt se lo ve nítidamente en *Los siete locos* y *Los lanzallamas:* la mezcla de las celebridades internacionales de los discursos del Astrólogo con los "locos, simuladores y delincuentes" locales de la novela, que sueñan con ser celebridades internacionales.)

Pero un segundo antagonismo de la lógica de la fama sirve, también, de principio de organización del *best-seller* de los hombres célebres, y muestra otra "combinación". Es el del subtítulo, las *Confesiones literarias.* (Los *Cien hombres célebres* combinan crónica y confesión, dos "discursos de la verdad" fundantes en la cultura latinoamericana.) En las confesiones se encuentra la posición íntima del escritor ante la cultura de las celebridades, el debate entre "lo popular" (escribe para doscientos mil ejemplares) y lo literario (escribe para sí mismo). El debate íntimo entre el periodista y el poeta. (Dice Aníbal González [*La crónica modernista hispanoamericana*, Madrid, Ediciones José Porrúa Turanzas, 1983, pp. 81-82] que el periodismo era la fuente de empleo para los escritores y el lugar donde publicar, pero el periodismo cuestiona la noción de "autor".)

Porque en la "Confesión inicial" dice que él no forma parte de la muchedumbre, le repugna, escribe en público para sí mismo. *Es un escritor antipopular que desprecia a las masas y es el periodista de las celebridades.* Esa aparente paradoja entre una función real ligada con lo popular, con una base económica que Paola Lombroso subraya en el Prólogo, y una estética anarquista antipopular y aristocrática de la individualidad, es lo que nos interesa en la relación entre las crónicas y las confesiones de los *Cien hombres célebres.* (Hacia 1890 la tendencia unificante entre modernismo y anarquismo se hizo más fuerte, y la nueva estética era definida muchas veces como "estética anarquista", "anarquismo literario" y "estética socialista", porque problematizaba el racionalismo hegemónico, dice Iris M. Zavala en *Colonialism and Culture. Hispanic Modernisms and the Social Imaginary,* Bloomington, Indiana University Press, 1992, p. 112.)

En la "Confesión inicial", Soiza *también se queja del mundo hostil:* dice que los perros hostiles lo persiguen ladrando porque él es un felino, *un error de manicomio* que piensa las cosas a su manera y las dice tal cual las piensa, y esto *en América* es grave pecado. Leo Braudy, *op. cit.,* p. 555, dice que la fama se acompaña de *la queja del artista, de su posición de víctima* de un mundo hostil y diferente, cuyas convenciones rechaza en su totalidad (salvo la de la fama), y de su creencia que el valor artístico se opone a la aprobación popular.

En los *Cien hombres célebres* se ve funcionar la *lógica dual de la fama* en Argentina y en América Latina: en la repartición entre centros y márgenes (lo europeo y lo local), y también en la posición del "artista" o poeta-escritor. Celebridades y su lógica de la fama, crónica periodística, confesión poética, y "delito". Esa conjunción específica se encuentra en los *Cien hombres célebres,* y es en esa figura donde imagino uno de los puntos iniciales de esa cultura moderna y progresista que busco utópicamente y que es la mía.

La estética anarquista de la destrucción del célebre se ve en "la entrevista cumbre" de *Cien hombres célebres,* titulada "La vida artística de Gabriel D'Annunzio". La entrevista es central no sólo porque Arlt la recuerda en 1930 y en 1917 (se refiere a Soiza como "el hombre que vio a D'Annunzio"), y Paola Lombroso la cita en el Prólogo del libro, sino porque se abre con el crimen, el delito, *en un diálogo con una mujer* que precede al diálogo con el célebre, que va a cerrar el texto como "criminal" (falsificador de papeles, nombre falso, antipatriota):

> –Es un crimen. Es un crimen destruir esa leyenda.
>
> –Tenéis razón. Es un crimen... Pero ¿Hay algo más bello que cometer un crimen? Figuraos sentir en vuestras venas el encanto de un crimen. No de un crimen vulgar. No de un crimen sin arte... ¡Un crimen sabio! Figuraos la delicia que corre por la médula cuando se destruye cualquier cosa: una mujer, una muñeca, un caramelo. Cualquier cosa...

Él va a gozar con la destrucción de una "leyenda de poeta":

> No fueron pocos los ardores que sufrió mi corazón cuando la filosofía de los perros viejos vino a clavar sus dientes en las leyendas de mi juventud. Por eso, para consuelo de las almas heridas, se inventó la venganza. ¿Hay consuelo mejor? Es delicioso... ¡Vengarse! Herir con el desprecio a todo corazón que nos estorbe el paso. Pisotear. ¡Oh! Hundir cuchillos en las carnes frescas. En las carnes que vibran por el miedo de las últimas rabias. Destrozar es una de las virtudes más divinas de la naturaleza... *Conviene destruir. Y destruir obras de arte.* Hay que destruir toda leyenda falsa... tirar piedras al monumento... Sobre todo cuando esas obras de arte son de barro. Si un monumento es malo, sirve de ejemplo a los hombres que pasan. Y hay que evitar los ejemplos. Los malos ejemplos. Y también los buenos... Los ejemplos son como los consejos... Una juventud que siga detrás de los consejos, será carne destinada a la muerte...

No conviene subir al púlpito para predicar buenos consejos ni moralidad. *"Subirse al púlpito de las letras de molde para decir a la juventud que no crea en las encantadoras, en las sagradas, en las dulces tonterías de los hombres geniales"*, dice Soiza a su musa antes de ir a destruir al célebre D'Annunzio y descubrirnos las tensiones que genera la lógica de la fama, y las combinaciones particulares de esta "nueva cultura de la frontera".

13 *Cuentos de genios*

El médico escritor de *La bolsa de huesos* buscaba "el éxito" con su novela; el médico monstruo de *La ciudad de los locos* quiere hacerse famoso trasmutando a su hijastro en genio-superhombre. Ya hablamos del éxito, de la fama y de las celebridades como punto clave de la nueva industria de la cultura; ahora nos interesan los genios. Los "cuentos de genios" (y su diferencia con "los locos"), pero en medios más cultos y científicos. Oigamos a José Ingenieros, un famoso médico alienista real, en una conferencia en la Facultad de Filosofía y Letras en 1911. Él, que también iba en busca del genio argentino, quizá nos explique ese deseo de celebridad, tan intenso en el médico jorobado de *La ciudad de los locos* que lo lleva a cometer un delito amparado por "sus leyes".

El texto está en *Anales de Psicología* (Sociedad de Psicología de Buenos Aires), vol. III, Buenos Aires, Talleres Gráficos de la Penitenciaría Nacional, 1914, pp. 521-540. [Trabajos de los años 1911, 1912 y 1913], y se abre con una presentación:

> Ante una concurrencia que desbordaba el salón de conferencias de la Facultad de Filosofía y Letras, llenando las antesalas y pasillos, se realizó la velada que organizó la Sociedad de Psicología en honor de la memoria del sabio Florentino Ameghino.
>
> Todo lo más significativo de nuestro mundo universitario e intelectual asistió al acto, acompañando al presidente de la Sociedad, doctor Ingenieros, el decano de la Facultad de Filosofía y Letras, doctor Matienzo; el presidente de la Universidad de La Plata, doctor Joaquín V. González; el vicepresidente de la misma, doctor Agustín Álvarez y gran parte del personal docente de ambas universidades (p. 521).

La conferencia de Ingenieros se titula "Ameghino y el problema del genio" y se abre así:

> Sabio y filósofo, Ameghino fue pupila que supo ver en la noche, antes de que amaneciera para todos. Creó: fue su misión. Lo mismo que Sarmiento, llegó en su clima y a su hora. Por singular coincidencia ambos fueron maestros de escuela, autodidactas, sin título universitario, formados fuera de la urbe metropolitana, en contacto inmediato con la naturaleza, ajenos a todos los alambicamientos exteriores de la mentira mundana, con las manos libres, la cabeza libre, el corazón libre, las alas libres. Diríase que el genio florece mejor en las montañas solitarias, acariciado por las tormentas, que son su atmósfera natural; *se agosta en los invernáculos del Estado, en sus universidades domesticadas, en sus laboratorios bien rentados, en sus academias fósiles y en su funcionarismo jerárquico.* El genio nunca ha sido una institución oficial (p. 525, bastardilla nuestra).

Esa postura totalmente antiestatal (¿es la misma de *La Montaña*?) abre y cierra la conferencia del "genio" ante las autoridades de la Facultad fundada por Miguel Cané. Aquí está la posición militante de Ingenieros, su separación de la coalición liberal, y otro rasgo de la nueva cultura progresista y modernizadora.

Después de su ataque a los "invernáculos del Estado" en la Universidad estatal "domesticada" y ante sus funcionarios "jerárquicos", Ingenieros desarrolla un discurso general sobre "el genio" desde el materialismo. "¿En qué consiste? ¿No es soplo divino, no es demonio, no es enfermedad? Nunca. Es más sencillo y más excepcional a la vez. Más sencillo, porque depende de una complicada *estructura histológica del cerebro y no de entidades fantásticas;* más excepcional, porque el mundo pulula de enfermos y rara vez se anuncia un Ameghino" (p. 531).

Pero además de los dones innatos, continúa diciendo Ingenieros, el genio requiere esfuerzo, imaginación creadora y una moralidad o una ética *que "no puede medirse con preceptos corrientes en los catecismos;* nadie mediría la altura del Himalaya con cintas métricas de bolsillo". Esa ética no oficial es definida por Ingenieros como fe en un ideal humano: en la belleza, la verdad, el bien. El genio encarna el punto más alto de la humanidad: de las virtudes y los dones del hombre. (Ingenieros refuta la asimilación de "genio" y "loco": "Ningún genio lo fue por su locura; algunos lo fueron a pesar de ella; muchos fueron por la enfermedad sumergidos en la sombra" [p. 534].)

Con el genio antiestatal en la cima, Ingenieros enuncia una división de los hombres *en clases jerárquicas según su inteligencia:* el genio y los talentos, los "hombres comunes" o medianías (que pueden incluir habilidades y astucias), y los idiotas. Las medianías son los espíritus subalternos, estrechos, *los mediocres;* hombres envidiosos, hipócritas, envilecidos, que dependen del juicio ajeno y de las circunstancias, y que sostienen las ortodoxias y los fanatismos. Y también están entre estos mediocres los que no tienen ideal: los desequilibrados, exitistas, y simuladores siempre sedientos de poder. *Y esos son los que están en el Estado y constituyen las mediocracias,* dice Ingenieros ante los presidentes, vicepresidentes y decanos de la Universidad estatal.

Dice también Ingenieros: "Frente a la *marea niveladora* que amenaza por todos los puntos del horizonte, en las *mediocracias* contemporáneas, todo homenaje al genio es un acto de fe: sólo de él puede esperarse el perfeccionamiento de la Humanidad. Cuando alguna generación siente *un hartazgo de chatura, de doblez, de servilismos,* tiene que buscar en los genios de su raza los símbolos de pensamiento y de acción que la templen para nuevos esfuerzos... Enseñando a admirar el genio, la santidad y el heroísmo, prepáranse climas propicios a su advenimiento" (p. 540).

Entre "el genio se agosta en los invernaderos del Estado" del principio de la conferencia y "las mediocracias contemporáneas" del final, *en una postura antiestatal en una institución estatal,* Ingenieros no sólo despliega ciertas ideas básicas de la cultura progresista y modernizadora, sino también *la política de la cultura de esta cultura.* Con esa postura, se dirige a los jóvenes para preconizar el idealismo, la fe en los sueños de gloria, la liberación y el acceso a un reino más alto.

Pasemos rápidamente de la Facultad de 1911 a la Biblioteca, para ver algunos de los problemas que trata Ingenieros en esta curiosa conferencia ante las autoridades de la Universidad, y que informan algo sobre la historia de esa "cultura progresista" con sus ataques al estado y a las mediocracias a propósito de "el genio de Ameghino".

La idea de genio

Dice Penelope Murray (compiladora de *Genius. The History of an Idea,* Oxford-Nueva York, Basil Blackwell, 1989) que la noción moderna de genio surge en el siglo XVIII con la *estética racionalista*; pasa por el *romanticismo* (culto romántico de los genios) y llega a un status ambiguo en el siglo XX.

Al fin del siglo XVIII el genio fue pensado como el tipo humano más alto, el punto supremo de los dones mentales y creativos, reemplazando tipos ideales anteriores como el héroe, el santo, o el hombre universal. Y agrega: "Es un *concepto difícil, elitista,* porque no sólo eleva ciertos individuos, sino ciertos tipos de actividad por sobre otras". También provoca cuestiones sobre el rol del individuo creador y su lugar en la sociedad: ¿puede despreciar las reglas de la sociedad en la que vive, y no ser juzgado por los parámetros que se aplican a los demás?

El culto romántico del genio incluía *el sufrimiento* como el precio inevitable que tenía que pagar, no sólo por sus poderes, sino también por la libertad total en que tenía que realizar su proyecto. Este complejo de ideas se expresa en la leyenda de Fausto que, de Marlowe a Thomas Mann, provee el ejemplo más temprano y continuo de la visión mefistofélica del genio, sintetizado en el grito del Fausto de Busoni: "dadme el genio con todo su dolor".

El estudio del genio es el de la creatividad humana, por eso la psicología y la psiquiatría son las únicas disciplinas intelectuales en las que todavía florece en el siglo XX. Pero hoy no se usa el término "genio" sino el de persona eminente, separando a los artistas de los hombres de ciencia, dice Murray.

El genio-loco

G. Becker, en "The Mad Genius Controversy" (en Robert S. Albert (comp.), *Genius and Eminence. The Social Psychology of Creativity and Exceptional Achievement*, Oxford-Nueva York-Toronto-Sydney-París-Francfort, Pergamon Press, 1983) afirma que *la tendencia*, común en la bibliografía del genio loco, *a ligar ciertos tipos de expresión artística e intelectual con varias formas y grados de patología, podría ser vista como un intento de controlar la dirección del cambio y la innovación intelectual.* El comienzo de la controversia, hacia la mitad del siglo XIX, aparece ligado a la intranquilidad revolucionaria del período y, más específicamente, al reconocimiento de que los identificados como genios a menudo tendían a ocupar una posición central en la fermentación social, política e intelectual. La evaluación de los hombres de genio en términos de salud o locura habría constituido una respuesta a esa influencia.

El genio, agente de la trascendencia

Robert Currie (*Genius. An Ideology in Literature,* Londres, Chatto & Windus, 1974) sostiene que toda teoría del genio planea un fin violento al reino de la alienación. El acceso a un *reino trascendental* es la obra de una agencia trascendental: hablando humanamente, un genio. Los genios son como imágenes de Dios en lo humano. *La cultura secular* partió del principio de que la sociedad estaba alienada y de la convicción de que esa alienación podía ser trascendida; los genios son los protagonistas de esta trascendencia.

En el capítulo 7 ("The Ideology of Genius. From romanticism to modernism") Currie se refiere a lo que Ingenieros llama las *medianías o mediocres, que eran "los filisteos"*. Dice que la palabra "filisteos" proviene del alemán, de la jerga de los estudiantes universitarios que así llamaban a sus enemigos (con los que podían tener deudas, dice Currie). El término fue adoptado por los románticos como Hoffmann y Marx, que la usaron para describir a "los muchos" de la ciudad, la burguesía legal-administrativa o las clases comerciales. La ideología del genio dice que este trasciende la condición alienada de los filisteos, introduciendo un orden más alto, un reino de significación, y no el reino de la mera vida (p. 201).

Una cultura sin genios, dice Currie, deja el aspecto trascendental y se afirma en la tierra; esa cultura puede concebirse simplemente como entretenimiento.

Y una burla a "los genios"

George Bernard Shaw (*The Sanity of Art*, escrito en 1895) dijo que los genios sirven para producir sedición, para ultrajar el buen gusto, para corromper a la juventud y, en general, para escandalizar a sus tíos...

"Tres casos argentinos con genios": José Ingenieros, Macedonio Fernández y Roberto Arlt

1. Roberto Payró, en *Evocaciones de un porteño viejo* (Buenos Aires, Quetzal, 1952), se refiere indirectamente a este homenaje al genio de Ameghino por parte de Ingenieros. Dice que José Ingenieros era un destructor que construía,

> pero prefería mostrarse bajo el otro aspecto, por lo menos exteriormente, afectando impasibilidad egoísta, despreocupación escéptica y un sí es no es cínica, y hasta –en ocasiones– *una voluntaria abstención ante el posible descubrimiento de alguna verdad que no cuadraba a sus miras.* Así, por ejemplo, hablando con un sabio nuestro de *ciertas discutidas teorías de Ameghino,* invitado a estudiarlas a fondo y sobre las piezas, para lo cual tenía preparación suficiente, Ingenieros contestó:
>
> –No haré tal. Temo arribar a las mismas conclusiones negativas de usted...
>
> El que se detenga a razonar un momento sobre este detalle no tardará en ver que no carece de belleza, y que esas palabras no son las de un demoledor ni un descreído. Se trataba de uno de los hombres más grandes de nuestro país, hubiera o no hubiera cometido errores en su vastísima y fecundísima obra. Se trataba, también, de alzarle el bien merecido monumento moral: la vulgarización de sus admirables trabajos y *no cuadraba empequeñecer el homenaje con objeciones y discusiones* que no por retardadas quedan suprimidas: cuando nos sonríe el sol de primavera no paramos mientes en sus manchas. Por otra parte, las teorías sospechosas, digamos, no podían tener efecto de actualidad sino en el mundo científico, donde ya de tiempo atrás había comenzado la controversia (pp. 77-78).

2. "Carta de Macedonio Fernández a Ingenieros a propósito del genio" [En *Papeles antiguos* (Escritos 1892-1907)]. *Obras Completas*, tomo I, Buenos Aires, Corregidor, 1981. Debo este texto a Horacio González.

Distinguido señor director de los Archivos de Criminología (Dr. José Ingenieros):

Con votos de éxito para los Archivos, el que suscribe, tan profano en la materia como deseoso de dejar de serlo, abusando de la benévola invitación de usted, se atreve a proponer una controversia cordial sobre un asunto, a mi juicio el más fascinante de los que pueden meditarse.

Me refiero, señor director, al problema del genio.

He aquí un tema que podría mitigar el sombrío ambiente de los estudios criminológicos, y que, sin embargo, cabe en el vasto marco de la Psicopatología.

Es este un asunto que no es objeto de estudio especial, ni siquiera somero, en una ni otra de las dos carreras liberales a que probablemente pertenecemos todos los colaboradores de esta revista. En virtud de ello, yo, por lo menos, no creería hacer obra útil para mí ni para otros intentando un estudio personal, aislado, de un asunto tan profundamente complejo y relativamente tan poco favorecido por la ciencia contemporánea.

Visto esto, fácil es de concebir el bien recíproco que nos resultaría a los que interviniésemos en el cambio de ideas que propongo y la cordura de no tentar estudios aislados en materia tan poco trabajada entre nosotros.

Como punto de arranque podría, por mi parte, formular esta pregunta, a la cual yo, individualmente, anticiparía una respuesta negativa:

¿La ciencia contemporánea, o más correctamente, la tendencia imperante a estudiar fisiológicamente el espíritu, ha dado algún paso en el esclarecimiento del problema del genio?

Yo encarecería las ventajas de estudiar *espiritualmente* el espíritu, de hacer psicología psicológica (permítaseme la designación) en lo principal, sin perjuicio de utilizar las informaciones de la fisiología.

Ojalá tenga este proyecto la acogida que le deseo. No tardarían en palparse sus beneficios.

Reciba el señor director el testimonio de una antigua y sincera amistad.

Macedonio Fernández.

Enero 14/1902

Y en nota se dice que la redacción de la revista, después de transcribir la carta, agregaba: "Los Archivos acogen con simpatía la idea del doctor Fernández. Esperan que él mismo inicie tan interesante controversia demostrando la tesis antifisiológica que sustenta; puede estar cierto de que no le faltarán adversarios. La Redacción".

Al reproducir la carta de M. F. a Ingenieros, entonces director de los *Archivos de Criminología, Medicina Legal y Psiquiatría*, *Argentina Libre*, en su número del 4 de abril de 1940, acotaba: "Aparte de constituir una curiosidad, la controversia que plantea en torno al problema del genio descubre una *posición antipositivista* que ahora se puede valorar en todo su alcance. En cuanto a la polémica, no fue posible establecer si se llevó a cabo".

3. Elías Castelnuovo (en sus *Memorias*, Buenos Aires, Editiones Culturales Argentinas, 1974) cuenta esto de Roberto Arlt:

> Roberto Arlt no ignoraba que se dudaba de su cordura, pero, lejos de afectar su sensibilidad, semejante duda era acogida por él como un halago, pues ello lo identificaba con los grandes locos de la historia, desde Federico Nietzsche hasta Vicente Van Gogh. Estaba tan convencido que un verdadero artista no podía ser nunca una persona normal, que cuando le dije que *Los siete locos,* su obra cumbre, además de una novela, *era un testimonio clínico y que el único loco del romance era él que se había distribuido generosamente entre los siete del contexto,* se sintió tan complacido, que me desconcertó. Su convencimiento que el genio tenía que ser obligatoriamente loco, era tan hondo, tan sincero, que una vez, me confesó con amargura:
>
> –¿Sabe lo que dice Emil Ludwig? ¡Que el genio jamás se vuelve loco!
>
> Esto le tiraba abajo su creencia de que el genio era un alienado.
>
> –No le crea –lo consolé–. El genio efectivamente jamás se vuelve loco, porque ya lo es. Aparte de que, ¿para qué quiere usted ser

genio? ¿O es que no le bastan los disgustos y contrariedades que le proporciona su talento que todavía se empeña en sumarle algunos cuantos más? ¿No ve que el genio, que siempre nace a destiempo, por lo mismo o termina en una cárcel o termina en un manicomio? Acuérdese lo que le pasó a Dante Alighieri. O a Galileo Galilei. O a Tomás Campanela. O a Edgar Allan Poe. Por favor. No se busque su propia ruina (pp. 145-146, bastardilla del original).

14 Escribí que en la frontera había, por lo menos, cuatro operaciones de trasmutación, y cuando las había escrito Sylvia Molloy me envió un artículo suyo, inédito entonces, titulado "La violencia del género y la narrativa del exceso. Notas sobre mujer y relato en dos novelas argentinas de principios de siglo", que apareció después en *Revista Iberoamericana,* vol. 64, nº 184-185, julio-diciembre de 1998. Los textos son del argentino Atilio Chiáppori y sus títulos *Borderland* (1907) y *La eterna angustia* (1908). Sylvia Molloy escribe que *Borderland* es "un relato de frontera que explora los bordes, las tensiones, los desvíos de esa coalición" y se refiere, citándome, a lo que yo he llamado "la coalición cultural". Pero Sylvia no conocía "mi frontera" y yo no conocía "la suya". Y hay más coincidencias en este diálogo entre críticas, porque *La eterna angustia,* dice Molloy, se vuelve sobre *Borderland* para ampliar el relato y resolver enigmas… ¡y narra "un experimento quirúrgico" donde aparece "la violencia de un hombre contra una mujer que lo rechaza"! Una "venganza médica" del doctor Biercold, hijo de inmigrantes y "el mejor especialista para mujeres", que con el pretexto de operar un quiste: "La desexué en sus raíces, en su entidad de origen", según confiesa en una carta antes de suicidarse… La "penetración médica" vacía al sujeto. Después de la ginecología, "podría decirse que llevado por la ginecología" dice Molloy, Biercold se hace psiquiatra y termina haciéndose pasar por el diablo… Molloy marca ese itinerario y también el encuentro, en Chiáppori, entre intervención médica, intervención narrativa, y género femenino: "el relato del género, tanto en el nivel del narrador como en del autor, no difiere tanto de la intervención quirúrgica". Molloy lee estos textos como excesivos porque, dice,

dicen lo que el "buen" modernismo reprime y rozan la parodia. Y yo agrego a "la frontera" el quinto cuento, "el excesivo", de la "operación de trasmutación femenina" de Sylvia Molloy.

[15] José Joaquín Brunner (*Cartografías de la modernidad,* Santiago de Chile, Dolmes Ediciones, 1994) dice que la cultura latinoamericana moderna *no es hija de las ideologías,* ya sean liberales, positivistas o socialistas, *sino* del despliegue de la escolarización universal, de los medios de comunicación electrónicos y *de la conformación de una cultura de masas de base industrial.* La Reforma universitaria de Córdoba, ciertos elementos de la Revolución mexicana, o las ideas de Mariátegui y de Martí representan momentos de irrupción de elementos nuevos en las culturas tradicionales, pero por sí solos no fundan la modernidad, sostiene Brunner. Tiene que haber un piso social, tecnológico y profesional, para fundar la cultura latinoamericana moderna (p. 165).

[16] Como se sabe, el texto paradigmático es el *Ariel* de Rodó (1900).

En la tapa de *Caras y Caretas* nº 324, diciembre de 1904, aparece "El peligro yankee", un dibujo del Tío Sam con la doctrina Monroe en la mano apoderándose de toda América Latina. La presidencia de Theodore Roosevelt fue percibida como imperialista a pesar de su disfraz de proteger a toda América con la doctrina Monroe, dice Howard M. Fraser (*Magazines & Masks: Caras y Caretas as a Reflection of Buenos Aires, 1898-1908*, Tempe, Arizona State University for Latin American Studies, 1987). Fraser dice que esta es también una careta que oculta una cara no agradable. Hay admiración por Estados Unidos pero a la vez hay crítica de los negocios faltos de ética y del nacionalismo excesivo. Y de aspectos antihumanitarios como las ejecuciones eléctricas. O sea que *está claro hacia 1890* el rol de los Estados Unidos, los apetitos insaciables de riqueza, rapacidad y el deseo de dominar el mundo.

El centro de irradiación de las nuevas corrientes teosóficas fue Estados Unidos, dice Ángel Rama en la Introducción. "Sueños, espíritus, ideología y arte del diálogo modernista con Europa" a su edición de *El mundo de los sueños* de Rubén Darío (San Juan de Puerto Rico, Editorial Universitaria, 1973, p. 28). En 1875 Madame Blavastsky funda en Nueva York la primera Sociedad Teosófica. Y Rama agrega que *el centro continental de la política europeísta era Buenos Aires,* que había creado los más poderosos instrumentos de comunicación y persuasión ideológica que haya conocido Hispanoamérica en su historia: *La Nación* y *La Prensa. La Nación* envía a Rubén Darío a España en 1898 para que informe sobre la situación de España vencida por los Estados Unidos y ofrezca una visión de Europa. A Martí lo mandaron de corresponsal en Nueva York en 1882. *Parece que se trataba de oponer a Estados Unidos una intensificación de los lazos con Europa,* dice Rama. Propaganda de las costumbres europeas, valores superiores de su cultura, difusión de sus lenguas (francés más que inglés), información constante sobre sus descubrimientos técnicos encubiertos de interés científico, trasmisión de sus jerarquías sociales rígidas, como de su vida cotidiana: *tarea de culturalización europea que cumplían los grandes órganos periodísticos de América Hispana* desde hacía décadas, a través de corresponsales, servicios informativos europeos o traducciones de artículos de diarios extranjeros. Darío pasó a ser en 1898 el hombre de *La Nación* en España y en Europa (pp. 39-41, bastardilla nuestra).

Walter Benn Michaels ("Race into Culture: A Critical Genealogy of Cultural Identity", *Critical Inquiry* 18, 1992, pp. 655-685) dice que 1898 es la fecha clave: Estados Unidos anexó Hawai, hizo la guerra en Cuba, ocupó las Filipinas quitándoselas a España, y emergió como un poder imperial. Michaels se refiere a las novelas antiimperialistas escritas en los Estados Unidos en ese período, como *Red Rock* de Thomas Nelson Page (1898), y *The Leopard's Spots* (1902) y *The Clansman* (1905) de Thomas Dixon. La respuesta a la pregunta ¿Nación o Imperio? situó al antiimperialismo en el centro de un discurso emergente sobre la identidad nacional, racial y también cultural en Estados Unidos, dice Walter Benn Michaels.

17 Los nuevos géneros muestran la indecisión interpretativa que producen en relación con la ley: muestran la ambivalencia de la frontera. El relato policial y la sátira han abierto polémicas sobre sus ideologías.

La novela policial:

Stephen Knight (*Form and Ideology in Crime Fiction.* Londres, Macmillan, 1980) intenta analizar la *naturaleza ideológica y la función* de la ficción del crimen; la función es proveer a la audiencia una resolución "consoladora" de sus ansiedades. La ficción policial puede parecer manejarse con problemas reales, dice, pero de hecho *son concebidos y resueltos en términos de "la ideología del grupo cultural dominante en la sociedad"*. La forma y el contenido están de acuerdo con las creencias de la audiencia en esos valores culturales dominantes, y por lo tanto *contribuyen a la hegemonía*, y producen una visión del mundo placentera y reconfortante. Las "realidades últimas" quedan oscurecidas.

John Docker (*Postmodernism and Popular Culture. A Cultural History,* Melbourne-Cambridge, Cambridge University Press, 1994) dice que la de Knight es una mirada "moderna" que desprecia los géneros populares, y sostiene que *la ideología no es un problema del género policial mismo, sino de los textos individuales.* Una forma no puede identificarse con una ideología, y las convenciones culturales no son lo mismo que el discurso. Los géneros son posibilidades abiertas.

El problema "posmoderno", para Docker, es el de la vida privada: cómo insertar la vida privada en una literatura de la vida pública y de los hombres públicos. Un modo fue el crimen, porque por él las pasiones privadas irrumpen en la vida pública. Dice también que en la ficción norteamericana el detective enfrenta la ley, que se liga con el poder y el dinero (caso de Marlowe de Chandler).

En la sátira nos encontramos con la misma ambivalencia ideológica (con la misma indecisión interpretativa por parte de la crítica) que encontramos en la novela policial y muchas veces en el cuento modernista (y en Frankenstein).

Brian A. Connery y Kirk Combe (compiladores de *Theorizing Satire. Essays in Literary Criticism*, Nueva York, St. Martin's Press, 1995) dicen en la Introducción, "Theorizing Satire: A Retrospective and Introduction" (pp. 1-15) que la sátira no es tanto un género como un modo; se la ve en textos modernistas y posmodernistas, y va acompañada de un resurgimiento del historicismo, que reconsidera el poder de la literatura y la literatura del poder. Algunos como Pope y Swift consideraron que la sátira era *un suplemento de la ley* (su relación con la ley y su capacidad de disciplina y castigo); para ellos, la construcción de la sátira (basada en tesis y antítesis) hace de ella un *sitio de resistencia a la hegemonía política y cultural, tanto como de implicación con el discurso hegemónico.*

Por su parte Dustin Griffin (*Satire. A Critical Reintroduction.* Lexington, The University Press of Kentucky, 1994) sostiene que el interés actual por la sátira deriva de nuestra sensación de los últimos diez años de que las obras satíricas, como toda la literatura, reflejan y en cierto modo constituyen el sistema de relaciones (políticas, económicas, legales) que gobierna una cultura, distribuyen premios y controlan el acceso al poder. Los escritos satíricos se dirigen implícitamente a los enemigos de la sociedad (tal como ellos los definen) y a los custodios de las leyes de la sociedad.

Y Steven Weisenburger (*Fables of Subversion. Satire and the American Novel, 1930-1980,* Atenas y Londres, The University of Georgia Press, 1995) dice que en el siglo XX el propósito de la sátira "degenerativa" es *deslegitimar:* funciona para subvertir jerarquías de valor, interrumpir la transmisión, o herencia, de la cultura, y para reflexionar sobre los modos de dar sentido, incluido el propio. Lo ve como un fenómeno posmoderno. La *satura* latina se funda en valores sin "valor de verdad" y en una justicia sin doctrina; en las contemporáneas se sospecha de todas las estructuras, incluidas las de percepción, representación y transformación. Y la definición que da es: la sátira degenerativa es una forma de interrogar y subvertir el *conocimiento codificado* y de mostrarlo como una *ocultación de la violencia.*

[18] En *El alma de los perros* (1909), Buenos Aires, E.D.E.A., 1950 (24ª edición), pp. 31-36. Soiza Reilly también se hizo famoso por este libro "literario" y fragmentario que fue editado en España en 1909 (Sempere, Valencia), y estaba precedido de un prólogo de Manuel Ugarte, otro escritor argentino de crónicas modernistas y parisienses (*Crónicas del boulevar*, 1902, con Prólogo de Rubén Darío), que vivía en París y allí o en Madrid editaba sus libros, nunca en Argentina.

En "Historia de un *best-seller:* del anarquismo al peronismo", cuando recorramos la historia de las ediciones de *El alma de los perros* dibujaremos una genealogía con Ugarte y el dandy Mansilla. Allí, a través del "cuento de la entrega del primer manuscrito al maestro", se develará el enigma de "Arlt y sus precursores".

[19] Joel Black (*The Aesthetics of Murder. A Study in Romantic Literature and Contemporary Culture,* Baltimore y Londres, The Johns Hopkins University Press, 1991) analiza las dos representaciones diferentes de la modernidad, o mejor, de las dos modernidades, la del romanticismo y la del modernismo (en inglés, diferente de nuestro modernismo hispanoamericano). Las dos representaciones son la del criminal como artista y la del artista como criminal. La primera es la romántica del artista frustrado porque no puede comunicar una experiencia estética sublime que el criminal, que sería el artista real, muestra con la destrucción. Es decir, la primera representación es la del criminal como artista, que se hace visible a partir del siglo XVIII y culmina en el romanticismo. La segunda, la del artista como criminal, aparece en la segunda mitad del siglo XIX y culmina en el XX, y es, dice Black, una representación modernista. Sigamos por un momento a Joel Black en su recorrido por las dos modernidades y las dos relaciones entre delito y literatura.

Los historiadores de la cultura coinciden en datar el fenómeno moderno del crimen en el fin del siglo XVIII y encontrar su primera aparición literaria durante la era romántica, dice Black. Lo que Albert Camus llamó "la rebelión metafísica" o los crímenes como actos deliberados de protesta contra la condición humana, dice Black, no aparece en la historia de las ideas hasta el fin del XVIII, cuando comienza la modernidad. También data de ese período el concepto moderno de "literatura" como arte. Los románticos introdujeron *la idea moderna de la literatura como autónoma,* y el escritor como el que se desprende de las leyes y convenciones humanas para acceder a reinos más elevados, y esto coincide también con el reconocimiento social del escritor como autor. Al fin del siglo XVIII las leyes de *copyright* establecen la identidad legal de las obras literarias individuales, así como la identidad institucional de la literatura misma; Foucault llamó la atención a la emergencia de estas leyes, dice Black (pp. 30-31).

El criminal como artista, la primera representación, se lee en el ensayo de Thomas De Quincey "Sobre el asesinato considerado como una de las bellas artes" (1827). Dice Black: fue De Quincey el que llevó el concepto de Kant de lo sublime a su conclusión lógica, al plantear la relación del crimen con la experiencia estética de lo sublime, y *el asesino como artista, o antiartista, cuya especialidad no es la creación sino la destrucción.* En un ensayo titulado "Crimen", de 1827, De Quincey dijo que los crímenes más brutales pueden apreciarse como obras de arte si son vistos desde una *perspectiva estética, desinteresada, amoral.*

Quizá lo importante de De Quincey (y su revisión de la estética de Kant), dice Black, es que describe la *disparidad entre experiencia ética y estética;* el acto del crimen es el correlato de la violencia con que el artista rompe con el mundo convencional, así como el trance del opio en De Quincey es el correlato del estado de suspensión estética del mundo por parte del artista-asesino (p. 55). La conciencia de esto llevó a De Quincey a querer escribir las "Confesiones de un criminal" como secuela de las del opiómano, pero no lo hizo. Pero ese proyecto anticipó los estudios del homicidio en los siglos XIX y XX, como los de Raskolnikov en *Crimen y castigo* de Dostoievski, Lafcadio en *Las cuevas del Vaticano* de Gide, Meursault en *El extranjero* de Camus, el terrorista Chen en *La condición humana* de Malraux (p. 61).

Ningún tópico expone las contradicciones inherentes en las ideas de desinterés estético y de creatividad artística como el de la criminalidad, como lo demuestran los ensayos de De Quincey sobre el tema, dice Theodor Ziolkowski en "A Portrait of the Artist as a Criminal" (en *Dimensions of the Modern Novel: German Texts and European Contexts,* Princeton, Princeton University Press, 1969). No sólo fue la violencia criminal un tema lógico para los románticos tardíos en busca de efectos sublimes, sino que la psicología del criminal, su espíritu de rebelión, sus fantasías y deseos, su imaginación exaltada, fue un objeto para la contemplación estética (desapasionada y desinteresada). La mente criminal, más que el acto criminal, es reconocida como un objeto válido de contemplación estética en las obras del romanticismo que tratan del crimen (p. 81). *Las descripciones de crímenes logran valor artístico cuando el foco cambia del punto de vista de la víctima a la del criminal, o sea, cuando se estetizan.*

El fenómeno del criminal como artista es evocado en la obra de otros escritores románticos como E. T. Hoffmann ("El arenero", 1816), Poe, y más tarde Marcel Schwob. Estos escritores se presentan a sí mismos como *artistas frustrados* que tratan de comunicar una experiencia estética vivida por otro que es el verdadero artista: el criminal.

En el medio, y volviendo a Joel Black, ha ocurrido la radical subversión de Kant por Nietzsche, la estética *contra* la ética, la interpretación *contra* la verdad, la retórica *contra* la filosofía. Para Dostoievski y Gide, el crimen no sólo es una transgresión moral y una performance artística, sino también un acto cognitivo y creativo. La segunda modernidad literaria entonces, que representa al *artista como criminal,* aparece en la segunda mitad del siglo XIX y se extiende al siglo XX. Hacia el fin de siglo XIX los artistas modernistas se apropian del estado mental desinteresado del criminal en el fenómeno del artista como criminal (pp. 81-82). *El retrato de Dorian Gray,* 1890, de Oscar Wilde, es un ejemplo de la transición entre las tradiciones del *criminal como artista, romántico, y el artista como criminal, modernista* (p. 39). La idea de un crimen no motivado llega a ser un crimen contra la razón misma: este es un descubrimiento modernista que se ve en Gide, dice Black (p. 93). Los escritos de Sartre sobre Genet son también "modernistas" en este sentido. En general, las obras o películas que describen crímenes de un modo que evoca una respuesta estética en el lector son *metaficciones,* obras de arte sobre el arte. Y marcan, entonces, ese avance de la autonomía a la autorreferencia que se ve en el modernismo, dice Black (pp. 39-40).

Las representaciones modernistas del crimen refuerzan el sentido de una *clara diferencia entre arte y vida.* El crimen es presentado en las grandes obras modernistas (Gide, Musil, Eliot) y en la pintura surrealista (Magritte), de un modo formalizado, desrealizado. Se estetiza el crimen, dice Black, mientras que el crimen real toca su brutalidad máxima en la forma del genocidio fascista (p. 93).

20 José Bianco, *Las ratas. Sombras suele vestir,* Buenos Aires, Siglo XXI Argentina Editores, 1973. (La primera edición de *Las ratas* la hizo *Sur* en 1943.)

Manuel Mujica Lainez, *Los ídolos,* Buenos Aires, Planeta, 1991. (La primera edición es de Sudamericana, 1953.)

21 Ernesto Sábato pasa biográficamente, personalmente, de la ciencia físico-matemática a la literatura, y en 1948 pasa de la pintura a la literatura en *El túnel* (editado por Sur), que también toma como punto de partida un cuadro (en este caso "Maternidad").

En *El túnel* el pintor asesina a su amante de la clase alta (la única que "comprendió" ese cuadro expuesto en el Salón Nacional) después de acusarla de prostituta, y termina loco en el manicomio escribiendo sus confesiones: así pasa de la pintura a la literatura. El artista que comete el delito escribe su "verdad" en la confesión, como en *Las ratas,* y dice: *ahora soy célebre.* Y dice también: uno se cree a veces *un superhombre…* Einstein, Cristo.

Ese complejo de arte, celebridad, locura, pasaje de un arte a otro por el crimen, crónica, confesión, verdad, y "la oligarquía", es *El túnel.* Estamos lejos de los sujetos del estado liberal, pero fueron los científicos (y los artistas del modernismo) quienes nos marcaron el camino en la frontera. La oligarquía en decadencia (que está también en *Los ídolos* y en *Las ratas*) "ciega" como Allende (o miope como Mimí Allende), es ahora "la víctima": el pintor Castel mata a María Iribarne en la estancia.

El túnel es una novela (como "El pozo" (1939) de Juan Carlos Onetti) cuyo centro es el descenso del espíritu a "las profundidades"; sus antecedentes aludidos son Dostoievski *(Memorias del subsuelo),* Tolstoi *(Sonata a Kreutzer),* Kafka *(Metamorfosis* y *El Castillo*: el personaje se llama Castel). La mujer es el misterio, lo oscuro (está casada con un ciego): aparece como "adolescente púdica" y también como madura y prostituta, sin término medio. El misterio del parentesco y de los nombres de María ¿es el "misterio" de "la mujer" o el de "la oligarquía"? ¿Y es ese rasgo el que diferencia a *El túnel* de los Bildungsromans de Bianco y de Mujica Lainez? Porque no se sabe si María Iribarne Hunter (y Hunter es el primo de su marido ciego Allende, que es el nombre de la estación de tren de la estancia) es soltera o casada. No se sabe cuál es su "parentesco" y por lo tanto si hay o no incesto con "el ciego" o con Hunter.

El artista criminal, que está fuera de las clases sociales y se mueve entre su taller, lo bajo ("me emborraché en un cafetín del Bajo") y lo alto (la Recoleta, la plaza San Martín y la estancia de Allende), atraviesa la sociedad para llegar al "misterio" de la mujer, de la clase alta y de su "novela policial" en la estancia. Porque allí también se habla de arte y literatura (como en *Las ratas* y *Los ídolos*), pero en forma de farsa. Mimí Allende habla de Dostoievski y Chéjov con acento francés (y el ruso aparece como metáfora de la incomprensión porque no hay acceso al original, sólo se lo lee en traducción), y también se refiere a Georgi (Borges) y a su colección de novelas policiales "El séptimo círculo". Y Hunter habla de la novela policial como novela familiar. En *El túnel* se ponen en escena las "teorías de la literatura" de la estancia: *la traducción, el escritor nacional como persona* (*"de la familia" :* Georgi, Martincito, pp. 90, 92 y 93), y *la novela policial como novela familiar,* edípica y autorreferencial, donde el investigador descubre que es el asesino. Yo asesino y detective (o detective "en delito") como Edipo, y como aparecerá después en *Las gomas* de Alain R. Grillet (1953), que fue uno de los manifiestos del *nouveau roman.*

El túnel tiene varias lecturas derivadas de la figura del artista criminal: una metafísica y simbólica, y otra estrictamente "literaria" (autonomía y "modernismo" maldito). Pero las lecturas de *El túnel* que nos podrían interesar más en este momento (aunque por ahora no tenemos tiempo-espacio) serían las que se relacionan con un contexto político específico (de entrada alude a la violencia nazi; la coalición de Sur era liberal y antifascista) y, quizá, la *lectura económica:* el problema del mercado del arte durante el peronismo (¿puede comprarme un cuadro esta mujer de la oligarquía que "lo entendió"? ¿Debo seducirla? Su marido es "ciego"...). *Y la lectura política:* un "artista" marginal (fuera de toda academia y de toda ortodoxia y escuela), pero que expone en el Salón Nacional, podría representar o mejor, si queremos, ser "un agente", del estado peronista que "mata" a la oligarca en la estancia (el lugar de un "contraestado" posible en ese momento; en la estancia no se habla solamente de literatura sino también del estatuto del peón [1945], la ley peronista que defendió los derechos de los trabajadores rurales).

León Klimovsky llevó *El túnel* al cine, con Laura Hidalgo y Carlos Thompson, en 1952, durante el peronismo. Los diálogos y el guión eran del mismo Sábato. Pero la novedad es que el film está enmarcado por *un discurso médico;* dos psiquiatras hablan de la paranoia de Pablo Castel, el pintor.

[22] La traducción como género literario en la cultura "alta" argentina de 1880 continúa en los años treinta y cuarenta con la revista *Sur* de la coalición cultural del estado militar-liberal de 1955. José Bianco, secretario de *Sur* por muchos años, fue uno de los traductores más importantes de la Argentina. En esta cultura dividida por el manejo o no de lenguas extranjeras y por lo nacional y lo importado, el traductor y el importador cultural son personajes claves. Aunque los traductores de literatura pueden aparecer como importadores culturales privilegiados, hay otro tipo de importador-traductor que insiste en la Argentina. Es el intelectual que encarna el sistema de algún filósofo o teórico de prestigio (o "de vanguardia"), y lo explica, glosa, enseña y difunde. El "especialista en...", o su "representante" local; esa figura del importador ha tenido gran prestigio en la cultura argen-

tina. Importadores "teóricos" y traductores "literarios" entonces, pueden aparecer como figuras semejantes pero no lo son; de hecho, forman parte de líneas diferentes de la cultura. Uno, a la "alta", el otro, a la "progresista modernizadora".

Luis Chitarroni ("La secreta tradición de los traductores argentinos" en la sección "Cultura y Nación", *Clarín* del jueves 16 de julio de 1992) dice que entre los años cuarenta y cincuenta aparecieron en los "Cuadernos de la Quimera" (colección dirigida por Eduardo Mallea para Emecé): Baudelaire traducido por Aurora Bernárdez y Henry James por Haydée Lange con prólogo de Borges (y apareció *Sombras suele vestir* de Bianco). Y la *Política del espíritu* de Valéry traducido por Ángel Battistessa para "La Pajarilla de Papel", colección dirigida por Guillermo de Torre.

José Bianco seleccionó y tradujo cuentos de Henry James para Ediciones del Mirasol; también tradujo a Jean Genet y a Samuel Beckett del francés, y recomendó la traducción de John Berger: su versión de Sudamericana de *G* es de 1973, un año después que saliera en inglés. Además tradujo, en la colección del Fondo Nacional de las Artes de los años setenta, *La cartuja de Parma* (mientras Manuel Mujica Lainez traducía a *Fedra,* y Enrique Pezzoni, otro de nuestros grandes traductores, a *Moby Dick*).

[23] Todo gira alrededor de un retrato en *Las ratas* y *Los ídolos*. O todo se inicia con un retrato (también "el cuadro" está presente en "Historia de un espíritu" y en *El túnel*). Hans Mayer, en *Historia maldita de la literatura* (Madrid, Taurus, 1977, p. 238), se refiere a *The Picture of Dorian Gray* (1891) de Oscar Wilde. Y dice que lo fundamental de la novela es la imagen del mundo como una pura y simple totalidad estética, pero todos los que han caído en *esta idolatría,* añade, perecen por asesinato, suicidio, locura. Mayer relaciona este esteticismo con la existencia del marginado homosexual en el XIX, que sólo es concebible como existencia estética. *El retrato de Dorian Gray* es la primera novela homosexual consecuente, dice Mayer; intenta describir una zona intermedia, estética, en la que no hay que ponerse

la máscara de la respetabilidad ni profesar el escándalo. *En este sentido es totalmente programática como creación homosexual: un programa de esteticismo y de inmoralismo.* Y también con el dilema de la doble vida, típicamente homosexual. La novela trabaja con mucho material literario, desde el Tannhauser de Wagner hasta el pacto diabólico entre Fausto y Mefistófeles. La aportación de Wilde es el motivo simbólico, dice Mayer: el retrato envejece en lugar del retratado. Los precedentes literarios son Poe y *Peau de Chagrin* de Balzac.

Pero lo fundamental, para nosotros, es el crimen: Dorian mata al autor de su retrato, Basil Hallward, y habrá de ser asesinado por James Vane en una taberna que es un lugar de fumadores de opio (la tradición de la droga y el crimen van juntas desde De Quincey).

En el capítulo "Los sueños del inventor" de *Los siete locos* (1929) de Roberto Arlt, Erdosain sueña con los rayos Beta y las ondas electromagnéticas, y también sueña que envejecería sin envejecer "como el *absurdo personaje de una novela inglesa*" (no dice que es Dorian Gray). Y entonces liga, en "los sueños", las dos esferas autónomas y criminales, la de la ciencia y la de la literatura.

24 *Coda sobre enciclopedias y colecciones*

En Borges, en "Uqbar, Tlön, Orbis Tertius", la combinación del elemento criollo con la enciclopedia o el orden enciclopédico, "marca" de la "alta" cultura argentina, alcanza su culminación. El punto de partida es la bastarda *Cyclopaedia Anglo americana* (norteamericana) *que reproduce* la *Encyclopaedia Britannica,* y que tiene un tomo XLVI, que sólo tiene Bioy, con un suplemento alfabético y cuatro páginas más (de la 917 a la 921), *donde está* el territorio "irreal" de Uqbar. El punto de partida del cuento, como se recordará, es la reproducción de una cita de Bioy en Ramos Mejía sobre los espejos y la cópula (que en la *Cyclopaedia* está trasmutada en paternidad).

Esos puntos de partida llevan vertiginosamente a la reproducción de las enciclopedias y de los territorios, y también a "los criollos" que las acompañan. Uqbar es una entrada y unas páginas "de más" en la "bastarda" Ciclopedia "americana", y también es un territorio ("un falso país"). Ese territorio de la enciclopedia "reproducida" de Bioy es la puerta de entrada al universo de Tlön (que es la *región imaginaria* de Uqbar y después un planeta inventado) y a su Enciclopedia, que ya contiene el Orbis Tertius. Tlön *está* en el tomo XI (o uno duplicado, y tiene 1001 páginas) de "otra enciclopedia" en inglés, *A First Encyclopaedia of Tlön, que también es norteamericana.* La Británica es "la medida" para las otras enciclopedias: la Cyclopaedia norteamericana que la reproduce es "bastarda", y la Enciclopedia norteamericana de Tlön la duplica. La serie de enciclopedias sería una serie creciente de territorios (la geografía fue la reina de las ciencias imperiales en el siglo XIX), hasta llegar al tercero, Orbis Tertius, que es el imperio que cierra el cuento. En Borges la "alta" cultura se vuelve sobre sí misma para reproducir órdenes enciclopédicos imaginarios (un territorio, un planeta, un orbe) a partir de la *Britannica,* y los concluye en "la realidad" del Imperio.

El planeta Tlön, entonces, está en el tomo XI de una primera enciclopedia que recibió sin saberlo, antes de morir, un amigo del padre de Borges, "el inglés" del Hotel de Adrogué. Trabajaba con diversos sistemas de numeración y trataba de convertir el sistema decimal a otro mayor por encargo de un noruego. Y con ese inglés:

> Hablamos de vida pastoril, de *capangas,* de la etimología brasileña de la palabra *gaucho* (que algunos viejos orientales todavía pronuncian *gaúcho*).

La combinación de lo criollo y la enciclopedia que los sujetos del estado liberal de 1880 inventaron como "marca" de la "alta" cultura, se muestra aquí, en relación con el tomo XI de la Primera Enciclopedia de Tlön que recibe de Brasil el "inglés" sin saber que lo recibió porque murió sin abrir el sobre. Allí Tlön ya no es una región imaginaria de Uqbar sino "un vasto fragmento metódico de la historia total de un planeta desconocido, con sus arquitecturas y sus barajas, con el pavor de sus mitologías y el rumor de sus lenguas", donde está prefigurado un nuevo y tercer mundo, Orbis Tertius.

El cuento de las primeras y segundas enciclopedias y de los territorios en expansión está dividido en dos partes y en dos tiempos; también está dividido entre la primera parte, que está en la antología de la literatura fantástica, y la segunda, que se postula como "realidad". La primera parte está datada en Salto Oriental, 1940 (y se cierra con "la realidad" de Tlön, donde los objetos reales se duplican: *la realidad de Tlön es la reproducción*) y la segunda parte es una Postdata de 1947, donde la enciclopedia completa de Tlön retorna a la realidad como imperio, como Orbis Tertius. Después de dos o tres territorios imaginarios hay una intrusión de mundo fantástico en el real (como en el caso de los Rosacruces que habría inventado Andreä en el siglo XVII, y que se constituyeron después). Tlön retorna a la realidad dos veces, y Borges fue testigo de las dos, para poder reproducir en Uruguay la combinación del elemento "criollo" *de la frontera* (donde se unen otra vez los tres territorios del gaucho: Argentina, Uruguay y Brasil) al cual *pone el peso* de "la religión" (y en Buenos Aires el "elemento aristocrático francés" de la princesa francesa de Faucigny Lucinge recibe de Poitiers, junto con su platería, *una liviana brújula:* las letras de la esfera corresponden a *uno de los alfabetos* de Tlön). Veamos la parte criolla de Borges:

> Ocurrió unos meses después, en la pulpería de un brasileño, en la Cuchilla Negra. Amorim y yo regresábamos de Sant'Anna... no nos dejó dormir hasta el alba la borrachera de un vecino invisible, que alternaba denuestros inextricables con rachas de milongas; más bien con rachas de una sola milonga... A la madrugada, el hombre estaba muerto en el corredor... En el delirio se le habían caído del tirador unas cuantas monedas y un cono de metal reluciente, del diámetro de un dado... Yo lo tuve en la palma de la mano algunos minutos: recuerdo que su peso era intolerable y que después de retirado el cono, la opresión perduró... Amorim lo adquirió por unos pesos. Nadie sabía nada del muerto, salvo "que venía de la frontera". Esos conos pequeños y muy pesados (hechos de un metal que no es de este mundo) son imagen de la divinidad, en ciertas religiones de Tlön.

La combinación del elemento criollo (con evidentes alusiones al lugar donde estuvo exilado José Hernández, el autor del *Mar-*

tín Fierro) con la presencia real de la Enciclopedia de Tlön... El "elemento criollo" de la frontera y su pesada religión (y el liviano "elemento francés" con la brújula y el alfabeto de Tlön*) en una fantástica organización del saber y el poder*. Tlön y el orden enciclopédico retornan como "el archivo del imperio": "Manuales, antologías, resúmenes, versiones literales, reimpresiones autorizadas y reimpresiones piráticas de la Obra Mayor de los Hombres abarrotaron y siguen abarrotando la Tierra."

Este cuento es una ficción del orden enciclopédico (o el orden enciclopédico en ficción), y no sólo una ficción de su relación con "el elemento criollo". Porque el orden enciclopédico no es solamente el alfabético ni el numérico en "Uqbar, Tlön, Orbis Tertius". Es un orden del saber: un saber positivo, ordenado en partes, y también una concepción del saber, como totalidad que abarca las partes. En el territorio de Uqbar la información se divide en zonas o "ciencias" (geografía, ciencia, lengua y literatura), y se enuncia la filosofía que organiza esa información, que está en el "territorio" planetario de Tlön. Una ficción del orden enciclopédico porque la clave de una enciclopedia es *la organización* (de Tlön); la clave son los principios por los cuales controla otros textos. (Y la elección de los principios que organizan la enciclopedia depende del estado contemporáneo del saber y de la tecnología contemporánea de la escritura, dice Jay David Bolter en *Writing Space. The Computer, Hypertext, and the History of Writing*, Hillsdale, Nueva Jersey, Hove y Londres, Lawrence Erlbaum Ass., Publishers, 1991, p. 90.)

El orden enciclopédico es también un orden utópico (con sociedades secretas y benévolas, con países y universos mentales: "A principios del XVII *una sociedad secreta y benévola* en Lucerna o en Londres, surgió para inventar un país; en el programa figuraban los "estudios herméticos", "la filantropía y la cábala"; la visión enciclopédica ha sido que el gran libro debía contener todo el saber. Un orden alfabético, numérico, un orden territorial, un orden del saber, un orden utópico... Y por fin un orden "real", donde la Enciclopedia retorna como Imperio, como Orbis Tertius (con el pos-inglés de Tlön, *al que Borges resistirá* haciendo una inútil traducción del inglés de Browne al español de Quevedo: una traducción entre los imperios anteriores y sus lenguas).

En "Uqbar..." las enciclopedias muestran irónicamente una cara desconocida y aparecen por fin como una de las fantasías de poder imperial (y colonial, con el "elemento criollo") de la cultura "aristocrática" argentina. Borges habría tomado de la literatura inglesa del imperio británico de fin del siglo XIX (o de la *Encyclopaedia Britannica*) la ficción del archivo del imperio y la equivalencia saber total-poder total, para poder llevar a su culminación (y a "su verdad") una de las marcas de la cultura "alta" argentina de la coalición cultural de 1880.

Thomas Richards dice que escribió *The Imperial Archive. Knowledge and the Fantasy of Empire (op. cit.)* para tratar de comprender lo que significa pensar *la ficción del control imperial*. Y por qué la literatura inglesa del fin del XIX estaba tan obsesionada con el control del conocimiento. (El centro administrativo del imperio británico, dice Richards, fue construido alrededor de instituciones productoras de conocimiento como el British Museum, la Royal Geographical Society, el India Survey y las Universidades.) Las narraciones del fin del XIX están llenas de fantasías sobre un imperio unido no por la fuerza sino por la información. El control del conocimiento, más que el control del imperio, dice Richards. Y esa alianza entre saber y poder nunca se presentó más claramente que en la ficción inglesa de fin de siglo. Richards analiza *Kim* (1901) de Rudyard Kipling, *Drácula* (1897) de Bram Stocker, *Tono-Bungay* (1909) de H. G. Wells, y *The Riddle of the Sands* (1903) de Erskine Childers. Cada una de estas novelas iguala conocimiento con seguridad nacional, y *pone al conocimiento mismo no como el suplemento del poder sino como su reemplazo en el mundo colonial*. Estas novelas y otras llegaron a crear el mito de un archivo unificado, un archivo imperial que mantiene unidas las vastas y diversas partes del Imperio.

Este archivo no es una biblioteca ni un museo, dice Richards, sino *una fantasía de conocimiento unificado al servicio del Estado y del Imperio*. El mito del archivo imperial reunió en la fantasía lo que se estaba separando en la realidad, y al hacerlo unió dos concepciones diferentes del conocimiento que a primera vista podían parecer contradictorias. La primera dividió el mundo en trozos, partes: territorios de hechos verificables; la segunda organizaba el saber en un gran sistema. En síntesis, el proyecto básico del archivo imperial era la organización de todo el conocimiento en un todo imperial coherente, dice Richards (p. 7).

* * *

Estoy tratando utópicamente de encontrar, en el cuerpo y en la frontera del delito, uno de los puntos donde podría ver emerger con nitidez otra línea de la cultura argentina moderna. Por momentos lo imagino en ciertas colecciones, en la idea y en la imagen misma de colección, diferente de la idea y de la imagen de las enciclopedias de la cultura alta.

Un conjunto de objetos es trasladado de un lugar a otro y adquiere un nuevo significado en función de su recontextualización en "colección". La colección se liga con el desplazamiento porque es la reunión de obras dispersas o seriadas en un nuevo conjunto, dotado de una identidad propia. Anota Walter Benjamin en los borradores de "El coleccionista" (*Paris, Capitale du* XIXe *Siècle. Le Livre des Passages,* París, Les Éditions du Cerf, 1997, 3ª ed., traducción del alemán al francés por Jean Lacoste.): En el arte del coleccionista lo decisivo es que el objeto sea desprendido de sus funciones primitivas (y de sus relaciones funcionales) para que establezca una relación estrecha con los objetos semejantes. El objeto se organiza de un modo nuevo, en un sistema histórico nuevo, la colección, y es puesto bajo *la lógica de la completud,* dice Benjamin. Y eso es lo que quizás interesa en las "colecciones" como punto de emergencia de algo que utópicamente busco en la frontera del cuerpo del delito: su lógica, porque si a la colección le falta una sola pieza o ejemplar sólo tenemos una serie fragmentaria.

La colección, dice Susan Stewart en *On Longing: Narratives of the Miniature, the Gigantic, the Souvenir, the Collection* (Durham y Londres, Duke University Press, 1993, pp. 152-156) funda un orden nuevo que borra el pasado. La colección no intenta preservar o constituir una memoria, sino que busca olvidar el pasado y fundar un universo desde cero. Ese "nuevo orden" del saber sin pasado, y su lógica de la completud, podría separar las colecciones de las enciclopedias. Podría separar con nitidez la cultura "aristocrática" argentina de las enciclopedias (y sus fantasías imperiales con "los criollos"), de esa otra cultura moderna cuyo nacimiento busco en la frontera y en los *best-sellers* de "colecciones" de celebridades internacionales (en el orden de la fama como su "nuevo" orden del saber con sus combinaciones). Porque es allí donde imagino el punto utópico del cuerpo del delito donde emerge la "cultura progresista y modernizadora", que es una cultura segunda, de hijos de inmigrantes, de periodistas, de nuevas clases medias, y que es la mía.

Entre la enciclopedia Britannica de la cultura alta y las colecciones, completas o incompletas, de la cultura segunda hay dos concepciones del saber. Pongamos en funciones nuestro instrumento "delito" para ir a "los cuentos de colecciones" de la literatura y ver su punto culminante en 1926, en *El juguete rabioso* de Roberto Arlt, que es precisamente, como Bildungsroman, una de las fábulas de identidad de esa cultura moderna, progresista y segunda. En el primer capítulo, "Los ladrones", que cuenta el famoso robo de la biblioteca de la escuela por parte del "Club de Los caballeros de la medianoche" (una "sociedad secreta" de tres), los chicos de un barrio de Buenos Aires cuentan los libros y el dinero que les darán los libros robados. Primero, en los planes, alguno había hablado de la posibilidad de robar "el Diccionario Enciclopédico" porque *sería el mejor "negocio"*, pero es desechado por "pesado":

> ¿Y en qué llevamos *veintiocho tomos*? Estás loco vos... a menos que llames a un carro de mudanzas.

Es desechado porque es como un mueble o como un territorio. Entonces los tres chicos eligen los libros para robar y construyen una serie, a la que Enrique agrega después unos tomos de la geografía de Malte Brun ("Me la guardo para mí") porque se vuelve a la biblioteca a "cerrar la puerta". El botín total de *veintisiete libros* tiene, precisamente, *un tomo menos* que la enciclopedia de veintiocho. (Y tiene *Las montañas del oro* de Lugones para vender, una biografía de Baudelaire que el narrador se guarda para sí, *Evolución de la Materia* de Lebón, y manuales de Química Orgánica e Inorgánica, y de Cálculo infinitesimal.) El botín total de veintisiete tomos se divide en "vendibles" o "expropiables" para uso personal. Y se divide equitativamente en tres partes (nueve para cada uno de "los caballeros de la medianoche"); el diccionario enciclopédico, de veintiocho tomos, era indivisible por tres. ¿Será la combinación de un manual científico (como la geografía de Malte Brun), que expropia Enrique para sí, con la biografía y los poemas de Baudelaire (que expropia el yo para sí) lo que define a las colecciones? ¿O lo que define la cultura de las colecciones es que siempre falta un tomo?

Este mismo Bildungsroman de barrio (que hace un balance cultural perfecto, en el mismo año de 1926, con *Don Segundo Sombra,* el Bildungsroman "argentino" de la estancia; Güiraldes tituló las dos novelas, porque también puso título a *El juguete rabioso*), se abre con la colección de figuritas de banderas de Enrique. El drama de la colección: le falta una y es, precisamente, la de la bandera de Nicaragua (que evoca a Rubén Darío). Entonces Enrique *la falsifica*: usó "*tinta china y sangre*" para reproducir "la bandera de Nicaragua tan hábilmente, que el original no se distinguía de la copia". (Enrique terminará mal, en la cárcel, dice el narrador en ese momento.) Los delitos son dos: *el robo,* que desecha la enciclopedia y forma una serie con un libro o tomo menos, *y la falsificación* del "tomo menos" que completa la colección de figuritas y por lo tanto obtiene el premio: un rifle que Enrique vende. Estos dos delitos definirían esa posición específica ante la colección como fundadora de un orden nuevo en las fábulas de identidad de esta cultura segunda que emerge en la frontera y en 1920 alcanza su culminación: una cultura a la que falta "una figurita" para estar completa o para llegar a la enciclopedia, al "orden" enciclopédico.

En *El juguete rabioso* los chicos no sólo son ladrones de libros y falsificadores de colecciones sino también "inventores": Enrique: "Che, si usted necesita datos científicos para sus cosas, yo tengo en casa una colección de revistas que se llaman 'Alrededor del mundo' y se las puedo prestar". Es la colección "científica" que en las bibliotecas de la nueva cultura de la frontera equivale a las enciclopedias.

III
Los Moreira

“Cuentos argentinos”

1

Les voy a presentar un personaje que muy rara vez se escapa al exterior. Se llama Juan Moreira y es el héroe de la violencia y de la justicia popular en Argentina. Vivió y murió en la realidad, pasó a la novela de folletín en 1879, entró en el circo en 1884, y fundó el teatro nacional en 1886. Y con el teatro fundó una genealogía que llega hasta hoy; llamo “Los Moreira” a esa historia genealógica de fundaciones.

El primer Moreira es uno de mis héroes preferidos del cuerpo del delito. No sólo porque es bello y está enjoyado:

> Su hermosa cabeza estaba adornada de una tupida cabellera negra, cuyos magníficos rizos caían divididos sobre sus hombros; usaba la barba entera, barba magnífica y sedosa que descendía hasta el pecho. Y en el dedo meñique usaba un brillante de gran valor, y sobre su pecho, cayendo hasta uno de los bolsillitos del tirador, brillaba una gruesa cadena de oro que sujetaba un reloj *remontoir*.[1]

Sino porque sus prácticas violentas, espaciales y corporales, constituyen un lenguaje de muchas dimensiones que circula, reaparece y cambia con la historia, organiza relaciones sociales y tribus, construye subjetividades, marca trayectos y territorios físicos y simbólicos, define líneas, forma bloques antagónicos, funda géneros literarios y sexuales, y articula temporalidades actuales, míticas, progresivas, escatológicas, cíclicas, virtuales. Moreira cuenta "cuentos argentinos", y su cuerpo violento convoca una política de la visibilidad, de la tecnología, de la lengua y de la muerte.

1879: dos héroes populares

El criminal Juan Moreira de la literatura apareció en 1879 con el proceso de modernización e inmigración, en el momento mismo del fin de las guerras civiles, de la aniquilación de los indios, de la unificación política y jurídica de la nación por parte del estado liberal, y en el momento mismo en que la Argentina alcanzaba el punto más alto del capitalismo para un país latinoamericano: la entrada en el mercado mundial.

Juan Moreira es el héroe popular de ese ciclo específico, el del salto modernizador de fin de siglo XIX: una "modernización" latinoamericana por internacionalización de la economía. La conjunción de saltos modernizadores, estados liberales y entrada de las economías regionales en el mercado mundial constituye en América Latina un proceso donde se puede leer ciertos cambios de posiciones en la cultura y en la literatura. En Argentina aparecen nuevas representaciones literarias que recortan nítidamente lo "popular" (criollo) de lo "alto" o "culto" (europeo y científico), y los institucionalizan en lugares específicos. En la apertura de este ciclo, en el mismo año de 1879, nacen dos héroes populares: el gaucho pacífico y el gaucho violento. Son la otra cara y el revés de los sujetos del estado liberal, porque aparecen simultáneamente en la literatura para mostrar los dos caminos de "lo popular" del salto modernizador, para hablar nada más que del uso de la fuerza o del cuerpo para la economía y para la violencia. (Volvemos entonces al principio del Manual, a 1880, a "los sujetos del estado liberal", para contar la otra cara de la misma historia, para contar otra vez "la historia".)

Los héroes populares latinoamericanos se relacionan entre sí y forman redes y contraposiciones: cada uno encarna una posición específica, en un momento preciso, en el discurso de una cultura. Moreira no apareció solo en 1879 sino acompañado del viejo pacífico de *La vuelta de Martín Fierro* de José Hernández. El gaucho pacífico y el violento nacen al mismo tiempo y no pueden sino leerse juntos. Los dos son la continuación de *El gaucho Martín Fierro,* de 1872, y por lo tanto las versiones posibles para lo que viene después de la confrontación, la guerra y el exilio con que se cierra el primer *Martín Fierro.*

La vuelta de Martín Fierro cierra el esquema de Hernández: en 1879 el héroe popular es un padre que vuelve del exilio, se dirige a sus hijos y les canta, en versos gauchescos tradicionales, el olvido de la justicia oral de la confrontación: el olvido de la violencia popular. Usa el libro de los proverbios del anciano para recomendar la pacificación y la integración a la ley por el trabajo, y con ese tono y ese pacto cierra el género gauchesco. La voz del gaucho es *casi* la voz del estado liberal triunfante, la voz oficial.

Juan Moreira de Eduardo Gutiérrez, en cambio, apareció en 1879 en forma de folletín en el periódico de oposición *La Patria Argentina* para llevar la confrontación y la violencia hasta el fin y para imponer la justicia popular. El héroe violento es *como* un sujeto anti estatal; la voz de la oposición "nacional" mitrista en el interior del liberalismo.

El héroe pacifista y el violento, las dos caras populares del salto modernizador, surgen juntos en la literatura desde escrituras, géneros, tecnologías y temporalidades diversas, y abren procesos centrales para la cultura nacional en Argentina. Procesos con intensos debates que culminaron en el teatro, que era el lugar de la ópera, el espacio de la cultura moderna "alta", liberal, científica y europea de fin de siglo, y también, *al mismo tiempo*, con el circo y el teatro criollo, el espacio de la cultura nacional y popular. A fin de siglo, con el salto modernizador, la división de la cultura se formula *en el espacio de la representación:* en un teatro Lugones europeiza a Martín Fierro y en otro se dramatiza y nacionaliza a Juan Moreira.

Los destinos de los nuevos sujetos populares de la modernización eran previsibles. Con *La vuelta de Martín Fierro* el viejo gaucho de Hernández queda legalizado como el trabajador de la riqueza de la Argentina agroexportadora. *Martín Fierro* culmina en 1913 con las conferencias de Leopoldo Lugones en el teatro Odeón, ante el presidente de la República. Martín Fierro, nuestro payador nacional, es el bardo homérico de la poesía épica, dice la voz del poeta oficial Lugones en el teatro, oficiando la ceremonia final de nacionalización y de canonización, que consistió en europeizar y por lo tanto universalizar al gaucho cantor. En el teatro, y en 1913, *Martín Fierro* nace otra vez como poema épico y como símbolo exportable de identidad nacional.

Mientras que *Juan Moreira* fundó en 1886 la institución del teatro nacional y popular en Argentina. Y pudo transformarse y hacerse visible, hasta hoy, en géneros, textualidades y medios diferentes. En el teatro que fundó, el violento Moreira abrió al infinito su cadena de representaciones.

Periodismo y ferrocarril: la visibilidad de la violencia

El primer Moreira nació y murió no sólo en la realidad sino en la novela seriada de 1879-1880 que apareció en *La Patria Argentina.* El autor era Eduardo Gutiérrez y el periódico era de su familia y de la oposición liberal mitrista. El folletín está narrado por un periodista "moderno", que "investiga" la vida del personaje real para escribir una "biografía" de los dos últimos años de su vida, 1874 y 1875 (que son los años en que el primer Martín Fierro, el héroe popular que enfrentaba al poder en los versos gauchescos, memorizables, de 1872, está exiliado entre los indios). Juan Moreira es el héroe popular de la era de la prensa y de la modernización tecnológica y cultural, *un gaucho realmente existente, muerto,* cuya vida y hazañas cuenta el periodista que cita testigos y usa nombres verdaderos. El gaucho violento que continúa la confrontación hasta el fin parece ser una construcción literaria de la modernización latinoamericana que surge con el nuevo periodismo y con sus *tecnologías de la verdad:* pruebas, investigación, testigos, nombres y lugares reales, fechas exactas, enunciados científicos.[2]

Para decirlo de otro modo: la violencia aparece donde el poder está amenazado. Moreira surge en el momento de emergencia del estado liberal y también de una oposición política extrema, "nacional" y populista, que amenaza al estado en el interior mismo del liberalismo. (Y su primer gesto violento es matar a un inmigrante por un problema económico, y el segundo matar al representante de la ley político-militar, que lo puso en el instrumento de tortura y se alió con el italiano.) Y es inventado o narrado por un sujeto moderno de esa oposición política: el escritor de historias policiales nacionales como folletines gauchescos en los periódicos.[3]

Antes de caer en la ilegalidad, el héroe de Gutiérrez era "un gaucho bueno": un honesto trabajador independiente, casado y con un hijito, y también un auténtico súbdito –y guardaespaldas– del patrón Alsina (el caudillo del populismo porteño), cuyas armas –caballo y daga– ostenta con orgullo. Antes de caer, Moreira era propietario de "una tropa de carretas, que era su capital más productivo y en la que traía a la estación de tren inmediata grandes acopios de frutos del país, que se le confiaban conociendo su honradez acrisolada" (p. 11). El héroe se sitúa en la cadena de los transportes de la producción agropecuaria (el momento *anterior a la exportación*), para servir de comunicación entre la cultura rural y la cultura urbana. Ese es el lugar exacto del héroe popular de la violencia cuando surge en 1879 y 1880, narrado por el periodista "moderno", en el primer momento del estado liberal. Los transportes rurales y la tecnología de la verdad del periodismo ligan las dos culturas y los dos nuevos sujetos para producir *la más extrema violencia visible*.[4]

Porque la particularidad moderna del gaucho Moreira es que, como justiciero popular de folletín, representa el pasaje de los viejos transportes rurales al ferrocarril (y también el pasaje del campo a la ciudad), y encarna la violencia de ese trayecto modernizador y ese choque de velocidades con una visibilidad máxima: con la ilusión perfecta de realidad de la nueva tecnología de la prensa. Como si el nuevo ferrocarril aplastara la vieja carreta y como si esa masacre sangrienta se encarnara en un discurso de una visibilidad tan extrema que resulta una realidad virtual donde se ve el deseo de un cine futuro, con el tren sobre los espectadores. *El resultado es la ilusión máxima de la violencia, que es lo que representa Moreira en ese momento.* Dirige esa violencia contra el poder y el poder le arroja su violencia y lo aniquila contra la pared de un prostíbulo.[5]

Violencia, justicia y derecho

Juan Moreira representa la continuación de la tradición gauchesca de la confrontación y la violencia: sigue a *La ida de Martín Fierro* con la lucha hasta el fin y la radicaliza a una posición nueva, anarquista y nacionalista a la vez, porque el anarquismo de ese momento es el de los inmigrantes extranjeros.[6]

La violencia se desencadena porque Moreira fue ofendido dos veces en su honor: primero por un problema económico y después por una injusticia del poder. Uno de los problemas del salto modernizador es qué hacer con el pasado (división, guerra, exilio), y cómo relacionar las viejas masas rurales, su cultura y su lengua, con los nuevos inmigrantes y sus lenguas. Moreira elimina de entrada al representante del pacto económico, que tiene apellido italiano, de inmigrante. (Sardetti era el dueño de la pulpería o bar rural y debía a Moreira diez mil pesos. Negó la deuda ante la autoridad, no reconoció el pacto oral, la palabra de honor, y no le devolvió el dinero.) Y define *una alianza nacional* que explota, desde el populismo liberal, la xenofobia popular. Moreira lo mata en su misma pulpería, y ese asesinato es "justo" según la ley oral campesina. Así se lo dice el anciano padre de su mujer, el tata viejo de la familia: fuiste ofendido en tu honor, has matado a Sardetti en buena ley, has hecho justicia, eres inocente.[7]

Y después mata violentamente, también en "buena ley", al representante del estado: el teniente alcalde don Francisco le dio la razón a Sardetti y lo puso en el cepo, el aparato de tortura de la policía en ese momento, porque deseaba a su mujer. El teniente alcalde que tortura a los hombres y desea a las mujeres representa la autoridad de la policía y la ley del estado. El justiciero popular Moreira lo mata en su propia casa, el rancho donde antes vivía feliz con su mujer.

Con esas dos muertes "justas", por una injusticia económica y por una injusticia del poder estatal, el gaucho Moreira encarna la violencia popular en su estado puro, dirigida directamente a la opresión: sus víctimas son los enemigos del pueblo. Articula "el delito" con el derecho, la economía y el poder estatal, y hace la travesía necesaria del justiciero popular: *el pasaje de la legalidad a la ilegalidad por una injusticia.* En la ilegalidad se transforma en un asesino serial y termina acribillado por la policía en un prostíbulo. Y su muerte marca, cada vez que se la representa, el triunfo inexorable de la legalidad estatal.

Hasta aquí, el esquema del folletín de oposición no hace sino repetir la leyenda del criminal heroico llevado a una vida de delito por una injusticia o por cometer un acto que el estado, pero no la comunidad, considera criminal. Quiero decir que hasta aquí Moreira podría ser un Billy the Kid o un Jesse James, que aparecen en Estados Unidos en la década de 1870 con la modernización tecnológica (nuevo periodismo y comunicaciones), en momentos de descontento rural con la nueva política económica y junto con organizaciones políticas agrarias que se definían como populistas.[8]

Pero en Argentina el héroe criminal produce un cambio en la política de la lengua y en la política de la muerte en relación con la del viejo héroe pacífico, que es su otra cara. La política de la lengua: Juan Moreira no es un gaucho cantor de proverbios como Martín Fierro (ni cuenta su vida en primera persona), porque la tecnología de la prensa impone otro sujeto, otra lengua y otro género, y en el único momento en que se lo representa cantando en la novela no canta en versos gauchescos sino en los del español del Quijote una canción titulada "Ven muerte, tan escondida" (p. 102). *La política de la lengua y de la muerte van juntas y definen el héroe popular violento del liberalismo como héroe muerto.*

El círculo de la violencia

Moreira muestra en Argentina que los caminos de la legalidad y la ilegalidad son reversibles en la violencia. Porque en la ilegalidad, después de pelear valientemente contra la partida, pasa a pelear con la partida como sargento, contra los ilegales, y al fin salva la vida del sargento Navarro, que mandaba la partida contra él mismo. Moreira mata de uno y otro lado de la violencia legal; ejerce alternativamente la violencia legítima y la ilegítima. Y también mata de uno y otro lado de la violencia política, porque tiene "patrones" políticos a quienes protege de la violencia. Esos patrones "legitiman" la violencia de Moreira. Fue el guardaespaldas del patrón Alsina y después, en la ilegalidad, salvó al patrón Marañón de morir en un atentado violento. Alsina y Marañón son líderes de los grupos políticos enemigos en ese momento, en el interior del populismo. *Las alianzas económicas de Martín Fierro se transforman en políticas en el nuevo universo de la modernización.*

El héroe popular del salto modernizador sería una pura fuerza de confrontación porque combina violencia con posiciones contrapuestas. El folletín lo hace oscilar siempre entre dos lugares, y por esa oscilación y por sus varias caras puede representar *todas las posiciones posibles en el interior de la violencia en ese momento y puede representar también su lógica circular.* Representa de un modo masivo la violencia popular, la justicia por mano propia y su destino final, y también representa la violencia estatal y política que la dirige. Los "cuentos argentinos" de *Juan Moreira* pueden leerse como una teoría de la violencia popular, de la violencia política y de la violencia del estado al mismo tiempo, en el salto modernizador y con la tecnología de la prensa, que trataba al crimen como un entretenimiento.

Moreira como Blanco

El héroe violento no podía carecer de un escenario interno antes de hacerse visible en el circo, porque el salto modernizador define la división de la cultura en el espacio de la representación.

En el capítulo "El guapo Juan Blanco" Moreira llega al pueblo de Salto disfrazado de Blanco, un rico y elegante hacendado que hace negocios con campos. Moreira aparece como un simulador de fin de siglo trasmutado en un Blanco de ojos negros altivos e irresistibles. Un hermafrodita: armado y con los extremos (pie y cabeza) femeninos. Un "héroe de las mujeres": tiene una "política" con las mujeres y también una política "femenina". Y un hermafrodita cultural y social: una mezcla de ciudad y campo, de antiguo y moderno, de gaucho y patrón. El héroe popular de la violencia tiene una identidad doble, legal y política, y también tiene una doble identidad social y sexual.

En Blanco y sus hazañas en el Salto se leen en estado puro los componentes de un "héroe popular" en esa coyuntura, y *las alianzas del populismo liberal quedan al descubierto*. El blanqueo de Moreira muestra al desnudo esa construcción porque le da un grado más de ficcionalidad. Blanco no es una víctima sino el triunfador de las víctimas: es *el que las representa* porque aparece en el pueblo para hacer justicia y para mostrar qué es honor y libertad y qué es un hombre.

Como Blanco, Moreira es la otra parte de la alianza populista: un dandy rural vestido de cuero y tachas que hace justicia "en el Salto" y se consagra como héroe ante el público popular, que sigue sus hazañas con suspensos, miedos, risas y aplausos. Actúa los estereotipados enfrentamientos con el teniente alcalde y el poder económico. En el baile del velorio aplica la sátira, la humillación y unos golpes al teniente alcalde pero no lo mata sino que le quita la mujer ante todo el pueblo que se ríe de la autoridad. Y en los billares del pueblo mata al poderoso Rico Romero después de jugar con él y hacerle trampas, ante la mirada de pavor de los otros jugadores. Moreira como Blanco mata al Rico, es consagrado héroe del pueblo y reproduce, en el interior de la novela y *según la lógica del espectáculo y de la representación*: como "simulación", máscara, treta y disfraz social, el juego de la violencia popular, el juego de la economía entre los hacendados, el juego de la alianza populista y también el juego de las identidades dobles de la literatura alta y oficial del mismo período, y uno de los rasgos característicos de la cultura de los saltos modernizadores.

De las muchas caras de Moreira a las dos carátulas

Moreira se hace visible casi de inmediato, a los cuatro años de nacer en el folletín de Gutiérrez, y sigue el proceso del cine: en 1884 en el circo, en forma de pantomima, *sin voz* (pasa por el mutismo y el cuerpo en movimiento para poder salir de la novela) y después de dos años de pantomima, en 1886, Eduardo Gutiérrez y José Podestá, el autor del folletín y el actor que representaba a Juan Moreira, inventan otra vez al héroe popular de la confrontación y la violencia y escriben la primera obra del teatro nacional argentino, que nace en el circo como teatro popular. El drama se estrenó el 10 de abril de 1886 en Chivilcoy; con el tiempo y el éxito se le añadieron nuevos cuadros, nueva música (el pericón de la ópera criolla *Por María* por ejemplo) y también nuevos personajes como el mercachifle napolitano Antonio Cocoliche. Fue en el drama de Juan Moreira donde se bailó por primera vez una milonga en 1889.[9]

El drama es personas, voces y cuerpos en situaciones y prácticas determinadas. La representación del justiciero en el circo es una fiesta popular que contiene fiestas populares en su interior, con cantos y bailes criollos. El texto simplifica la novela y da a leer sus movimientos precisos. Moreira tiene dos actos, y dos caras políticas y legales. En el primer acto mata a Sardetti y al teniente alcalde por odio a los opresores, en el segundo mata por amor a los patrones: para salvar al juez Marañón y al sargento Navarro, que lo legalizan y lo declaran bueno. Al fin, es aniquilado por la policía en el prostíbulo. En el circo que se desplaza es donde Moreira se consagró como héroe popular de la justicia. Allí fundó el teatro nacional y abrió sus mil reencarnaciones.

La virilidad de Moreira

La categoría de sobrevivencia es central para entender la cultura popular latinoamericana. El cuerpo violento de Moreira está puesto en situaciones límites, de vida o muerte; en esas situaciones de sobrevivencia y salvación se definen ciertos héroes populares. Y también se definen sus otros, como fieles o infieles. Porque Moreira no sólo está puesto en situaciones límites sino también en una *pirámide masculina criolla,* un sistema jerárquico que enlaza padres, patrones, compadres y amigos en una red de fidelidades y traiciones. Una pirámide masculina de poderes y también de afectos corporalizados, representados con los cuerpos, en un momento de violencia y de vida o muerte. El héroe popular representa una serie de posiciones del género masculino en una cultura precisa y en una línea precisa de la pirámide económica y social. Se relaciona con los demás hombres, se dirige a ellos directamente, y *su voz les dice* amigo, don, patrón, tata, compadre. En esas situaciones límites, en esta pirámide y en estas relaciones verbales, Moreira define un tipo específico de masculinidad latinoamericana.

1. Fieles

Moreira (la violencia) es siempre un articulador, como los transportes, porque en la cadena de jerarquías masculinas de padres y patrones, habla *ante* el patrón y el padre, de abajo hacia arriba, y también habla *como* patrón y padre, de arriba hacia abajo. Su cuerpo y su discurso tienen dos direcciones. Necesita dos direcciones, dos actos y una doble faz para poder ser el héroe popular de la violencia de fin de siglo y configurar un género masculino con sus límites.

En el segundo acto del drama (y en el capítulo "La pendiente del crimen" de la novela) en un atentado político en un cicutal, Moreira, que está en la ilegalidad, le salva la vida al (futuro) juez de paz Marañón (un personaje real, líder del mismo partido político –de oposición– del autor Gutiérrez). Moreira le dice que lo salvó "porque yo lo quiero a usted", y lo llama "patrón". Marañón le responde "amigo" y le ofrece protección: "ya sabe que puede contar conmigo en cualquier aprieto que se vea". Moreira actúa aquí un sueño popular de salvación por el patrón, por el amor del patrón que está "arriba". Y quiero marcar la relación estrecha entre "patrón" y "salvación", con toda la carga religiosa que conservan en español y en América Latina. Moreira, en la ilegalidad por una injusticia, salva y protege al patrón, y el patrón lo perdona, lo salva y le ofrece protección como "amigo". Hacia arriba y hacia abajo se intercambian lo mismo en formas diversas, en un *trato igualitario de salvación*. La diferencia de la igualdad reside en la palabra "salvación", en su sentido corporal y físico para el patrón, y en su sentido legal y religioso para Moreira. El patrón (y después el sargento Navarro) legitima en Moreira la violencia popular cuando sirve para su propia protección o "salvación".

En "la salvación del patrón" puede leerse nítida la alianza populista liberal como *convergencia en un enunciado tradicional* (que es también un mandato religioso) de dos miradas o dos políticas, la popular y la liberal de oposición. (En el pasaje de un patrón a otro es donde puede verse nítida, como se ve en el film *Juan Moreira* de Leonardo Favio, la política de legalización de los ilegales.) Y en la escena misma del folletín y del drama, cuando Moreira mata a los enemigos en el cicutal, puede verse nítida, casi como realidad virtual, la violencia política del salto modernizador.

Para poder ver a Moreira como patrón hay que cambiar de género: dejar el drama y volver al folletín. *Porque Moreira en el circo no es patrón:* su querido amigo Julián es un gaucho como él, su igual y su amigo fiel. En el folletín Julián fue también el amigo fiel hasta el fin, hasta el cementerio mismo; a él le dejó Moreira su legado de fidelidad, el perro, como única herencia. Pero Julián es fiel porque aparece, frente al enjoyado Juan Moreira, como un paisano "pobremente empilchado": es fiel porque se sitúa por debajo en la pirámide masculina. Julián dice: "Mande *como si* fuera su peón, amigo Moreira". Y cuando se encuentran en el momento de las noticias de vida o muerte el narrador del folletín dice:

> se besaron en la boca *como* dos amantes, sellando con aquel beso apasionado la amistad leal y sincera que se habían profesado desde pequeños (p. 113).

Como patrón, Moreira toca el *como* del otro género. En la jerarquía social y económica de los patrones las dos posiciones de

Moreira marcan los límites extremos de un género masculino posible. Marcan una configuración con sus límites. Ante el juez-patrón es un valiente, todo un hombre que vence *solo* a un grupo armado. (Dice Hannah Arendt: la forma extrema del poder es Todos contra Uno, y la forma extrema de violencia es Uno contra Todos.) Y como patrón, es también un hombre que ama apasionadamente, como amante, a su "como peón" amigo fiel, con los cuerpos en el borde de otro género. Las dos caras del héroe de la violencia configuran los límites de un género masculino que se define nítidamente, en situaciones de sobrevivencia, por las relaciones jerárquicas de los hombres entre sí, hacia arriba y hacia abajo.[10]

El drama suprimió el límite bajo porque radicalizó al héroe del circo y le borró la voz y el cuerpo de patrón: cambió el género de Moreira en todos los sentidos del término, literario, social y sexual.

En la cadena de los padres, en la jerarquía familiar masculina, ocurre algo muy semejante a lo de los patrones. Porque Moreira aparece ante el *tata viejo,* y *como tatita* para su hijo Juancito. El anciano es el legislador de la justicia popular y declara inocente a Moreira cuando comparece ante él: has matado "en buena ley" a los enemigos del pueblo. Mientras los patrones parecen representar la ley del estado y de la política (y también a "la religión de los patrones"), los padres representan la ley oral, la "buena ley" de la justicia tradicional campesina.

Y entonces hacia abajo, como padre, Moreira casi vuelve a tocar, otra vez, el otro género. El narrador del folletín dice que el cariño por su hijo Juancito:

> asomaba dulcísimo a su pupila, dando a aquella fisonomía varonil y hermosa una expresión de dulzura arrobadora [...] lo contempló a la pálida luz de la vela con una ternura *casi maternal* y volvió a cubrirlo de besos como si quisiera pagarse, con aquel placer supremo, todas las desventuras (p. 158).

Para concluir. El héroe violento en situaciones límites representa los afectos amorosos en el interior de una pirámide masculina descendente y ascendente, y por lo tanto marca los límites del género masculino popular para el folletín de ese momento. Hacia arriba, ante el padre y el patrón, es el gaucho valiente de la justicia para las dos leyes. Hacia abajo, como padre y como patrón, se sitúa en el *como o el casi:* amante para el amigo y madre para el hijo. Como si en ese límite fuera capaz también del otro género, *de lo mejor* del otro género. Esa masculinidad total, totalitaria, que es una suerte, otra vez, de doble identidad genérica, se ve nítidamente en el folletín y se borra en el drama popular.

2. *Infieles*

A propósito de fidelidades y de géneros, ha llegado el momento de presentarles a la mujer de Moreira y con ella a las infieles. La linda Vicenta tiene algo especial que suscita el deseo del poder, del representante de la ley: es una mujer sexuada. Los teniente-alcaldes la quieren para sí, y uso el plural porque son dos en el folletín, como para subrayar esa posición y ese atributo femenino que toca la sexualidad del poder. Cuando Moreira pasa a la ilegalidad después de matar al primer teniente alcalde, la policía tortura al tata viejo y lo mata. Vicenta queda a merced del segundo teniente alcalde y tiene que definirse como la mujer del héroe popular (o como heroína popular) y no solamente como cuerpo sexuado. Por lo tanto, resiste al deseo del poder y la ley hasta llegar a *la situación límite* con su hijito, de hambre y de vida-muerte, de sobrevivencia (como "la difunta Correa", otra heroína popular argentina). Pero en ese momento preciso llega el compadre Giménez para salvarla y para protegerla, como le prometió a Moreira. (El compadre Giménez fue el *padrino* de boda de Moreira, y *le dio las armas* –dos revólveres– cuando Moreira pasó a la ilegalidad. En el momento de partir, Moreira le pidió que proteja a su mujer.)

El compadre entra en la situación límite de Vicenta para *salvarla y protegerla a cambio de su cuerpo sexuado* y le dice que Juan ha muerto. Y cuando Moreira vuelve a su casa después de salvar a Marañón descubre a su mujer con el compadre Giménez que huye cobardemente. A Vicenta le salva la vida mientras ella, arrodillada, le suplica que la mate como un perro, como mataron al Joseph K de Kafka al fin de *El proceso*.

Oigamos la voz de Vicenta en el drama (acto 2, escena 3):

> No te vayas *mi* Juan, matáme antes. (Se prende del chiripá.) Matáme como a un perro, porque yo te he ofendido, pero antes perdonáme; yo no tuve la culpa, a mí me han engañado diciéndome que vos habías muerto y si yo he dado este paso, fue para que nuestro hijo no se muriera de hambre. Perdonáme y después moriré a gusto.

Y oigamos la voz de Moreira:

> No lo permita mi Dios (guardando la daga). Vos no tenés la culpa y nuestro hijo te necesita porque yo no lo puedo llevar conmigo: ¿quién cuidará de él si yo manchase mi mano matándote? Adiós, Vicenta; ya no nos volveremos a ver más porque ahora sí voy a hacerme matar deveras, puesto que la tierra no guarda para mí más que amargas penas...

Vicenta le pide a Moreira que la declare inocente y que la mate como a un perro, que es precisamente lo que le ocurre al mismo Moreira en lo que queda del drama: fue declarado inocente por el patrón y por el sargento, y después matado como un perro por el sargento Chirino, por atrás y en una pared del prostíbulo. Ante Vicenta, Moreira actúa como *padre y patrón,* como un juez o legislador: le perdona la vida, la "salva", pero sólo como madre de su hijo. Y en el momento mismo del perdón la abandona y la transforma en una subjetividad culpable.

La posición de Vicenta, que es un cuerpo femenino sexuado y por lo tanto una traidora o infiel sin saberlo, está muy marcada en el folletín porque el narrador le añade otro nombre desde que vive con el compadre: la llama Vicenta-Andrea. Esa posición de la mujer de Moreira se mantiene íntegramente en el circo y en el drama popular. Esta es, a fin de siglo, la compañera sexuada del héroe popular de la violencia.

Las mujeres no se dividen en fieles e infieles como los amigos, sino en infieles sin saberlo o en infieles profesionales, que son las prostitutas. Moreira deja a una y pasa a la otra; la partida final lo encuentra en el prostíbulo con su fiel Julián y sus amigas infieles: la muerte y el sexo se funden en una sola imagen.

Hoy no se puede leer un género literario y sexual si no se lee al mismo tiempo al otro, a los otros, que son sus correlatos. En Moreira se ve claramente que el género masculino se define entre hombres y también define al femenino. A este género masculino violento, siempre en el límite del otro género cuando ocupa las posiciones de padre o patrón corresponde, en el género femenino, la resistencia heroica ante el deseo del poder y también una sexualidad potencialmente traidora con el compadre protector. El género femenino sexuado como infiel, como maternidad sufriente, y como subjetividad criminal y culpable.[11]

Estas posiciones, cuerpos y voces de la masculinidad y la feminidad en situaciones de sobrevivencia se relacionan para dibujar algo así como una configuración latinoamericana, entre la cultura urbana y la rural. La configuración de uno de los géneros, el del héroe de la violencia y la justicia, que es el héroe popular de la prensa, del melodrama y de la modernización de fin de siglo. Y esa configuración o artefacto de voces, cuerpos y situaciones límites que es Moreira permite leer, en sus sucesivas mutaciones, reencarnaciones y representaciones, los cambios históricos en los trazados de los géneros literarios y sexuales en la cultura argentina. Algunos ejemplos.

Moreira y Julián, los "amigos amantes" del folletín censurados en el drama, necesitan un siglo para reaparecer y reescribir sus besos, en 1987, en el epígrafe del poema "Moreira" de Néstor Perlongher, incluido en su libro *Alambres*. Moreira aparece como *un torturado a quien le han cortado la lengua* y deja su mudo legado a Julián. El héroe popular en 1980 es a la vez, en el género poético, el mártir de la violencia del estado y el amante de su amigo Julián.[12]

Pero es la posición de Vicenta la que sufre más mutaciones en las configuraciones genéricas. Cuando Juan Moreira entra por segunda vez en el cine argentino, en 1972, se transforma en otra, en "la otra". El director Leonardo Favio corrigió el escándalo literario de las esposas traidoras de fin de siglo (que también se encontraba en la literatura alta de ese mismo momento, en sus "cuentos de matrimonio"), y representó a Vicenta, que no habla como criolla, como una santita popular rodeada de velas, después de haberle matado al hijo: Juancito muere de viruela mientras Moreira está ausente. Y Vicenta sin sexo y de luto eterno es únicamente la madre sufriente que reza. Sólo la prostituta que lo acompaña al fin, antes de morir, tiene sexo y cuerpo. La muerte de Moreira enmarca el film, pero aparece personificada para anunciar la muerte de Juancito; el héroe no deja herederos ni legados. Favio defendió y a la vez condenó a Moreira, justo en el momento de la violencia política de 1972-1973. (Y el video de este film circuló otra vez en mayo de 1995 con la revista *Página/30*.)

La representación de Moreira en la película *La historia oficial* de Luis Puenzo (1985) tiene lugar en una clase de literatura de un colegio secundario de varones en 1983, cuando estalla la democracia y se hace visible la violencia del estado militar. El profesor de literatura, una especie de miembro de la sociedad de los poetas muertos radicalmente opuesto a la rigidez de la profesora de "la historia oficial", es el que dirige la representación teatral en el aula. Se pone en escena el momento final en que el militar Chirino mata a Moreira, y en el clima de fiesta de la representación masculina Vicenta está encarnada por "el gay" del curso.

Un siglo después del drama, en 1994, Vicenta da una vuelta completa y vuelve al teatro. Gerardo Pensavalle, actor y director de una puesta independiente de Juan Moreira en el teatro El Colonial y en plazas porteñas, dijo en 1994 ("La vigencia de *Juan Moreira*", en Primer Plano, Suplemento de cultura de *Página/12,* Buenos Aires, 2 de octubre de 1994): "Decidí ser lo más fiel posible al espíritu, la aventura, y agregarle a los conflictos fundamentales cierta actualidad. Por ejemplo, a Vicenta la matan y al hijo *lo desaparecen*".

Por fin le llegó a Vicenta la politización de la muerte: tanto ella como Juancito alcanzan la misma altura de Moreira. Hombres, mujeres y chicos son, en el *Juan Moreira* de 1994, los héroes populares y las víctimas de la violencia del Estado que inventó a Moreira.

Para qué y cómo usar a los Moreira

Qué hacer con los Moreira y su misterioso lenguaje genealógico de muchas caras; qué hacer con la serie sinuosa y mutante de prácticas encarnadas en los cuerpos...

Juan Moreira es uno de mis héroes favoritos de los "cuentos argentinos" de delitos no sólo porque es toda una teoría de la violencia sino porque sus representaciones periódicas (la genealogía de los Moreira) *van contando una historia literaria de la violencia* en Argentina, desde fines del siglo XIX hasta hoy. Los Moreira serían, en cada momento, los artefactos culturales (complejos y de muchas caras: "reales", literarias, legales, económicas, tecnológicas, políticas y también sexuales, que apuntan en direcciones opuestas) de una violencia que delimita espacios físicos y simbólicos y que varía con la historia, que mide ciertas coyunturas y que cuenta historias nacionales.

Porque si se lee a los Moreira de una coyuntura se puede ver claramente las violencias de ese momento; Moreira hace visibles (cada vez más visibles tecnológicamente) las diversas violencias en una coyuntura específica. En los diversos sentidos de "violencias" y en los diversos sentidos de "visible", porque cada vez que aparecen dejan ver la violencia de estado, la violencia política, y la violencia popular. Y también hacen visible la violencia tecnológica de las modernizaciones, porque se muestran cada vez en medios diferentes para marcar los cambios en las tecnologías masivas.

Pero no sólo es un instrumento de medición de la violencia en cada momento, sino también un instrumento de medición de los movimientos literarios violentos, de las rupturas literarias en la cultura argentina. Porque cada vez que un Moreira reaparece o se hace visible es para marcar cierto movimiento de fundación en la literatura: funda el teatro; funda la novela latinoamericana de exportación (según Rubén Darío); funda Locópolis, "funda" a Borges; funda la vanguardia literaria de los años setenta (el *Moreira* de César Aira, que es marxista y freudiano);[13] funda la poesía gay y política de los años ochenta (el *Moreira* de Néstor Perlongher). Los Moreira articulan, dividen y conectan culturas; aparecen con las vanguardias estéticas (con su estética de la guerra), con los anarquismos literarios y políticos (y allí son "héroes"), y también con los progresismos científicos, socialistas y literarios (y allí son "delincuentes"). Como artefacto cultural, como ficción "real" del héroe criminal, Moreira define cada vez algún tipo de territorio, de frontera, de enfrentamiento y de debatc, y desencadena guerras de sentido, o por la interpretación, donde se delimitan diferentes líneas de la cultura argentina.

2

De Cosmópolis a Locópolis a través de los Moreira

1890. La "nacionalización"

Hoy me gustaría contarles el cuento "no leído" del Moreira modernista que apareció en *Caras y Caretas* en 1907 y que fundó *La ciudad de los locos* en 1914. Para esto, vamos a recorrer la red y el trayecto que trazan los Moreira de un ciclo histórico determinado, el que va de Cosmópolis a Loçópolis. Desde la crisis económica de 1890 y la primera "revolución" de la oposición radical, hasta la gran concesión de la ley electoral en 1912 y después. Los Moreira atraviesan el violento proceso de represión y de apertura que culmina en la ley Sáenz Peña, del voto secreto y obligatorio, que abre una nueva era. Y en ese trayecto cuentan historias, diferencian todas las líneas de la cultura, despliegan sus violencias en varios territorios, y delimitan ciertas subjetividades masculinas y ciertos "signos nacionales". Por la violencia.

Este es, entonces, un viaje de Cosmópolis a Locópolis "a través de Moreira" como principio organizador de grupos y tribus que definen su identidad y sus territorios por la violencia.[14]

Juan Moreira es crucial a fin de siglo, y no sólo porque fundó el teatro nacional en el circo. Alrededor de él se discute otra vez la civilización y la barbarie nacional, el lugar de lo popular y también el lugar de lo literario y lo político. En 1890, en el circo (adonde iba todo el barrio o el pueblo a divertirse), hay por lo menos dos Moreira: uno es el mártir de la justicia popular aplastado por la violencia del estado, y su drama podía ser un drama nacional *y* anarquista (y así lo lee Gerchunoff, un poco más tarde). El otro Moreira del circo es el "gaucho valiente" de la oligarquía liberal masculina que *lo nacionaliza* en una famosa función cuya crónica apareció en el periódico oficial *Sudamérica* el 11 de noviembre de 1890, con el título de "Originalidades sociales: Juan Moreira". José J. Podestá cita el periódico en sus *Memorias*.[15]

> "La vida representada de Juan Moreira es hoy la admiración de la sociedad más distinguida de la capital", dice la crónica del *Sud-América,* y el circo "sitio de reunión hasta ayer de una cierta y determinada clase social, se ve hoy noche a noche invadido por lo más distinguido que tiene Buenos Aires [...] se ven sentados, ya en atenta y emocionada actitud, ya dueños de un *excelente buen humor manifestado bajo la forma de francas y expansivas carcajadas,* a personas cuya vida social es un mito y a las cuales sin embargo las hazañas casi fantásticas del héroe de Navarro han tenido la virtud de sacar de su tranquilo alejamiento para confundirlos en *las bulliciosas alegrías de un circo donde la urbanidad, la corrección y el orden son pura metafísica.*
>
> "Ejemplo al caso: ¿Quién ha visto jamás en circo alguno al Dr. Ignacio Pirovano, el cirujano famoso? Sin embargo era él el que se encontraba el sábado confundido entre la inmensa muchedumbre que aplaudía, reía y gozaba en las diversas escenas de la vida del *noble y valiente gaucho* a quien Adolfo Alsina le regaló la daga famosa que habría más tarde de servirle en sus heroicas aventuras pampeanas" (subrayados nuestros).

La crónica presenta también al general Manuel Campos, riéndose ante los dichos graciosos del napolitano del pericón, y dice que la juventud:

> está alegremente representada noche a noche por el inglés Balcarce, Juancito Varela, Saturno Unzué, Ocampo, Frías, Lynch, Acevedo, etcétera.
>
> Damos a continuación los sitios y los nombres de los más entusiastas propagandistas. Es bueno que la empresa los conozca.
>
> "Club del Progreso: Edmundo A. Mackinlay y Servando Ferro

> Bolsa: inglés Balcarce y Ramón Arriola
> Criterion: Alberto Alcobendas y Carlos Dose
> Confitería del Águila: Ricardo Thwaites y César Vivot.
> Con propagandistas como estos la vida de Juan Moreira tiene asegurada desde ya la mar de admiradores" (p. 66).

En 1890, como dice Podestá, "La crítica levanta bandera blanca" y Moreira es declarado "noble y valiente gaucho" y "el héroe de Navarro" en el *Sud-América:* su violencia es legitimada en el circo del Estado y se transforma en *un clásico nacional y popular* porque invade los centros y espacios mismos del poder: está en la ciencia, en el ejército, y después en la Bolsa, en el Club del Progreso, en la Confitería del Águila, en el periódico oficial y al fin en todas partes. En *Juan Moreira,* en 1890, se hace visible el gesto fundante y legitimador de la oligarquía liberal masculina en Argentina en el trayecto de Cosmópolis a Locópolis, y también la organización de tribus por la violencia. Los hombres y jóvenes distinguidos, en grupo (con sus mujeres iban a las representaciones de la ópera), se divierten ruidosamente en el lugar mismo donde se produce y dramatiza la violencia popular *y se la apropian.* Mientras cede poder político (el Código del trabajo, 1904, y la ley Sáenz Peña, 1912) y también lanza leyes represivas (de Residencia, 1902, y de Defensa social, 1910: las dos de expulsión de agitadores obreros y anarquistas extranjeros), el liberalismo en el poder funda en sus incursiones hacia abajo ciertos signos de identidad nacional y popular (funda "la cultura nacional-popular"). En el mismo trayecto de Cosmópolis a Locópolis ese gesto oligárquico masculino (hecho de diversión y de violencia) se repite con el tango, cuando los "señoritos malos" van (en grupo, en patota, en malón, en indiada) a divertirse a los prostíbulos y se lo llevan a París.[16]

La exportación

Pero eso ocurrirá un poco después, hacia 1911, y ahora estamos en 1890 y hay otro Moreira, también fundador, y no está en el circo ni en la Bolsa, sino en el folletín de Gutiérrez leído por el poeta fundador del modernismo: es el Moreira exportable. Rubén Darío, que representa la vanguardia estética y la nueva cultura literaria latinoamericana que surge con la modernización y la globalización (y también un nuevo sujeto moderno, el periodista-poeta), lo declara, en "La novela americana en España", el héroe *fundador de la novela americana*.[17]

Darío escribe para España que los folletines de Gutiérrez son las primeras novelas propias de América Latina por la mezcla de leyenda y de historia, y por la originalidad de su barbarie y su violencia, y que eso es precisamente lo que quiere Europa. Dice en España, en plena primera globalización de la literatura latinoamericana, que Juan Moreira es la literatura exportable, y define la literatura latinoamericana de exportación para el resto del siglo XX.

En 1890 Moreira es nacionalizado y americanizado para la exportación, en un juego extraño entre el circo y la novela, entre la elite social argentina y la vanguardia literaria latinoamericana y global. Yo detendría aquí, con Darío y fuera de las fronteras, este trayecto introductorio (del circo a España) de la nacionalización y la (latino)americanización de los Moreira de 1890, y volvería a Buenos Aires dando un salto a

1907

Porque ese es el año en que aparece nuestro desconocido Moreira "francés" para contar "el cuento" que en realidad quiero contarles hoy. Pero no aparece solo, como ocurre muchas veces con los Moreira, porque en el mismo 1907 Evaristo Carriego, el poeta anarquista y modernista tan ligado con Borges y con sus fundaciones, escribe el poema "El guapo" que apareció en la sección "El alma del suburbio" de su libro *Misas herejes*.[18] Y lo dedica "A la memoria de San Juan Moreira. Muy devotamente".

"El guapo" es el ídolo de la violencia del barrio de Palermo (es el famoso Juan Muraña de Borges) y Carriego lo presenta así:

El barrio lo admira. Cultor del coraje,
conquistó, a la larga, renombre de osado;
se impuso en cien riñas entre el compadraje
y de las prisiones salió consagrado.

Carriego inventó el barrio para la literatura argentina, dijo Borges en 1930 cuando inventó a Carriego. En 1907 la poesía modernista y anarquista del entrerriano Carriego establece una colección y un mundo: el de "lo popular" en la ciudad. Inventa el barrio de Palermo y con él el tango, el coraje, el guapo, el orillero, el conventillo, el organito, la viejecita, la obrera tuberculosa, el gringo, la costurerita, el vendedor de periódicos, y también inventa a San Moreira. El santo hereje de "El alma del suburbio" de Carriego se hace visible en la violencia de los compadres de Palermo.

Dejemos a este San Moreira de la dedicatoria del " guapo" (p. 95) para pasar a otra dedicatoria de la sección "Envíos" (p. 42), siempre dentro de las *Misas herejes*. Allí hay un poema dedicado a J. J. Soiza Reilly (y a la escritura de Soiza Reilly), donde Carriego escribe, por ejemplo:

Tus asesinos bárbaros, apóstoles del Crimen,
tus pobres Margaritas que jamás se redimen,
tus poetas borrachos, con hambres de apoteosis,
tus Nietzsches de presidios en celdas de neurosis...

Este Juan José de Soiza Reilly de las misas herejes es precisamente el autor de nuestro Moreira "francés" de hoy. Está escribiendo en este mismo momento, en 1907 y 1908, con el seudónimo de Agapito Candileja, las aventuras de Tartarín Moreira en la revista *Caras y Caretas*. Estas aventuras van a integrar los cuatro primeros capítulos de su novela *La ciudad de los locos. Aventuras de Tartarín Moreira,* que apareció en Barcelona en 1914.

Vayamos ahora, siempre en Buenos Aires y en 1907 (y siempre "en viaje" de Cosmópolis a Locópolis), del libro de poemas donde encontramos al santo Moreira y a Soiza Reilly (pasemos *del espacio literario* de Carriego, que contiene el espacio literario de Soiza Reilly) *al semanario popular* donde está el Tartarín

Moreira de Soiza Reilly (al espacio de la revista *Caras y Caretas*, donde también escribía Carriego).

O vayamos con las muchas caras de Moreira, pasando por las dos carátulas, a *Caras y Caretas*. Y entonces podremos ver cómo, en el mismo momento, en escritores tan ligados entre sí (del mismo espacio literario) pero *en medios diferentes*, Moreira hace visible dos violencias aparentemente opuestas: es el santo valiente de los compadritos orilleros de los poemas de Carriego, *y también* el jefe de las patotas de "niños malos de familia bien" de *Caras y Caretas,* que van a los bailes de carnaval del barrio a divertirse ejercitando la violencia contra las costureritas y contra los mismos malevos. En el mismo año, en la literatura, y en escritores del mismo espacio, Moreira hace visible la violencia en el barrio y la violencia del centro contra el barrio: hace visible la lógica circular de la violencia.

(Cómo pensar el círculo vicioso de la violencia de los Moreira, que se mueve hacia arriba y hacia abajo para instalarse en la aporía de una figura mimética y especular. El lenguaje de la violencia de las víctimas puede acercarse al de los perpetradores: dice Hannah Arendt que la experiencia decisiva que persuadió a Georges Sorel y a su contemporáneo Vilfredo Pareto a subrayar el factor de violencia en las revoluciones fue el Affaire Dreyfus en Francia, cuando vieron a los partidarios de Dreyfus emplear contra sus oponentes los mismos métodos que ellos mismos habían denunciado.)

Ahora estamos en *Caras y Caretas,* que comenzó a aparecer en 1898, y los Moreira proliferan porque aquí escribían Carriego, Ingenieros, Payró, Darío, y también Cané y los escritores de la coalición liberal estatal: escribían todos los inventores, partidarios y detractores de los diversos Moreiras y sus violencias. En *Caras y Caretas* (cuyo subtítulo es "Semanario Festivo, Literario, Artístico y de Actualidades") confluyen todos los escritores de los Moreiras porque es la enciclopedia cultural de la globalización y del fin de siglo, la revista masiva de la Cosmópolis, internacional y local: el lugar de la mezcla nacional de todas las líneas culturales del período.[19]

Por eso hoy nos interesa especialmente un Moreira *de* esa revista, producido por el medio mismo: *un Moreira orgánico de la enciclopedia de la modernización* (así como el de Gutiérrez fue orgánico de *La Patria Argentina*) y eso es nuestro Tartarín Moreira de Soiza Reilly, que nos lleva "De Cosmópolis a Locópolis".

El semanario *Caras y Caretas* puede contener y mezclar todas las líneas culturales del ciclo (y todos los Moreira, y las mil caras de Tartarín Moreira), *porque como medio* está en otro nivel, tecnológicamente más moderno y por lo tanto más masivo y más "popular", y a la vez representa la vanguardia del periodismo cultural. Los avances tecnológicos como el cable telegráfico transatlántico, el fotograbado y la máquina de linotipos, dice Howard Fraser, hacen posible su diferencia con las otras revistas y medios culturales del período. Todas las esferas de la cultura aparecen allí en estado de fragmentación, contaminación y serialización: en forma de montajes y collages diversos, de columnas, cuadros y series. *Caras y Caretas mezcla todo:* el circo y el Teatro Colón, lo nacional y lo internacional, los tonos (lo festivo y lo serio, lo divertido y lo didáctico, lo sentimental y lo satírico). Y le da *espacio a todos,* al estado y al contraestado: a los actos oficiales y a las demostraciones obreras, los atentados anarquistas y las huelgas. Mezcla a los anarquistas con los liberales y a los radicales con los socialistas. Mezcla la ciencia, la literatura, la política y el periodismo de la época global, con los nuevos íconos de la cultura de masas; mezcla por lo tanto la cultura alta y la nueva cultura popular. Mezcla realidades y ficciones, y también lo escrito con lo gráfico y fotográfico, con la publicidad y con el mercado.

Caras y Caretas es una enciclopedia porque incluye toda la cultura de la época y porque representa la globalización tecnológica, la ilusión de Cosmópolis y la democratización cultural. Y por eso representa también una nueva cultura modernizadora y progresista, antiimperialista y futurista: la cultura de la fotografía, de la novela policial, del cine, de la ciencia ficción y del *comic*. Y una nueva cultura abre una nueva lucha por el poder cultural. Una de sus armas en esa lucha es una forma de la sátira, un tipo de ataque a la ley, de deslegitimación, un modo de interrumpir la transmisión de la cultura que nace con la moderna cultura de masas: con las revistas, las fotos, las caricaturas, la historieta y el cine mudo. Y eso son las aventuras de Tartarín

Moreira del periodista orgánico de *Caras:* una sátira que no se podría encontrar en otro sitio, y que con su mundo al revés ataca todas las instituciones del estado liberal y funda el territorio de Locópolis.

Nuestro héroe de hoy es ese Moreira "francés" de ficción y de sátira que aparece en 1907 en la enciclopedia cultural de fin de siglo, pero en *Caras y Caretas,* en este ciclo, se encuentran (siempre orgánicamente hablando), otros varios Moreiras. Por ejemplo el Moreira "verdadero" del periodista y escritor Fray Mocho (José S. Álvarez), que representaba la parte de "realidad" de la revista. Fray Mocho fue fundador y director de *Caras y Caretas* y también escribió en *La Patria Argentina,* el periódico donde nació el primer Juan Moreira: él mismo conecta los dos medios y territorios de Moreira. Y también fue jefe de policía y también, según dicen, un dandy. Con uno de sus muchos seudónimos, Fabio Carrizo, escribió una crónica que apareció en el año VI, nº 235, 4 de abril de 1903 (un poco antes de su muerte), titulada *Episodios policiales. La muerte de Juan Moreira.*[20]

Siempre en *Caras y Caretas,* retrocedamos por un instante de 1907 a 1903 para ver adónde nos lleva este Moreira *real y orgánico.* Fray Mocho establece una primera diferencia porque contrapone el Juan Moreira verdadero, "un gaucho alzado, insignificante y violento", al héroe de la ficción (y eso es lo que también va a hacer en 1910 José Ingenieros en su conferencia "Psicología de Juan Moreira" cuando dice que el Moreira real era un asesino nato).[21] Fray Mocho trata de establecer una segunda diferencia, porque también lo contrapone al compadrito orillero. Diferencia las violencias y dice que ha investigado para reconstruir la escena de la muerte del "verdadero Moreira" en la pared del prostíbulo y en manos de la ley. Y que el único actor sobreviviente de la tragedia ahora, en 1903, es el sargento jubilado don Andrés Chirino, que es precisamente el que lo mató. Fray Mocho entrevista entonces a Chirino, que cuenta cómo mató a Moreira y cómo Moreira le tiró con una bala que le dañó un ojo y le cortó los cuatro dedos de la mano izquierda de un hachazo. Chirino dice en *Caras y Caretas:*

> A mí me votaron entonces una recompensa que no recibí sino durante unos meses ¡y el premio acordado para quien aprehendiera al matrero, que era de cuarenta mil pesos, ni lo olí!

Moreira y los "cuentos argentinos": quiero recordarles que la palabra "chirinada", en Argentina, deriva precisamente de este Chirino que mató a Moreira y se refiere a un intento de golpe militar por parte de suboficiales. A través de Moreira y de Fray Mocho, en *Caras y Caretas,* en 1903, el ex militar de abajo *denuncia al estado que no cumple con sus recompensas por el exterminio de malevos indeseables.*

Pero hay más sobre "la realidad" (y sobre la actualidad) en *Caras y Caretas,* porque la crónica de Fray Mocho se acompaña de material gráfico: del Moreira real y visible. Y hay una foto del cráneo de Moreira "conservado por la señora Dominga D. de Perón, viuda del doctor Tomás Perón".[22]

En 1903, un Moreira "real y orgánico" de *Caras y Caretas* nos lleva a ciertas presiones militares y a los antepasados de Perón. Las dos genealogías en el mismo espacio de la enciclopedia de la modernización de fin de siglo: en "de Cosmópolis a Locópolis".

Pero "la realidad" nos arrastra hacia adelante y nos encontramos ahora en 1905, 1906, 1907 y 1908 en el conventillo El Sarandí y en la pieza 15 donde vive la pareja de "El Cívico" y "La Moreira". *Una* Moreira, "La Moreira", cuyo nombre provenía del cuchillo en la liga. Él era de ascendencia italiana meridional (albaneses) y "La Moreira" era hija de gitanos andaluces. Trabajaba de prostituta, de *lancera* (robaba a los clientes) y también de bailarina: *fue una de las que dieron fama al tango asociado con la prostitución.* "El Cívico", seductor irresistible, típico compadrito de conventillo y de prostíbulo, astuto y ducho en el arte de la daga (rey del coraje), se decía "hombre de Alem y de Irigoyen" y amaba y explotaba a una Moreira en nuestro año de 1907. Esto lo cuenta José Sebastián Tallón,[23] y agrega:

> Porque lo más espantable que había en este sujeto engreído, que se predicaba criollo de ley –y en esto no se diferenciaba de sus co-

legas– era el amor a su mujer. A esa meretriz profesional que todos los días al atardecer se despedía de él con un beso, para ir al prostíbulo, "El Cívico" la amaba. La amaba sin intervalos, con dedicación exclusiva y minuciosa.

En cambio "La Moreira" abandona al Cívico, al conventillo y al prostíbulo, en busca de mejores destinos. Y Marta E. Savigliano compone con la pareja y el abandono una escena y un "cuadro vivo": el momento fundante del tango. Y hace de "La Moreira" (mutante al fin, como todos los de su estirpe) *la fundadora* de una cadena genealógica de permutaciones: la "Percanta que me amuraste", la pebeta, la papusa, la flor de fango, la mina y la milonguita por excelencia del tango.[24]

Me gusta este "cuento argentino" pero debemos seguir con nuestro viaje y llegar por fin a la ficción de *Caras y Caretas* y a nuestro Tartarín Moreira, que aparece por esos mismos años, en una serie de crónicas firmadas con el seudónimo de "Agapito Candileja".

En el número 437/16, de 1907: "Una farra carnavalesca de Tartarín Moreira".

En el número 446/9, de 1907: "El diputado Tartarín Moreira (Psicología popular)".

En el número 493/17-17 de 1908: "Tartarín Moreira en París (Psicología popular)".

Y en el número 513/15 de 1908: "Aventuras morales de Tartarín Moreira".

Recordemos que el Tartarín Moreira de *Caras y Caretas* de 1907 y 1908 será el héroe fundador de Locópolis en la novela satírica titulada *La ciudad de los locos,* subtitulada "Aventuras de Tartarín Moreira", y sub-subtitulada (para la exportación o globalización modernista) "Novela Sudamericana", porque apareció en Barcelona, en 1914, editada por la casa editorial Maucci. Ese Moreira atraviesa, entre 1907 y 1914, todo el ciclo de violencia y de apertura del estado liberal oligárquico hasta la promulgación de la ley Sáenz Peña y después.

Su autor era, otra vez, Juan José de Soiza Reilly, un escritor "no leído" en la literatura argentina. Dedicó la novela "A mis compañeros de la revista *Fray Mocho*" (revista que fundó en

1912 un grupo de periodistas de *Caras y Caretas*) y le antepuso un "Prólogo. Advertencias de mi honradez" que es un manifiesto literario de la vanguardia modernista, individualista y antiburguesa, ocupado en su cima por Darío y Cervantes. Soiza Reilly, el periodista-escritor de *Caras* y de *Fray Mocho* era tan modernista y tan devoto (como Carriego) que nombró a su hijo Rubén Darío Soiza Reilly.[25]

Soiza Reilly escribe el Moreira satírico y "francés" de la enciclopedia cultural de la modernización porque era, como Fray Mocho, un escritor orgánico de *Caras y Caretas,* un periodista estrella, el "rey de los repórters"[26] enviado a Europa para entrevistar celebridades: con sus entrevistas publicó en 1909 un *best-seller* titulado *Cien hombres célebres,* y *Caras y Caretas* lo estableció en París.

No sólo inventó, para *Caras y Caretas,* al nieto Tartarín Moreira, un joven "moderno" y urbano, festivo y violento, sino que también inventó, por esos mismos años y en una típica operación modernista, "El abuelo de Juan Moreira". Escribió una crónica con ese título que apareció en su libro *Crónicas de Amor, de Belleza y de Sangre,*[27] y que muestra de un modo brutal la relación de Moreira con la violencia visible, la genealogía, la tecnología, la locura y el futuro.

Dice Soiza Reilly que a su personaje lo llamaban "el abuelo de Juan Moreira" por su cabeza idéntica a la del clásico tipo criollo, pero la diferencia es que el pelo y la barba eran blancas. El Moreira de Soiza es el abuelo pero vive en el presente, después de la muerte del nieto. Ese enredo genealógico modernista hace que el abuelo de Moreira se vuelva loco cuando muere su única hija, que podría continuar con la estirpe. Era rico, viajaba a Europa con ella y la filmaba, bellísima en esos viajes. Al volver a Buenos Aires la joven se enfermó de tuberculosis y murió. El problema central de los Moreira es el de las genealogías de la violencia visible; al quedar sin descendencia, "el abuelo" se vuelve "el loco" del cine y de la reproducción mecánica (y estamos en 1908): pasa día y noche las películas de su hija y su manía consiste en creer que todo objeto que toca se transforma en aparato cinematográfico.

(Fue también en 1908, después de diez años de ensayos documentales realizados por el francés Eugenio Py y el austríaco Max Glucksmann, cuando un italiano joven, Mario Gallo, filmó la primera película argentina de argumento y de violencia: *El fusilamiento de Dorrego*.)

Ese abuelo modernista es otro de los Moreira orgánicos de Soiza Reilly y de *Caras y Caretas*. Pero el que nos interesa hoy es el nieto "francés" Tartarín Moreira que apareció en 1907 en una crónica titulada "Una farra carnavalesca de Tartarín Moreira", y firmada con el seudónimo de "Agapito Candileja".

Juan Pérez presenta genealógicamente al personaje:

> Tartarín Moreira es un muchacho ilustre. Su abolengo es sonoro. Por la línea materna desciende de una vieja familia de Tarascón. Familia muy famosa en aventuras terribles. Por la línea paterna desciende de la no menos famosa familia de Moreira, en la cual, según dicen, hubo un Juan muy valiente.

Juan Pérez muestra la mezcla, la serialización y la mutación típicas de los Moreira y de *Caras y Caretas:* el sobrino de Tartarín de Tarascón (el personaje literario de Alphonse Daudet) vino de Francia y "Se radicó como atorrante en la República Argentina. Lo primero que hizo, al pisar tierra porteña, fue decirle a un vigilante que él era hijo del sha de Persia". El vigilante lo lleva a la comisaría y de allí lo pasan al manicomio. "En el hospicio pudo probar que efectivamente era loco, y por eso lo pusieron en libertad". Se fue a trabajar de peón a una estancia y se enamoró de la hija de Juancito Moreira ("el personaje literario de Gutiérrez"), tuvieron un hijo que se casó con la hija de un puestero italiano ("que afirmaba ser conde") y una larga familia...

Juan Pérez:

> De la mezcla de estas razas diversas –Tartarín, Moreira y Cocoliche–, surgió el temperamento original del joven abogado Tartarín Moreira... ¿Quiere usted conocerlo? Es un caballero de veintitrés años, muy elegante, muy moderno. Tiene título universitario. Habla en francés. Es rico. Tiene caballos, reses y mujeres. Es muy Tartarín y muy Moreira... ¡Que casualidad! Allí viene...

Por el lado francés de Daudet, Tartarín Moreira tuvo un antepasado totalmente loco, contó Juan Pérez. Agapito Candileja, que firma la crónica, se presenta como un periodista de "El eco de las Mercedes", que era la revista del manicomio de ese nombre (fundada en 1906): es un periodista de los locos o el lado "loco" del periodismo modernista y satírico de *Caras y Caretas*.[28]

Moreira es violencia y locura en *Caras y Caretas,* pero "en comic". En el afrancesado Tartarín Moreira no sólo convergen el héroe cervantino del Tarascón de Alphonse Daudet de 1860 (*Tartarin de Tarascon* es una sátira francesa sobre la invención del *héroe local*),[29] sino también el periodista moderno de los locos. Tartarín Moreira en *Caras y Caretas* narrado por Agapito Candileja: la violencia, que es Moreira, afrancesada por Tartarín y contada por Agapito (en historieta) Candileja (en la Ilustración), de "El Eco de las Mercedes" (en loco). La Ilustración en Charenton (en el esfuerzo que todavía nos falta para ser republicanos) para contar la violencia de Tartarín Moreira en 1907, en la enciclopedia de la modernización.

El Moreira literario de Agapito Candileja, mezclado, serializado y mutante, recorre en las cuatro crónicas profesiones y posiciones, locuras y violencias diferentes. Atraviesa, con una serie de "caretas", como si fuera un típico *personaje de historieta*,[30] las posiciones posibles de los afrancesados "niños bien", y también atraviesa, como Moreira, *todas las violencias*. Y es narrado por Agapito Candileja, que recorre todas las posiciones posibles del periodista pobre, ilustrado y modernista: en loco, en sátira del mundo al revés, y en poeta inédito.

La pareja de Tartarín Moreira y de Agapito Candileja es lo que nos interesa en primer lugar. Porque en el mismo tono satírico y de visibilidad máxima de la violencia, "en comic", "en *Caras y Caretas*", en 1907 y 1908, en serie, en cada una de las cuatro crónicas, cada miembro se pone otra careta, en una serie de permutaciones que mantiene constantes los dos lugares: el del "muchacho ilustre" Tartarín Moreira, y el del periodista Agapito Candileja, testigo-cómplice de su violencia, su locura y su política. Lo que importa para producir la violencia de Moreira son los dos nuevos sujetos (el "niño bien" y el "periodista moderno") y las nuevas técnicas de visibilidad del medio. Agapito

Candileja se relaciona directamente con el periodista realista y moderno y sus tecnologías de la verdad y la visibilidad de la violencia del folletín: con el narrador de Gutiérrez de 1879. Pero ahora "el periodista" aparece con una torsión satírica fundamental y narra con otras tecnologías más modernas de la visibilidad de la violencia: las del *comic*.[31]

El Moreira "francés" está producido por el medio (es un orgánico del medio) porque es una mezcla, es serial, es mutante, es popular, es satírico, es "loco" y es moderno como *Caras y Caretas*. La violencia de Moreira es la violencia del medio, en su forma misma.

Pero oigamos por fin a Moreira y a Agapito en *Caras* y vayamos con ellos a la "Estrella Matutina" del barrio y al Maxim's de París. Apenas los presenta Juan Pérez, Moreira invita a Agapito a un baile de carnaval de barrio:

> apagaremos las luces y nos robaremos unas cuantas costureritas... ¿Se da cuenta?

Y cuenta Agapito "La farra carnavalesca de Tartarín Moreira":

> Llegamos al local donde la sociedad "Estrella Matutina" daba un baile de máscaras. En la puerta, Tartarín era esperado por una patota deliciosa. Cada uno de aquellos muchachos era un tigre. ¡Qué ricos tipos! Todos estaban borrachos...
>
> Al entrar, Tartarín, con gran misterio, nos indicó la forma en que debíamos iniciar el escándalo. Yo estaba loco de contento. Al fin iba a poder disfrutar de una fiesta aristocrática. ¡Figúrense ustedes! ¡Una juerga en compañía de Tartarín Moreira y su patota! Todas aquellas costureritas y todos aquellos dependientes de tienda y de almacén que bailaban felices, iban a tener que disparar bajo el peso de nuestro bochinche... Por eso, cuando antes de la madrugada, Tartarín hizo la señal convenida, yo temblé de placer.

Tartarín Moreira es un patotero que se divierte haciendo escándalos en los bailes de carnaval de barrio en la primera crónica de 1907. Y tiene un tío ministro que los saca a todos de la comisaría, para volver a cumplir el rito nocturno.

A París por fin, en la tercera crónica, en 1908, con Moreira y su patota que está compuesta de hijos (el hijo de un fideero de Flores que "se come" los fideos en París, transformados en pesos, y el hijo de un ex presidente de una república de la que Agapito no quiere acordarse) que exportan la violencia al Maxim's.

Tartarín "ideó un magnífico plan", dice Agapito siempre presente (estaba trabajando en la Legación argentina en París), y se presentó como representante del gobierno argentino, en misión secreta, para "hacer conocer aquí, por intermedio mío, todo lo que vale nuestro carácter, nuestro cerebro, nuestra raza... Voy a empezar esta noche. Os enseñaré una de nuestras diversiones favoritas. Para eso tendréis que prestarme vuestros sombreros". Sigue un bochinche "nacional" donde Moreira aplasta los sombreros de todos los franceses presentes y arregla el asunto con dinero.

Agapito:

> Yo, alegre y siempre soñador, pensé, ante tan hermoso espectáculo, en el cuadro *El Malón,* del pintor Della Valle... ¡Y me reía! ¡Qué tortilla! Y pensé que Tartarín Moreira llegará a ser, porque lo merece, presidente de la república o escritor académico...

Las sucesivas fases del Moreira de Agapito, sus posiciones mutantes en las cuatro primeras crónicas de *Caras y Caretas* (y en los cuatro primeros capítulos de *La ciudad de los locos*), culminan en la última ("Aventuras morales de Tartarín Moreira") con otra violencia, muy específica, en un bar de Buenos Aires:

Agapito Candileja:

> Mientras hablábamos, un vendedor de diarios penetró en el café. Se acercó a nuestra mesa. Nos ofreció periódicos... Como no le quisimos comprar, nos pidió por favor le diéramos una aceituna. Tartarín se enojó. Tomó al chico por el cuello de su vieja blusita y lo tiró con fuerza contra la puerta del café. La cabeza del chico pegó contra el vidrio. El cristal se estrelló. Gran ruido... Desplomóse el muchacho, con la cabeza rota, chorreando sangre...[32]

En esta última crónica de *Caras y Caretas* Moreira aplasta al vendedor de diarios (y da nombres falsos –el suyo Benito Villanueva, el de Agapito José Figueroa Alcorta– al policía analfabeto que interviene, y arregla con dinero al patrón) en el momento mismo en que es "jefe de policía" de una provincia que no sabe cuál es, porque solamente cobra el sueldo y divide las ganancias con su tío el ministro: su trabajo consiste en mandarle los recibos firmados. Esa institución nacional existe hoy en la Argentina y se llama "empleado ñoqui". Moreira encarna simultáneamente, "en *Caras y Caretas*" (con la violencia literaria de la sátira del *comic*), el sistema político criollo y corrupto y la violencia contra los canillitas. (En la segunda crónica Agapito había narrado las hazañas y discursos de Tartarín para ser electo diputado por Tachuelas y pedir en su primer discurso el aumento de las dietas.) El Moreira "francés" representa la violencia contra el pueblo, la violencia en el exterior, y la política violenta y bárbara, "sudamericana", que Payró, en 1910, va a contar tan precisamente en las *Divertidas aventuras de un nieto de Juan Moreira.*[33] Pero lo hace "en loco", en sátira, en mutante, en serie, en *comic:* en la diversión y la violencia de *Caras y Caretas*. "En *Caras y Caretas*."

Moreira como principio organizador de tribus que definen su identidad y sus territorios por la violencia. En 1907 y 1908, el Moreira de ficción de *Caras y Caretas* es un representante de la "política criolla" y también un "niño mal de familia bien" que iba a los bailes de barrio *para divertirse y ejercitar la violencia.* Y que lleva esa misma violencia a París, como "argentino oficial", como "el malón" contra los extranjeros, y la lleva al bar contra el canillita, en el trayecto de Cosmópolis a Locópolis. Quizás uno de los hijos de los que nacionalizaron y legitimaron la violencia de Moreira, en 1890 y en el circo, y uno de los que bailaron el tango y sus violencias en los prostíbulos de la calle San Juan y se lo llevaron al centro y a París, nacionalizado para la exportación. Como Ricardo Güiraldes en 1910.[34]

La historia del Moreira "francés" se cuenta con la de las patotas (y también con la de las "patotas" que iban al circo en 1890 a ver el primer Moreira), que se cuenta con la historia del tango (que también se cuenta con una Moreira), con su nacionalización y su exportación a París, por parte del (futuro) *Don Segundo Sombra* de 1926, para dar la vuelta completa al gaucho que fue nuestro punto de partida en 1879. Con Güiraldes llegamos al otro de Moreira, a su otro: el viejo pacífico. En 1910, este ciclo "de Cosmópolis a Locópolis" señala el próximo como su límite.

1914: en las puertas de Locópolis

Estamos ahora en 1914, en la novela, en las puertas mismas de Locópolis y en el primer párrafo del manifiesto modernista y antiburgués que abre *La ciudad de los locos:*

> Esta novela no podrá ser medida por las gentes normales. Los imbéciles no la comprenderán. Los que sólo creen en la belleza de la línea sin curvas, dirán que fue escrita por un loco. Aquellos que para comprender a un personaje necesitan descripciones prolijas, se horrorizarán. Los que para compenetrarse de la vida de los protagonistas novelescos, han menester de la cronología, de la claridad, de la lógica y de la simetría, deben encerrar este libro bajo llave. Tal vez sus hijos lleguen a conquistarse, por el refinamiento del dinero, el honor de entenderlo.

Después de las cuatro crónicas y en el capítulo quinto, que se titula precisamente "Empieza la novela", el cronista Agapito Candileja desaparece y la locura se desplaza porque Tartarín Moreira está en el manicomio con un chaleco de fuerza. Así "empieza la novela". Ya contamos cómo Moreira se volvió loco después de sufrir una "operación experimental" para transmutarlo en genio-superhombre (cómo llegó a ser víctima de la violencia y del delito científico de su padrastro, el Frankenstein director del manicomio, que le inyectó genes de un negro idiota). Cómo vivió tres años en el manicomio como loco común (mientras su padrastro, que se volvió loco después del "experimento salvaje", se alojaba en el pabellón de "distinguidos"), cómo después de pronunciar desde un árbol un discurso sobre la locura dirigió el incendio y la huida masiva del manicomio, cómo fundó la utópica e igualitaria ciudad de los locos, cómo era esa ciudad del deseo y cómo fue destruida y por qué, lo contaremos en otra ocasión.

NOTAS

[1] Las citas son de Eduardo Gutiérrez, *Juan Moreira,* Buenos Aires, Centro Editor de América Latina, 1987, p. 13.

[2] Por ejemplo:

> Hemos hecho *un viaje* ex profeso a recoger datos en los partidos que este gaucho habitó primero y aterrorizó después, sin encontrar en su vida una acción cobarde que arroje una sola sombra sobre lo atrayente de la relación que emprendemos (p. 13).
>
> Hemos hablado con los empleados de policía que han combatido con Moreira, inválidos todos, y hemos conversado largamente con el capitán de las partidas de plaza de Lobos y Navarro, inválidos también, y todos ellos nos han relatado la honda impresión que producía la mirada de Moreira en el combate (p. 31).
>
> No hacemos novela, narramos los hechos que pueden atestiguar el señor Correa Morales, el señor Marañón, el señor Casanova, juez de paz entonces, y otras muchas personas que conocen todos estos hechos. Hacemos esta salvedad, porque hay tales sucesos en la vida de Juan Moreira, que dejan atrás a cualquier novela o narración fantástica, escrita con el solo objeto de entretener el espíritu del lector (p. 83).

O:

> Un hecho que no nos atreveríamos a narrar si el señor Nicolás González, juez de paz en aquella época, no pudiera *atestiguar* este hecho novelesco, digno de los espíritus fuertes que figuraron en la Edad Media (p. 115).

En cuanto a los *enunciados científicos,* para Moreira "melancolía profunda":

> Moreira soltó una maldición que sonó como un trueno y quedó inmóvil y mudo, tan inmóvil que parecía haber caído en esa locura espantosa y desgarrante que la ciencia ha clasificado de melancolía profunda, estado de vida muy semejante a la muerte, de que nos ocuparemos en otra parte (p. 136).

Y para Vicenta "idiotismo":

> Sus labios habían cesado de moverse y estaba allí estática, con la vista clavada en Moreira, con la expresión del idiotismo que caracteriza el semblante de un microcéfalo (p. 157).

Adolfo Prieto mostró claramente la modernidad que implica Moreira en relación con Martín Fierro, en el capítulo II ("Red textual y deslizamientos de lecturas. Martín Fierro, Moreira, Santos Vega") de *El discurso criollista en la formación de la Argentina moderna,* Buenos Aires, Sudamericana, 1988. Dice que en Juan Moreira puede leerse la modernización: ferrocarriles, hoteles, billares, prostíbulos, los nuevos asentamientos en la campaña y las migraciones internas a Buenos Aires. Y el hecho de que narre un periodista que entrevistó a Moreira es un claro signo de modernidad (p. 91).

[3] Jorge B. Rivera (en *Eduardo Gutiérrez,* Buenos Aires, Centro Editor de América Latina, 1967) dice que Gutiérrez nacionaliza el folletín truculento, y que la crítica del '80 censuró lo que leyó "como un ataque a la 'cultura social' (esto es, al encubrimiento de las zonas de conflicto)". Y que Martín García Mérou (el crítico oficial de la coalición cultural del estado) lo condena en *Libros y autores,* cuando escribe que en las obras de Gutiérrez "se codean todas las categorías de la canalla, desde el ladrón de alta escuela, hasta el ratero artístico que trabaja en miniatura, y hace de la prestidigitación una ciencia... Los *dramas policiales* son, reducidos a su más simple expresión, la epopeya del robo y el asesinato" (p. 29).

Rivera habla del "moreirismo" como elaboración mítico-populista de los atributos de guapeza, y lo liga con la inmigración y el paternalismo de la oligarquía liberal "que tolera e instrumenta las formas de marginalidad" y prepara los rudimentos de lo que será el gaucho paradigmático, "personaje justificatorio de un tipo de producción agropecuaria que se ve en Güiraldes".

Anarquismo, socialismo, liberalismo, darwinismo, nacionalismo cultural y populismo; Rivera muestra todas las perspectivas posibles sobre Moreira, y también sus proyecciones literarias, cinematográficas (por ejemplo, el *Juan Moreira* de Moglia Barth y Mc Dougall, de 1948), operísticas (la ópera *Pampa* de Arturo Berutti y Guido Borra, de 1897), y las dos tiras gráficas dibujadas por Walter Ciocca y aparecidas en *La Razón*: *Juan Moreira* y *Hormiga Negra* (pp. 45-46).

El libro de Rivera es mi fuente principal para "Los Moreira"; de él he tomado muchos de los datos para construir la genealogía.

[4] Por supuesto fue Borges, tan ligado con Moreira, el que vio la visibilidad del héroe. En "Eduardo Gutiérrez, escritor realista", que apareció en la revista *El Hogar* en 1937, Borges dice que los folletines de Gutiérrez eran lacrimosos y su prosa "de una incomparable trivialidad", pero "Lo salva un solo hecho que la inmortalidad suele preferir: se parece a la vida". Y: "Las palabras de Gutiérrez se me han borrado; queda la escena. A puñaladas pelean dos paisanos en una esquina de una calle de Navarro [...] ¿no es memorable esa invención de una pelea caminada y callada? ¿No parece imaginada para el cinematógrafo?" (Jorge Luis Borges, *Textos cautivos. Ensayos y reseñas en "El Hogar" (1936-1939)*, Tusquets Editores, Buenos Aires, 1986, p. 47).

Borges heredó a Moreira a través de su antepasado el coronel Borges, que aparece en el capítulo "El último asilo" de *Juan Moreira* como "el valiente coronel Borges".

Daniel Balderston ("Dichos y hechos: Borges, Gutiérrez y la nostalgia de la aventura", *La Torre*, Revista de la Universidad de Puerto Rico, Nueva Época, año II, nº 8, octubre-diciembre de 1988, pp. 595-615) estableció una relación exhaustiva de Borges con Moreira. Dice Balderston que la mitología del facón y el culto del coraje en Borges tienen su antecedente más importante en las obras de Gutiérrez, donde la pelea a cuchillo se codifica y adquiere dimensiones míticas. Y que Borges tituló "Leyenda policial" la versión primitiva de "Hombre de la esquina rosada" cuando la publicó en la revista *Martín Fierro,* en febrero de 1927, siguiendo los dramas policiales de Gutiérrez.

El mismo Borges (y lo cita Balderston) se refiere a la importancia de Gutiérrez en *El idioma de los argentinos* cuando comenta sus primeras lecturas y lo evoca en primer lugar: "Sospecho que los novelones policiales de Eduardo Gutiérrez y una mitología griega y el *Estudiante de Salamanca* y las tan razonables y tan nada fantásticas fantasías de Julio Verne y los grandiosos folletines de Stevenson y la primera novela por entregas del mundo: *Las 1001 Noches,* son los mejores goces literarios que he practicado" (p. 596).

Agreguemos que Borges escribió también la historia de Billy the Kid en *Crítica* en 1935 con el título "El asesino desinteresado Bill Harrigan", *Historia universal de la infamia,* Buenos Aires, Emecé, 1954: 65-72.

[5] Hannah Arendt (*On violence,* Nueva York, Harcourt, Brace & World, 1969) dice que la violencia (que es diferente del poder y la fuerza) necesita siempre de implementos, de tecnología, y que eso se ve en la guerra. Y que la sustancia de la acción violenta está gobernada por la categoría de medios-fines (p. 4).

Arendt sostiene que mucho puede aprenderse de Georges Sorel (*Reflexiones sobre la violencia*, 1906), que al comienzo del siglo XX trató de combinar el marxismo con la filosofía vitalista de Bergson: su resultado es extrañamente similar, dice, a la mezcla de Sartre del existencialismo con el marxismo. Sartre habló del fascismo de Sorel por su glorificación de la violencia, pero fue mucho más lejos que él en su prefacio a *Los condenados de la tierra* de Franz Fanon (p. 12). Fanon, que tuvo una intimidad con la práctica de la violencia superior a todos, fue influido por Sorel y usó sus categorías, dice Hannah Arendt (pp. 71-72).

Arendt *relaciona la violencia con el estado:* hay una tradición del pensamiento político, dice, que liga el poder absoluto, el surgimiento de las naciones-estado de Europa, y la violencia. Sus voceros más importantes siguen siendo Jean Bodin en Francia en el siglo XVI, y Thomas Hobbes en Inglaterra en el siglo XVII. Cita a Max Weber, que en *Politics as a Vocation* (1921) definió al estado como "el gobierno de los hombres sobre los hombres basado en los medios de legitimación de la violencia", y a Trotsky: "Todo estado está basado en la violencia" (p. 35).

Y diferencia entre poder y violencia: el poder siempre necesita números, mientras la violencia puede funcionar sin ellos porque se basa en implementos. La forma extrema del poder es Todos contra Uno, y la forma extrema de violencia es Uno contra Todos, y eso no es posible sin instrumentos (p. 42).

Poder y violencia, aunque fenómenos diferentes, generalmente aparecen juntos, dice Arendt. Cuando se combinan, el poder es el factor primero y predominante. Pero políticamente es insuficiente decir que poder y violencia no son lo mismo. Poder y violencia son opuestos; donde uno gobierna absolutamente, el otro está ausente. Esto implica que lo opuesto a la violencia no es la no violencia, y que hablar de poder no violento es redundante. La violencia puede destruir al poder, pero es incapaz de crearlo. En síntesis: la violencia no puede derivarse de su opuesto, que es el poder (pp. 52-56).

[6] Gerchunoff lo vio claramente en el teatro, y escribió que era "un drama esencialmente anárquico. En efecto, Juan Moreira es un rebelde en una sociedad organizada sobre el privilegio político [...] ¿En qué se diferencian, en tal caso, el drama de Juan Moreira de los dramas actuales de tesis acrática en que se pintan las injusticias del orden político y económico en que vivimos?". Alberto Gerchunoff, "La vuelta de Juan Moreira", en *El hombre que habló en la Sorbona*, Manuel Gleizer Editor, Buenos Aires, 1926, pp. 167-175.

[7] Sobre la relación entre la violencia, la justicia, el derecho, los medios y los fines, Walter Benjamin ("Para una crítica de la violencia" [1921], en *Angelus Novus,* Barcelona, Edhasa, 1971, pp. 171-199) escribe: "La tarea de una crítica de la violencia puede definirse como la exposición de su relación con el dere-

cho y con la justicia". La pregunta de si la violencia constituye un medio para fines justos o injustos sólo puede ser buscada en el reino de los medios y no en el de los fines. El problema de si la violencia en general, como principio, es moral, permanece sin respuesta aun cuando sea un medio para fines justos; para decidir esto se necesita una distinción en la esfera misma de los medios, sin tener en cuenta los fines a los que estos sirven, escribe Benjamin. Y se refiere al criterio jusnaturalista que distingue entre violencia con fines justos o injustos, y al derecho positivo que distingue entre violencia legítima e ilegítima. Pero lo fundamental, dice, es que existe en toda violencia un carácter de creación jurídica. El Estado teme a esa violencia creadora de derecho, así como debe reconocerla *cuando fuerzas externas* lo obligan a conceder el derecho a la guerra o a la huelga.

Si la primera función de la violencia puede ser definida como creadora de derecho, la segunda es la que lo conserva. Toda violencia es, como medio, poder que funda o conserva el derecho. De ello se desprende que toda violencia como medio se halla sometida al problema del derecho en general, concluye Benjamin.

Jacques Derrida analiza el texto de Benjamin en "Force de Loi: Le 'Fondement Mystique de L'Autorité'", *Cardozo Law Review* 11.5-6 (1990), pp. 919-1045.

[8] En Argentina el populismo liberal se diferencia nítidamente del populismo rosista. Cuenta el folletín que el padre de Juan Moreira fue enviado por el dictador con una carta para el jefe de policía Cuitiño con orden de fusilarlo, cuando él creía que era para que le diera un dinero que le prometió.

En cuanto a las relaciones entre el populismo norteamericano y los criminales populares, Paul Kooistra (*Criminals as Heroes: Structure, Power and Identity,* Bowling Green, Ohio, Bowling Green State University Popular Press, 1989) dice que los "bandidos sociales" como Jesse James y Billy the Kid en 1870, Dalton y Butch Cassidy en 1890, y "Pretty Boy" Floyd y John Dillinger en 1930 surgieron en Estados Unidos junto con organizaciones políticas agrarias que se mostraron muy efectivas: en 1890 el Partido Populista era poderoso. Si se piensa que estos grupos agrarios consideraban ciertas leyes como crímenes e invocaban metáforas religiosas (crucifixiones, por ejemplo) como modos de expresar el impacto que tenían sobre ellos, no es difícil comprender cómo ciertos criminales se transfiguraron en figuras heroicas, símbolos de justicia para la población rural. Las víctimas del héroe eran los opresores del campesino. Así, el criminal heroico y los movimientos políticos agrarios organizados, tales como el movimiento Populista en los Estados Unidos, parecen tener su génesis en la misma causa: descontento agrario con la política y las prácticas económicas existentes. Estos criminales no emergen al azar sino que aparecen en un contexto rural agrario, por ejemplo el Oeste y el Medio Oeste, y en momentos particulares: 1870, 1890 y después en 1930. *Son tres períodos que tienen algo en común:* depresión económica. El comerciante de clase media o el chacarero más acomodado encontraron sus posesiones amenazadas por impuestos o tasas de interés que ya no podían pagar.

Kooistra marca *la importancia de la prensa de fin de siglo* en los Estados Unidos para la construcción de estos héroes. La prensa trataba al crimen como un entretenimiento, y así comenzó la ficción del criminal heroico, jugando de un modo rápido y suelto con "los hechos". Se reconstruyeron sus rasgos físicos, se les atribuyó actos caritativos. Un ejemplo típico es Jesse James, cuyas glorificaciones pasaron por alto crímenes de mujeres y chicos. Lo mismo ocurrió con Billy the Kid. Jesse James, Billy the Kid y Butch Cassidy son los Robin Hoods americanos, dice Kooistra, pero hay otros como Bonnie y Clyde y "Pretty Boy" Floyd, por ejemplo, que han sido presentados como criminales heroicos. Aunque vivieron en diferentes lugares y tiempos, las leyendas son básicamente las mismas: llevados a una vida de crimen como víctimas de la injusticia o por cometer un acto que el estado, pero no la comunidad, considera criminal. Son considerados por muchos como honorables; violan la ley pero representan una justicia "más alta", roban a los ricos corruptos y dan a los pobres. No desafían la legitimidad del estado, sino sólo las prácticas corruptas de los opresores del pueblo. Y sus víctimas son enemigos de la justicia social. Se los construye de tal modo que sus roles sociales se invierten: el héroe es visto como un hombre con el cual nos podemos identificar fácilmente. Estos son los atributos del criminal heroico de la prensa, y así se crea y perpetúa la leyenda (pp. 24-33).

Richard W. Slatta (compilador de *Bandidos. The Varieties of Latin American Banditry*, Nueva York-Londres, Greenwood Press, 1987) dice en "Introduction to Banditry in Latin America" (pp. 1-9) que para América Latina se requieren otros modelos, como el delincuente político y el guerrillero, además del de Eric J. Hobsbawm *(Rebeldes primitivos y Bandidos),* que sostuvo que el bandidismo rural es una forma prepolítica de protesta. La realidad social del bandidismo en los siglos XIX y XX en América Latina exhibe más diferencias que convergencias con el modelo de Hobsbawm, dice Slatta. En América Latina la cultura de la violencia se liga con el individualismo, un sentido exagerado del honor personal y un concepto extremo de la virilidad. Las masas rurales usaron al bandido más para beneficios económicos que para protestas prepolíticas. Y los vínculos con la oligarquía fueron mucho más frecuentes que la alianza bandido-campesinos planteada por Hobsbawm.

Slatta dice en la *Conclusión* (pp. 191-199) que los desertores y bandidos latinoamericanos podían contar con la protección de los estancieros que sufrían una crónica falta de mano de obra. Estos lazos entre las élites rurales y las bandas de bandidos legitimaron a los criminales, y esos vínculos también ilustran la fluidez entre las acciones legales e ilegales de los bandidos. En el México del siglo XIX el bandido de ayer podía ser el policía rural de mañana. En el caso brasileño de Lampião el gobierno comisionó al bandido como oficial del ejército. Lo mismo hacían los políticos (como el caso de Moreira, dice Slatta), y esa misma fluidez entre los criminales y los oficiales se observa en la España de los Borbones y en la Rusia zarista (p. 193).

Moreira (en Argentina), Silvino y Lampião (en Brasil), y Pío Romero (en Bolivia), gozaron de una reputación de invisibilidad y invencibilidad. Pero el folclore campesino usó una "memoria selectiva" que los recuerda como héroes, aunque la realidad histórica fuera otra, concluye Slatta (p. 196).

En la misma compilación de Slatta sobre las características diferenciales del bandidismo en América latina, Linda Lewin

("The Oligarchical Limitations of Social Banditry in Brazil: The Case of the "Good" Thief Antônio Silvino", pp. 67-96) encuentra una clara cooperación entre los bandidos y la oligarquía de las plantaciones. Silvino, que empezó su carrera en 1899, colabora más con esta que con los campesinos de la región, pero las imágenes que aparecen en la literatura popular de cordel lo exaltan como héroe popular en la región de Paraíba. Se oscureció y se negó el rol histórico real de Silvino como instrumento para mantener el orden en apoyo de las elites agrarias locales. Fue capturado en 1914; se convirtió al protestantismo; fue perdonado en 1937 por el presidente Getulio Vargas que le dio un puesto menor en el gobierno, y murió en 1944. Tuvo algunas debilidades personales: le gustaban los anillos de diamantes, se bañaba la cara con agua de colonia, y usaba brillantina en el pelo (p. 76).

[9] Héctor y Luis J. Bates (*La historia del tango. Sus autores,* tomo I, Buenos Aires, Cía. General Fabril Financiera, 1936, p. 24): "En el año 1889 se bailaba por primera vez una milonga en un escenario del Río de la Plata, y tal honor corresponde a 'La estrella', de don Antonio Podestá, quien la escribió para el primer drama criollo que se representó en nuestro teatro, 'Juan Moreira', en la época que los personajes de la obra no hablaban todavía, reduciéndose el espectáculo a una simple pantomima a la que se puso música para matizarla."

En cuanto a Cocoliche, Enrique García Velloso en sus *Memorias de un hombre de teatro* [selección] (Buenos Aires, Eudeba, 1960. Capítulos "José Podestá y 'Juan Moreira'" y "Eduardo Gutiérrez y la verdad sobre Juan Moreira") cuenta todo el proceso del pasaje al circo y al teatro y el éxito del drama, y dice que al primitivo plan dramático de Gutiérrez se incorporaron otros cuadros de la novela *y también personajes extraños a la obra original*. El más destacado de estos últimos fue Cocoliche, "tipo cómico por su lengua, por los efectos de contraste entre sus condiciones nativas y su afán de asimilarse a un medio de aventuras heroicas que le resulta imposible, por su indumentaria y su físico grotesco". García Velloso lo compara con el "papolitano" de Hernández, que pasó a ser el tipo cómico de los dramas gauchescos, y que con el andar del tiempo, dice, dio lugar a una prolífica literatura teatral. El Cocoliche fue inventado por un fanático del teatro Politeama y de los Podestá, un estudiante de medicina llamado De Negri que murió tuberculoso. Se escapaba del hospital de noche para ir al teatro e imitaba las jergas de los extranjeros, y una noche de delirio salió al escenario vestido de mamarracho, el público se rió a más no poder y fue un éxito. Este personaje aparece en obras posteriores y culmina en *Los disfrazados* de Carlos M. Pacheco interpretado por Florencio Parravicini. El Cocoliche es un tipo imperecedero, origen de toda una literatura cómica en el teatro argentino, dice García Velloso.

[10] Dice Roger N. Lancaster (*Life is Hard. Machismo, Danger, and the Intimacy of Power in Nicaragua,* Berkeley-Los Angeles-Oxford, University of California Press, 1992. Cap. XVIII: "Subject Honor, Object Shame"): "El machismo no es un conjunto de ideas erróneas que se aloja en la cabeza de la gente. Es más bien una organización de relaciones sociales que genera ideas. Por lo tanto, cl machismo cs algo más que un 'efecto' producido por otras relaciones materiales. Tiene su propia materialidad, su propio poder de producir efectos. [...] El machismo es algo más que un 'reflejo' de prácticas económicas. Es su propia economía."

Tampoco es un problema de relaciones entre hombres y mujeres, agrega Lancaster. Es esto, pero también es más. El machismo es un medio de estructurar el poder entre los hombres; un modo de afirmar constantemente la masculinidad por medio de prácticas que muestran que se es "activo" y no "pasivo" (pp. 236-237).

Lancaster diferencia las prácticas sexuales y géneros en el universo de la cultura inglesa y norteamericana de los de Nicaragua –yo diría dc América Latina– por csta corrclación activo-pasivo en las relaciones masculinas. La masculinidad es definida como actividad, y sólo el "cochón" pasivo es estigmatizado como homosexual. "Cochón en Nicaragua es un término que marca y delimita un conjunto de prácticas sexuales que no corresponde a la noción angloamericana de homosexual. Es el rol pasivo el que define al cochón en Nicaragua. El hombre-hombre, viril, juega el rol activo en la relación sexual."

El activo hombre-hombre afirma precisamente su masculinidad no sólo con las mujeres sino también con el cochón. El que inicia la acción, domina o penetra es masculino; el que es penetrado y dominado es femenino. Esta relación aparece como el ideal en todas las esferas de transacción entre los géneros. Usar al cochón es prueba de masculinidad. El cochón es un producto del machismo: funda el sistema del machismo y lo mantiene en su lugar, así como el machismo funda al cochón y lo mantiene en su lugar (p. 237). El honor del macho y la vergüenza del cochón son las dos caras opuestas de la misma moneda, dice Lancaster (pp. 243-244).

[11] Ricardo Rodríguez Molas (*Divorcio y familia tradicional,* Buenos Aires, Centro Editor de América Latina, 1984) se refiere al estado de la legislación familiar a fines del siglo XIX en Argentina. Dice que los códigos *penaban con arresto los adulterios femeninos.* El art. 247 del Código Penal en vigencia a fines del siglo pasado en la provincia de Buenos Aires (donde transcurre el drama de Moreira y de Vicenta, añado) estipula: "La mujer que comete adulterio será castigada con dos años de prisión y el codelincuente con el mismo tiempo de destierro. El marido culpable de adulterio sufrirá dos años de destierro" (p. 81). Y Enrique Parodi, en la tesis *Del divorcio,* de 1880, escribe: "El adulterio de la mujer es más grave que el del hombre. En efecto, el deshonor de la mujer repercute en la familia" (p. 81). Esto, en cuanto al "delito" de Vicenta.

En cuanto a su sufrimiento, Rodríguez Molas cita a un testigo francés, Jules Huret (*La Argentina. Del Plata a la Cordillera de los Andes,* París, Fasquelle, s/f, p. 39), que dice de la esposa argentina en el siglo XIX: "Tal fuerza de resignación y de sacrificio escandaliza y pone fuera de sí a las norteamericanas, que residen o se hallan de paso en la Argentina, y recuerdo el gesto despreciativo con que una de ellas me decía: '¿Sabe usted lo que hacen las mujeres de aquí cuando sus maridos las engañan? Pues se quedan en sus casas y pasan el tiempo llorando'."

Informa el diario *Clarín* del lunes 30 de junio de 1997, bajo el título de "En Italia, el adulterio dejó de ser causal para divorciarse" (pp. 42-43) que en Argentina el adulterio dejó de ser un delito en febrero de 1995. Hasta entonces, el Código Penal imponía de un mes a un año de cárcel a los esposos adúlteros, que no sólo debían denunciar al cónyuge infiel sino también a su amante. Sin embargo, muy pocas personas se presentaron ante la Justicia para pedir que su cónyuge fuera considerado un delincuente: la última condena fue de 1918. La ley que sacó la palabra adulterio del Código Penal es la 24.453, que fue impulsada por el senador enterriano Augusto Alasino.

En Brasil se generó una virulenta polémica hace seis años, informa *Clarín,* cuando un grupo de diputadas del Partido de los Trabajadores propuso excluir el deber de fidelidad conyugal del Código Civil. De aprobarse esa iniciativa, el adulterio debía ser despenalizado. Las reacciones fueron tales que el proyecto fue descartado.

[12] Néstor Perlongher, *Alambres*, Buenos Aires, Ediciones Último Reino, 1987. El mudo legado a Julián: "a vos te dejo –dijo– el pañuelo celeste con que me até las bolas / cuando me hirió ese cholo, en la frontera; y el zaino amarronado; / y los lunares que vos creías tener que tengo yo..."; "y te dejo también esos tíovivos, con sus caballos de cartón que / ruedan empantanados en el barro"; "y también esos pastos engrasados donde perdí ese prendedor, de / plata, si lo encontrás es tuyo".

[13] En el *¡Moreira!* de César Aira (Buenos Aires, Achával solo, 1975; el texto tiene fecha al final, 31 de diciembre de 1972) lo popular "malo", la violencia, es el signo de la vanguardia literaria y de la revolución, y la muerte en el prostíbulo el momento socrático del texto: el momento de la verdad literaria, política y psicoanalítica. En la contratapa, el libro tiene esta inscripción: "Vuelve en esta novela el mas célebre de los *sujetos malos*. Rodeado por sus discípulos, Juan Moreira aguarda el advenimiento de *la muerte;* mientras tanto, discuten sobre la inmortalidad de la producción. (Moreira dice siempre la verdad.) La novela se desliza y transfigura sobre escenas multiplicadas,

pero los telones de la Madre Naturaleza impiden ver su desenlace". En el texto Moreira cita a Freud y exhorta: "Sean marxistas" (p. 61) y vence a cuatrocientos soldados, mientras Felisa, la prostituta, habla por teléfono en alemán: "*–Wo es war, soll Ich werden.* (Si va ella, no voy yo)" (p. 76). Los soldados se dispersan, primero en "partidas", luego en "hordas". Y se cierra sin narrar la muerte.

Llegamos a las vanguardias con los Moreira pero en 1997, en Buenos Aires, aparece el Moreira "poscibernético" de Eduardo Blaustein (*Cruz diablo,* Buenos Aires, Emecé, 1997). Aparece en un futuro donde se funden los tiempos y mutan las identidades, porque Moreira, el mutante que siempre fue, es ahora un informatizado viajante de comercio, rastreador cibernético, que suele hacer negocios con los caciques del lugar. Es perseguido por indígenas a los que ha robado el cadáver del famoso cantante Carfi, que tiene un secreto que se disputan los que gobiernan a través de pantallas y desde Ciudad Central, una isla artificial entre Buenos Aires y Colonia. Moreira, hoy, como protagonista del futuro de una Argentina ruinosa, que mantiene una guerra de malones y guerrillas. *Cruz diablo* es algo más que ciencia ficción; recoge elementos de nuestra cultura inmediata para ubicarlos en un lejano futuro.

[14] Allen Feldman (*Formations of Violence. The Narrative of the Body and Political Terror in Northern Ireland,* Chicago y Londres, The University of Chicago Press, 1991) se refiere a la construcción cultural de la violencia, el cuerpo y la historia en Irlanda del Norte entre 1969 y 1986. Traza una correlación entre formas simbólicas, prácticas materiales violentas (espaciales y corporales), y estrategias narrativas: las tres constituyen un lenguaje unificado de significación material, que circula y forma bloques antagónicos.

La historia oral sería el artefacto de representaciones de la violencia y el cuerpo. Porque el sujeto político, dice Feldman de entrada (capítulo 1: "Artifacts and Instruments of Agency", pp. 1-16) sería el cuerpo como *locus* de prácticas materiales. Y esas prácticas apuntan a construcciones espaciales que median entre las estructuras económicas, las formaciones de clase y las ideologías. Dentro de un sistema urbano, la violencia aparece como un factor importante en el modelado de estructuras espaciales de segregación y territorialidad. La construcción cultural del sujeto político, para Feldman, se liga con la construcción cultural de la historia.

[15] José J. Podestá, el actor que representó a Moreira en el circo, reproduce el artículo del *Sud-América* en el capítulo (tan bien titulado, puesto que se trata de un tipo de canonización) "La crítica levanta bandera blanca", de sus *Memorias* (*Medio siglo de farándula),* Buenos Aires, Río de la Plata, 1930, p. 65). (Teodoro Klein, en "El público de Moreira en Buenos Aires" en *Revista de Estudios de Teatro,* vol. V, nº 13, 1986, pp. 49-53, exhuma también esta nota.)

En los mismos años de 1890 Eduardo Holmberg, un científico ligado con el estado liberal y un escritor de vanguardia que inventó la ciencia ficción, la literatura fantástica y la novela policial en la literatura argentina, pone al *Juan Moreira* del circo, nacionalizado por la élite liberal masculina, al lado de *La verbena de la paloma,* como un clásico del teatro popular en español. Dice Eduardo L. Holmberg en la Dedicatoria de su cuento "Nelly" al Profesor Baldmar F. Dobranich, refiriéndose a su cargo de director del Jardín Zoológico de Buenos Aires, que desempeñó entre 1888 y 1903: "¿Seré tan desgraciado que por el hecho de haber profesado la doctrina de la evolución y porque ahora lidio con rejas, paredes, plantas y animales en el Jardín Zoológico no he de poder asistir a una representación del *Juan Moreira* o de *La verbena de la paloma*?" En *Cuentos fantásticos*, Buenos Aires, Librería Hachette, 1957, p. 242, Estudio preliminar de Antonio Pagés Larraya. (Debo este dato a Octavio Di Leo.) "Nelly", dice Pagés Larraya, apareció como folletín en el periódico *La Prensa,* desde el 27 de enero hasta el 6 de febrero de 1896.

[16] En este proceso, Blas Matamoro (*La ciudad del tango. Tango histórico y sociedad,* Buenos Aires, Galerna, 1982,

pp. 73-76) vincula la aceptación del tango con la política liberal en relación con la oposición de "la chusma" radical. Dice que el radicalismo eligió la subversión en 1890, en 1893 y en 1905, con resultado adverso, pero fortalecido cada vez por la falta de perspectivas del gobierno exclusivista liberal. A la clase dirigente le quedaba una opción: inclinar a los radicales a una subversión total o acordar con ellos una salida media que dejara en manos del régimen ciertos resortes esenciales de poder. La oligarquía optó por el acuerdo. La apertura política que se iba dibujando paulatinamente repercutió también a nivel del trato con la cultura orillera. Se tendió a hacer del tango una institución pública y a neutralizar su contenido maligno. Así como el radicalismo aceptó el acuerdo y se convirtió en un partido liberal, el tango aceptó el adecentamiento y dejó la orilla perdiendo su hermetismo primitivo, dice Matamoro.

[17] Rubén Darío, "La novela americana en España", en *España contemporánea*, París, Garnier, s/f, p. 336 (son artículos de 1898-1900; el libro apareció en 1901). Dice Darío refiriéndose a los textos de Eduardo Gutiérrez y a *Juan Moreira:*

> Ese *bárbaro* folletín espeluznante, esa *confusión de la leyenda y de la historia nacional* en una escritura desenfadada y a la criolla, forman, en lo copioso de la obra, la señal de una época en nuestras letras. Esa literatura gaucha es lo único que hasta hoy puede atraer la curiosidad de Europa: ella es un producto natural, autóctono, y en su salvaje fiereza y poesía va el alma de la tierra (bastardilla nuestra).

Esto en cuanto a la exportación de la novela. En cuanto a la del drama, veamos lo que piensa el escritor argentino (modernista, socialista, latinoamericanista y antiimperialista) Manuel Ugarte en 1902 en París. En "El teatro argentino en Europa", que apareció en sus *Crónicas del Bulevar* con prólogo de Rubén Darío (París, Garnier, 1902, pp. 251-263) escribió sobre la idea que tienen en París de América del Sur: producen mucho trigo y se divierten jugando a la guerra civil. Y dice Ugarte que "hablando de un desgraciado, un escritor parisiense decía: se suicidó, porque no le quedaba más recurso que pedir limosna o embarcarse en Marsella para hacerse nombrar general en alguna república sud-americana". Pero acaba de aparecer en un diario *boulevardier,* escribe Ugarte, la noticia (y la traduce), de que "desembarcará en Burdeos una compañía de dramas criollos (escenas de la Pampa) que un empresario atrevido se propone mostrar en pleno París con toda la *mise en scène* indispensable".

Dice Ugarte: es evidente que todavía *no tenemos teatro para la exportación.* "Ya nos lo han hecho saber en España. *La Vanguardia* de Barcelona dijo hace algunos meses, cuando desembarcó allí una compañía, que es quizá la misma de que habla el cronista parisiense, que, 'nada es más tosco y rudimentario que el teatro argentino...' añadiendo que *Juan Moreira* ha sido escrito 'sin tener en cuenta las exigencias literarias'". [...] "Todos comprenderán que si en España ha sido difícil hacer aceptar nuestro teatro, en París sería imposible", escribe Ugarte. "*Sería una anomalía* representar *Juan Moreira* en la capital de Francia. Bastarían los gestos salvajes y rudos para enajenarle las simpatías de todos. El pueblo de París es refinado y culto como muy pocos; no alcanzaría a comprender la leyenda brutal de nuestras pampas, en las que el hombre se trocaba en fiera criminal y sublime. [...] Poco importa que Juan Moreira *crea* obrar con arreglo a la justicia; para el público ilustrado, sólo es un simpático capitán de bandidos" (p. 259, bastardilla nuestra).

18 Buenos Aires, Establecimiento Gráfico de A. Monkes, 1908, p. 95.

Dice Borges (*Evaristo Carriego* [1930], Buenos Aires, Emecé, 1955) que Carriego contaba la muerte de Juan Moreira "que pasó de los ardientes juegos del lupanar a las bayonetas policiales y los balazos" (p. 39). Borges pone a su Carriego en 1889, diez años antes de su nacimiento: "de ese Palermo de 1889 quiero escribir": el barrio de quintas, almacenes, carbonerías, conventillos, corralones (p. 20). Criollos y gringos, malevaje nativo, guitarras, irrealidad: Carriego, dice Borges, fue el descubridor, el inventor de nuestros barrios pobres (p. 100).

Carriego liga el tango, Moreira y los orilleros, y Borges cita el poema "El alma del suburbio" de las *Misas herejes:* "al compás de un tango, que es La morocha, / lucen ágiles cortes dos orilleros".

"El argentino halla su símbolo en el gaucho y no en el militar, porque el valor cifrado en aquel por las tradiciones orales no está al servicio de una causa y es puro. El gaucho y el compadre son imaginados como rebeldes; el argentino, a diferencia de los americanos del Norte y de casi todos los europeos, no se identifica con el Estado" concluye Borges después de leer al anarquista Carriego.

Moreira, anarquismo, modernismo. María Bonatti ("Juan Moreira en un contexto modernista", *Revista Iberoamericana* (1978), nº 104-5, pp. 557-567) liga el modernismo y el anarquismo con Juan Moreira y el teatro en el Río de la Plata. La crítica parece haberse limitado a un solo aspecto del modernismo, dice, la prosa culta o de élite, pero hay otros aspectos *en el Río de la Plata* que merecen atención. Por ejemplo, la *tradición americanista* del modernismo (que es crucial para Rodó), y también la relación del modernismo con el anarquismo. Dice que el dramita del circo permitió la fundación del teatro en el Río de la Plata con las obras de Florencio Sánchez y de Ernesto Herrera, que tuvieron mucho éxito en Montevideo y en Buenos Aires. Ambos estaban impregnados de las ideas anarquistas de Malatesta que por ese tiempo se hallaban en plena expansión en el Río de la Plata. "En cierto sentido es la corriente realista penetrada de un impreciso estado sentimental-anárquico que los empuja a insertar en sus obras elementos de espontaneísmo rebelde tomados de la tradición teatral moreirista" dice María Bonatti (562).

19 Ángel Rama, en el Prólogo a *Rubén Darío. Poesía*, Editorial Ayacucho (Caracas, 1977, p. XXIV), dice que en Buenos Aires en 1896 (Darío llegó en 1893) "La lectura de los cultos era *La Nación* y las novedades extranjeras; la del pueblo las ilustraciones y los breves textos del primer ejemplo exitoso de revista masiva moderna, *Caras y Caretas*".

Howard M. Fraser (*Magazines & Masks: Caras y Caretas as a Reflection of Buenos Aires, 1898-1908*, Tempe, Arizona State University for Latin American Studies, 1987) dice en la Introducción que *Caras y Caretas* atrajo el espectro más amplio de lectores en todo el período modernista. Tiraba cien mil ejemplares en la primera década, y se dirigía a hombres, mujeres y chicos, con historietas, notas sobre amor y matrimonio, cultura popular (partidos de fútbol) y mucha publicidad. "In fact, *Caras y Caretas* might itself be called an exposition of Argentina during the turn of the century" (p. 9).

Fraser dice que *Caras y Caretas* es la revista de la "Belle Époque" de Buenos Aires (1880-1910), de la Buenos Aires que acompaña "la ilusión de Cosmópolis" (y la compara con Chicago, no con París o Madrid). Una revista para todos, que asimiló las tendencias mayores del periodismo del siglo XIX en Argentina con el espíritu de libertad, el liberalismo político y la curiosidad enciclopédica sobre los pueblos y las culturas del mundo. Y dice también que *Caras y Caretas* puede ser considerada una revista literaria modernista, aunque no era tan exclusiva como *La Revista de América* o *El Mercurio de América*.

[20] En *Fray Mocho desconocido*, Buenos Aires, Ediciones del Mar de Solís, 1979, pp. 295-303, Estudio y compilación de Pedro Luis Barcia. Dice Barcia en el Estudio preliminar que Fray Mocho escribió *Galería de ladrones de la Capital (1880-1887)*, publicado por la Imprenta del Departamento de Policía de la Capital Federal (1887, 2 tomos). Era un libro de fotos de ladrones con las características de cada uno.

Barcia se refiere a *La Patria Argentina* donde aparece en 1879 el Moreira de Eduardo Gutiérrez. En ese mismo diario colaboraba Fray Mocho (seudónimo de José S. Álvarez). *La Patria Argentina* no sólo cultivaba a los héroes populares de la violencia, sino también a los locos. Publicaba entrevistas a locos de Buenos Aires, por ejemplo "Cuadros extraños" (Manicomio de Buenos Aires), folletín anónimo de diciembre de 1879. En 1883 el diario retoma, con Fray Mocho y Eduardo Gutiérrez, esos *reportajes* a "desequilibrados" dice Barcia (p. 82). Los dos escritores coinciden en sus preferencias, también en los cuadros de costumbres porteñas populares, en los tipos atorrantes y los "potentados harapientos" (como Soiza Reilly, agrego).

En 1879, cuando se abre nuestro ciclo, aparecen Moreira (la violencia) y los locos en el mismo espacio periodístico de *La Patria Argentina* y en sus escritores Eduardo Gutiérrez y Fray Mocho, para marcar la relación popular entre la locura y la violencia a través de Moreira.

Dice Sander L. Gilman (*Disease and Representation. Images of Illness from Madness to* AIDS, Ithaca y Londres, Cornell University Press, 1988; capítulo 1: "Depicting Disease: A Theory of Representating Illness") que en la construcción de la imagen del loco como violento hay una *historia interrelacionada de locura, violencia y el cuerpo*. Se la ve en las *imágenes populares* de la locura: el estado pasivo y su antítesis activa; ambos se consideran estados exagerados del ser y por lo tanto indican "locura". El primer estado (melancolía, letargia, depresión) categoriza al loco como "haragán"; el violento es el "loco" como maníaco, con movimientos descontrolados y agresión violenta. Esta es la *imagen popular del loco*, desde el arte religioso medieval a los *comics* contemporáneos, que ilustra rabia descontrolada y subyace a la paradoja inherente en la comprensión del loco como criminal (p. 11, bastardilla nuestra).

21 Ingenieros da una conferencia en la Sociedad de Psicología de Buenos Aires en octubre de 1910, titulada "Psicología de Juan Moreira" (apareció en *Anales de Psicología,* vol. II, Buenos Aires, 1911 [trabajos de 1910], pp. 149-150, como un resumen de la comunicación oral. El mismo resumen en *Archivos de Criminología*, vol. IX, 1910, p. 630), donde dice que va a develar al verdadero Juan Moreira, a su identidad real, por detrás de la ficción de héroe popular argentino, y que tiene todos los documentos en la mano. Y es curioso que nunca haya escrito esta conferencia donde aplica la teoría de Lombroso a Moreira. En suma dice Ingenieros, después de haber demostrado con los documentos que servía al mejor postor electoral, como muchos delincuentes, y que era ladrón y que carecía del sentimiento de nacionalidad, Moreira fue un *amoral congénito, es decir, un delincuente nato*, con las características impresas al tipo por el ambiente gaucho. Tal sujeto no es, pues, un exponente de las

cualidades psicológicas del criollo, sino más bien su antítesis, y es funesto para nuestra moral colectiva el culto de semejante personaje. Dice Ingenieros sobre los héroes populares y la educación del pueblo en los valores y contra la violencia:

> Sería preferible educar en el pueblo el culto del valor en formas menos atávicas; porque hay más valor en *el maestro* que enseña, en *el trabajador* que produce, en *el sabio* que estudia y en *la mujer que sabe ser madre,* que en la fiera humana solamente adiestrada para saciarse en la sangre de sus semejantes.

Enrique García Velloso (*Memorias de un hombre de teatro* [selección], Buenos Aires, Eudeba, 1960, p. 117) comenta esta conferencia:

> Hace años, el doctor José Ingenieros, en una sesión universitaria en honor de Ferri, dio una conferencia a propósito de Juan Moreira. El erudito psiquiatra había hecho copiar en el archivo de los tribunales de Mercedes, todos los procesos instaurados por las autoridades de la provincia de Buenos Aires al célebre bandido y a sus secuaces. Debido a la generosidad de Ingenieros, he podido pasar revista a esos interesantísimos documentos; y en vano he buscado en la obra de Gutiérrez, algún dato extraído de la verdad de esos sucesos, resumidos por las autoridades en las declaraciones de los procesados. Solamente en el capítulo referente a la caza de Moreira en el peringundín de la Estrella, reproduce el novelista detalles que concuerdan con el parte oficial, que el capitán D. Francisco Bosch, jefe de la partida, elevó el 1 de mayo de 1874 al juez de Paz substituto de Lobos, D. Eduardo Martínez, dándole cuenta de la muerte del terrible bandolero y del apresamiento de su compañero Julián Andrade.

El problema es qué hacer con la violencia "real", material y empírica, y la violencia imaginaria cultural y literaria de los Moreira. Es posible que la violencia misma sea la que plantee *el problema de la realidad y de la ficción:* el problema del delincuente y del héroe. Uno es el Juan Moreira real y hay documentos y testimonios. El otro es el de la literatura y el mito. En Moreira se separan *violencia real y "literaria"*. Esta dualidad ha sido trabajada en Estados Unidos en relación con Billy the Kid.

Kent Ladd Steckmesser (*The Western Hero in History and Legend*, Norman, University of Oklahoma Press, 1965) dice que hay dos Billy the Kids en la leyenda: el primero es un cobarde, ladrón y un asesino a sangre fría; el segundo es un héroe sentimental y romántico, el líder de una banda que lucha por la justicia (p. 57). *Los dos son leyenda,* dice. Las biografías del héroe, por su parte, revelan menos sobre la vida real de la frontera que sobre las técnicas literarias y las ideas morales del período en que fueron escritas (p. 32).

Y Jon Tuska (*Billy the Kid. His Life and Legend,* Westport, Connecticut, Londres, Greenwood Press, 1994, p. 237) agrega que en la novela histórica Billy the Kid puede ser un villano cuya muerte subraya la victoria última de las fuerzas del bien contra el mal, o puede ser un héroe "trágico" cuya muerte enfatiza la injusticia de la sociedad, del destino o de las circunstancias.

Por fin, Stephen Tatum (*Inventing Billy the Kid: Visions of the Outlaw in America, 1881-1981*, Albuquerque, University of New Mexico Press, 1982, pp. 174-175) concluye que "el mito y la leyenda no deben considerarse distorsiones o perversiones de la verdad, sino más bien *formas diferentes de realidad y formas diferentes de verdad*". Y que "ninguna narración histórica duplica la realidad".

En suma: no hay un Moreira "real" y otro "mítico", opuestos; los dos son realidad, verdad y leyenda a la vez. Y es *la violencia* la que los duplica.

22 Alicia Dujovne Ortiz (*Eva Perón. La biografía*, Buenos Aires, Aguilar, 1995, p. 73) se refiere a la genealogía de Perón. "El padre, Mario Tomás Perón, era hijo de Tomás Liberato Perón, médico, químico y senador, enviado a París por el presidente Sarmiento para premiar sus servicios durante la epidemia de fiebre amarilla que había diezmado la población de Buenos Aires, sobre todo la negra, hacia 1870. Ese ilustre abuelo, hijo de un comerciante sardo que llegó al país hacia 1830, y de una esco-

cesa, Ana Hughes Mackenzie, se había casado con una uruguaya, Dominga Dutey, hija de vascos de Bayona."

Esta última, añado yo, es la que tiene el cráneo de Moreira en la foto de *Caras y Caretas*.

Algo más sobre el abuelo prestigioso. Tomás Liberato Perón (1839-1889) se destacó en la guerra del Paraguay, siendo todavía estudiante de medicina. Conoció a Alem, a Eugenio Cambaceres, a Pedro Goyena, a Carlos Pellegini y a Federico Tobal, que escribió la nota necrológica de Perón en *La Nación*. También fue evocado en las *Memorias* de Ezequiel Ramos Mejía. Como médico, curó casi milagrosamente al niño Luis de Elizalde, hijo de Rufino de Elizalde. ("El abuelo ponderado" por Francisco N. Juárez, en *La Nación,* sección Enfoques, p. 2, 3 de mayo de 1998.)

23 *El tango en sus etapas de música prohibida,* Buenos Aires, Instituto Amigos del Libro Argentino, 1964 [1959], capítulo "Intimidad de 'El Cívico' y 'La Moreira'", pp. 37-53. Agrega Tallón que "Todo en 'El Cívico', como en sus iguales o parecidos, era erótico. La sexualidad era en él una vocación apasionada y excluyente. Era amador y pornomaníaco –me permito la detonación de este neologismo– por temperamento" (p. 52).

En una nota de "Juan (Julián) Porteño" al libro de Tallón se dice que este capítulo inspiró al escritor Juan Carlos Ghiano una obra teatral, *La Moreira*, que la compañía de Tita Merello estrenó en el teatro Presidente Alvear el 29 de marzo de 1962.

24 Marta E. Savigliano, *Tango and the Political Economy of Passion*, Boulder-San Francisco-Oxford, Westview Press, 1995, pp. 50-55.

Pero hay otras Moreiras, y no solamente "La Moreira" de Savigliano que fundió el tango con la prostitución y abandonó al Cívico para abrir sus mutaciones. Por ejemplo Juanita Moreira, la del sainete campero en dos cuadros de Alberto Novión *Doña Juana Moreira* estrenado el 7 de abril de 1934 en el Teatro Buenos Aires por la Compañía de Olinda Bozán (revista teatral de Argentores, Buenos Aires, nº 2, 1934). Doña Juana Moreira es la cocinera de los italianos Luigi y Rosa y sus hijos en una pobre casa de campo. Hace tallarines, empanadas y sopa de ajo, y toda la casa gira alrededor de ella, de la comida. Es una mujer enérgica que habla como criolla y manda a Miguel, uno de los hijos de la casa, a comprarle pasas y aceitunas al almacén del italiano don Culín. Miguel vuelve con el mandado y también con una carta donde Culín le propone matrimonio a Juana Moreira. En la casa y a propósito del matrimonio se desencadena un drama cuando la familia se sienta a comer, porque Virginia, una de las hijas que se fue, vuelve con un bebé. El padre la rechaza y la echa de la casa; Juana la defiende agresivamente y se lleva a Virginia y al bebé a su cuarto para cuidarlos. Juana es buena, de gran corazón, dice Virginia. Llega entonces don Culín a que le conteste la carta y a pedir la mano de Juana. Pero Juana: Virginia, que es como mi hija, está conmigo, y Culín: que se venga también Virginia y el bebé. La Moreira y el italiano Culín son gente buena, y alguien dice que entre los italianos hay buenos y malos como en todas las nacionalidades. Juana Moreira sale con Culín (se casarán mañana, la madrina será Virginia que entretanto se reconcilió con su novio que la vino a buscar y aclaró el malentendido) y al irse les dice a los viejos italianos que se queden con su rabia y con sus perros, y ¡les dice "Mussolini"! ¡Y también dice "pobre Culín, lástima que tenga ese apellido"! Esta es Doña Juana Moreira de Culín.

25 En *Fray Mocho,* año V, nº 223, agosto de 1916, hay una crónica de Soiza Reilly titulada "'Fray Mocho' en la guerra. Las aventuras de un corresponsal de guerra, Tito Livio Foppa". Hay varias fotos y una de su hijo, el gracioso *Rubén Darío Soiza Reilly* enseñando a la hijita de Foppa el manejo de un cañón.

26 Así lo declara Alejandro Sux en una entrevista que le hace en París hacia 1909, incluida en el capítulo " Uruguay" de su libro *La juventud intelectual de la América hispana,* con prólogo de Rubén Darío (Biblioteca Científico-Literaria, Barcelona-Buenos Aires, s/f, pp. 121-123).

Cuenta Sux en su crónica que encontró a Soiza Reilly en su casa de la rue Clichy

> rodeado de una verdadera galería fotográfica, de estatuillas irreverentes, de libros raros... Sobre su escritorio muequeaban calaveras y monstruos japoneses que desempeñaban oficios caseros, y detrás de una montaña de papeles, asomaban sus impertinentes quevedos y su sonrisa volteriana.
>
> En Buenos Aires empezó haciéndose conocer por *Caras y Caretas*. En todos los números de tal revista, Soiza Reilly nos contaba su entrevista con algun personaje extraño, interesante y desconocido que él había descubierto con su mágica linterna por los recovecos de la gran metrópoli. Él nos hizo saber que en nuestra capital había un noble arruinado que hacía el oficio de mozo de cuerda, él nos habló de la vida novelesca de uno de nuestros populares actores cómicos... Y así, Soiza Reilly tenía un tacto admirable y una vista maravillosa para descubrir todos los "ricos tipos" de Buenos Aires.

Concluye así la crónica de Sux:

> Después de todo, Soiza Reilly es insustituible para una gran revista como *Caras y Caretas,* y yo estoy seguro que en toda la América no hay otro hombre de sus condiciones para el reportaje grande. Si fuéramos sobrinos del Tío Sam, diríramos que es el rey de los *reporters*.

Alejandro Sux (1888-1959) es uno de mis escritores preferidos de los cuentos de delitos. Y también uno de los pocos argentinos que figura en la obra de Pierre Versins *Encyclopédie de l'utopie, des voyages extraordinaires et de la science fiction* (Lausana, Editions L'Age D'Homme, 1972) con su novela *El asesino sentimental* (1924), donde se justifica el asesinato. Dice la entrada de Sux en la *Enciclopedia de la utopía* (p. 849):

> *El asesino sentimental* es una novela utópica traducida del español en 1926, en la que un hombre es una verdadera antena natural y puede actuar según los "mensajes" recibidos de un emisor, también humano, en este caso la mujer que ama.

[27] Barcelona, Casa Editorial Maucci, 1912, 2ª ed. El libro está dedicado "A mis compañeros de labor en *Caras y Caretas*" e incluye textos escritos entre 1905 y 1911.

[28] En la crónica no se dice qué tipo de periódico es "El eco de las Mercedes". Soiza Reilly escribió dos crónicas para *Caras y Caretas,* tituladas "La utilidad de la locura" y "El arte en el manicomio", que se reproducen en *La escuela de los pillos* (Novela) [1920], Buenos Aires, Editorial Tor, 8ª edición, 1939.

En la primera crónica Soiza dice que "El Eco de las Mercedes" era una revista fundada en 1906 por el director del Hospicio de las Mercedes, "el sabio psiquiatra y maestro Dr. Domingo Cabred", donde escribían los locos. Reproduce unos versos de Juan Mendilaharzu sobre la locura como "juicio falso" (pp. 82 y 83), y cita a Charcot, a Voltaire, a Max Nordau (que acerca locos y genios), a Swift (*Modesta proposición,* p. 88), y a Ramos Mejía (p. 89).

En la segunda crónica Soiza cuenta que visitó el Hospicio de las Mercedes y que los locos pintan, dibujan y hacen esculturas, y se refiere a la locura como progreso y creatividad, con citas, entre muchos otros, de Nietzsche y de Poe.

Como los Moreira, la locura en la literatura argentina cuenta la historia de ciertos procesos políticos que acompañan el camino de la modernización hacia la democracia en ese ciclo. (Y después cuenta el camino hacia el primer golpe de estado, en 1929, con *Los siete locos.*) Y lo cuenta porque en "los locos" (en las series de cuentos de locos) se van representando todas las instituciones, porque la locura es definida en este ciclo como el revés o la negación de las instituciones del estado liberal, tanto en 1889 con *Irresponsable* de Antonio Podestá, como en la crisis del '90 con el loco de *La Bolsa* de Julián Martel, como en *Locos de verano* de Gregorio de Laferrèrre en 1905, como en la Locópolis de Soiza Reilly en 1914, como en *Los siete locos* en 1929.

29 *Tartarin de Tarascon* de Alphonse Daudet fue escrita en 1869 y publicada en 1872 para ofender el orgullo local de Tarascón, una región del sur de Francia "donde el sol magnifica todo". Tartarín es "el intrépido", "el grande", "el incomparable", "el rey" de Tarascón, "el héroe" que representa un mundo pequeño con imaginación grande, porque se entrega a las exageraciones deportivas y artísticas del pueblo. A los cuarenta y cinco años se aburre y decide ir a Argelia "a matar leones a lo de los Turcos". Tartarín es un héroe de dos caras: Don Quijote y Sancho dialogan en su interior. En Argelia le roban todo su dinero y sólo encuentra un león ciego, domesticado por dos negros que piden limosna, que mueve la cola cuando le tiran una moneda. Lo mata, y los negros lo llevan al juzgado, tiene que pagar dos mil quinientos francos, vende todas sus armas y se queda con la piel del león, que envía a Tarascón. A su regreso a la patria, todo Tarascón lo recibe y lo aclama como un héroe, y Tartarín, al fin, comienza el relato de sus aventuras: "una noche, en pleno Sahara...".

Tartarín de Tarascón es una sátira cervantina (una deconstrucción) de la invención de un héroe local o regional del siglo XIX, producto "del sol del sur de Francia". Un héroe de la era del colonialismo y de la extinción de los leones, inventado por una comunidad que construye un héroe con un pequeño burgués francés de provincia.

30 El primer personaje de historieta argentino fue creado por el dibujante español Manuel Redondo, incorporado a *Caras y Caretas* en 1913, y se llamó Don Goyo Sarrasqueta y Obes. "Este personaje *adopta cualquier profesión,* al punto de hacerse pintor de cuadros porque cuesta menos trabajo que lustrar botines; será corresponsal de guerra en 1914 y experto en modas en 1927", "El primer personaje de historieta", en Oscar E. Vásquez Lucio (Siulnas), *Historia del humor gráfico y escrito en la Argentina.* Tomo I - 1801/1939. Buenos Aires, Editorial Universitaria de Buenos Aires, 1985, p. 263.

De las crónicas de *Caras y Caretas* de 1907 y 1908 a la novela *La ciudad de los locos* de 1914 hay un cambio bastante significativo en cuanto a las "profesiones" cambiantes de Moreira:

Soiza Reilly no reproduce la segunda crónica, "El diputado Tartarín Moreira (Psicología Popular)"; la sustituye por el Capítulo III: "Un historiador americano". Allí Agapito encuentra a Moreira en la calle Florida y como siempre Tartarín lo invita a su casa, que está llena "de retratos de héroes, de próceres, de guerreros, de patriotas, de soldados..." (p. 30). Agapito: "¿Es posible que tú, Tartarín Moreira, aquel famoso dandy cuya fama de aguerrido y buen mozo y barullero, corría desde el Club del Progreso hasta los conventillos de la calle de San Juan, es posible que te hayas transformado en uno de esos historiadores que cuando van por la calle parece que están oyendo el himno nacional?". Moreira: "La profesión de historiador está de moda. Primero, estuvo de moda el hacerse abogado. Me doctoré... Después, estuvo de moda ser sportman. Lo fui... Más tarde, vino la política. Me eligieron diputado... Enseguida, hubo necesidad de ir a París. Crucé el mar... Luego, había que andar en globo. Subí... Y en la actualidad, por fin, la historia es la única carrera honrada y de provecho y *chic* que nos dejó la plebe..." (p. 31). Nótese la sustitución del "diputado" por la serie cambiante de la moda, que se abre con el dandy y termina con "el historiador nacionalista".

31 *La visibilidad de la violencia del comic* (y de Moreira): fragmentaria, parcial, mutante y rápida, con diálogos comprimidos y pantomimas pictóricas. El trayecto satírico y literario de Cosmópolis a Locópolis se lee como un *comic* en *La ciudad de los locos*, como quería el escritor norteamericano Nathanael West (1903-1940) que se leyera su *Miss Lonelyhearts* en 1933. "Señorita Corazones Solitarios" es la firma de "la" consultora sentimental del periódico: otra vez un periodista orgánico es el centro de un texto violento que está escrito "en forma de" *comic*.

El argumento de *Miss Lonelyhearts* es una secuencia de viñetas donde aparece una violencia casi desnuda, como en las historietas y en los films de Charlie Chaplin: gritos, ruidos, golpes *(Pun pun),* el final siempre cierra con un golpe.

En "Some Notes on *Miss Lonelyhearts*" (*Contempo*, 15, mayo de 1933, p. 2) West cuenta que pensó ponerle de subtítulo "Una novela en forma de tira cómica *(Comic Strip)*" y que luego abandonó la idea de los discursos en globitos *(balloons)* pero mantuvo alguna de las técnicas: cada capítulo es como un cuadro, y en lugar de ir solamente hacia adelante en el tiempo, también va hacia atrás, y hacia arriba y abajo en el espacio, como un dibujo. Dice West que la organización espacial de la historieta supera la linealidad y la libera de las coordenadas convencionales de espacio y tiempo. Los *comics,* dice West, ilustran una cultura en la que la violencia es tan gratuita y endémica que no se la nota. West escribió también "Some Notes on Violence", en *Contact,* 1 (octubre de 1932), incluido en Alistair Wisker, *The Writing of Nathanael West,* Londres, MacMillan, 1990, p. 155. Dice West que la violencia en Estados Unidos es idiomática y cotidiana.

El artículo de *Contempo,* dice Thomas Strychacz (*Modernism, Mass Culture, and Professionalism,* Nueva York, Cambridge University Press, 1993. Capítulo 6, "Miss Lonelyhearts: Nathanael West's Comic-Strip Novel", pp. 162-184) "es uno de los manifiestos literarios más provocadores del siglo XX".

Y Steven Weisenburger (*Fables of Subversion. Satire and the American Novel, 1930-1980,* Atenas y Londres, The University of Georgia Press, 1995) dice en la Introducción (pp. 1-29) que la obra de N. West es un modo de sátira radicalmente subversiva, que funciona para subvertir jerarquías de valor y para reflexionar sobre los modos de dar sentido. La considera un fenómeno posmoderno y la compara con las novelas de Thomas Pynchon. No hay una progresión sino una regresión a una *violencia primordial,* que pone en juego problemas de control y de dominación, de la "realidad" misma como performance, y de la degradación de símbolos que se cambian en cada nuevo "guión". La imaginería de West es grotesca, y va desde una *fantasía tipo cartoon* a un grado cero de descripción, con la yuxtaposición de alta cultura y materiales populares.

¿Y si se "aplicara" el discurso de y sobre Nathanael West a nuestro "no leído" J. J. de Soiza Reilly de *La ciudad de los locos*? ¿Un discurso norteamericano modernista de los años treinta a uno argentino modernista de Cosmópolis a Locópolis? Los dos "en forma de comic" y con un periodista en el centro. Porque todo gira, en los dos, alrededor de la relación entre la violencia y las ficciones del periodismo de los modernismos.

32 Como el drama de *Canillita* del escritor uruguayo y anarquista Florencio Sánchez, de 1902, acusado injustamente de robo y que causó, sin quererlo, otro delito: el inmigrante catalán bueno del conventillo (que quería "bien" a la madre costurera de Canillita) mató al compadrito malevo (que convivía con, robaba y castigaba a esa pobre madre buena). El alegre Canillita que canta y vocea los diarios *La Nación, La Prensa, Patria* y *Standard*, es detenido justo cuando dice "¡Revolución en Montevideo!". Fue acusado por el malevo de robar un prendedor que la madre había empeñado para comprar remedios y alimentos para el hermanito menor, enfermo. El buen inmigrante catalán mata al malevo diciendo a Canillita, a quien sacó de la cárcel: "¡Preferible es que acabe yo mis días en un presidio a que empecés los tuyos en una cárcel!...".

Fue Florencio Sánchez el que inventó el niño vendedor de periódicos "en delito" en la cultura argentina, así como fue Carriego el que inventó el barrio y los vendedores de diarios: los dos eran anarquistas. Los vendedores de diarios representan en este ciclo el sufrimiento proletario de la infancia pobre y pura, y su nombre tierno de canillitas queda para siempre en el lenguaje de los argentinos.

A partir de Florencio Sánchez el vendedor de diarios se encadena con el delito, con la violencia satírica de Tartarín Moreira, y con una violencia grotesca cada vez mayor; pasa por *Larvas* del anarquista Elías Castelnuovo y culmina en "El niño proletario" de Osvaldo Lamborghini.

Pero hoy nuestro centro es Tartarín Moreira, que le rompe la cabeza al canillita en la cuarta crónica de *Caras y Caretas*. Varios años después Soiza Reilly escribe dos relatos sobre canillitas acusados injustamente de un asesinato que no cometieron, en la tradición de Florencio Sánchez, pero esta vez con una torsión grotesca semejante a la de Castelnuovo. El primero es *La escuela de los pillos,* de 1920 (Buenos Aires, Tor, 8ª, 1939). El texto es la "reproducción" de las memorias de Cachito, un vendedor de diarios que pasó casi toda su vida en prisión, y es condenado –injustamente– a muerte por un asesinato que no cometió.

El otro relato de Soiza con delito y canillitas es "El dolor de un niño" de 1926 (en *No leas este libro... [El amor, la mujer y otros venenos],* Buenos Aires, Librerías Anaconda, 4ª, 1933, pp. 75-114) y también está narrado en la primera persona del chico vendedor de periódicos de catorce años acusado, siempre injustamente, de asesinato. Al final, después de pasar casi toda su juventud en la cárcel y vivir un horror indecible, dice que cambió de nombre y de camisa, que aprendió a ser ladrón, y que hoy, a los cincuenta años, "soy el hombre más honrado, figuro en la crónica social de los periódicos, y tengo fábricas donde se elaboran productos alimenticios que están enriqueciendo a los médicos del mundo. Mi dolor de niño se ha vuelto veneno de viejo".

Y si seguimos a nuestro Soiza Reilly (como a Moreira) en nuestro ciclo, encontramos que las patotas (los Moreira) no sólo atacan a los canillitas sino también a los "poetas bohemios" modernistas y a los periodistas: tanto en el sainete *La patota* (1913) de Carlos Mauricio Pacheco (en Carlos M. Pacheco, *Los disfrazados* y otros sainetes, Buenos Aires, Eudeba, 1964. Pacheco tiene otra obra sobre patotas, *La indiada,* de 1908) como en "Las aventuras de un poeta bohemio" de, otra vez, Soiza Reilly (1911), en *Crónicas de Amor, de Belleza y de Sangre, op. cit.* Pero ocurre que el pobre poeta provinciano y bohemio, que trataba de escribir en las redacciones de los periódicos, saca un revólver y mata a uno de los patoteros agresores en el "Café de los 36 billares". Véase el final de Soiza con las madrecitas del patotero muerto y del poeta en prisión: "¡Pobrecitas!, ellas son las que pagan".

Cuentos de poetas bohemios y cuentos de canillitas: los unen los periódicos como lugar de trabajo y las violencias que les arrojan los Moreira.

[33] En el mismo año de 1910 en que aparece el Moreira de Ingenieros en la Sociedad de Psicología, y que Güiraldes lleva el tango a París, un nieto de Moreira se reencarna en Pago Chico. *Divertidas aventuras del nieto de Juan Moreira* fue escrita por Roberto J. Payró en Bruselas en 1910. El nieto Gómez Herrera desciende de Moreira para representar la institución literaria nacional del moreirismo político o la "política criolla". El "moreirismo" es ignorancia, caudillismo y uso de la violencia, de la co-

rrupción, del fraude y del cinismo en la política: es el atraso y la barbarie política latinoamericana.

El nieto de Moreira es:

> Tan ignorante y tan dominador como el abuelo, nació en un rincón de provincia, y creció en él sin aprender otra cosa que el amor de su persona y la adoración de sus propios vicios.
>
> Tuvo de su abuelo el atavismo al revés, y así como aquel peleó contra la partida, muchas veces sin razón, este pelea siempre sin razón, con la partida, contra todo lo demás. [...] Heredó de su padre el caudillaje, y vistiendo la ropa del civilizado, fue, desde criatura, la esencia del gaucho y del compadrito, despojado con el chiripá y el poncho de todas las que pudieran parecer virtudes. [...]
>
> Es sonada la hora de acabar con el gauchismo y el compadraje, de no rendir culto a esos fantasmas del pasado, de respetar la cultura en sus mejores formas, y de preferir el mérito modesto al exitismo a todo trance...¡Que el nieto de Juan Moreira nos represente en Europa! ¿Por qué no hacer, entonces, que nos gobierne Facundo, que era lo mismo que él?

Desde la Sociedad de Psicología y desde Bruselas, en "el realismo", dicen los socialistas en 1910: basta de Moreira, de gauchismo nacionalista y de barbarie y corrupción política. Moreira no sólo conecta la cultura popular con la cultura liberal oligárquica masculina sino que delimita, por exclusión, la cultura socialista, científica, progresista y modernizadora: cada vez que aparece un Moreira se juega otra vez la civilización y la barbarie nacional.

¿Cómo enfrentar a la vez el lenguaje de la violencia y el lenguaje contra la violencia? ¿Inventar un lenguaje de la contraviolencia?

34 Dicho de otro modo: la historia de Moreira, la del tango y la de las patotas van juntas desde 1890 y antes, desde que nace Moreira a fin de los 1870, junto con el tango. Es la historia de la violencia en relación con territorios, tribus, signos de identidad, fundaciones y exportaciones en "de Cosmópolis a Locópolis". Tratemos de contar bibliográficamente algo de esta historia.

Héctor y Luis J. Bates (*La historia del tango. Sus autores*, *op. cit.*, pp. 28-30) dicen que el primer tango apareció un poco después de 1870; alrededor de 1880 se divulga "Dame la lata", y de allí en adelante, en 1885 o 1886, se extiende en los "peringundines" y las academias como una mancha de aceite. Y agregan: "Por esos años todavía no había hecho su aparición la patota. *La patota, una 'institución' genuinamente porteña*, era un juguete peligroso inventado por los niños 'bien' de una sociedad 'mal', para procurar la facilidad de ingresar en los salones donde entonces se bailaba el tango. Cerradas las puertas de aquellos puesto que no tenían la habilidad de los peleadores que dominaban en esos ambientes, pusieron en práctica el viejo refrán: 'La unión hace la fuerza'. Y una noche, decididos a conocer de cerca y sin mayores peligros esas famosas salas de baile, hicieron irrupción en un local a tiro limpio. El método había dado sus resultados, pues la conquista fue hecha sobre la base del número, y la patota llegó a ser una 'institución'".

Y agrego: una institución doblemente "masculina", como la de los Moreira, porque el 7 de febrero de 1903 aparece en *Caras y Caretas* una foto de dos hombres enlazados con esta inscripción: "En *los primeros tiempos* el tango se bailaba entre hombres solamente".

Andrés Chinarro, que reproduce la foto en la página 36 de *El Tango y su rebeldía* (Buenos Aires, Continental Service, 1965) dice que no siendo en las "casas de baile" (prostíbulos), "el tango se bailaba solamente en extramuros y las parejas eran exclusivamente de sexo masculino". "El lugar elegido para los bailes entre hombres solamente, podía ser, indistintamente, la trastienda de un almacén o el bodegón, *sucesor de la pulpería,* o en el amplio patio de un corralón" (p. 27, bastardilla nuestra).

Pero nuestras patotas no iban allí sino a "las casas de baile" o prostíbulos, dice Chinarro, y "allí era Troya más San Quintín. Se armaban unas trifulcas tremendas, con rotura de las lámparas que alumbraban el lugar, y después de volar mesas, sillas y todo otro elemento contundente, sonaban unos disparos y se batían en retirada. [...] 'Jefe' de una de esas patotas, tal vez la más decidida y 'fajadora', fue el gran deportista Jorge Newbery" (pp. 52-53).

José Sebastián Tallón (*El tango en sus etapas de música prohibida, op. cit.,* en el capítulo "El tango en la Boca. Un barrio de multitudes ebrias y lupanares. La aparición sensacional de las primeras orquestas típicas criollas" (pp. 68 y ss.) dice que nuestros moreiras patoteros no iban a la Boca: "Allí el número y la peligrosidad criminal del enemigo aconsejaba prudencia". "En lo de jugar a la guerra con el malevaje los patoteros estaban mejor en el barrio de prostíbulos de Junín y Lavalle, en la churrasquería del bosque de Palermo, en lo de Hansen o en el café *La pajarera,* del *stud* del mismo nombre, frente al costado bajo del hipódromo. En tiempos en que no estaba permitido el box lo practicaban en la quinta Delcasse, como así la lucha romana, el palo y la esgrima. A precursores de vasta resonancia en las memorias del deporte argentino –Lenevé, Jorge Newbery– se los vio ir en las barras que *se divertían dando palizas modernistas a los malevos.*"

Roberto Selles y León Benarós (*La Historia del tango,* Primera época, Buenos Aires, Corregidor, 1977, pp. 243-245) se refieren a lo de Hansen en los años noventa "el mito mayor y más perdurable entre los lugares porteños relacionados con el tango", y dicen que a partir de las once de la noche lo frecuentaban "hombres guapos y patotas bravas, que le dieron gran popularidad". No iba gente de las orillas porque era caro y había vigilancia policial.

También iban al arrabal de los deseos elementales, dice Domingo F. Casadevall en el capítulo III: "El arrabal atrae a la juventud refinada del centro" de *Buenos Aires. Arrabal. Sainete. Tango* (Buenos Aires, Compañía General Fabril Editora, 1968, pp. 76-77). Los "manolos" ricos y ociosos porteños iban "al arrabal a dar rienda suelta a los deseos elementales". "Descendientes de estancieros, mimados por la riqueza, hallaban a pocos pasos de sus hogares opulentos y refinados un mundo de emociones primarias y de riesgos estimulantes." Estos niños "*confundían la diversión con el desmán y la valentía con la brutalidad;* y contaban con la indulgencia de las autoridades públicas gracias al oro de sus bolsillos, a la aristocracia de sus apellidos y a las 'cuñas' de parientes y amigos influyentes".

Una vez cumplido el ciclo de las incursiones violentas, Ricardo Güiraldes lo exporta a París en 1910, donde hace furor y es el dueño absoluto: el tango revolucionó la ropa y hasta la manera de caminar.

Después del furor en París, "En 1912, El Barón De Marchi organizó una famosa fiesta en el Palais de Glace, para ver si la sociedad porteña podía admitir el tango en su seno. 'Maco' Milani y Carlos Herrera hicieron de puente entre el prohibido tango y la honesta gente a cuyas puertas golpeaban. Los embajadores supieron ser hábiles y sutiles, y, por otra parte, envolvieron convenientemente el artículo, para facilitar su expedición..." (Roberto Selles y León Benarós, *op. cit.,* p. 279).

Este Barón De Marchi y sus patotas protagonizan otro de los "cuentos argentinos" del corpus del delito. Juan José Sebreli ("La cuestion judía en Argentina", en su compilación *La cuestión judía en la Argentina,* Buenos Aires, Tiempo Contemporáneo, 1968) dice que en 1910:

> Al terrorismo de izquierda se opone el terrorismo de derecha. *Para el Centenario,* Luis Dellepiane organiza la Policía Civil Auxiliar, con carácter ad honorem, compuesta por *jóvenes de las clases altas,* con el pretexto de cooperar para los festejos, siendo su verdadero objetivo mantener atemorizados a los obreros. *Jóvenes patoteros* reunidos en la muy exclusiva *Sociedad Sportiva Argentina,* presidida por el *Barón Demarchi* y de la que formaba parte, entre otros, Juan Balestra, se dedican *en vísperas del 25 de mayo de 1910* a incendiar las redacciones de los periódicos *La Protesta* y *La Vanguardia,* saquear locales sindicales y agredir militantes obreros. *Estos mismos jóvenes son los autores del primer pogrom argentino. El 15 de mayo,* un grupo de ellos llega hasta el barrio judío, en la antigua circunscripción 9ª. En la esquina de Lavalle y Andes (actualmente José E. Uriburu) saquean un almacén judío y llegan hasta la violación de mujeres. Estos hechos son relatados por las propias víctimas a los redactores del boletín de la C.O.R.A. (Confederación Obrera de la República Argentina) (pp. 229-230, bastardilla nuestra).

Pero volvamos al tango, que sólo después de París llega a los salones de la elite argentina y se pone de moda:

Casadevall, *op. cit.*, p. 50: Bien pronto las familias lo adoptaron, y el apoyo más valioso lo encontró en la elite, "siendo las familias de Shaw, Tesanos Pinto, Torres Agüero, Sánchez Elía, Costa Paz, Palacio, Farini, Tornquist, otras más que se nos escapan a la memoria, las primeras en adoptarlo. Y así, abiertos para nuestro tango los grandes salones, contando con el apoyo de tan selectos admiradores, bien pronto dejó sus andrajos para convertirse en gran señor, aristocratizado por los nuevos ambientes, sin que por ello se olvidase de sus antiguos rincones, donde se seguía rindiéndole homenaje y pleitesía".

Este proceso produjo un corte y un debate entre las viejas familias. Porque de entrada dice José Sebastián Tallón (*El tango en sus etapas de música prohibida, op. cit.*, pp. 27-28):

> Yo pertenezco a una vieja familia porteña de la clase media que se dividió, desde mucho antes de 1910, en tolerantes y prohibicionistas. Mi padre continúa hoy irreconciliable con el tango, al que conceptúa un baile de gente baja en su origen. Mi tío Roberto, su hermano menor, fue, a la inversa, un hombre del tango. [...] Ser un hombre del tango significaba para él, simplemente, ser un hombre de Buenos Aires. Era el modo revolucionario que tenían los jóvenes del tiempo de sentirse porteños hasta las raíces de su ser. El sensualismo se había amotinado en las orillas, y la juventud no podía sufrir, sin tenerse por anticuada, o aburrida, o bobalicona, el desconocimiento del bajo fondo. Se padecía como un defecto físico la ignorancia de los secretos de la noche.

Y Marta E. Savigliano (*op. cit.*, p. 142): Cuando el tango fue aceptado internacionalmente (es decir, exotizado) las respuestas de la elite argentina se dividieron entre los "liberales" que se posicionaron junto a los europeos y lo consideraron parte de la cultura nacional ("popular"), sin sentir su identidad amenazada. De hecho, dice Savigliano, los miembros de este sector "abierto" de la elite lo habían estado consumiendo desde hacía bastante tiempo. Eran frecuentes visitantes a los burdeles donde las mujeres bailaban el tango en parejas femeninas para crear un ambiente estimulante para los clientes. Eran los que participaban activamente en los carnavales y los miembros de patotas que invadían los espacios de pobres y marginales buscando diversión y violencia. Esta parte de la elite argentina fue la que contribuyó, por sus viajes, a la promoción del tango en París.

El sector opuesto despreciaba a los orilleros y prostitutas porque sentía su identidad amenazada por la barbarie del tango. Como era una elite colonizada (susceptible de ser exotizada junto con el tango), aceptar el tango como representación de la identidad nacional afectaba tanto su identidad de clase como su poder como representantes legítimos de la Argentina, dice Marta Savigliano.

Las violentas relaciones entre los Moreira de las patotas y el tango en "de Cosmópolis a Locópolis" culminan en *la realidad, en el ídolo y en el Palais de Glace* el 10 de diciembre de 1915. El 10 de diciembre de 1994 el diario *Clarín* de Buenos Aires, en la sección "Sociedad", recuerda que:

"Un 10 de diciembre..." de 1915 Carlos Gardel fue herido de bala por los integrantes de una patota a la salida del Palais de Glace. Dice el periodista de *Clarín* en 1994:

> El lugar era frecuentado por muchos "niños bien", *verdaderas patotas* que amparadas en sus apellidos y fortunas familiares se divertían buscando *camorra en los locales del baile*. Su fuerza provenía de actuar siempre en grupos numerosos pero por sobre todo de la *impunidad,* ya que rara vez la Policía intervenía para ponerles límites.
>
> La investigación posterior demostró que el atacante era *Roberto Guevara*, un adolescente de la aristocracia argentina para el que *Gardel* no era otra cosa más que un miembro de la chusma. El juez que entendió en la causa convenció a Gardel para que no iniciara un juicio que podía acarrearle la enemistad de una familia poderosa" (bastardilla de *Clarín*).

Pero regresemos a 1910, que es cuando dejamos a Güiraldes que lleva el tango a París y lo hace entrar no sólo en sociedad sino en la literatura ultraísta (otro modernismo o vanguardia) para conectar, "en Güiraldes", el tango, las patotas de Moreiras, y el segundo gaucho pacífico, don Segundo (el otro de Moreira) que aparece en 1926. Así se enlaza nuestro ciclo con el siguiente: "en Güiraldes".

Horacio Ferrer (en *El libro del tango. Crónica & diccionario. 1850-1977,* Buenos Aires, Editorial Galerna, 1977, p. 71), dice que en 1910 Ricardo Güiraldes lleva al tango a París; lo llama Ricardo Güiraldes Guerrico y lo describe como un señorito argentino de veinticuatro años, educado en París y en la estancia "La Porteña" de San Antonio de Areco, que se topa con la noche de Buenos Aires: "Es que Ricardo, como tantos otros muchachos farristas de su misma condición, ama y ejerce los ritos nocturnos del arrabal".

Güiraldes, cuenta Ferrer, está en París en 1910 con otros tres amigos, y se lanzan a "la noche con todo: bistró, concierto, francesitas tan locas, cabaret, camembert, panes largos, ópera, pommerí, francesitas más locas todavía. Bohemia científica" (p. 71). Y bailan el tango "El entrerriano". Al año siguiente, dice Ferrer, Güiraldes escribe el poema "El Tango" que está en *El cencerro de cristal,* de 1915.

Fernando O. Assunção [*El tango y sus circunstancias (1880-1920).* Buenos Aires, El Ateneo, 1984, p. 104] dice lo mismo pero va más allá con las patotas de niños bien:

> Estos niños mal de familia bien, constituyeron otro ingrediente importante en la formación tanguera, con su aptitud de bailarines elegantes preparada en los bailes copetudos de los salones aristocráticos, y al asomarse, entre asombrados y sobradores, tránsfugas y marginales voluntarios en una canallesca conscripción vital veinteañera, al espejo turbio del lupanar y el suburbio, no se quedaron en el abrazo, la trompada, la borrachera, el baile, el amor comprado, la náusea o el spleen, se convirtieron en *sujetos activos de una nueva cultura.* [...] Pues la guaranguería desatada de los patoteros fue otro de los ingredientes del *mundo del tango* o de sus circunstancias. [...] Un hombre famoso en el Plata por su labor literaria, Ricardo Güiraldes, en particular por su *Don Segundo Sombra,* par o quizás aun superior al *Martín Fierro,* como visión paradigmática del paisaje y el hombre pampeanos, puede ser colocado aquí como un arquetipo de señorito asomado al submundo del tango.

Silvestre Byrón ("Ricardo Güiraldes y el tango", en *La historia del tango. Tomo 3: La guardia vieja,* Buenos Aires, Corregidor, 1977, pp. 503-510), cuenta algo más sobre las aventuras de Güiraldes y dice que se basa en un relato oral de Victoria Ocampo. Victoria evoca las estancias de fin del XIX y evoca a Ricardo, que nació en 1886 en la casa de los Guerrico, sus abuelos maternos, y al año y medio lo llevaron a París. Cuando fue a París en 1910 tenía veinticuatro años. Victoria dice que en esa época el tango, "cosa de arrabal", no se bailaba en los salones distinguidos y que Ricardo lo lanzó en París, acompañado de Vicente Madero. A Ricardo se lo consideraba un *poseur* y un decadente, dice Victoria a Byrón. El tono de exaltación casi ultraísta de Güiraldes ante el tango se ve en el poema "Tango" de 1911, escrito en París y publicado en su libro *El cencerro de cristal* de 1915, que según Victoria fue un fracaso.

Para concluir con Güiraldes, Borges habla con Sábato sobre el éxito y el fracaso literarios en relación con el valor de la obra. Borges: "Yo conocí gente que le daba mucha importancia al éxito. Pero creo que el fracaso no es una garantía, tampoco. Cuando Güiraldes publicó *El cencerro de cristal* se vendieron escasos ejemplares. Decepcionado, echó los libros que no se vendían en una laguna de su estancia. Fue una idea tan fea, una laguna llena de libros...". (*Diálogos Jorge Luis Borges-Ernesto Sábato,* Compaginados por Orlando Barone, Buenos Aires, Emecé, 1976, 2ª ed., 1996, pp. 80-81.)

Aquí termina la historia oral. Pero si se quiere dar un paso más adelante en este proceso tan particular del ciclo de Cosmópolis a Locópolis, desde la violencia de las patotas a la *exportación cultural de signos nacionales y populares,* y su ulterior importación, y dar otra vuelta completa (como con Moreira, el tango, Güiraldes y el gaucho pacífico), véase cómo Marta E. Savigliano (*Tango and the Political Economy of Passion, op. cit.*, p. 2) plantea claramente, en el caso del tango argentino, y desde la perspectiva de la relación de las "colonias" o neo-colonias con el imperialismo, el problema de la exportación cultural de símbolos de identidad. Se funda en la categoría de "producción de lo exótico" por parte del imperialismo, que aisla y categoriza las prácticas de los colonizados, y les aplica un sistema de representación exótica que transforma lo colonial en mercancía para el consumo imperial. El colonizador constituye su propia identidad (civilizada, democrática, moderna) sobre la base de esta confrontación con los Otros, exóticos y colonizados. Y a su vez la "pasión exótica", dice Savigliano, le da al colonizado un *locus* de identidad. Cuando esa pasión es exportada a las (neo)colonias de origen, se desarrollan prácticas de autoexotización como medio de ajuste y de confrontación con el neocolonialismo. Al fin, las representaciones exóticas/exotizadas terminan siendo símbolos de identidad nacional. Tal es el caso del tango argentino, dice Marta Savigliano.

IV
Historia de un *best-seller*: del anarquismo al peronismo

UNA GENEALOGÍA LITERARIA "EN DELITO" A TRAVÉS DEL "CUENTO DE LA ENTREGA DEL PRIMER MANUSCRITO AL MAESTRO"

La iniciación "en delito", una figura de la literatura de Arlt que lleva a una constelación y a otro escritor. Es la figura de la entrada por la otra cara, por "el delito" de algo: de la ciencia, de la escuela, de la literatura. Y es el mundo de sus primeros textos: la primera persona, la poesía, los dieciséis años, el sueño de ser un genio, la lucha por la vida, la ciudad, la biblioteca, la librería de libros viejos, el teósofo, la transgresión, el horror del descenso al infierno, los ingenieros y al final el delito verbal: la denuncia o delación. Y en ese mundo, impregnándolo, está siempre Juan José de Soiza Reilly, un escritor "no leído".[1]

Soiza Reilly irrumpe en Arlt cada vez que un narrador en primera persona cuenta su "iniciación en delito", como si dijera "de allí provengo". En *Las ciencias ocultas en la ciudad de Buenos Aires* recuerda *La ciudad de los locos* (incluye la ciudad de los locos en la ciudad ocultista); en *El juguete rabioso* los chicos de barrio aluden a las crónicas de Soiza sobre "el Buenos Aires tenebroso" y los apaches de París. Y en otro de "los cuentos de las iniciaciones delictivas" de Arlt (de dieciséis años, de bibliotecas y ciudades), escrito en 1930, aparece Soiza Reilly en persona y como "el ídolo de los jóvenes poetas y reformadores" *para publicarle el primer texto* en 1916 en la *Revista Popular*. Por fin el "gran" Soiza Reilly en y con el título (y todavía vivía, murió en 1959) para hacerle real a los dieciséis años el sueño de las letras de molde. El texto es una aguafuerte titulada "Este es Soiza Reilly", y apareció en *Nuevas aguafuertes porteñas*. Está datada en Río de Janeiro, en 1930.[2]

Viajemos entonces a Río de Janeiro, porque esta historia se desarrolla "en dos ciudades". Dice Arlt que estando allí alguien le preguntó, "sonriendo de equívoca manera", qué piensa de Soiza Reilly y él respondió:

"–Hombre, lo que pienso lo voy a escribir. Léalo."

Me gustaría citar esta crónica *in extenso* porque quisiera retomar la imagen de Arlt de dieciséis años ante "el maestro" Soiza: la escena de la entrega del manuscrito, de la biblioteca, de la fascinación, del temblor y de la duda, y de la publicación del primer texto, con su nombre en letras de imprenta y con un título de Soiza. Porque hoy trazamos una genealogía literaria "en delito" a través del "cuento de la entrega del primer manuscrito al maestro". Y porque en esa misma escena Arlt recita de memoria el *best-seller* de Soiza Reilly *El alma de los perros* cuya historia nos lleva del anarquismo al peronismo.

La crónica tiene dos partes. En la primera, "Año 1916 o 1917", Arlt cuenta que va a la casa de Soiza Reilly en la calle Ramón Falcón, entre Membrillar y "la otra", y entra en su biblioteca. Dice Arlt, que se refiere a sí mismo como "un muchacho mal vestido":

> El muchacho mal vestido pasa. Lleva en sí *una emoción tremenda*. Va a hablar con el autor de *El alma de los perros*, de *Figuras y hombres de Italia y Francia*. Soiza Reilly es, *en esa época,* famoso entre *los muchachos que escriben*. Sus crónicas sobre París (el París de los deciséis años que no existe), sobre Verlaine, han hecho *temblar* el alma de *los poetas de pantalón corto y de los reformadores del mundo* que aún no tienen libreta de enrolamiento. El que escribe estas líneas, quiero decir, el muchacho mal vestido, entra emocionado a *la biblioteca escritorio,* donde la criada lo hace sentar. No es para menos. "Va a leerle un escrito al gran Soiza Reilly." ¿Lo escuchará el hombre que vio a D'Annunzio? Hay que ver *cómo palpita el corazón del muchacho mal vestido*.

> Por la ventana mira a la calle, luego *la biblioteca y piensa:* "así da gusto ser escritor. Tener una sala como esta, libros, una sirvienta. *¿Leerá lo que le traigo? Puede ser...* porque en sus crónicas se ve que es un hombre bueno...".
>
> La puerta se abre y, tieso, en su saco peludo, limpiando con un pañuelo los cristales de sus gafas negras, aparece el hombre. El hombre que *todos conocemos en las fotografías.*
>
> El muchacho se levanta *emocionado,* y dice:
>
> –Vea, señor, soy aficionado a escribir. Leo siempre lo suyo. Hay cuentos suyos que me los sé de memoria. Por ejemplo: "Y dijo la Sherazada de los cuentos modernos. Era un perro flaco, muy flaco, extremadamente flaco, flaquísimo...".
>
> *–Esto lo escribí cuando era joven.*
>
> –Yo quisiera que hiciera el favor de leer algo que he escrito...
>
> Gesto defensivo del hombre.
>
> –No tenga miedo, es corto, y está a máquina.
>
> *Soiza Reilly mira de pies a cabeza al muchacho mal vestido y dice*:
>
> –Bueno... déjemelo... *si me gusta lo publicaré* en *Revista Popular* (pp. 221-222, bastardilla nuestra).

"El muchacho mal vestido que escribe", después de tan violentas emociones, se va, "seguro" de que le va a gustar. Y "Un mes después" (es el título de la segunda parte) cuenta su transformación en autor gracias al título de honor de Soiza Reilly en *Revista Popular*.

> Los amigos. –Che... ¿no viste el cuento tuyo que salió en *Revista Popular*? Y mirá, con *un título arriba* que dice: *"Prosas modernas y ultramodernas"*.
>
> *El autor* va a todo escape a un quiosco y compra la revista. Efectivamente, allí está lo suyo, una columna de tipo pequeño y apretado, y arriba *su nombre, su propio nombre y apellido. ¿Es posible? ¡Su propio nombre! Y en letras de imprenta, y, como título de honor, el "prosas modernas y ultramodernas"*. Pero entonces... ¡puede escribir... es un talento... talento... *un geniazo*!... Y es posible que los tranvías caminen, habiendo salido su artículo, y la gente anda lo más naturalmente por la calle... *¡estando su nombre, su propio nombre con letras mayúsculas de imprenta!*

Y el muchacho vive unas horas que *sólo a los dieciséis años* puede vivir el hombre. Las más lindas horas de su vida. *Las más perfectas, de alegría terrible y profunda. Le parece tocar el cielo con la mano. Tener las llaves de la puerta del paraíso. ¡Sus escritos le gustan a Soiza Reilly!*

Yo creo que el hombre y la mujer son dos animalitos naturalmente ingratos, joviales y feroces... Pero creo, también, que estos animalitos no se olvidan jamás del que los sella con *un dolor primero terrible, o una felicidad idéntica.* Por eso *yo no me he olvidado* nunca de Soiza Reilly. *Fue la primera mano generosa que me regaló la más extraordinaria alegría de mi adolescencia* (pp. 223-224, bastardilla nuestra).

Soiza Reilly publicó y puso "título de honor" al texto del genio feliz de los dieciséis años de Arlt; incluyó las "prosas modernas y ultramodernas" en la *Revista Popular,* y con ese gesto trazó una combinación específica que es una de "las marcas" de la genealogía literaria entre el anarquismo y el peronismo. Pero volvamos, en "Este es Soiza Reilly", a 1930 y a Río de Janeiro:

"Prosas modernas y ultramodernas" que a modo de *irónico elogio* había puesto *el escritor maduro,* para *el muchacho* que creía que cuanto más términos "difíciles" se usan en la prosa, más artística era ésta... porque *eso sí que puedo jurarlo... yo no sé si Soiza Reilly entendió o no el artículo,* lo único que recuerdo es que muchas personas sensatas me dijeron:

–Pobre hombre... lo que usted ha escrito hay que leerlo con un diccionario. ¿De dónde ha sacado usted esas palabras raras? (p. 224).

En esta crónica, donde no podía faltar la biblioteca y el título del iniciador, Arlt cuenta su entrada delictiva en la literatura y en La *Revista Popular,* gracias a Soiza Reilly.[3]

La figura de la traición (el delito verbal) permite a Arlt contar de dónde proviene. "Yo creía, pero él debió intuir que el discípulo sería infiel al maestro" dice del marqués el cronista de la iniciación de *Las ciencias ocultas*. En "Este es Soiza Reilly" la traición al maestro consiste en poner a Soiza Reilly en 1916 o 1917, no recuerda bien, cuando él era un "muchacho mal vestido que escribe" y el otro "el famoso" con biblioteca, para citarle de memoria *El alma de los perros* de 1909 ("Y dijo la Sherazada de los cuentos modernos. Era un perro flaco, muy flaco, extremadamente flaco, flaquísimo... *–Esto lo escribí cuando era joven*"). Y no decir lo que piensa de la literatura de Soiza en 1930 después de escribir él mismo *Los siete locos* (con su astrólogo, sus rufianes, su caló y sus locos), en Río de Janeiro, y ante la "sonrisa equívoca" del otro.[4]

No nos detengamos demasiado en este vaivén entre 1916 y 1930, y entre Buenos Aires y Río de Janeiro, donde están todas las figuras de "la iniciación en delito" de Arlt, para poder seguir "la historia" de Arlt con Soiza Reilly, que no termina aquí. En otro cuento de entrega de manuscrito de Arlt a otro escritor (que cuenta otra de las iniciaciones "en delito verbal" de Arlt), Soiza reaparece con *el prólogo* de *Diario de un morfinómano,* una primera "novelita" de Arlt publicada en Córdoba, y con otro escritor "en delito", José María Vargas Vila.[5]

Para cerrar este "primer cuento" de "la historia" de Arlt con Soiza Reilly. En el mundo que son sus escritos de iniciación, en sus dieciséis años, en sus cuentos de ciudades y bibliotecas (en "el delito" de las bibliotecas, "el delito" verbal, y "el delito" literario) está todo el fin y el principio de siglo, el anarquismo y el modernismo: el periodismo cultural, la crónica, la poesía y "los poetas reformadores", las celebridades, las fotografías, las difíciles prosas modernas y ultramodernas, lo popular, las ciencias ocultas y teosóficas, la perfección del orden social, la locura, la simulación, el fraude, las alucinaciones... Está esa nueva combinación entre "lo moderno" y "lo popular" y está Soiza Reilly con *La ciudad de los locos,* con *Los apaches* de la ciudad tenebrosa, y en persona con la *Revista Popular* que dirigía en 1916 (que se fue a la quiebra dos números después). Y con las "prosas modernas y ultramodernas" del primer texto publicado de Arlt en Buenos Aires, y con el prólogo del *Diario de un morfinómano* publicado y perdido en Córdoba.

"Soiza Reilly" como posición, como espacio, como uno de los eslabones entre el fin de siglo y Arlt. Condensa entre 1907 y 1914: anarquismo estético, modernismo, periodismo popular de celebridades y de los bajos fondos, ficciones de criminales y locos, y es el escritor nihilista que escribió *un best-seller fundado en el odio* (como Vargas Vila), *El alma de los perros,* que Arlt le recita de memoria en la escena de 1916-1930, y que es el que nos permite trazar una tradición literaria argentina "en delito" y *una línea cultural e imaginaria* que va *del anarquismo al peronismo.*

* * *

Comenzamos la genealogía con una aguafuerte de Arlt donde recita de memoria el *best-seller El alma de los perros.* Sigamos con un extraño prólogo editorial titulado "Palabras liminares..." que cuenta la escena de Soiza Reilly con el manuscrito de su futuro *best-seller.*

El alma de los perros fue publicado en 1909 en Valencia y prologado por Manuel Ugarte (es decir, fue editado en España por los modernistas), fue reeditado en Buenos Aires en 1917 por los socialistas de *Nosotros,* fue re-reeditado por el peronismo en 1950 (veinticuatro ediciones entre 1909 y 1950) y se tradujo a varias lenguas extranjeras. Este *best-seller*[6] recorre un espacio y una historia, y dibuja a través de sus reediciones y prólogos una genealogía virtual, no sólo de escritores y escrituras (Manuel Ugarte prologuista de Soiza en Niza; Soiza prologuista y titulista de Arlt en Argentina) sino de políticas culturales y literarias en relación con "lo moderno" y "lo popular".

La 24ª y última edición de 1950 (*Año del Libertador General San Martín*) de E.D.E.A., Buenos Aires (una edición "oficial"), se abre con un texto firmado por *Los Editores* titulado "Palabras liminares a la 24ª edición", que cuenta la historia editorial del libro desde "la escena del manuscrito inédito". En esta escena "moderna" las ciudades son países y continentes y la emoción es telefónica:

> Hace cuarenta y tres años –en 1907–, llegó a París *un joven periodista argentino. Recorría Europa haciendo reportajes a los hombres más célebres* para la revista *Caras y Caretas.* Llevaba en *su maleta bohemia los manuscritos inéditos* de un libro. Quería que *el brillante escritor* Manuel Ugarte *–actual Embajador de la Argentina en Cuba–,* le pusiera *un prólogo.*
>
> –Déjeme Ud. los originales –le contestó Ugarte–. Los leeré mañana...

> El joven se marchó. A las dos de la madrugada, lo despertó violentamente el timbre telefónico.
>
> –¿Quién habla?
>
> –Acabo de estar con Manuel Ugarte. He leído por casualidad su manuscrito. ¡Magníficos sus perros!
>
> –Pero...
>
> –Quiero llevarme su libro a España para publicarlo en la *Biblioteca Blanca* de Valencia, fundada por mi suegro el señor Sempere. Yo soy el Director.
>
> –Pero... ¿quién es Ud.?
>
> –Vicente Blasco Ibánez.
>
> Y así fue como de improviso, *El alma de los perros* de Juan José de Soiza Reilly, *con prólogo de Manuel Ugarte y bajo el espaldarazo editorial del gran novelista valenciano,* se difundió *al trasluz de las Américas en tres ediciones consecutivas de cincuenta mil ejemplares cada una* (p. 7, bastardilla nuestra).

Nótese también, en esta escena, al "brillante escritor Manuel Ugarte" como embajador, y el cambio de sentido de "biblioteca" en "colección". Continúan recorriendo el mundo "Los Editores" de la 24ª edición del *best-seller:*

> Tres ediciones, cada una de cincuenta mil ejemplares, recorren las Américas. En 1910 tuvo medalla de oro en la Exposición Universal de California. En 1917 lo publica la revista *Nosotros* con el juicio de Rodó, y a partir de allí siguen ediciones populares, traducciones al francés, italiano, checo, hebreo-idish, árabe y demasiadas ediciones piratas.
>
> Venciendo *la resistencia del autor –que es actualmente Director General de Bibliotecas Populares de la Provincia de Buenos Aires–*, hemos adquirido los derechos para esta nueva edición que *reproducimos fielmente de la primera edición de Sempere* (Valencia, España, 1909), *sin cortes, agregados ni enmiendas* a fin de que "esta joya originalísima" –que dijera Darío–, conserve, como quiere su autor, *"hasta los errores de la juventud"* (p. 8, bastardilla nuestra).

Del anarquismo, y con Darío, al peronismo: en 1907 el modernista, antiimperialista y socialista-expulsado Ugarte hace publicar al modernista-anarquista[7] Soiza Reilly su primera "joya" en la *Biblioteca Blanca.* Y en 1950, cuando aparece la última edición de ese *best-seller*, el embajador en Cuba, Ugarte, (antes de su renuncia), y el Director de *Bibliotecas Populares* de la provincia de Buenos Aires Soiza son funcionarios del estado. No sólo se encuentran en el París del modernismo en 1907, sino también en el Buenos Aires del peronismo de 1950 (que es cuando Arlt empieza a ser leído por el grupo *Contorno*).

Después de las "Palabras liminares" de esta última edición "oficial" del *best-seller,* leemos el prólogo de Ugarte datado en Niza, 1909. Dice que estas páginas son "irreverentes, rudas, llenas de malicia, de franqueza y de espíritu *frondeur*", y que son diferentes, producto de una "sensibilidad autónoma". Dice también: "*El alma de los perros* es un volumen *cruel, en ciertas páginas brutal y excesivo*, pero particularmente atrayente; a pesar de *la perversidad* que se insinúa en algunos episodios, estos "canes flacos" tienen *rebeldías anárquicas*". Y también dice Ugarte en 1909: "*Un vago pesimismo* lo oscurece todo" en *El alma de los perros,* donde desfilan "dolientes caravanas menesterosas", "almas pisoteadas por el destino", "vidas tétricas" y "miseria social". Y concluye "democráticamente": "Ya he dejado adivinar que *no aplaudo completamente la manera de ver del autor*"... "*Pero* las divergencias que suscita un espíritu son una confirmación de su originalidad" (bastardilla nuestra).

Después del prólogo de Ugarte, 1909, hay un tercer "prólogo" que es una carta personal que Rodó le envió a Soiza, y está fechada en Montevideo, 24 de marzo de 1914. Dice que el libro le gustó, que su modo de escribir es inconfundible, original, pero *(todos ponen un pero)* formula como deseo personal que sus grandes cualidades de escritor "se complementen con una filosofía más benévola de las cosas y de los hombres".

En el centro de las dos escenas encadenadas "de iniciación" con bibliotecas, la de Arlt y la de Soiza, se encuentra el *best-seller El alma de los perros,* que con su estética modernista-anarquista de la destrucción, del exceso y de la miseria social, recorre el camino literario del modernismo, del anarquismo y del socialismo, para ser "oficialmente" reeditado, por última vez, por el peronismo.[8]

* * *

Cerremos esta genealogía virtual "en delito", hecha de "cuentos de entrega del primer manuscrito al maestro", con una crónica del mismo Manuel Ugarte, el prologuista de *El alma de los perros*,[9] donde cuenta que *entregó su primer libro* al General Mansilla, estuvo *ante su "imponente biblioteca"*, y el "monarca diabólico" *le dedicó una crónica*.

En *La vida inverosímil* (Barcelona, Maucci, 1927), un libro de crónicas que combinan lo moderno con lo popular de los medios (sobre la novela, el cine y la realidad, sobre los revolucionarios rusos, sobre el crimen, el odio, la verdad, las equivocaciones trágicas, la ley seca, la vuelta al mundo) se encuentra "El ombú del General Mansilla" (pp. 215-220). Dice Ugarte que todos corren con los autos por los caminos de Francia y no tienen ojos más que para la velocidad, y por eso son pocos los visitantes de la *Côte d'Azur* que han reparado en un árbol de tronco majestuoso que se levanta en las afueras de Niza, cerca del Puente de Magnan. Los argentinos que pasan a pie se detienen maravillados y murmuran "es un ombú": el único que hay en Europa. Dice Ugarte (que dató en Niza, 1909, el prólogo para Soiza Reilly): "Como se levanta a pocos pasos de la casita donde vivo la mayor parte del año, voy casi diariamente a sentarme bajo su círculo de sombra, y a menudo me pregunto quién lo habrá traído". Un escritor francés (George Lafond, que vivió en la Argentina y ha publicado una docena de libros sobre "nuestra América") le dijo que fue el general Mansilla: pasaba los inviernos en la Côte d'Azur y una mañana apareció con el alcalde de la ciudad y el cónsul argentino para plantar "un árbol de mi tierra".

Y Ugarte vuela al pasado "infantil" e "ingenuo" de Buenos Aires, y a sus emociones, para medir el tiempo de Mansilla en París:

> *Recordé* el día en que fui a visitarle por la primera vez, a su casa de la calle Paraguay, *llevándole un infantil folleto de poesías* que yo había titulado, ingenuamente: "Versos", acaso para que nadie pudiera llamarse a engaño si caía en la imprudencia de cortar las páginas. Evoqué *la cordial recepción* que me dispensó en *la imponente biblioteca* donde reinaba como un monarca diabólico, con su traje en-

> carnado y su barba blanca en punta. *Reviví la lectura del comentario benévolo con que me favoreció pocos días después en una de sus crónicas.* Y medí el tiempo transcurrido entre aquella visita inicial y *la última vez que comí con él en París,* en su residencia de la Avenida Victor Hugo, pocos años antes de su muerte, *cuando se le caía el monóculo* y tenía que renunciar a su empaque decorativo y original (p. 217, bastardilla nuestra).

El otro dice que era "un tipo *épatant*", y Ugarte que "era además un escritor de lectura agradable, reñido a veces con la gramática, pero dueño siempre de esa agilidad sintética y viviente que después ha llevado Mariano de Vedia hasta la perfección…" . Lamenta que sólo haya publicado el primer tomo de sus *Memorias*, y se pregunta adónde habrán ido a parar los otros…

La historia del ombú, del rey de la biblioteca, y la "agilidad sintética y viviente" puede seguir hacia atrás, indefinidamente, con la "iniciación literaria en delito" de Mansilla contada, por ejemplo, en "De cómo el hambre me hizo escritor", que se abre con "Salí de la cárcel…". Pero la cortamos aquí porque Mansilla dijo mejor que nadie, con la cárcel y el hambre, cierto "lugar común" (moderno y popular) de la genealogía virtual entre el anarquismo y el peronismo. Con Mansilla entonces (¿con Rosas? ¿con el dandy de 1880 y el *best-seller* "en delito" del dandy Cambaceres?) cerramos esta serie literaria de escritores entre América, Europa y Buenos Aires que se abre con los dandis "radicales" de la coalición, incluye a los periodistas-poetas modernistas, anarquistas, socialistas y antiimperialistas de la primera globalización de la literatura latinoamericana, pasa por los "locos", los "apaches", los "astrólogos" y las "prostitutas", y se cierra en el peronismo…

* * *

Nada más lejos de un Manual que la idea de una "historia alternativa" o "maldita" de la literatura. Como se ve, sólo queremos contar una serie de "cuentos" que forman parejas, familias y árboles (las superposiciones, series, cadenas, ramificaciones del cuerpo del delito) porque comparten ciertos "lugares comunes", "familiares", como corresponde a un "manual". Y porque atraviesan "realidades".

La característica de las series genealógicas del Manual es que siempre incluyen "eslabones perdidos" entre dos "muy leídos" o "clásicos". Entre Arlt y Mansilla (lecturas de colegio secundario) se sitúa un "eslabón perdido", en este caso el *best-seller* del odio *El alma de los perros,* que es el que sostiene la genealogía. Porque el "no leído" o "perdido", increíblemente, une los extremos, establece una continuidad y "cuenta una historia" que es genealógica, que hace un trayecto por tiempos y "realidades", y se transforma en red y en ramificación en las notas. El espacio entre Arlt y Mansilla es el espacio proliferante de "lo no leído", el lugar donde se abren multitudes de caminos y entran en red y se ramifican todos los puntos de "los cuentos".

La genealogía que hemos recorrido a través del "cuento de la entrega del primer manuscrito al maestro", parece consistir en una colección de fragmentos de prosas "conversadas" que unen lo periodístico con lo novelesco, y lo moderno-ultramoderno con lo popular *(y que incluyen un tipo específico de politización, la cultural),* en escenas de ciudades, continentes, bibliotecas, publicaciones y prólogos... Esa colección de fragmentos traza una red de viejas vanguardias, de viejos *best-sellers,* de viejas utopías, y de "curiosidades literarias" que se esconden y se pierden en la historia. Una genealogía virtual de lo que la historia pierde: Ugarte, Soiza, Sux, Vargas Vila; escritores que publicaban en España, "malos" escritores, escritores "de segundo orden", escritores "excesivos" y "demasiado duros" en sus "delitos verbales": "no leídos".

La genealogía de iniciaciones que une en "el delito" "muy leídos" con "no leídos" es simplemente un modo específico, desde adentro, de exhibir "el método" del Manual. Y también de enmarcar, en cierto modo, *El cuerpo del delito. Un Manual.*

Notas

1 Este "cuento" surgió como una vieja "lectura de autor", la que lee en la literatura el lugar de un sujeto escritor con sus iniciaciones, traiciones, definiciones y desfallecimientos literarios. Ese estilo crítico anacrónico, que me hubiera gustado imitar hoy, busca en la literatura fábulas de identidad literarias: lee "cuentos de escritores". Mi "lectura de autor" tenía sin embargo una intención precisa: la de darle algo así como un pasado nacional y algún padre literario argentino a Roberto Arlt, diferente de los conocidos rusos y de los folletines traducidos en España que casi todos le asignan como destino, y diferente del puro presente que le asignan como condición de su función fundadora y anticipatoria. "Arlt y sus precursores" (así se llamaba originariamente este "cuento") implicaba la introducción en la cadena de la historia literaria nacional de otro tipo de textualidad y otro pasado. Pero la "lectura de autor" no sólo se disipó, en el medio, en "cuentos de bibliotecas" y en "cuentos de ciudades" sino que "el precursor" de Arlt, "el no leído" Soiza Reilly, fue creciendo hasta transformarse en "nuestro Virgilio" y llevarnos a sus propios precursores. El resultado es una sucesión de "Cuentos de entrega del primer manuscrito al maestro" (o "cuentos de iniciaciones literarias en delito"), que quieren construir, hacia atrás, una genealogía virtual y jugar con la continuidad de la cultura argentina entre el anarquismo (y quizás el rosismo) y el peronismo.

* * *

En *Las ciencias ocultas en la ciudad de Buenos Aires,* uno de los primeros textos de Arlt, de 1920 (apareció en *Tribuna Libre,* el 28 de enero de 1920. Citamos de *Obra Completa*. Prólogo de Julio Cortázar, Buenos Aires, Carlos Lohlé, 1981, II, pp. 9-35) está convocada la novela de Juan José de Soiza Reilly *La ciudad de los locos*, que fue editada en Barcelona por la casa editorial Maucci en 1914.

Las ciencias ocultas enlaza una lista de celebridades literarias para contar una iniciación en los misterios, en la teosofía y el ocultismo. Parece (o es) una crónica modernista de fin o de principio de siglo con sus lecturas de Darwin, Le Bon, Ingenieros, Darío, Lugones, Nervo, Wells, O. Wilde, Valle-Inclán, D'Annunzio, Ibsen, Tagore, Ángel de Estrada, Gómez Carrillo y otros muchos poetas franceses, ingleses y norteamericanos. Y no sólo enlaza celebridades sino también enciclopedias, diccionarios, biblias y exotismos bibliográficos: su origen es una biblioteca, que el narrador conoció a los dieciséis años. *Las ciencias ocultas en la ciudad de Buenos Aires* cuenta en primera persona una iniciación en la literatura, en el sexo y en la política; es el primero de los "cuentos de bibliotecas" de Arlt, y también el primer libro de las "iniciaciones delictivas" de Arlt.

El cronista se presenta a los dieciséis años como una víctima del amor a la poesía de Baudelaire, cuyas *Flores del mal* lo habían *"alucinado* al punto que, puedo decir, era *mi padre espiritual*" (p. 13). Entonces soñó con ser un gran poeta, *un genio* de la literatura, pero ese sueño lo llevó a la situación de extrema emergencia, *al hambre* ("el poeta como víctima"), y por lo tanto a la lucha por la vida: tuvo que entrar a trabajar como dependiente en una librería de libros viejos.

Un "marqués arruinado", un "raro", un "hiperestésico", llegó un día a ese "antro" (así lo llama), buscando una *Historia de las matemáticas*. Era un joven atractivo y seductor; volvió, conversaron sobre *ocultismo y teosofía,* y lo invitó a su casa. Allí se encontró con una biblioteca de astrología (el marqués iniciador es el embrión del Astrólogo), de magia, de alquimia y de ocultismo: la inmensa *biblioteca exótica* de la otra cara de la ciencia.

Veamos los movimientos de la fábula de identidad literaria para ver de dónde dice Arlt que proviene. El sujeto se encuentra en el punto exacto del modernismo y de la decadencia, en el clima poético del fin de siglo, con Darío y Lugones, porque cuenta que se inicia en una biblioteca de astrología y ciencias ocultas de un marqués arruinado. Se inicia en las fantasmagorías de la biblioteca modernista, que le prometen "poderes maravillosos" (p. 16). Pero lo que sintió fue una soledad gris poblada de *alucinaciones:* pigmeos espantosos, simios blancuzcos, obscenos y corcovados que hacían gestos repugnantes, mujeres magníficas desnudas "que me aterrorizaban con los implacables destellos de sus crueldades viciosas", y también egipcios y mogoles (pp. 16-17). La iniciación en las drogas y en el sexo parecen fundirse con la iniciación en la biblioteca modernista del marqués y en la secta: un mundo de "pasiones particulares, *la sabiduría de los astrólogos logreros*, y la dudosa honradez de *ciertas mujeres equívocas*" (p. 19).

El cronista de *Las ciencias ocultas* cuenta entonces que fue víctima de dos iniciaciones literarias que se inscriben como "alucinaciones". La primera fue la alucinación del genio de la poesía de Baudelaire, que lo llevó al hambre (a la lucha por la vida: al límite de Darwin), y por lo tanto al antro infernal de la librería de usados. Y de allí pasó a la biblioteca del marqués y a la secta, donde encontró las alucinaciones (modernistas de Lugones) de simios, mujeres viciosas y exotismos.

El problema de las iniciaciones (uno de los problemas del *Bildungsroman* como género literario) es que requieren un retorno de la transgresión como conclusión. El cronista debe salir de la ciudad oculta de fin de siglo, y de la secta, para decir que *proviene* de allí y poder concluir con los movimientos de las alucinaciones y con el relato de su iniciación. Entonces Arlt cuenta su iniciación literaria en la biblioteca del marqués y en la secta teosófica y modernista de las ciencias ocultas, y después la denuncia como un grupo casi "criminal" de locos alucinados que viven en promiscuidad sexual y son agentes del caduco imperialismo inglés. Pone a las alucinaciones "en delito" y "en locura" y "en política" (les pone límites) con ayuda de citas de la sexología, la criminología, y la política: con la *biblioteca* científica, materialista y socialista de Ingenieros, a la que acude dos veces. La primera vez en una nota "científica" al pie: las *alucinaciones de los melancólicos* conducen *al delito*, según los doctores [*sic*] Kraff-Ebing, citados por Ingenieros. La segunda vez que acude a Ingenieros es para refutar las afirmaciones de la secta femenina, contrarias a la razón, que conducen *a la locura* "como bien lo ha dicho el señor Ingenieros, refiriéndose a la obra de la señora Blavatski".

No me detendré en la dialéctica de las notas de *Las ciencias ocultas* porque quiero llegar al movimiento final de este *Bildungsroman* que culmina, en su retorno, *en la represión.* Después de citar a Murnau dice el cronista: hay que *poner "un freno* o *una ley* a estas agrupaciones, donde germina una futura y delicada degeneración" (p. 32). Y entonces "el poeta reformador" *aplaude a la policía* en una nota "de actualidad" en 1920:

> Es de aplaudir la actitud de la policía, que no ha mucho clausuró una Escuela de Magia situada en la calle Callao y Corrientes (nota 37, p. 32).

Y *para cerrar el texto* el cronista de Arlt retorna a la secta, a sus jefes:

> Los presidentes y miembros directores de tal institución [la Sociedad Teosófica] se nos presentan como entidades superiores e infalibles. Han vivido muchas vidas, han sido directores de humanidades en este o en otro planeta, conocen los arcanos, sus miradas han escrutado en los designios de Dios y han recibido las inspiraciones de Pleroma, como los gnósticos.
>
> ¿Qué sería de la humanidad en tal estado, de acuerdo con su deseo? No puedo menos que *recordar* "La Ciudad de los Locos", de Soiza Reilly.

En el centro mismo de la ciudad oculta y de la biblioteca del marqués, *en el deseo de poder* de las "entidades superiores", a Arlt le surge en 1920 un recuerdo, un pasado, una imagen, *otra ciudad:* la Locópolis de Soiza Reilly de 1914.

Como se sabe, *El juguete rabioso,* de 1926, dedicado a Ricardo Güiraldes (que le puso título) relaciona o funde –como el *Quijote*– la literatura bandoleresca con la vida, y cuenta otra vez, en primera persona, una iniciación en el delito y en la literatura. También allí hay librerías de usados, teósofos, y dieciséis años; y también hay un descenso al infierno, bibliotecas e ingenieros. Y se cierra, como *Las ciencias ocultas,* con la denuncia o delación: esta vez de su amigo *el Rengo* ante el *ingeniero y su biblioteca.* (Fue un zapatero español-anarquista-"cojo" el que lo inició en la "literatura bandoleresca"; es un criollo-ladrón-"rengo" el elegido para la traición final ante la biblioteca del "ingeniero": la traducción-traición del español al argentino enmarca el texto.)

En el capítulo IV y final del de *El Juguete...* el sujeto se define por el título de "Judas Iscariote" porque elige el "delito verbal" para salir del robo y "provenir" entonces, por segunda vez, "en delito", de la otra cara de la ciudad de Buenos Aires: esta vez del "Buenos Aires tenebroso" de Soiza Reilly. Porque en el capítulo primero, "Los ladrones", un poco *antes* del robo a la biblioteca de la escuela:

> Decíame Enrique con motivo de una expulsión de "apaches" emigrados de Francia a Buenos Aires, y que Soiza Reilly había reporteado, acompañando el artículo de elocuentes fotografías:
>
> –El Presidente de la República tiene cuatro apaches que le cuidan las espaldas (*El juguete rabioso*, *O.C.*, I, p. 17).

En la crónica periodística moderna que era *Las ciencias ocultas en la ciudad de Buenos Aires* aparece Soiza Reilly "en ficción", por la novela *La ciudad de los locos*. En la ficción de "Los ladrones" de *El juguete rabioso,* seis años después, aparece Soiza con su columna "Buenos Aires tenebroso" y sus crónicas modernas sobre "Los apaches" (*Fray Mocho. Semanario Festivo, Literario, Artístico y de Actualidades,* año I, nº 3. Buenos Aires, 17 de mayo de 1912. Es la primera de una serie de notas sobre los apaches, en la columna "Buenos Aires tenebroso".) En *El juguete rabioso* de Arlt los apaches de Soiza Reilly se transforman en "guardaespaldas del presidente".

Descendamos entonces, por un momento, a *Fray Mocho,* a 1912, y a los apaches del "Buenos Aires tenebroso". El cronista Soiza Reilly cuenta que un "activo comisario de investigaciones" le preguntó si quería ver apaches en Buenos Aires y lo invitó a dar un paseo por el "barrio de los tenebrosos". Allí entrevistó al apache Antonio Mysula, autor del robo a la agencia de la calle Reconquista 52, que lo inició *en su lenguaje*. Son rufianes y se los llama "maquereau"; cada apache tiene su mujer, su cómplice, su encubridora: su "gigolette". La explota, la deprava, le pega y luego la besa, dice Soiza. Tiene un enemigo, el "beguin" que también es apache, a quien ama la gigolette. El "miché" es el cliente (nuestro "paganini" dice el cronista) a quien generalmente roban la mujer o el macró. Los apaches son rufianes y asesinos porque no sólo viven del trabajo de sus mujeres sino que matan para robar: asesinan con un horrible puñal en forma de punzón. Antes huían a las colonias, a Argelia o a Marruecos, pero desde que *los escritores humorísticos franceses descubrieron en los "vaudevilles" a la República Argentina*, dice Soiza Reilly, la tribu de los apaches huye hacia Buenos Aires. Están en la zona de Corrientes-Lavalle-Suipacha-Cerrito, y usan el caló parisién, las gigolettes son las que hablan en español.

En este interesante intercambio cultural, simultáneo, entre "lo bajo" de Buenos Aires y "lo bajo" de París (gracias a los "vaudevilles") aparece lo increíble, porque Soiza dice que el "apache", en Europa, es casi un héroe: *lo increíble es el criminal como héroe de los medios* en 1912.

"Los periódicos le consagran columnas de atención. Cuando la policía descubre el cadáver de un hombre asesinado, París no titubea. Exclama:

"–Son los 'apaches'."

Hasta cuando van a la guillotina "una nube de gloria los precede", dice el cronista de la ciudad tenebrosa de *Fray Mocho*, que lleva como subtítulo, igual que las *Caras y Caretas* que fundó el mismo Fray Mocho, "Semanario Festivo, Literario, Artístico y de Actualidades".

Soiza Reilly en Arlt: en *La ciudad de los locos* de la secta ocultista y en el *Buenos Aires tenebroso* de "los caballeros de la medianoche". El narrador de iniciaciones de Arlt encontró en Buenos Aires el lado oculto de la literatura y de la crónica modernista: para entrar por allí y para provenir de allí, de los escritos de Soiza Reilly, un escritor "no leído".

Las ciencias ocultas en la ciudad de Buenos Aires, de 1920, el primer texto conocido de Arlt, se cerraba con la imagen de la Sociedad teosófica que recordaba *La ciudad de los locos* de Soiza Reilly, de 1914. El hecho de que para cerrar el primer día de *Los siete locos* en 1929 Erdosain simule locura en el árbol nos remite otra vez a *La ciudad de los locos* (capítulo X: "El discurso del árbol") donde Tartarín Moreira se trepa a un árbol del manicomio y hace un discurso que marca el giro de la locura a la genialidad, por transformación (redefinición) de la palabra "loco". Tartarín Moreira le saca "el mal" a la locura, la pone como don de Dios y la define como fuerza dinámica, como *manía,* como vocación, innovación y contradicción. La define como "deseo", como el deseo imposible que los llevó al manicomio porque no está admitido socialmente: el del maestro que cuestiona toda la educación, desde su raíz, por ejemplo. Dice que la ciencia llama "manía" a esa fuerza o "deseo" que no está de acuerdo con "la lógica de la humanidad", y que los médicos tratan de matarlo: la "ignorancia de los sabios" los encierra en el manicomio. Tartarín Moreira es el libertador y el fundador, porque pide que a cada loco se le deje hacer su voluntad y los invita a incendiar el manicomio, a huir, y a fundar en otro lugar, junto al mar, "la Nueva Ciudad, la gloriosa ciudad de los locos, Locópolis, que será más célebre que Atenas, Roma, Constantinopla, París, porque el alma de la ciudad será la locura" (70-83).

[2] *Nuevas aguafuertes porteñas*, Buenos Aires, Hachette, 1960, pp. 221-224.

[3] Omar Borré [*Arlt y la crítica (1926-1990),* Buenos Aires, Ediciones América Libre, 1996, Estudio, cronología y bibliografía] consigna en 4.11.1.3. "Lista cronológica de todos los cuentos de R. A. entre 1916-1942 y un manuscrito" (y gracias a Borré nos enteramos del verdadero título del primer manuscrito que le publicó Soiza Reilly y de la fecha exacta de la visita):

"Jehová. En *Revista Popular*. Diciembre 1916. Director: Juan José de Soiza Reilly. La fecha figura en la contratapa de la primera edición de *El juguete rabioso*. Un fragmento de este texto fue reproducido en 1968 en *Entre crotos y suicidas,* de la editorial Edicom. El texto parece un fragmento de una futura novela" (p. 196).

En cuanto a "la prosa artística" o "el delito de las palabras de diccionario" del primer texto de Arlt, Rubén Darío dice en el Prólogo a las *Crónicas del Bulevar* de Manuel Ugarte (París, Garnier, 1902) que Ugarte es poeta y periodista (un "nuevo sujeto"), que es persona de fortuna, y que se ha naturalizado parisiense. Y dice: "Siendo joven, ha podido librarse de varios peligros que entre nosotros, en América, han causado daños, como la exageración y el apego a lo que aquí se llamó "escritura artista" (p. VI). Lo mismo se puede decir de Soiza: sus viajes por Europa para importar hombres célebres lo libraron de ese flagelo (sud)"americano" que seguramente atacó el primer texto "ultramoderno" de Arlt.

[4] Véanse los títulos y las editoriales de algunas obras de Soiza Reilly de la década de 1920:

Carne de muñecas, Buenos Aires, Tor, 1922;

No leas este libro... (El amor, la mujer y otros venenos) [1926], Buenos Aires, Librerías Anaconda, 1933, 4ª edición. Tiene un Prólogo del escritor y periodista uruguayo Alberto Lasplaces, quien dice que los buenos ratos que le debe a Soiza Reilly se ligan con *su primera juventud;* todos esperaban la nota de Soiza en *Caras y Caretas,* con sus fotos y sus "párrafos cortos, nerviosos, absurdos, anarquistas". "Nosotros éramos también anarquistas y no aceptábamos más superioridad que la del talento. Soiza alimentaba nuestras ambiciones, nos hacía conocer hombres famosos y sobre todo nos hizo soñar mucho."

La muerte blanca. Amor y cocaína [¡dedicada a Rodolfo Valentino!], Buenos Aires, Biblioteca Literaria Argentina Floreal, 1926;

¡Criminales! (Almas sucias de mujeres y hombres limpios), Buenos Aires, Casa Editorial Sopena, 1926. (Del Prólogo de Soiza: "Hay otros criminales más salvajes aún que los reos de cuchillo y revólver. Hay otros más temibles. Terribles. Horribles... Son delincuentes a quienes nadie se atreve a juzgar todavía. Las multitudes no tienen conciencia de la justicia justa que Dios pone en los dientes, en los pies y en las manos del pueblo... Por eso, aquellos criminales viven en la más celeste impunidad. ¡Criminales!").

Y para la década de 1930 (para seguir el camino del anarquismo al peronismo) leamos el *Clarín* del 19 de mayo de 1998.

> "Esto pasó un 19 de mayo..."
>
> ...de 1880 nació en Concordia, Entre Ríos, Juan José de Soiza Reilly, popularísimo periodista que protagonizó uno de los programas más famosos del principio de la radio.
>
> En la década del treinta, su voz ronca, hablando a una velocidad inimitable y casi sin furcios, *se oía en todas las casas de Buenos Aires que tenían un aparato de radio*. Para entonces ya era ampliamente conocido como periodista de revistas y diarios. Después de estudiar en la escuela normal y de trabajar como profesor de historia, comenzó a colaborar en la célebre revista *Caras y Caretas*, mientras compartía las mesas de café con los intelectuales y bohemios porteños. *En realidad quería ser escritor, pero sus libros no tuvieron éxito. En cambio desarrolló una especial habilidad para la entrevista*, que puso en práctica a partir de 1907, cuando fue enviado como corresponsal a Europa y se instaló en París. Logró hacer reportajes a los personajes más importantes de la época y arrancarles insólitas confidencias personales. Sus reportajes a escritores como D'Annunzio, Maeterlinck, Anatole France, Edmundo D'Amicis o Juana de Ibarbouru, a actrices como Lola Membrives o a Alfonso XIII, rey de España, entre muchos otros nombres de una lista interminable, eran esperados con ansiedad por los lectores. Durante la Guerra del '14 fue corresponsal del diario *La Nación* y más tarde de *La Prensa*. *Cuando la radiofonía comenzó a dar sus primeros pasos*, se inició en radio Stentor y más tarde pasó a Belgrano. *Allí creó un programa desde el que brindaba ayuda directa a la gente*, recibía sus cartas donde le contaban especialmente los problemas de salud y de trabajo y Soiza Reilly respondía *enviando la medicina o la máquina de coser tan esperadas*. Este programa, *antecedente de muchos de la televisión argentina*, terminaba con *una fórmula que era muy popular: "Arriba los corazones"*. Trabajó en la radio hasta poco tiempo antes de su muerte, en 1959 (bastardilla nuestra).

(La nota de *Clarín*, que afirma que los libros de Soiza Reilly no tuvieron éxito, ignora "la historia del *best-seller*" pero igual nos lleva, por la radio, hasta Eva Perón.)

[5] Omar Borré, *op. cit.*, en "2.1. Cronología de la vida y de la obra de Roberto Arlt" se refiere en la página 120 a "la primera novelita" prologada por Soiza en Córdoba:

"Ese mismo año [1921] aparece *Diario de un morfinómano.* Con prólogo de Juan José de Soiza Reilly. La novela, muy breve, no ha podido ser ubicada. José Marial afirma que *El juguete...* no fue su primer libro ya que antes había publicado en 'La Novela de Córdoba', 1920, *Diario de un morfinómano.*"

Borré cita a César Tiempo en *Manos de Obra* (1980): "Hallándome en Córdoba, hace muchísimos años, en compañía de Luis Reinaudi, en una librería de lance de la calle Rivadavia, *descubrí un ejemplar. No le di mayor importancia. Vi en la mesa algo que me interesó más, también inhallable:* el *Segundo Libro de Loco Amor* del fabuloso Bernabé de la Orga, y lo preferí *al cuaderno que contenía la novelilla de Arlt.* Tuve ocasión de contárselo poco después, ya en Buenos Aires.

No sabés la alegría que me dás. Te perdiste la gran ocasión de vivir chantajeándome toda la vida con la amenaza de reeditarla..." (bastardilla nuestra).

Otra vez la iniciación "en delito" con prólogo de Soiza Reilly.

En cuanto a *El juguete rabioso,* fue Elías Castelnuovo el que se encargó, en la Duodécima Parte de sus *Memorias* (Buenos Aires, Ediciones Culturales Argentinas, 1974), titulada "El aprendiz de brujo", de contar las locuras de Arlt, su espiritismo, su cremación y sus tribulaciones para publicar su primera novela, *La vida puerca* (posible título "para" Castelnuovo), después *El juguete rabioso* (título de Güiraldes, según dice Castelnuovo). Fue Castelnuovo el que contó esta "iniciación" de Arlt y se encargó de reforzar, desde Boedo, la teoría de que escribía muy mal y que imitaba *en sus excesos* al abominable *best-seller* colombiano Vargas Vila.

Castelnuovo cuenta que Arlt iba a la buhardilla donde él vivía, que era un centro de reunión del grupo de escritores de Boedo. No da fechas pero dice que Arlt "Acababa entonces de curarse una bacilosis en las sierras de Córdoba y se hallaba aún convaleciente de su dolencia".

Sabiendo que dirigía yo la colección *Los Nuevos,* en la cual debutarían sucesivamente los principales valores del grupo de Boedo, desde Álvaro Yunque hasta Enrique Amorim, *me trajo, con vistas a su publicación allí,* una obra titulada *De la vida puerca,* novela desigual y escabrosa que, por indicación de Ricardo Güiraldes, concluyó más tarde por llamarse *El juguete rabioso.* Debido a que había cifrado, en esa primera tentativa, el futuro de su carrera literaria, al rechazarle yo el manuscrito y ver él esfumadas sus esperanzas, quedó tan profundamente contrariado que tuve que darle toda clase de explicaciones. Sin incluir l*os errores de ortografía y de redacción,* le señalé hasta doce palabras de alto voltaje etimológico, *mal colocadas,* de las cuales no supo aclarar su significado. Había, asimismo, en su contexto, dos estilos antagónicos. Por un lado se notaba la influencia de Máximo Gorky y por otro la presencia de Vargas Vila. También le señalé este contraste. *Algo avergonzado, entonces, me confesó* que, en efecto, *había publicado en la ciudad de Córdoba una novelita, con prólogo de Soiza Reilly, escrita a la manera de Vargas Vila,* con punto y coma en vez de punto, y agregando a la logorrea del maestro algunos términos ampulosos de su cosecha. Le dije, finalmente, que así como estaba, *De la vida puerca* no se podía publicar (pp. 133-134).

* * *

Esta proliferante "Historia de un *best-seller:* del anarquismo al peronismo", no puede dejar de aludir al escritor colombiano *best-seller* José María Vargas Vila (1860-1933), que aparece como "influencia en delito" en "el cuaderno perdido" donde estaba el *Diario de un morfinómano* prologado por Soiza Reilly. Aparece como otro eslabón perdido que también nos lleva del anarquismo al peronismo.

Dice Rafael Conte en el Prólogo de *Diario secreto* de José María Vargas Vila (Selección, introducción y notas de Consuelo Triviño. Prólogo de Rafael Conte, Bogotá, Arango Editores y El Ancora Editores, 1989, pp. 10-12) que nunca se sabe por qué se lee o por qué deja de leerse algo; Vargas Vila era un *best-seller* hace setenta y cinco años; publicó sesenta y ocho volúmenes que fue editando en Colombia, España y París: veintidós novelas, tres libros de relatos, once de ensayos literarios, siete de filosofía, siete de ensayos históricos, seis de temas políticos, uno de conferencias y una tragedia. Su editorial más famosa y popular fue la Casa Ramón Sopena de Barcelona. Todo parece excesivo en él, dice Conte, tanto el éxito como el silencio, como el propio autor. Durante su vida fue combatido casi a muerte, y los críticos de la literatura latinoamericana lo negaron. Pero desde el libro de Luis Alberto Sánchez, *Proceso y contenido de la novela hispanoamericana,* se lo valora más objetivamente, dice Conte. Las novelas que le dieron fama fueron *Aura o las violetas, Flor de fango, Ibis,* su libro sobre Rubén Darío, dos libros de historia, como *La muerte del cóndor* o *Los Césares de la decadencia,* y algún texto político como *Laureles rojos, Clepsidra roja* o *Ante los bárbaros.*

Dice Conte que cuando se lo podría haber releído vino el boom y cambió la sensibilidad y la manera de escribir. Y agrega "para nuestra cosecha": el boom sirvió para rescatar a Arlt, cuya prosa, "hoy tan indiscutible, tampoco era tan sabia ni correcta. Aunque lo malo es que Arlt maltrató su prosa hasta hacerla de una evidente intensidad expresiva, mientras que Vargas Vila la acariciaba demasiado, hasta el paroxismo de la cursilería, en ocasiones". Sus modelos fueron Darío y D'Annunzio, los llevó hasta más allá de sí mismos y casi acabó con ellos. Dice Rafael Conte: "En su prosa desbordada y que se quiere lujosa hay toneladas de adjetivos encadenados, versos derramados sin la menor pudicia, encabalgamiento de párrafos y párrafos retóricos, barrocos, descriptivos, donde el placer por la palabra se ensancha hasta la exasperación: las palabras se convierten en globos que bien ascienden hacia la estratósfera y se pierden de vista, o explotan o se desinflan. Le faltó medida y le sobró pasión: lo primero es irremediable; pero la pasión era buena, no se olvide". "También vaciló entre casi todas las corrientes. En un principio fue un escritor afrancesado" a la manera de un Enrique Larreta, otro olvidado (que ideológicamente era su antípoda, dice Conte); hizo novela sentimental y también novela política, y era "Kitsch".

Y dice Consuelo Triviño, en la Introducción (pp. 13-37) al mismo *Diario secreto* de Vargas Vila, que jamás un escritor fue tan duramente castigado como este radical que a fuerza de despotricar contra el clero, insultar a los tiranos de la América hispana y de vociferar contra el imperialismo yanqui, conquistó un lugar destacado en las letras. Fue prohibido en su patria y despreciado por la intelectualidad colombiana, lo que contribuyó a aumentar su popularidad. En España tuvo mucho prestigio y hay testimonios de *viejos anarquistas* que se inspiraron en sus panfletos; en Hispanoamérica fue más difundido entre los sectores populares: *los estudiantes, los campesinos y los obreros recitaban sus terribles frases* lanzadas contra Núñez y los conservadores.

En el proceso de lectura de Vargas Vila es importante el papel que desempeñó el crecimiento de *la industria editorial,* que hizo posible que amplios sectores de la sociedad, tradicionalmente iletrados, se familiarizaran con el libro, dice Triviño. "La literatura de folletín –como se designa esta literatura– llenó los ratos de ocio de las clases populares e hizo de ciertos escritores verdaderos mitos, a la imagen y semejanza de Victor Hugo y de D'Annunzio. En Cuba, por ejemplo, Vargas Vila era el escritor preferido de las tabacaleras. *Ante los bárbaros* fue el credo en el que se formaron varias generaciones de antiimperialistas en muchos países latinoamericanos. Novelas románticas como *Aura o las violetas* fueron leídas masivamente y arrancaron caudales de lágrimas a las muchachas de entonces. El discurso *Ante la tumba de Diógenes Arrieta,* conmovió a aquellos liberales radicales que en el destierro, o marginados dentro de su patria, sentían la opresión conservadora."

Consuelo Triviño: "Muchos colombianos de principios de siglo se iniciaron sexualmente con el desaforado erotismo de *Ibis* o de *El alma de los lirios,* libros que muestran una pésima imagen de la mujer. En sus páginas se regodeó el machismo latinoamericano y, de manera consciente o inconsciente, Vargas Vila hizo del machismo un gancho para atrapar lectores".

Era radical en política y parecía anarquista, prosigue Triviño; sus panfletos, mezcla de Nietzsche, Shopenhauer y Emerson, surtían un efecto inmediato. *El periodismo jugó un papel fundamental en la transmisión de este ideario, y contribuyó a su fama.* Vivía encerrado en una soledad absoluta, entre las visiones del arte y los sueños de grandeza. Admiraba a Darío y celebraba su genio, pero se lamentaba de su conducta (lo pintó como un alcohólico). "Su vida transcurría sombría en aquella *Barcelona de principios de siglo, sacudida por las huelgas generales y por los atentados anarquistas.*" Su único amigo fue

Ramón Palacio Viso, un desconocido poeta venezolano que lo acompañó desde joven en su recorrido y vivió con él cerca de treinta y cinco años; lo llamaba su hijo adoptivo y quiso dejarle su fortuna, sus libros y su diario.

Concluye Triviño con su lectura del éxito de Vargas Vila, basada en la industria editorial, en el periodismo, y en la política: "Hasta hace cinco años se pensaba que el diario de Vargas Vila se encontraba bajo la custodia del *gobierno mexicano*. Sin embargo, en una entrevista que se le hizo a Fidel Castro en 1985, este reveló que el *gobierno cubano* guardaba celosamente no sólo el diario, sino también unas cuantas novelas y documentos que, según el comandante, serían debidamente catalogados y puestos en manos de expertos para ser estudiados".

Malcom Deas (*Del poder y la gramática: y otros ensayos sobre historia, política y literatura colombianas,* Bogotá, Tercer Mundo Editores, 1993, pp. 285-301) dice que es el tercer y último ensayo que escribe sobre Vargas Vila. Y que el segundo está en la compilación de Sergio Bagú, *De historia y de historiadores. Homenaje a José Luis Romero,* 1983. Romero había asistido a una conferencia de Deas sobre Vargas Vila en Buenos Aires en 1975 y mostró entusiasmo por los *grandes malos escritores* de muchas literaturas. El voto por el Vargas Vila argentino se lo dio a Hugo Wast. Cuando Vargas Vila pasó por Buenos Aires en 1923, Wast dijo que los libros del visitante eran lectura para su cocinera; Vargas Vila contestó diciendo que en ciudades de segunda categoría, como Buenos Aires, las cocineras eran naturalmente más inteligentes que los críticos.

Las novelas de Vargas Vila nunca fueron buenas y hoy son ilegibles dice Deas; lo mismo parte de su prosa política, que es fatigante por el estilo, vacía y mentirosa. "Me parece que lo salvable, lo legible, consiste en los tres panfletos de *Pretéritas,* que sin ser confiable testimonio sobre la guerra de 1885 sigue teniendo cierto atractivo *naif* [...] algunas páginas de *Los Césares de la Decadencia* por el talento en el insulto [...]; el *Discurso ante la tumba de Diógenes Arrieta,* para declamar; [...] mucha parte de su *Rubén Darío* [...]; algunas páginas de *Laureles rojos* y menos páginas de *Ante los bárbaros*. Esto es legible, no digo que es admirable" (p. 295).

Y ahora Deas con lo que nos interesa en este "cuento del best-seller del anarquismo al peronismo". Fue muy leído en México y en Argentina, y "*el caso notable es Juan Domingo Perón*". Mientras exploraba esta sospecha, hallé que la frase "la fuerza es el derecho de las bestias" –título que utilizó Perón en uno de sus escritos más difundidos, y que me pareció muy del estilo del "divino"– es una cita de Cicerón utilizada por Vargas Vila en –¡acierto de Rafael Maya!– *Laureles rojos,* París, 1906. No creo que Perón o sus escritores de cabecera leyeran a Cicerón. En Chile hay mucho de Vargas Vila en la obra más política de Neruda –diría yo que a veces en la obra literaria también–. Neruda cuenta su lectura de Vargas Vila en su libro de memorias *Confieso que he vivido*" (p. 297, bastardilla nuestra).

Al fin, Deas se refiere al "cuento de que el diario lo tiene Fidel Castro" y dice que Fidel no es el único cubano que lo leyó, porque "El libro de Carlos Franqui, *Retrato de Fidel en familia,* está íntegramente escrito desde la primera hasta la última página en el estilo inconfundible del maestro" (p. 299).

Hasta aquí Malcom Deas. Pero no quiero privar a los lectores argentinos del Manual de una muestra del "estilo inconfundible" del maestro Vargas Vila (que también nos lleva con sus *best-sellers* a Perón): se encuentra en *Odisea romántica. Diario de viaje a la República Argentina,* Madrid, Biblioteca Nueva, s/f. [El Prefacio está datado en París, mayo de 1927, pero el viaje ocurrió entre diciembre de 1923 y enero de 1924.]

Ya en el barco habla de los argentinos:

> se visten de *Sport-Mans,* en las mañanas, y juegan *tennis,* sobre cubierta; desde luego, aquí, como en todas partes, son los Nápoli-Argentinos los que ganan el Gran Premio, de lo cursi y lo ridículo; nadie pone un pie adelante de ellos, en estas carreras internacionales, del Esnobismo Pueril y cuasi analfabeto;
>
> son, los Estradiotas del Rastacuerismo;
>
> fue, para ellos, que se inventó esa palabra, en París, hace ya luengos años, cuando las primeras invasiones de Ganaderos Millonarios, aparecieron sobre los Bulevares, hablando el *patois* napolitano, con el ronco vocerío y la mímica contorsionante, que hace tan pintorescas las multitudes, en *Via Chiaggia*, *Rectifilo* o *Partenope;*

> pero, estos italianos argentinizados, pierden toda la belleza de sus cualidades nativas, al adoptar una hibridez de gestos y de gustos, que no son suyos:
>
> sobre todo en la Indumentaria, al copiar, extremándolas, las modas londinenses y parisienses, no logran sino caricaturizarlas y caricaturizarse... (p. 39)

Y su odio a Lugones y a *La Nación:*

> en esta edad, plagiaria y miserable, en esta época, menguada y ruin, en que los Poetas no son sino caballerizos del Éxito, *jokeys* a sueldo de las empresas de Publicidad, *clowns* equilibristas de los Circos de la Venalidad, como Leopoldo Lugones, el Payaso cascabelero de *La Nación* de Buenos Aires, ese Esclavo Nubio, ebrio del Orín de las caballerizas de la Prensa, Filibustero de la Reacción, a sueldo de todos los despotismos, vendulero de sus Pasiones, ya que no tiene Ideas con las cuales comerciar, este Asno de alquiler, que guía la Recua Lírica de Versificadores Pamperos, a través de ese Desierto sin Oasis, que es la Literatura Argentina actual, de cuya aridez líbica, no escapan sino esos extraños cóndores apesadumbrados, que contemplan desde lo alto de la Cordillera la cobarde Aridez del llano, donde helechos parasitarios sueñan con tener la talla de las encinas, y las cabras asustadizas que ramonean en los zarzales, ensayan actitudes de panteras maulladoras en los juncales de Java, esos Cóndores, de que hablo, sienten en sus alas el estremecimiento de la Vergüenza ante el Pauperismo Mental del Rebaño, que pasta en el arenal silente, y goza de la Soledad; (pp. 107-108).

Los Cóndores son Ricardo Rojas, "el Primer Prosista Lírico, no ya de la Argentina, sino de nuestra América toda";

José Ingenieros, "el Gran Vulgarizador sin vulgaridades, ese Hombre Tea, al cual debe Nuestro Continente, la mayor parte de Luz ideológica que hoy posee";

Y también Antonio Herrero, Alfredo Palacios ("el Bayardo Argentino, el Orfeo Hipnotizador de Multitudes"), Adolfo Espinosa y Martín Fonts.

Dice que no va a Buenos Aires

como tantos otros escritores, mendigos de Celebridad o de dinero, a buscar la miseria de una Consagración, o el óbolo de una Limosna...

a la altura de Celebridad Literaria y Política a la cual he llegado, yo consagro, nadie puede consagrarme a mí;

Buenos Aires podrá darme Hospitalidad, no podrá darme Gloria; yo se la traigo; (p. 127).

Y paseando con su Gloria escribe:

una Gran Ciudad, de segundo orden, con aspiraciones y en vía de hacerse, una Gran Ciudad, de primer orden;

es apreciable y conmovedor, el esfuerzo, que los ciudadanos de ella, hacen por lograr su sueño, y merecen realizarlo, por el tesón incoherente y bullicioso, que ponen en ello;

paraître, es la divisa de esta Ciudad, y de este Pueblo;

ostentación, *puffismo*, relumbrón;

Babilonia de Cartón, empeñada en hacernos creer que el *Papier Maché,* con que fabrica sus palacios, es un mármol legítimo, extraído de las montañas, de Carrara (pp. 137-138);

la Carencia Absoluta de Originalidad, es la distintiva de Buenos Aires, en todo, desde sus Escritores, hasta sus Escultores, de sus Pintores, hasta sus Arquitectos, y de sus Revolucionarios, hasta sus Limpiabotas...

nada original, nada nuevo, nada suyo;

todo importado, todo transportado, todo imitado...

la imitación, es la Musa, de aquella Ciudad, desprovista de Genio Creador, y con una enorme cantidad de Alma Simiesca, para imitar los gestos europeos;

es la Patria del Plagio;

y, es sin duda, a causa de eso, que es la Patria de Lugones;

la Copia, es la Norma Imperante allí;

y, por eso, aquella Ciudad sin Genio, Hogar de Artistas trashumantes, incapaz de crear nada, lo copia todo, y no es, desde sus Letras hasta sus Artes, sino un vasto *Museo de Reproducciones*; (pp. 139-140).

Y para concluir, cuando se va:

> y, la Argentina, no ha producido el Gran Poeta, el Maestro de la Inspiración y de la Rima, que inscriba Pautas y cree Normas, para los Poetas de la América o de España...
> nada...
> nada...
> nada...
> esterilidad...
> fragilidad...
> fatuidad...
> he ahí las distintivas de:
> Cosmópolis,
> *Bluffópolis,*
> *Esnobópolis,* (pp. 259-260).

(Quiero aclarar que no incluimos a Bluffópolis y a Esnobópolis en nuestros viajes de manual argentino.)

Manuel Ugarte, en *Escritores Iberoamericanos de 1900* (México, Editorial Vértice, 1947) dedica el capítulo 15 a José María Vargas Vila (pp. 231-242), y habla de su vanidad: "El inventor de la prosa sin mayúsculas, del libro en un solo lingote, hecho para ser devorado –esperanza falaz– de un tirón y sin tomar aliento, hablaba exclusivamente de sí mismo y en tercera persona. Perdida la noción de las posibilidades, se entregaba, ciego, a la egolatría". Pero esa exaltación "yoísta", dice Ugarte, nacía de una reacción contra la hostilidad del medio. "Pocos hombres fueron tan vilipendiados como Vargas Vila." Y sus novelas, escritas en un estilo especial, sin mayúsculas y con sólo el punto final ("concebidas con la certidumbre de que es posible aspirar de un sorbo cuatrocientas páginas") "alcanzaron, entre 1900 y 1914, *una difusión pasmosa y fueron la cartilla romántica de toda una juventud*".

"Sobre el mérito literario de Vargas Vila se ha difundido en estos últimos tiempos una opinión tan categóricamente hostil, que debe hacernos recapacitar. No para aceptarla, sino para reaccionar contra ella. Las bruscas unanimidades de América despiertan siempre desconfianza. Dejando de lado los apasionamientos, comprendemos que la obra de Vargas Vila, lejos de ser inferior, como algunos pretenden, marca dentro de su tiempo, una de las realizaciones más completas. Pese a los arabescos de mal gusto y a alguna reminiscencia incómoda, contiene elementos sólidos y durables. La negación nace de un prejuicio o de un examen superficial."

Ugarte habla de la vanidad de Vargas Vila y hasta la disculpa: ¿por qué el escritor y el artista no se han de envanecer, si todos se envanecen de un auto o un traje?, y cuenta una anécdota de Blasco Ibáñez (que publicó *El alma de los perros*):

"–Como mi automóvil –solía decir– no hay más que dos en el mundo: uno lo tengo yo y otro el Rey de Inglaterra..."

O también: "–En mi casa entra el dinero por las ventanas...".

Palabras que dieron lugar a que Alejandro Sux, muy pobre por entonces, se precipitase, mitad en serio, mitad en broma, hasta la ventana gritando:

–"A ver..."

Alejandro Sux (1888-1959) escribió *Bohemia revolucionaria.* Con una semblanza del autor escrita por Juan José de Soiza Reilly [Barcelona-Buenos Aires-México, Maucci, s/f. (1909)]. Es una novela autobiográfica que cuenta la vida de un grupo de jóvenes anarquistas y escritores bohemios que se reúnen en el Café de los Inmortales. El personaje principal es Arnaldo Danel, que retorna a Buenos Aires después de un destierro en Montevideo. Escriben en *La Protesta,* trabajan en un manifiesto contra la Ley de Residencia, son detenidos después de la manifestación del 1º de mayo, pasan tiempo en la cárcel, son liberados y al fin Arnaldo, que ha publicado un volumen de poesías, y también artículos en *La Protesta,* encuentra su amor en otra anarquista, la "rusita" Lelia Merchenky.

Vargas Vila, Alejandro Sux, Manuel Ugarte, Soiza Reilly, todos modernistas, anarquistas, antiimperialistas y "peronistas": una genealogía literaria "en delito".

[6] En 1920 *El alma de los perros* es un famoso *best-seller,* y así aparece en *Apuntes biográficos del autor* por Alejandro Andrade Coello [datado en Quito, Ecuador, 1920], incluido en Juan José de Soiza Reilly, *La escuela de los pillos* (Novela) [1920], Buenos Aires, Editorial Tor, 8ª edición, 1939.

Dice Andrade Coello: "El libro que obtuvo más éxito fue *El alma de los perros,* traducido al inglés, italiano y checo. ¿Recordáis aquel tomito venido de la Casa Sempere, de Valencia, con el retrato del autor en un óvalo diminuto? Lo que no os pasó inadvertida es la firma del prologuista: Manuel Ugarte. Adelante. *La cuarta edición* de *El alma de los perros* la imprimió la reputada revista *Nosotros,* de Buenos Aires, en número de *diez mil ejemplares, ya agotados.* Va enriquecida con un juicio breve del maestro Rodó" (pp. 12-14).

En 1911 decía Alejandro Sux (*La juventud intelectual de la América hispana,* Barcelona-Buenos Aires, s/f, Prólogo de Rubén Darío. Biblioteca Científico-Literaria [la dedicatoria a Juan de la Presa está firmada por Sux y fechada en París, 1911]) que "*El alma de los perros,* que tanto ha dado que hablar a la crítica de América y también a la de Europa, es un 'libro extraño' por la forma, el alma y los motivos". Y cita algo del prólogo de Ugarte: "y creo con él [Ugarte], que Soiza Reilly dará mucho que hablar todavía a los que le han recibido con piedras en las manos [....] creo que este escritor es el creador de *una nueva forma,* de la que se podrá decir esto o aquello, pero que no hay más que reconocer; forma todavía imprecisa que se va corrigiendo, adquiere más plasticidad y elegancia, perdiendo mucho de su primitiva dureza en algunos cuentos de *El alma de los perros,* por lo que confío que dentro de poco tiempo Soiza Reilly habrá creado una moderna, lógica y hermosa manera de decir" (p. 123).

Escritores del cuerpo del delito en una red específica: todos escribieron, con nuevas formas, novelas de crímenes y criminales entre 1920 y 1930: *El crimen de las máscaras* de Ugarte; *El asesino sentimental* de Sux, *¡Criminales!* de Soiza, *Los siete locos* y *Los lanzallamas* de Arlt.

7 Algo sobre "el anarquismo" de Ugarte y de Soiza Reilly. En el prólogo a *Crónicas del Bulevar* de Manuel Ugarte *(op. cit.),* dice Rubén Darío que en París:

"Hemos asistido juntos a reuniones socialistas y anarquistas. Al salir, mis ensueños libertarios se han encontrado un tanto aminorados... No he podido resistir la irrupción de la grosería, de la testaruda estupidez, de la fealdad, en un recinto de ideas, de tentativas trascendentales… No he podido soportar el aullido de un loco desastrado, al salir a recitar un artista de talento, porque estaba condecorado con la Legión de Honor; o el grito grotesco de un interruptor incomprensivo, en una peroración grave y noble; o al furioso cojo Libertad, vociferando contra el poeta Tailhade, y amenazando en plena escena con su muleta, en la fiesta misma en honor de Tailhade…, o a cuatro "anarcos" rabiosos, gesticulantes alrededor de Sévérine enlutada y pacificadora… No, no he podido resistir… Y, sin embargo, Ugarte, convencido, apostólico, no ha dejado de excusarme esos excesos, y se ha puesto hasta de parte del populacho que no razona, y me ha hablado de próxima regeneración, de universal luz futura, de paz y trabajo para todos, de igualdad absoluta, de tantos sueños… Sueños" (p. V).

Dice Ugarte en *Escritores iberoamericanos de 1900 (op. cit.):* "Alrededor de 1900 el mundo parecía una andamiada anunciadora de construcciones o demoliciones cuyo plan confuso, esotérico a veces, no podía menos que impresionar a la juventud. Los intelectuales de Europa tendían la mano a los obreros, traducían sus inquietudes, apoyaban sus reivindicaciones. No estaban ausentes, desde luego, los falsos apóstoles. Tampoco faltaron los líricos. Anatole France presidía solemnemente las conferencias demoledoras de Jean Jaurès. Los novelistas en auge –Tolstoi, Gorki, Zola, Mirbeau– lanzaban sus explosivos literarios a los cuatro vientos del orbe. Se multiplicaban las sociedades pacifistas y las ligas de los derechos del hombre. Un fervor rebelde, más negativo que afirmativo, arremolinaba las ideas hasta el punto de que nuestro amigo Laurent Tailhade –de quien habló Rubén en sus crónicas– llegó a calificar de "beau geste" la bomba mortífera del anarquista irresponsable" (pp. 258-259).

Y en *Crónicas de Amor, de Belleza y de Sangre* de Soiza Reilly (Barcelona, Maucci, 1912, 2ª ed.) puede leerse en "Los anarquistas" la reproducción de su respuesta a una encuesta de *La Vanguardia* sobre la Ley de Defensa Social. Está datada en Montevideo, 1º de mayo de 1911. Soiza *dice que habla como poeta* y que por su sangre es un aristócrata, que sus antepasados eran "ricos fidalgos", pero que por la vida dolorosa y amarga que ha llevado, *sufrió con la plebe*, y que las rebeliones nacen de *la injusticia*. En vez de dictar leyes que irriten el dolor de esa gente, *deben dictarse leyes de perdón* y de ayuda. Los anarquistas sufren y su dolor proviene de la riqueza de que gozan los demás; en vez de convertirlos en seres útiles, se los echa de todas partes. Y en vez de esta ley de defensa, obra del miedo, el Congreso argentino debió fundar escuelas. En Suiza no hay anarquistas porque hay escuelas y las cárceles están vacías. En cambio aquí el ideal de nuestros legisladores es disminuir el número de escuelas y aumentar el de cárceles.

"En resumen: mi opinión de poeta sincero, se sintetiza en pocas líneas.

"La Ley Social es de esas leyes que según Plutarco parecen hechas por los ciegos para reglamentar el uso de la luz. Algunos de sus capítulos pudieran aplicarse a quienes lo dictaron… (En la ínsula Barataria, Sancho fue víctima de sus propias leyes. Entre nosotros, ocurrirá lo mismo)."

8 Veamos algo de *El alma de los perros:* su puesta en acción literaria del anarquismo político, del individualismo-egoísmo de la estética modernista-anarquista, del exceso, del odio, de la blasfemia, de la destrucción, y de las multitudes hambrientas y miserables de "perros" *que claman justicia con los dientes*.

En *El alma de los perros* hay textos modernos-populares sobre la fotografía de la multitud y el yo en la literatura italiana de vanguardia; sobre "La noticia policial del periodismo y la novela moderna"; sobre "Los sin patria": gitanos y vagabundos; sobre los modelos de los artistas en Roma, "Perros humanos"; sobre "El hogar de los perros" que es la cárcel moderna. Y hay un texto sobre "Los libros viejos" y prohibidos narrado por el mismo libro, que cuenta que pasa de mano en mano y que se transforma según quien lo lee, hasta que llega al viejo poeta de los arrabales que lo vende por hambre y por diez centavos al narrador-cronista.

El alma de los perros es un libro kafkiano y serial, con fragmentos y cuentos alegóricos en forma de crónicas (hace novela y alegoría con el periodismo: es "moderno y popular"), y con diversas capas de realidad. Está hecho con parábolas de animales, perros, bueyes; con palabras de mujeres, de delincuentes, de locos, de aristócratas, vagabundos, lustrabotas, filósofos y artistas criminales que quieren pintar "al alma de una generación"; usa artefactos culturales populares como Cristo y Job ("los grandes símbolos" del primer *best-seller*) para darlos vuelta y para mezclarlos con Verlaine ("escritor célebre") y con los escritores marginales y fracasados de la llamada "bohemia".

Su "nueva estética" (su sello "de vanguardia") es legible desde la dedicatoria "A los perros", un manifiesto literario que lanza gritos y bofetadas a las multitudes, al gusto del público, a las reglas gramaticales y a la academia. Dice que a los perros dedica este libro "de rezos prohibidos" (como las *Misas herejes* del anarquista Carriego): "El odio es la única virtud que ha inspirado este libro... Afortunadamente, la muchedumbre, con tajante ademán de guillotina, ha de excomulgarlo por inútil. ¡Afortunadamente!". También dice que "este libro [está] infecto de blasfemias..." prohibidas por los ilustres monseñores del abecedario y las leyes de la gramática, del sentido común, y de la honestidad. "Odio a la humanidad con el enorme, con el terrible, con el formidable, con el espantoso, con el dulce, con el melancólico desprecio que ella merece"... "la odio porque sí", "Única razón de sabios y locos". "Yo no he nacido para escribir libros que deleitan a las multitudes. Ni libros que hagan rebosar de alfalfa los pesebres. Ni libros que llenen de lágrimas los ojos y de risa las bocas".

Sus perros tienen "en los dientes la justicia con que debieran ser juzgados los hombres", y son *los perros que no frecuentan academias,* los perros tísicos hermanos de San Vicente de Paul, de Paul Verlaine, de Carlos de Soussens, mis hermanos dice religiosamente Soiza: "a vosotros consagro este libro".

Soiza es un escritor irónico y satírico que se sitúa claramente en la tradición de los "canes", los *kyon* [= perros en griego] de los filósofos kínicos (como lo escribe Peter Sloterdijk para diferenciarlos de "los cínicos" en *Critique of Cynical Reason*, Minneapolis, University of Minnesota Press, 1987, pp. 102-109), que inventaron en Grecia antigua una *teoría antiteórica*. Sloterdijk establece paralelos entre el kinismo antiguo y los movimientos hippies y alternativos y dice que Diógenes, ese hippie original y posbohemio, no presta atención a los proverbios y su arma es la risa y la sátira. *Antiteórico, antidogmático, antiuniversitario: la línea pasa por Montaigne, Voltaire, y llega a Nietzsche* (p. 155). La teoría de los kínicos es una teoría "baja" y una dialéctica de la desinhibición dice Sloterdijk, una especie de "teoría encarnada": un ataque feroz al idealismo y una respuesta a cómo decir la verdad. Es la antítesis plebeya de la "gran teoría" de la verdad de los seminarios, los nombres y las citas. Frente al lenguaje de los filósofos o "pensadores" usa el del clown, el materialismo de la pantomima, y descubre otro modo de argumentación que, hasta hoy, no ha sabido manejar el pensamiento respetable. La aparición de Diógenes marca el momento más dramático en el proceso de la verdad en la temprana filosofía europea; con él emerge una variante subversiva de la teoría baja que grotescamente lleva al extremo la corporalización o encarnación práctica. El proceso de la verdad se escinde entonces entre una falange discursiva de "gran teoría" y un grupo satírico-literario de provocadores, dice Sloterdijk (p. 102).

Ese discurso de la verdad y de la pobreza de la tradición de los filósofos kínicos (la teoría baja sella por primera vez un pacto con la pobreza y la sátira, dice Sloterdijk) *tiene una relación específica con el Estado*. El kínico tiene que desafiar la esfera pública porque es el único espacio en el que puede demostrarse la superación de la arrogancia idealista; confronta directamente, corporalmente, al estado, y usa *al cuerpo* (a la suciedad, a la animalidad) *como forma de argumentación:* Diógenes orina en la academia y se masturba en la plaza. Y su rebelión no es la del esclavo contra el amo sino *la de un poder contra otro:* el poder de oposición contra el poder hegemónico. Dice Sloterdijk que la sociedad siempre les dice a los kínicos que no vayan tan lejos, *como le dicen los modernistas Ugarte y Rodó al mismo Soiza en sus "prólogos"*. Este consejo puede ser una política conciente o una regulación espontánea de la relación entre el arte y la sociedad, concluye Sloterdijk (p. 109).

Después de la dedicatoria-manifiesto "A los perros" el primer texto de *El alma de los perros* se titula "Jesucristo. El alma de los perros", y se abre con "Oíd, dijo la Scheherezada de los cuentos modernos. Y comenzó su cuento" (que es lo que Arlt le recita de memoria a Soiza Reilly). En adelante narra una voz femenina (no nos vamos a detener ahora en esa voz nueva; el libro tiene también varios textos sobre mujeres y "sus dos almas"). Es el cuento de un perro flaquísimo, triste, sucio, sarnoso, miserable, "un Jesucristo llamado Judas", que va a llegar a ser el líder furibundo de *la multitud de los miserables*. Los perros miserables, cuenta "Sherezada", se unen detrás del primero, del más horrible, que es Judas. Un juego "perro" con "Jesús como Judas" (recordemos el capítulo final de *El juguete rabioso:* "Judas Iscariote"), y como líder de los miserables de la tierra en su persecución indefinida del paraíso. Judas canta "canciones caninas inspiradas en la hiel de su espíritu y en el furor de su filosofía...", y los perros son cada vez más, recorren indefinidos espacios y territorializan y desterritorializan eternamente. Hasta que un niño humano mata al viejo perro Judas con una rama; la turba se detiene, llora por la muerte de sus esperanzas, odia a Jesús porque había sido tan perro como ellos, y se lo come dividido en indefinidos trozos que alcanzan para todos. Después se dispersan, desunidos para siempre y "Condenados a vagar por el mundo con los ojos tristes, la cola entre las patas, la sarna en el pellejo, el odio en el alma, y un pedazo de Cristo en el estómago...".

Cristo como el Judas de "los perros" miserables; ahora veamos a Cristo como anarquista con los poetas perros de la dedicatoria y con la estética de la destrucción ("La destrucción fue mi Beatriz" escribió Osvaldo Lamborghini) en "La belleza dolorosa de los sueños". Van caminando tres hombres tristes que habían querido matar la tristeza en "el ensueño de las cosas vedadas". Carlos de Soussens señala un lugar, la fuente de Lola Mora para leer a su pie un soneto musical.

(Un paréntesis. En *Mujeres de América*, Buenos Aires, Anaconda, 1934, Soiza escribe un texto sobre Lola Mora: "Sus contemporáneos la han enterrado viva. La calumnia ensañóse con ella. Todas las armas zoológicas fueron hábiles para destruir en añicos el prestigio de esta mujer incomparable, superior a su siglo. No pudiendo negarle belleza exquisita a la Fuente que hoy está en el Balneario, la calumnia decía: –¡No puede ser de ella!". Pero ella era altiva y "Soportó su desdicha con orgullo. ¡Tucumana valiente! No podía negar su sangre de aborigen. ¡India heroica, de aquellas que no se arrodillaban ante los conquistadores, ni en el momento loco de morir! ¿Qué otra mujer de la historia puede comparársele? Si Lola Mora fuera norteamericana...". Y "Aquella Fuente de Lola Mora fue la primera nota de arte fino, valiente, temerario, soñador, que tuvo la ciudad de Buenos Aires. Estábamos hartos de la estatuaria bélica y ecuestre. La Fuente de Lola Mora fue para las juventudes de mi época un baño de belleza".

La película *Lola Mora* de Javier Torre se estrenó en 1996 en Buenos Aires. Leonor Benedetto es Lola [ni mención de su sangre indígena], *y ¡aparece como personaje nuestro Soiza Reilly entrevistándola en Salta!* Fin del paréntesis.)

En "La belleza dolorosa de los sueños", al fin de la lectura del soneto al pie de la fuente de Lola Mora, en el silencio que siguió, los tristes poetas bohemios que sueñan con "las cosas vedadas" y escriben sonetos musicales, oyen el sollozo de un vagabundo: "un hermano en Job, en Verlaine y en Satanás". El narrador se hace amigo de ese vagabundo a quien llaman "el anarquista", y cuenta por qué: es un espíritu nuevo, nervioso, un emisario de lo que está por venir, tiene una tristeza que es el mejor elemento para destruir lo viejo. Los retrógrados lo llaman fracasado pero "Fracasar es estar en pugna y ser vencido por los conservadores del ideal. Todo aquel que fracasa, todo aquel que está triste, todo aquel que no ríe, es en verdad anarquista". Los triunfadores son los burgueses pacíficos, pacientes; nosotros somos nerviosos, con fuego bélico. "Y caemos... Al caer, el dolor nos hace tristes. Y la tristeza nos hace sin remedio anarquistas... Cristo fue un anarquista" (pp. 97-99).

"El progreso del mundo necesita rebeldes luchadores, asesinos, ladrones, borrachos, poetas, artistas, músicos, cantores... Para construir la vida nueva, hay que destruir la vieja" dice el poeta-anarquista (p. 101), y dice, después, el Astrólogo de Arlt, que también nos lleva del anarquismo al peronismo.

David Weir (*Anarchy & Culture. The Aesthetic Politics of Modernism*, Amherst, University of Massachusetts Press, 1997, pp. 158-200) sostiene que la división entre progresismo político y progresismo estético, que emergió al fin del siglo XIX, refleja el origen y la historia de la vanguardia. La temprana politización de la vanguardia cultural no implicaba necesariamente que el arte políticamente progresivo acarreara innovación estética. Al principio la vanguardia artística apareció simplemente como un apéndice de la vanguardia política, una idea que Kropotkin perpetuó cuando urgió a los jóvenes artistas a que pusieran sus talentos "al servicio de la revolución". Weir sugiere una alternativa a la elección entre arte realista políticamente comprometido por una parte, y arte purista y apolítico por la otra. Su argumento es que la mayoría del arte modernista es consistente con la política del anarquismo, y que esa consistencia se extiende a la forma misma de la obra. En ese sentido, el modernismo (en su sentido en inglés) aparece como la culminación de la historia de la vanguardia, que comenzó a ser identificada con la política radical alrededor de 1845.

Aunque no todos los artistas y escritores aceptaron la designación de "vanguardia" (Baudelaire no la aceptó), el punto clave es que vanguardismo y anarquismo estuvieron estrechamente conectados a fin del siglo XIX, como lo prueba la elección de Bakunin de *La vanguardia* como nombre del periódico de agitación política que fundó en Suiza. La congruencia histórica de vanguardismo y anarquismo ayuda a explicar la forma que asumió el modernismo en los primeros años del siglo XX. Dice David Weir: *Ciertas ideas del anarquismo fueron adaptadas por los poetas y novelistas (por ejemplo, el individualismo o "egoísmo" radical, la ausencia de toda autoridad, el estilo fragmentario y discontinuo)* de tal modo que el resultado fue más estético que político. El fenómeno fue casi general, pero pocos comentadores notaron sus implicaciones. La cultura fue uno de los pocos campos que quedaron abiertos a la actividad anarquista, dado que no podían competir con los socialistas en la organización de los obreros a comienzos del XX. *El cambio del anarquismo de la política a la cultura fue inevitable* dice Weir, y la práctica estética devino una forma de acción política. Las lecciones libertarias del anarquismo fueron asumidas por los artistas, que se proclamaban libres de toda autoridad externa, incluida la vanguardia política. Para muchos artistas el único modo de promover el anarquismo fue a través de la cultura y por medio de un *individualismo estético* tal radical que fue difícil de reconocer como anarquista. La ironía fue que ese anarquismo preconizó la liberación de la cultura de la vanguardia política. La política del modernismo se basa en su absorción del anarquismo hasta el punto de que el arte modernista sólo puede ser político si no se proclama como tal.

La cultura de fin de siglo estaba saturada de política anarquista, y muchas figuras asociadas con el modernismo se ligaron con el anarquismo. Pero la única "evidencia" de la transformación de la política anarquista en estética modernista, dice Weir, es *la naturaleza autónoma, heterogénea y fragmentaria de la cultura modernista, que parece realizar la ideología anarquista en forma artística.* Anarquismo y modernismo son estructuralmente homólogos. Pero la cultura del modernismo también puede explicarse en otros términos, dice Weir. Más que una trasposición de la política en la estética, el modernismo puede ser comprendido, por ejemplo, como la expresión estética de los nuevos descubrimientos psicológicos (el del inconsciente), como la respuesta artística a la crisis social (las causas y efectos de la Primera Guerra Mundial), o como el registro cultural de fuerzas económicas (el crecimiento del capitalismo y de la cultura del consumo). Seguramente todos estos factores jugaron un papel en la forma en que asumió el modernismo, y de hecho se complementan. El argumento marxista de que el capitalismo, más que el anarquismo, explica las formas proliferantes de la cultura modernista es, paradójicamente, el más complementario de todos, concluye Weir.

Muchas de las representaciones de *Los locos* y *Los monstruos* de Arlt provienen de la tradición cultural anarquista: de sus *símbolos culturales*. Por ejemplo la *prostituta* (Hipólita) como símbolo de la explotación y hipocresía burguesa; el *delator* (Barsut) como el que viola las normas de solidaridad de las clases populares y es expulsado del cuerpo político; el *ladrón* (Erdosain) como el que venga el robo de la burguesía.

Los tres, dice Richard D. Sonn (*Anarchism and Cultural Politics in Fin de Siècle France,* Lincoln y Londres, University of Nebraska Press, 1989) son símbolos culturales de la clase obrera *porque se sitúan, como categoría social, en las fronteras de las clases*. Sonn analiza los recursos retóricos que los simbolistas y otros escritores franceses de fin de siglo XIX tomaron del anarquismo, y dice que los escritores recurrieron al anarquismo porque se sentían excluidos del orden político y del sistema literario oficial de la Tercera República. Cada bomba, y para los simbolistas cada poema, era una prefiguración de la demolición inminente de la sociedad capitalista.

El movimiento de esta representación anarquista por parte de los escritores es analizado por Sonn a partir de la lengua. En el capítulo 4 ("Lenguaje, delito y clase") se refiere a la relación (que también está en Arlt) entre las *prostitutas y el argot:* "¿Hay de hecho una correlación directa entre lexicalización y rol social, de modo que las prostitutas pueden considerarse más centrales a la cultura de la clase obrera que los zapateros o impresores? La prostituta fue claramente central para el argot, pero no necesariamente para la sociedad. Fue precisamente *su rol periférico* en el ambiente de las clases bajas lo que *la convirtió en un símbolo tan poderoso,* pues existió no en el centro sino en los márgenes de esa sociedad, *entre* las clases. Su marginalidad misma *definió los perímetros de la clase baja* mucho más efectivamente que los miembros situados firmemente dentro de esa clase. Aunque hubo varios términos del argot que designaban categorías específicas de prostitutas, tomados en conjunto no significaban la función social de las mujeres sino más bien su papel para definir una *relación crítica entre las clases*. Detrás de cada término para 'prostituta' en argot yace una relación entre la prostituta y su rufián o su cliente. [...] Las relaciones abstractas entre las clases se transformaron en relaciones sexuales ilícitas, familiarizando y naturalizando el intercambio social de la explotación".

La relación entre *anarquismo y prostitución* es menos evidente que la relación entre *anarquismo y delito,* dice Sonn. Los anarquistas a menudo preconizaban una "reapropiación individual" como medio de redistribuir las mal obtenidas ganancias de los burgueses, aunque no estimularon de un modo similiar el comercio sexual. *Prostitutas y rufianes, importantes y quizá centrales al argot, se ligaron simbólica más que directamente con el anarquismo.* Ladrones y prostitutas podían sentirse victimizados por la sociedad, pero el ladrón podía obtener venganza a través del robo, mientras la única esperanza de la prostituta de mejorar su estatus era integrarse a la sociedad por el matrimonio o transformarse en una cortesana bien pagada a la manera de *Nana* de Zola. Estas dos opciones, esposa o *demi-mondaine,* fueron rechazadas por los anarquistas como la simple sustitución de una forma de explotación por otra. La relación del ladrón con la sociedad era simétrica y *simbolizaba venganza;* la de la prostituta era de sometimiento o complementariedad y *equivalía a explotación.* "La prostitución dio a los anarquistas un símbolo de la explotación burguesa de las hijas de la clase obrera, y más generalmente de la perversión de una sociedad decadente que explotaba las pasiones naturales con propósitos de lucro. La imagen de la prostituta explotada sirvió así a los anarquistas (y a los escritores) como símbolo dual de la dominación burguesa de la naturaleza y de la cultura. *El ladrón, el rufián, la prostituta, sirvieron de símbolos culturales de la clase obrera mientras permanecían en las fronteras de esa clase,* respetados por su hostilidad hacia las clases dominantes, sentimentalizados por su sufrimiento, y denostados cuando traicionaban a sus compañeros para lograr ganancias personales."

Dice Sonn que los anarquistas se movieron con resistencias en el mundo industrial moderno, mirando nostálgicamente hacia *formas prepolíticas de rebelión tales como el criminal.* El argot les dio temas y términos familiares tomados del pasado y de los marginales, frente a las realidades sociales y políticas del presente.

También dice Sonn que la lógica anarquista de la violencia, y el culto soreliano de los medios sobre los fines, pudo alimentar el *antisemitismo radical* que se expresó durante el caso Dreyfus tanto en el anarquismo como en el anarco-sindicalismo (pp. 110-114, bastardilla nuestra).

Glen Close (*Anarchist Conspiracy in the Modern Hispanic Novel: Pío Baroja and Roberto Arlt*, Tesis de Doctorado, Yale University, 1997) cita a Sonn y compara las novelas de conspiración revolucionaria de Arlt (*Los siete locos* y *Los lanzallamas*) con las de Pío Baroja (la trilogía *La lucha por la vida,*

1904-1905) en relación con el anarquismo y sus representaciones culturales.

Dice Glen Close que las afinidades anarquistas de Arlt han sido aludidas por algunos críticos, pero no analizadas. Las novelas de Arlt anulan el trabajo alienado, dispersan la autoridad narrativa centralizada, atentan contra las normas de propiedad lingüística, y denuncian una cantidad de instituciones burguesas (como el matrimonio, la corporación, el ejército, el estado) como perversas y sofocantes. Raúl Larra y Rodolfo Ghioldi (el Partido Comunista), acusaron a Arlt de individualismo pequeño burgués y de adherir a la "teoría de las minorías selectas" propia del anarquismo, dice Close. Y uno de los rasgos de la "herejía" de Arlt respecto de la izquierda fue su énfasis sobre el impacto cultural de los medios de comunicación modernos, sobre todo el cine. Los comunistas lo acusaron de despreciar a las masas y de confundir los "procedimientos mitológicos" con la lucha de clases o la dictadura del proletariado.

Close sostiene que para los personajes de Arlt, penetrados subjetivamente de los medios cinematográficos y literarios del capitalismo urbano, la realidad deviene consustancial con la representación cultural, y que el discurso periodístico produce un juego entre modos referenciales ficcionales y no ficcionales. Y observa que las dos "prensas" del texto (que son los motores de la ficción de Arlt, dice Close), la de los anarquistas y la del periódico que informa sobre el crimen y el suicidio de Erdosain (que lo transforma en una "celebridad" de los medios), están ubicadas en sendos *subsuelos*.

[9] En *Escritores Iberoamericanos de 1900* (op. cit) cuenta Manuel Ugarte otra "entrega de manuscrito", a propósito de dos siluetas que quiere trazar:

> Primero, la del director de la *Revue Mondiale*, Monsieur Jean Finot, israelita convertido al protestantismo, pequeño de estatura, dinámico, conversador, autor de libros que alcanzaron éxito y amigo entusiasta de cuanto pudo representar empuje original y gene nueva.

> Cuando le llevé *mi primer artículo en francés,* me preguntó bruscamente:
>
> –¿Por quién viene usted recomendado?
>
> –Por nadie –repuse, un tanto inquieto.
>
> –*À la bonne heure* –exclamó tendiéndome la mano–; estoy harto de recomendaciones. Voy a leer lo que usted ha escrito, y, si me gusta, se publicará.
>
> Pocos días después me llamó a la redacción, que se hallaba instalada en la rue Jacob, nombre predestinado, y "rive gauche", como tenía que ser, inevitablemente, tratándose de un judío y de una revista de avanzada.
>
> –*C'est très bien, mon ami* –me dijo sin circunloquios–; creo que lo veremos venir muy a menudo a esta casa…
>
> Y así fue, efectivamente. Todos los apuntes que debían servir de base para el *Porvenir de la América Latina* y para *El destino de un continente,* aparecieron en la *Revue Mondiale,* en la cual seguí colaborando durante largos años, hasta que Jean Finot murió, apenas cumplidos los cincuenta años, cuando acababa de publicar un libro titulado *Teoría de la Longevidad,* en el cual sostenía que todos podemos vivir más de un siglo (pp. 40-41).

Algunos datos sobre Manuel Ugarte (1875-1951), que tendría que haber formado parte del Manual por su novela *El crimen de las máscaras.* Los encontramos en *Manuel Ugarte* (Edición de Nieves Pinillos Iglesias, Madrid, Ediciones de Cultura Hispánica, 1989), una antología de textos con una breve biografía y una bibliografía de las obras de y sobre Manuel Ugarte.

Dice Nieves Pinillos Iglesias que la fortuna paterna lo va a sostener durante cuarenta años, primero en su trabajo literario y después en su activismo político. Los tres primeros libros: *Paisajes parisienses, Crónicas del bulevar, La novela de las horas y los días*, son prologados por Unamuno, Darío y Pío Baroja (hemos citado hace un momento la tesis de Glen Close sobre Arlt y Baroja). Nieves Pinillos Iglesias marca, en la biografía de Ugarte, dos transformaciones cruciales. La primera es cuando pasa seis años en París desde 1897 a 1903: salió argentino y volvió hispanoamericano y socialista; la segunda es el descubrimiento del imperialismo norteamericano en un viaje a Estados

Unidos precisamente en 1898: invasiones, anexiones y atropellos en México, Cuba, Nicaragua... Regresa a París transformado y dice: los Estados Unidos no se detendrán mientras no encuentren en los países del sur una respuesta unida.

En 1903 regresa a Argentina. Los contactos con socialistas franceses y españoles y *su amistad con Ingenieros y Lugones* lo llevan a ingresar en el Partido Socialista Argentino. En 1904 participa, a instancias de Roca, en la redacción del *Código de Trabajo* que será el más avanzado de su tiempo. Cuando vuelve a Europa representa al socialismo argentino en los Congresos de la II Internacional de Amsterdam (1904) y Stuttgart (1907), y aunque el partido le propone que se presente como diputado en 1905 declina todo honor. En Europa colabora en muchos periódicos y revistas de Argentina, Francia y España y publica diez libros más. Se radicaliza en su defensa de la unidad iberoamericana y antiimperialista y en 1910 publica *El porvenir de la América española,* donde dice que nuestra patria es la América española, el origen común, el mismo idioma.

En 1911 visita todos los países hispanoamericanos por dos años y narra el viaje en *El destino de un continente*. Y habla en la Universidad de Columbia: "Nos sublevamos contra la tendencia a tratarnos como raza subalterna y conquistable".

Continúa Nieves Pinillos Iglesias: su carta al presidente Thomas Woodrow Wilson, donde lo insta a rectificar y reparar las directivas y consecuencias de la política de Estados Unidos hacia los vecinos del sur, tuvo enorme repercusión. Pero al regresar a Argentina en 1913 se encuentra con un cerco de indiferencia y silencio. No consigue ser recibido por instancias oficiales ni tribuna, y encuentra en crisis al Partido Socialista: nunca se llevó bien con Juan B. Justo y con *La Vanguardia* y *es expulsado en 1913*. En la Primera Guerra se declara neutral, y crea en 1915 el diario *La Patria,* que dura tres meses por problemas económicos; allí defiende la neutralidad, el patriotismo iberoamericano y la necesidad de transformación social.

Hacia 1918 la fortuna familiar se ha esfumado; vuelve a España y en 1921 a Francia. *Se mantiene con colaboraciones en periódicos y revistas, y con sus libros.* En esta etapa publica en España [*hasta después de su muerte no se lo editó en Argentina*] los tres libros que son el núcleo más importante de su aporte ideológico: *Mi campaña hispanoamericana, El destino de un continente* y *La Patria Grande*.

En 1923 y 1924 colabora en *Amauta,* la revista fundada en Lima por José Carlos Mariátegui y en *Monde,* la revista que dirige en París Henri Barbusse. Pero se encuentra en la pobreza y sus amigos, entre ellos Gabriela Mistral, se esfuerzan por ayudarlo sin resultado. En 1929 un grupo de amigos le hace un homenaje, entre ellos Rufino Blanco Fombona, Gabriela Mistral, Ramón Gómez de la Serna. Y en 1932 otro grupo, donde están entre otros Manuel Machado, Alcides Arguedas, José Vasconcelos, Blanco Fombona y Gabriela Mistral, piden a Argentina que le conceda el Premio Nacional de Literatura. Se lo niegan, pero Francia le concede la Legión de Honor, dice Nieves Pinillos Iglesias.

En 1935 vende su biblioteca y regresa a Argentina, donde no recibe atención. El Partido Socialista lo invita a reintegrarse pero sus críticas a los resultados electorales de 1936 provocan *su segunda y definitiva expulsión*. Se va a Chile (otra vez neutral en la Segunda Guerra), y en 1946 regresa a Argentina, donde le impresiona la afirmación nacional e iberoamericana del peronismo. Se entrevista con Perón y este lo nombra embajador en México, donde permanece hasta 1950, porque *diferencias con Relaciones Exteriores y con el cambio de política en el peronismo* motivan primero su traslado a la Embajada de Nicaragua, y después a la de Cuba. En enero de 1950 presenta su renuncia al puesto diplomático. Va a Madrid, tiene setenta y cinco años, y publica sus dos últimos libros, *El naufragio de los argonautas* y *La dramática intimidad de una generación,* que son una fracción de sus memorias. Vuelve a Niza, donde había vivido, y el 2 de diciembre de 1951 aparece muerto por emanaciones de gas. En 1954 sus restos son trasladados a Argentina, donde *no se le tributó ningún homenaje oficial* concluye Nieves Pinillos Iglesias.

Algunos libros de Manuel Ugarte, editados en Madrid, Barcelona, Valencia o París:

Burbujas de la vida (1900); *Estudiantes de París. Escenas del Barrio Latino* (1900); *Mujeres de París* (1900); *Paisajes parisienses* (1901); *Cuentos de la Pampa* (1903); *La novela de las horas y de los días (notas íntimas de un pintor)* (1903); *Tarde de Otoño. Pequeña sinfonía sentimental* (1906); *Antología de la joven literatura hispanoamericana* (1906); *Nuevas tendencias literarias* (1909); *Cuentos argentinos* (1910); *Poesías completas* (1921); *El crimen de las máscaras* (1924).

En *Escritores iberoamericanos de 1900* Ugarte, que publicaba sus libros en Europa, critica la concepción de que, para concursos y exposiciones nacionales o extranjeras, se considerara exclusivamente "libro argentino" al impreso en el país, "dejando sistemáticamente fuera del haber nacional a los escritores editados mundialmente, por las grandes editoriales de Europa, es decir, a los que circularon como Dios manda, sin la trampa pueril de obras pagadas por el autor" (p. 17).

Alejandro Sux escribió sobre Manuel Ugarte varios artículos: "Manuel Ugarte" en la revista *Gustos y gestos,* Buenos Aires, 1-2-1911; una nota sobre "El porvenir de la América Latina", en *Letras,* La Habana, 19-2-1911. Y también "Carta abierta a Manuel Ugarte con motivo de su libro *Mi campaña hispanoamericana*", en *Nuestra América,* Buenos Aires, año V, tomo VI, nº 35, octubre de 1922.

También escribieron sobre Manuel Ugarte Luis Alberto Sánchez, John William Cooke (en *De Frente,* Buenos Aires, 3-11-1954), Jorge Enea Spilimbergo, Rodolfo Puiggrós, Norberto Galasso (escribió "El encuentro Ugarte-Perón" en *La Opinión,* Buenos Aires, 2-9-1973), y Jorge Abelardo Ramos ("Olvido y rememoración de Ugarte", en *Amauta,* Buenos Aires, nº 4, abril 1989).

Escritores iberoamericanos de 1900 (op. cit.) de Manuel Ugarte contiene textos sobre Delmira Agustini (habla de la espontaneidad salvaje y el fuego sensual de sus versos, que levantaron a su alrededor una especie de "barrera sanitaria"; Ugarte fue feminista y estuvo a favor del divorcio), Francisco Contreras, José Santos Chocano, Rubén Darío ("Una menguada concepción periodística, que sólo retribuye lo insustancial, le obligó, por otra parte, a escribir crónicas superficiales desde Europa. Él lo decía sin ambajes... –Me pagan lo que no sé hacer, o lo que hago, a regañadientes; pero por los versos, en cambio, que son buenos, no me dan un centavo...”), Enrique Gómez Carrillo, José Ingenieros (“quiso la inquietud juguetona que el primer gesto de la “Siringa” *[sic],* que acababa de fundar en Buenos Aires, fuese la consagración solemne de un obscuro poeta provinciano” y cuenta “la farsa” en un restaurante de la calle Carabelas. Dice de Ingenieros: “La tendencia a fantasear con las cosas serias le restó consideración. Pero le perjudicó más hondamente aún la costumbre de jugar con la importancia del propio esfuerzo, *en un medio acompasado y solemne,* donde hasta los más zafios hinchan el torso y extreman la suficiencia. Entre nosotros, a falta de opinión responsable, cada hombre vale lo que él mismo dice valer. Y como Ingenieros se divertía en quitar galones –empezando por los que personalmente y legítimamente había ganado–, acabó por expiar como *delito* esa distinción superior que marca la ausencia de jactancia”), Leopoldo Lugones, Amado Nervo, Belisario Roldán, Florencio Sánchez (cuenta lo que le pasó cuando llegó de noche a Niza, cargó con sus maletas y se sentó en un banco de la plaza; se le acercó una mujer andrajosa con un niño y otro en brazos que se ofreció para llevarle el equipaje, le dejó el bulto del bebé, que era un atado de diarios, y se fue con sus dos maletas), Alfonsina Storni y José María Vargas Vila.

Ugarte habla del “exilio latinoamericano de 1900” y de su grupo de escritores a los que llama “la generación de 1900”. Dice que ese grupo corresponde, con escasa variante de fecha, a la generación de 1898 en España (Azorín, Pérez de Ayala, Marañón, Baroja y Maeztu), con la diferencia de que el grupo español se desarrolló en su tierra y “el nuestro tuvo que dar más fruto en el extranjero”. Y dice que el núcleo del grupo lo formaron, entre París y Madrid, Darío, Luis Bonafoux, Alcides Arguedas, Juan Pablo Echagüe, Hugo Barbagelata, Gabriela Mistral, Soiza Reilly, Alejandro Sux, los hermanos García Calderón, José Vasconcelos, Joaquín Edwards Bello, Rufino Blanco Fombona y “el que escribe”.

Dice Ugarte, y podría referirse al boom de la novela latinoamericana de los años sesenta: “La razón del éxodo general no hay que buscarla en una desatinada admiración por la literatura exótica, sino porque se ahogaban en su medio”, y critica “el analfabetismo cultural del Continente”: no se reconoce a los escritores y el único afán es gobernar o hacer fortuna. Ellos buscaban un clima propicio para "la gimnasia interior": "Buscaban el calor que no hallaban en la tierra natal, dada la atmósfera enrarecida por el traficante y por el caudillo" (p. 20). Y "Por fuerza de las circunstancias, más que por voluntad propia, establecían una identificación espiritual de las zonas más diversas de la América hispana, identificación semejante –conviene meditar sobre la analogía– a la que, también sin compromiso ni cálculo, determinó, a principios del siglo XIX, en una sola llamarada, la independencia política de las mismas regiones. Esto, a un siglo de distancia, como si se impusieran períodos equivalentes en la rotación que madura la evolución de los pueblos" (pp. 16, 18-19).

El capítulo final se titula "El destino de una generación" y está fechado en Viña del Mar, 1942. Allí dice que todos los escritores de los que habló fueron desgraciados, ninguno escapó a la zozobra económica, ninguno ocupó altas posiciones en su país, y vivieron en la expatriación. Sobre doce, seis cayeron en forma trágica, dos asesinados, cuatro suicidas. Descrédito del escritor en Iberoamérica: la eliminación de las capacidades fue el fin de toda metrópoli política, económica o espiritual. "Se evitan las floraciones originales, capaces de suscitar pensamiento independiente" (p. 245).

Dice Ugarte: "No en vano solía decirme Ingenieros cuando filosofábamos sobre el tema:

–Somos como las fieras de los circos; en vida sólo conocemos la jaula y el látigo...

A lo cual replicaba yo, completando el símil:

–Y lo peor de todo es que, después de muertas, las fieras sirven de abrigo de lujo para quienes las sacrificaron" (p. 247).

A propósito de la jaula y las fieras, y para terminar el trayecto del anarquismo al peronismo, y "más allá". En *El arte y la democracia (Prosa de lucha)* (Sempere, Valencia, 1909), Ugarte cuenta "Una aventura policial" (pp. 139-143) con una nota al pie del título, que dice: "El autor fue arrestado en Buenos Aires, en octubre de 1903, a causa de sus opiniones políticas".

"No deja de ser penoso regresar al país en que se ha nacido, después de seis años de ausencia, para ser alojado en las comisarías. Es una nueva manera de practicar la hospitalidad. ¡Bien venidos sean los compatriotas que después de haber hecho flamear el nombre argentino en Europa, regresan al terruño, porque así podremos azotarlos y recluirlos como nos convenga!"

Y cuenta la manifestación socialista: "Desde un balcón vemos pasar a Palacios, rodeado de un grupo de agentes. Bajamos con del Valle Iberlucea, López y otros, corremos al lugar en que se produce el incidente, nos encontramos envueltos en un remolino, nos atropellan y nos empujan hasta una sala exigua, donde se nos obliga a depositar el dinero y el reloj y a declarar nombre, profesión y edad, bajo la recelosa vigilancia de los genízaros, que todavía tienen la mano en el revólver. Todo esto, que parece medioeval, ha ocurrido a las cuatro de la tarde, en una calle central de nuestra villa. No protestamos por el hecho personal, sino por el sistema que denuncia" (p. 140).

V
Mujeres que matan

Mi tema es "el delito". Pero no uso la palabra solamente en sentido jurídico sino entre comillas, en sentido metafórico y en todos los sentidos del término, porque mi campo es la ficción, "los cuentos de delitos" sexuales, sociales, nacionales, raciales, políticos, económicos, religiosos, de profesiones, oficios y estados. El delito en la ficción puede afectar al conjunto de diferencias porque en realidad funciona como un instrumento (teórico, si se quiere) que sirve para trazar límites, diferenciar y excluir: *una línea de demarcación que cambia el estatus simbólico de un objeto,* una posición o una figura. Si está de un lado del límite la figura puede ser sublime; si está del otro, cae y se degrada.[1]

* * *

En el vasto mundo de los cuentos de delitos, desde fin del siglo XIX hasta hoy, aparece un caso específico de relación entre crimen y género femenino en la literatura argentina.[2] Es el "cuento" de las mujeres que matan hombres para ejercer una justicia que está por encima del estado, y que parece condensar todas las justicias, y me gustaría titularlo "Para una historia popular de algunas criminales latinoamericanas".

"Mujeres que matan": no sólo indica una acción femenina en delito, sino que es sobre todo una expresión que se refiere a un tipo de mujer que produce en los hombres una muerte figurada porque tiene algo, armas. La metáfora está inscripta en la lengua: una matahombres, una *killer woman*. Ciertas formaciones lingüísticas con marcas de delito constituyen relatos e historias, y también constituyen "la realidad" misma: el derecho, la medicina, la vida cotidiana, el erotismo. Un tipo de "delito" femenino inscripto en la lengua, puesto en relato, en cadena, y en una red de correlaciones: eso es lo que trataremos de recorrer con "el cuento".

Las mujeres que matan hombres aparecen a fin de siglo XIX en la literatura argentina, junto con las prostitutas y las adúlteras.[3] Aparecen en el primer año de vida de *Caras y caretas* y en el tono festivo del Buenos Aires de entonces: en París y en un juez.

> *Las mujeres que matan*
> En París cierta joven a un juez
> de un balazo dejóle muy mal;
> y como esto pasó ya una vez,
> de las armas de fuego al igual,
> nos demuestra que existen ¡pardiez!
> señoritas de fuego central.[4]

Las que matan forman parte de una constelación de nuevas representaciones femeninas pero se diferencian nítidamente de las demás. Son el revés o la contracara de las víctimas. Cuando los hombres matan mujeres en las ficciones las acusan casi siempre de "delitos femeninos" o "delitos" del sexo-cuerpo: aborto, prostitución, adulterio; criminalizan su sexo antes de matarlas. En ese "cuento", las víctimas nunca son madres. Las que matan hombres, en cambio, se diferencian de las víctimas porque son madres o vírgenes, y tienen un "fuego central".

Ocupan una posición específica en la lengua, en la cultura, en la literatura y también en el cine, de modo que es posible verlas en persona. Por ejemplo, en la película de Pedro Almodóvar *Qué he hecho yo para merecer esto* (1984), que sintetiza bastante bien "el cuento". Carmen Maura es Gloria, una "mujer honesta" que se diferencia de la prostituta que vive precisamente en el departamento de al lado. Es madre y está casada. Y la primera escena de la película en el gimnasio la muestra como fuertemente sexuada, casi como sexo puro, mudo, con un desconocido. Gloria gana su dinero limpiando gimnasios y casas de otros. Tiene dos hijos varones, tiene a la suegra en su pequeño departamento de la periferia de Madrid, y tiene un marido taxista aficionado a "lo alemán" (ha vivido en Alemania y aparece de entrada en el taxi cantando en alemán). El marido le pega por no haberle planchado una camisa para ir a esperar al aeropuerto a su amiga, la alemana cantante (una nostálgica nazi que le propone falsificar las memorias de Hitler), y lo mata con un jamón. Lo mata en el momento mismo en que él muestra su parte nazi o su nostalgia franquista. La policía viene inmediatamente; Gloria confiesa su crimen al detective "de Almodóvar", que no le cree, y por lo tanto no recibe justicia. *Qué he hecho yo para merecer esto:* el título es de Gloria, es lo que la lleva al crimen y a la liberación de la justicia estatal. Al fin, se libera también de la suegra que vuelve a su tierra, al sur, pero despide a uno de sus hijos porque la abuela, que es Chus Lampreave, se lo lleva.

* * *

Una serie de cuentos como este ocurren en la literatura argentina entre los dos fines de siglo, entre dos modernizaciones por globalización. Con ellos puede trazarse una cadena, histórica y cambiante, de mujeres que matan.

La primera es Clara, una bella travesti, falsa estudiante de medicina, madre soltera y asesina serial que funda el relato policial en Argentina: el cuento (que ya contamos en "la frontera") es "La bolsa de huesos" de Eduardo Holmberg, de 1896.[5] Pero podríamos titularlo "Crímenes en la Facultad de Medicina", porque Clara ataca la ciencia médica en su raíz matando estudiantes de medicina con una droga peruana desconocida que produce éxtasis y muerte, y después de matarlos les saca una costilla. Firma los crímenes como "mujer": la costilla, el éxtasis y la muerte sintetizan la justicia del sexo. Los seduce y los mata con el veneno peruano porque el primero no cumplió su palabra de casarse cuando tuvo un hijo suyo. El narrador es un hombre de ciencia, médico e investigador naturalista que se burla de sí mismo como escritor, porque dice que publicó "La bota fuerte y el chiripá como factores de progreso", y también una disertación sobre la mentalidad del cangrejo, cuyo último capítulo se titula "El cangrejo en administración y en política". Este científico se ha convertido ahora en detective, dice, porque quiere escribir una novela y también mostrar las ventajas de la medicina legal, de la frenología y del análisis de la escritura, para el descubrimiento de la verdad. Quiere demostrar, en la literatura, que la ciencia puede conquistar todos los terrenos.

Se vale de un retrato o identikit "masculino", pasado por un taller de fotografía, pero pronto descubre (siguiendo las bolsas de huesos que este "estudiante" va dejando a su paso) los signos femeninos del asesino, las huellas que deja el género: el perfume ("una reminiscencia de perfume; algo sutil, como fantasma de una delicia, un perfume aristocrático, más tenue que un rayo de luna", p. 187); la letra ("un final de carta, de la que sólo quedaban algunas palabras, y de esas una mina, un tesoro, una revelación, ¡un nombre!", p. 211): otra vez la firma de mujer, Clara. La descubre precisamente llamándola Clara, después del último crimen, en el velorio de la víctima sin costilla. Ella, nombrada y descubierta, se rinde. El doctor la acompaña a su casa y la ve, como si estuviera en un camarín de teatro, cuando sale de la habitación contigua o del biombo después de quitarse la ropa de hombre, como él le ordenó, y soltarse el pelo:

> Sentí que todas las inserciones musculares parecían desprenderse de sus respectivos asientos... ¡Qué soberana belleza vieron mis ojos asombrados! (p. 223).

Se rinde ante la bella que mata y justifica a "aquel personaje de Hoffmann que vendió su reflejo una noche de San Silvestre" (p. 223). Y entonces le aplica lo que él mismo llama una "justicia literaria": que tome porción doble del veneno peruano. Le aplica una justicia que está más allá de la del estado; le ordena que se mate para salvarla de "la garra policial" (p. 231).

El detective narra el caso conversando con su colaborador el frenólogo Manuel de Oliveira Cézar, que lo acusa de haber cometido un delito ordenando el suicidio, pero él alega que "el secreto médico se sobrepone a las demás leyes sociales" y que se dedicará a escribir la novela (p. 231). Con esto cierra el caso de la "justicia literaria". Después, medicaliza la mente de Clara: dice que era una infeliz neurótica, una histérica ("las neurosis no tienen explicación, ni tienen principio ni fin; son como la eternidad y el infinito; y si a todo trance quieres limitarlas, imagínate que comienzan con la permutación de un complejo indefinible, se desarrollan sin conocimiento de su origen y terminan cuando terminan, porque sí", p. 228). Y al fin la redime como madre, porque murió, en éxtasis, apretando con la mano izquierda un relicario de rubíes que él creía contenía la droga, pero que, según se vio después, escondía la foto de su hijo. (Muerta, volvió a producir éxtasis en la policía y en el periodismo en varias lenguas del Buenos Aires de entonces.)

Clara, la primera asesina del género policial en Argentina, es a la vez una paciente de Charcot y una bella Circe vengativa que sabe medicina. Encarna mejor que nadie la modernidad de fin de siglo en la "literatura científica" del relato policial: mata hombres de ciencia cuando se saca la ropa de hombre, y no recibe justicia del estado, en el momento mismo en que aparecen las primeras mujeres en la Facultad de Medicina de Buenos Aires, es decir las primeras médicas, que fueron también las primeras feministas argentinas.[6] Quiero marcar esta correlación directa entre la literatura y la "realidad" en los primeros cuentos de "Crímenes en la Facultad de Medicina" y en "Para una historia popular de algunas criminales latinoamericanas" (un ejercicio de historia lineal y de correlaciones simples). Pero también quiero marcar la otra correlación "real" de la modernidad de fin de siglo, la masa que rodea y penetra los cuentos, y liga sus redes: la bella y la ciencia, la histeria, el teatro, la fotografía, el género policial, las identificaciones e identidades, la semiología y la abducción.

Dos ejemplos literarios de la fecundidad de la histeria, en cuanto a los "crímenes" de la literatura, se leen en *L'Invention de l'hystérie. Charcot et l'Iconographie photographique de la Salpêtrière,* de Georges Didi-Hubermann.[7] El primer crimen es en realidad la continuación de la historia de Clara con el médico, pero en un teatro de París, y está en la página 272, cuando Didi-Huberman considera al teatralismo histérico como práctica de la crueldad: *el crimen del que mira.* La histérica, dice, ama con la imagen: espera con la imagen, odia, muere y asesina con la imagen. Y se refiere a una obra del *Théâtre de l'épouvante* de André Lorde, dedicada al gran psicólogo Alfred Binet y representada en el Grand-Guignol de París en 1909, que termina con la venganza de la bella Clara: "Claire arroja en la cara de su experimentador, médico, el eficaz vitriolo desfigurador" escribe Didi-Hubermann.

El segundo ejemplo literario de la fecundidad de la histeria en cuanto a los "crímenes" de la literatura ocurre también en París, en 1928, y está en la página 150. Didi-Huberman cuenta que los surrealistas conmemoraron ese año el "Cincuentenario de la Histeria", reproduciendo los éxtasis fotografiados de Augustine, *sus clichés del éxtasis* dice, y cita a Aragon y Breton: "Nosotros, surrealistas, celebramos aquí el cincuentenario de la histeria, el mayor descubrimiento poético del fin del siglo XIX".

Nosotros celebramos en 1996, en Buenos Aires, el centenario de Clara, el mayor descubrimiento poético del fin del siglo XIX en Argentina.

* * *

Las correlaciones plurales (o redes) entre histeria, ciencia, teatro y delito femenino, que concluyen con la historia de Clara en el *Teatro del espanto* de París, forman como eslabones que encadenan los cuentos, porque aparecen nítidamente en la segunda mujer que mata, durante la representación, en la obra de teatro *Saverio el cruel* de Roberto Arlt, en 1936.[8] Susana es una joven rica que se disfraza de reina loca para burlarse, con un grupo de amigos, de un pobre vendedor de manteca llamado Saverio que viene a su casa. La farsa se va a representar durante "una fiesta de disfraces en la estancia". Y de entrada dice Susana: "Este año no dirán en la estancia que se aburren. La fiesta tiene todas las proporciones de un espectáculo" (p. 445).

En la fiesta, en el último acto, dice un personaje:

> Tengo el gusto de presentarles a la inventora de la tragedia y de la más descomunal tomadura de pelo que se tiene conocimiento en Buenos Aires. Nosotros los porteños nos hemos especializado en lo que técnicamente denominamos cachada. La cachada involucra un

> concepto travieso de la vida. Si mal no recuerdo, el difunto literato José Ingenieros organizó, con otros animales de su especie, una peña de cachadas, pero todas palidecen comparadas con esta, cuya autora es la pulcra jovencita que con ojos apasionados contemplamos todos (p. 476).

La peña de cachadas de Ingenieros se llamaba la Syringa y era exclusivamente masculina.[9] A Saverio, que "físicamente es un derrotado" y tiene una "expresión de perro que busca simpatía" (p. 448), lo engañan con la locura de Susana, que se cree una reina destronada por un coronel, del que quiere vengarse cortándole la cabeza. Cuando Saverio la ve por primera vez, Susana se muestra en el fondo de la escena con el pelo suelto y vestida de hombre. El que hace de médico lo induce a representar al coronel que la destronó, para ayudarlos a curarla del delirio. Saverio, que se declara antimilitarista pero finalmente acepta ser un "coronel de comedia", cae en la trampa de la bella.

En el teatro de Arlt no sólo aparece la correlación histeria, ciencia, teatro y delito femenino, sino además "el difunto literato José Ingenieros" y la representación en la representación, el cine y el psicoanálisis: el grupo de jóvenes estancieros de los años treinta aplica a la Syringa (al lado "travieso" y modernista de la cultura científica de fin de siglo en Argentina) la teoría de la repetición del acontecimiento traumático, que es el modo en que el cine de Hitchcock va a representar en 1945 al psicoanálisis y la cura en *Cuéntame tu vida (Spellbound).*

De vuelta en su "modesto cuarto de pensión", Saverio, "uniformado al estilo de fantástico coronel de republiqueta centroamericana" (p. 461), se posesiona del rol de coronel y dictador militar y quiere dominar el mundo: es Mussolini ante el espejo, es el dictador latinoamericano, es Saverio el cruel. Compra una guillotina y dice que no cree en las ficciones democráticas parlamentarias, que gobernar es cortar cabezas, que necesita cañones antiaéreos, y llega a hablar con un vendedor de armas inglés que representa a la Armstrong Nobel Dynamite y que le recomienda el Gas Cruz Violeta. En la pensión, su simulación es perfecta y los jóvenes de la estancia que la ven (Susana está ausente) le dicen que se parece a Maurice Chevallier en *El desfile del amor* (*Hollywood on Parade,* 1934) y entre sí se dicen que está loco.

Uno de los modos de representación característicos de Arlt consiste en dar vuelta su lógica, la de la representación, en cada paso narrativo, de modo que la secuencia consiste en una serie de torsiones. En el segundo acto Saverio es el loco, el actor y el coronel cruel, como Susana fue loca, actriz y reina destronada en el primero. En el tercer acto, en medio de la fiesta, en un salón rojo profundo con un trono, Susana actúa como reina destronada. Pero Saverio, disfrazado de coronel, da vuelta la lógica otra vez porque le dice a Susana que ya sabe que es una burla. Se acaba la farsa y los invitados, "caracterizados con trajes del siglo XVIII", se retiran. Saverio la increpa por su actitud feroz de burlarse de un pobre diablo, y entonces la reina Susana da vuelta la lógica una vez más: el otro es el que se disfraza o simula, y no ella. Y le dice a Saverio: te amo, es inútil que te disfraces de pobre vendedor de manteca, eres el coronel que me destronó. Y lo mata con un revólver. Las últimas palabras de Saverio: no era una broma, ella estaba loca de verdad.[10]

Todo depende de cuántas vueltas o torsiones se haga dar a "la representación" o simulación, un fenómeno de varias caras o un arma de doble filo, siempre presente en Arlt. Y que decide o no cierto sentido, si se la lee como máquina de exclusiones. La niña bien, loca y simuladora, mata al pobre mantequero en la estancia: allí la Syringa funciona como mecanismo de exclusiones sociales, de arriba hacia abajo; como un típico crimen social de los años treinta. Pero si el mantequero "es" lo que simula en su "locura", si es Saverio el cruel (y si Susana "es" la reina), la representación se da vuelta, porque Susana mata al dictador fascista latinoamericano de los años treinta. Ejecuta otro tipo de exclusión, política. Y entonces la estancia, o la clase alta, puede dejar de ser el monstruo y formar parte del frente antifascista con los grupos progresistas, tal como va a ocurrir pronto, en la realidad de 1940, con el primer peronismo. En Arlt el problema social, el político y el de género se pueden someter a una doble lectura (y a la función de anticipación), porque con las torsiones de la mujer que mata en el teatro del teatro toca el límite de la representación.

Clara era una histérica y también una médica; Susana es la locura y también la gran actriz de cine de los años treinta: su identificación con el rol es tan extrema que cuestiona, en *el momento mismo de la representación,* la posibilidad misma de la representación, y mata como reina al coronel disfrazado, a Saverio el cruel, al militar latinoamericano que compra armas a Inglaterra. Se salvará de la justicia porque puede encarnar muy bien, como Ingenieros mismo lo temía, "la simulación de la locura en los delincuentes".[11]

No me voy a detener por ahora en la correlación entre las actrices de cine y los militares de los años treinta en América Latina. En 1935 una joven del pueblo de Junín llegó a Buenos Aires, buscando fama y fortuna en el cine y en la radio: Evita. Digamos solamente que Evita, que representaba reinas locas y mujeres célebres en la radio, se encuentra en un momento con Arlt.[12]

* * *

Siguiendo los límites de la representación, pasemos entonces de la estancia a la fábrica y al tercer cuento. Como todos saben, la "Emma Zunz" de Borges quiere vengar a su padre Emanuel Zunz por un desfalco que le fue atribuido "erróneamente". Debe matar al culpable, el dueño de la fábrica donde ella trabaja como obrera y donde su padre fue cajero. Emma es una obrera virgen de dieciocho años que visita un sábado, durante una huelga, al dueño de la fábrica textil, un judío, con el pretexto de delatar a los compañeros, y lo mata. Son los años veinte pero el cuento está escrito en los cuarenta y se refiere también al presente de Emma. Entre los dos tiempos, y en la alegoría de Borges, Emma es la Virgen justiciera, enviada de Dios, y también la obrera que se levanta contra el patrón durante la huelga, y también la que mata un judío que trabaja el sábado, o simplemente la quc mata un judío. La que mata representa todas "las justicias": la de Dios, la del padre, la justicia de clase, la racial y la sexual. Y se burla de la justicia estatal, porque al fin llama a la policía, confiesa su crimen y acusa al patrón de haberla violado, cuando unas horas antes se disfrazó de prostituta y se acostó con un marinero que hablaba otra lengua. Hace ante la justicia una farsa de la verdad; usa la ley y el estereotipo de la virgen vejada (usa el estereotipo de la ley) para burlar la justicia del estado y poder ejercer todas las justicias, en alegoría. La historia está contada por un cronista pero Borges, en el "Epílogo" de *El Aleph,* dice que el argumento se lo contó otra mujer, Cecilia Ingenieros. Cecilia era bailarina moderna e hija del criminólogo-literato José Ingenieros, el mismo de la Syringa de Arlt, el grupo bromista de las exclusiones. Los dos Ingenieros ligan a Borges con Arlt en las modernas que matan.[13]

Emma es una obrera textil que mata al patrón durante la huelga, y la correlación es casi obvia.[14]

(Los cuentos están unidos por eslabones: una masa cultural de correlaciones múltiples, hecha de procesos políticos, tecnológicos, culturales, de nombres, y de imágenes.) Los cuentos o dramas de Borges y de Arlt están ligados por la presencia de Ingenieros y del cine; los de Borges, Arlt y de Puig por el cine de Torre Nilsson y el peronismo. Las filmaciones de mujeres que matan durante el fin de los peronismos, la obrera y la sirvienta provinciana, son significativas: Leopoldo Torre Nilsson filmó "Emma Zunz" en 1953 (con el título de *Días de odio*), y *Boquitas Pintadas* en 1974. En cuanto al género específico que los encadena: Arlt, Borges, Puig y Torre Nilsson (y por supuesto Beatriz Guido, que se mueve entre todos ellos) muestran en esos cuentos el modo en que, cada vez, aludían y a la vez eludían el realismo social, con las otras versiones y torsiones de las mujeres que matan (así como Almodóvar mostró en *¿Qué he hecho yo para merecer esto?* el modo en que aludía y eludía el neorrealismo italiano).

Las que matan parecen polarizarse, simbólica y socialmente, entre "lo más" y "lo menos": una belleza incomparable que se disfraza de estudiante universitario, una niña estanciera que se disfraza de reina loca, y una obrera que se disfraza de prostituta y de delatora. Este tipo de polarización se ve claramente en *Boquitas pintadas,* de Manuel Puig (1969).[15]

Raba, la empleada doméstica de provincia (que fue durante un tiempo obrera de fábrica en la capital), mata al policía que es el padre de su hijo que no se casó con ella, y que ahora tiene relaciones con su "patrona", "la niña" Mabel Sáenz. Lo mata con un cuchillo de cocina; le aplica la justicia del tango y del folletín de la radio y del cine. Son los años treinta en un pueblo pero la historia se prolonga hasta el presente. La joven patrona, que es la que efectivamente tiene relaciones con el policía y no quiere ser descubierta, ayuda a Raba a escapar de la justicia con el argumento de que él la intentó violar, borracho y con un revólver. Raba no sólo burla, como las otras, la justicia estatal, sino que recibe un premio al final de la novela: vive con un campesino viudo y está embarazada, rodeada de hijos, de abundancia y de naturaleza. Y la justicia final se aplica a la ex niña Mabel, que termina pobre y con un hijo con poliomielitis. La historia está contada por cronistas y documentos médicos y policiales:

> Policía de la provincia de Buenos Aires
> Acta inicial (Extractos)
> "Antonia Josefa Ramírez, de veinticuatro años de edad, confesó haber dado muerte al Suboficial de Policía Francisco Catalino Páez con una cuchilla de cocina. La confesión fue interrumpida varias veces por crisis de llanto y a cada rato la Srta. Sáenz debió sujetar a la imputada en su intento repetido de golpearse la cabeza contra la pared. La Srta. Saénz, a quien ya la imputada había referido los sucesos ni bien se despertara, la ayudó a colmar las lagunas que su memoria presentaba a cada momento. Los hechos se precipitaron en la madrugada del día dieciséis al ver entrar la imputada al occiso en su habitación, vistiendo su uniforme de suboficial. Este la amenazó con su revólver y dijo que se le entregara allí mismo, pese a la proximidad de los patrones. La imputada, plena de rencor por haber sido abandonada con un hijo natural después de haber sido seducida en base a vanas promesas, se resistió y alegó tener miedo de despertar a los patrones, y como oportunamente acotó la Srta. Sáenz, era costumbre de la Sra. Sáenz levantarse en medio de la noche atacada de acidez y dirigirse a la cocina..." (pp.175-176).

En el "folletín" que es *Boquitas pintadas* las mujeres representan las clases sociales, y los hombres las conexiones o relaciones entre las clases. La alianza entre la empleada doméstica y su patrona para burlar a la justicia (una alianza femenina que se insinuaba en el Epílogo de "Emma Zunz") sigue la lógica de la polarización social de las mujeres que matan: no pertenecen a la clase media o a un término medio.

* * *

Raba, escrita "en folletín" al fin de los años sesenta, mata a un policía, como tantas guerrilleras urbanas de ese momento: mata a un representante del estado.[16] En *La prueba* de César Aira, de 1992,[17] una *nouvelle* que debería llamarse "Mujeres que matan en el supermercado", aparecen dos chicas punks que dicen llamarse Mao y Lenin, que pretenden ser lesbianas y que quieren seducir a otra chica, una virgen deprimida llamada Marcia, que pasa por la calle de vuelta del colegio. Es el cuento de la última globalización: entre las estrategias de seducción, las chicas hablan de ciertos programas de televisión, del rock, y de fiestas en discotecas con las celebridades del momento, todo en el Mc Donald's argentino que era el Pumper. Allí las punks agreden brutalmente a las mujeres empleadas. Al fin, deciden darle a Marcia una prueba definitiva de su amor y se dirigen a un supermercado. Mao y Lenin se presentan como el "Comando del amor": roban las cajas, incendian el supermercado y matan a empleados y consumidores, hombres y mujeres sin diferencia, con una violencia extrema: la de los años noventa.

Lenin:

> Un hombre de delantal blanco salía de atrás de la balanza electrónica, como si se hubiera hecho cargo de la situación y se decidiera a ponerle punto final. Lenin no gastó saliva en él. Le mostró la navaja de punta, y como el hombre levantara las manos para arrebatársela o golpearla, le lanzó una estocada como un relámpago a la cara. La hoja cortó de punta, abrió un tajo horizontal profundo hasta el hueso, hasta la encía, encima del labio superior, desde la mejilla izquierda hasta la derecha. Todo el labio superior del hombre quedó colgando, y saltó la sangre para arriba y para abajo. Se llevó las dos manos a la boca (pp. 69-70).

Mao:

> –Oigan bien todos –dijo Mao por todos los parlantes del salón. Hablaba espaciando, con un gran dominio de los ecos. Le había dado a su voz un timbre neutro, informativo, que era pura histeria. Tanta y tan pura que la histeria creciente en las clientas y clientes que-

> daba en comparación como un nerviosismo de entrecasa. Les hacía comprender que no bastaba con que la nerviosidad o el miedo se acumulen y crezcan, para llegar a la histeria. Esta era otra cosa. Era algo que no crece, por definición, un máximo que se ha alcanzado fuera de la vida, en la locura o en la ficción. Con el silencio cesó la pulsación de las últimas cajas que habían seguido funcionando hasta entonces–. Este supermercado ha sido tomado por el Comando del Amor. Si colaboran, no habrá muchos heridos o muertos. Algunos sí habrá, porque el Amor es exigente. La cantidad depende de ustedes. Nos llevaremos todo el dinero que haya en las cajas y nos iremos. Dentro de un cuarto de hora los sobrevivientes estarán en su casa mirando la televisión. Nada más. Recuerden que todo lo que suceda aquí, será *por amor*.
>
> ¡Qué literaria era! Sobrevino una de esas vacilaciones que se producen a expensas de lo real de la realidad. Un hombre en una de las colas soltó una estruendosa carcajada. Sonó un tiro de inmediato, pero no causó un agujero en la frente del que se reía, sino en la pierna de una señora bajita que estaba a dos lugares de él en la cola. La pierna se volvió una fuente de sangre y la señora se desmayó aparatosamente. Hubo un remolino con gritos. Mao balanceó un poco el revólver recién disparado y se llevó otra vez el micrófono a la boca. El sujeto, blanco y aturdido, dejó de reírse. El tiro estaba destinado a él. Era como si estuviera muerto, porque en la ficción correspondiente a su incredulidad anterior, el agujero realmente estaba en su frente (pp. 74-75).
>
> ¿Cuánto tiempo había transcurrido? ¿Cinco minutos en total, desde que irrumpieron en el supermercado? ¡Y cuántas cosas habían pasado! Todos esperaban a la policía, a los bomberos, pero sabían que esperaban por un atavismo, porque no había nada que esperar. Lo que se sentía era lo contrario a que alguien acudiera: reinaba una huida centrífuga, el Big Bang, el nacimiento del universo. Era como si todo lo conocido estuviera alejándose, a la velocidad de la luz, a fundar a lo lejos, en el negro del universo, nuevas civilizaciones basadas en otras premisas (pp. 86-87).

El relato está narrado desde afuera y desde Marcia (aunque sin darle el yo), y cuenta una transformación en la percepción del mundo, una "revolución", porque cuenta la conversión de

Marcia, después de contemplar la violencia "real" en el supermercado, *que se dirige a ella sola.* Marcia es la única destinataria del espectáculo en vivo: de "la prueba". En el cierre del texto se dice: tres sombras salieron "y se perdieron en las calles de Flores".

La prueba es un texto sobre la revolución femenina y sobre la revolución del espectáculo y de la imagen, y también sobre la violencia del consumo y la modernización de los años noventa en Argentina. Mao y Lenin, las guerrilleras anteriores, ahora punks-lesbianas, atacan de raíz (como Clara, la primera) cierta "modernización" latinoamericana.

Los lados de la cadena

De los crímenes en la facultad de medicina a los crímenes en el supermercado: entre dos saltos modernizadores, la cadena de "cuentos de mujeres que matan" parece tener diferentes reversos y lados (diferentes tipos de correlaciones) que la ponen en contacto con cierto exterior, cierta "realidad".

El primero de esos lados es el de la ficción. La cadena de ficciones (las mujeres que matan encadenadas) parece entrar en correlación casi directa (como se vio en las notas, con algunos datos "reales" y numéricos) con coyunturas de ruptura del poder doméstico, con ciertas irrupciones femeninas en la cultura argentina: las primeras universitarias, las primeras obreras, actrices, guerrilleras y otras pioneras.

"Para una historia popular de ciertas criminales": los cuentos de mujeres que matan dicen algo que no se dice sino con ellas en la literatura argentina; cuentan una historia de cierta cultura femenina en Argentina. Que no pasa por la de las escritoras sino por otras redes, y que cuenta las irrupciones violentas que tuvieron un carácter fundante en la política y en la cultura, y también en el juego de los géneros literarios, teatrales y cinematográficos. Y en ciertas subjetividades femeninas. La cadena cuenta esa historia con una torsión, porque la cuenta cada vez en "ficción de delito femenino".

O quizá: cuenta que hay, cada vez, una nueva clase de mujeres *porque* las representa "en delito". Como la picaresca, como si fuera un texto de Kafka, la cadena de mujeres que matan cuenta que cada vez que un sujeto-posición diferente se abre camino entre los intersticios de los demás (entre los intersticios lingüísticos, sociales, nacionales, de sexo, de raza), es representado literariamente en ficción de delito o ante la ley. Ese abrirse camino en las diferencias es el "delito": un instrumento que traza una línea de demarcación y transforma el estatus simbólico de una figura (la pionera se transforma en criminal y se degrada), y también un instrumento fundador de culturas.

El primer lado de la cadena literaria da vuelta esa nueva realidad femenina y la cuenta "en ficción de delito".

* * *

Pero a esa torsión de la ficción sigue inmediatamente otra, jurídica e interna, porque en la cadena el crimen femenino no recibe justicia estatal. Y esa segunda vuelta de la cadena, la de la justicia, la pone en contacto con otras "realidades". Las que matan no reciben justicia por razones médicas, o porque ni siquiera se sospecha de ellas porque son madres o vírgenes, o porque ante la justicia hacen una farsa de la verdad. O porque usan las yerbas de la exaltación y la muerte, o porque son representantes de Dios y del padre, o porque son la alegoría de la justicia. De todas las justicias: la privada, la sexual, la religiosa y la del padre, y también la justicia social, la económica y la política.[18]

El "delito" es un instrumento de diferenciación que funciona de un modo preciso, porque uno de los sentidos de la sustracción de la justicia estatal en las que matan se ve sólo cuando se lee (se escribe) la cadena desde la parte femenina, que es la que la constituye: desde la que mata en primera persona. Pero en los "cuentos argentinos" la que mata habla a través de otros porque están narrados en tercera persona (mientras que la primera persona "masculina" de un delincuente aparece a principios de siglo); falta el cuento mismo de la que mata. Es necesaria una torsión de género sexual (o pronominal o narrativo), que a la vez podría ser una torsión nacional, para poder leer uno de los sentidos de esa sustracción de la justicia estatal que se reitera en todas las fases de la cadena. Dicho de otro modo: es necesaria la inclusión en la cadena argentina de un eslabón "no nacional", latinoamericano, para poder oír contar el cuento desde la que mata y poder ver entonces el sentido de la justicia.

Encuentro esa primera persona en México, en *Arráncame la vida,* de Ángeles Mastretta (1986).[19] Catalina cuenta cómo mata en los años veinte a una de las autoridades políticas locales de la revolución mexicana (un ex militar y gobernador), que es también su marido y el padre de sus hijos. Él ordenó asesinar a su amante músico. Catalina usa la droga de Clara, el veneno de la exaltación y la muerte, y le da un té euforizante que mata a la larga. Pero no actúa sola; ese té se lo dio una campesina cuyo marido había sido asesinado por el marido de Catalina. Las dos aliadas, de arriba y de abajo, hacen justicia política y sexual al mismo tiempo: éxtasis y muerte al doble asesino de campesinos y artistas. Por supuesto, el veneno es una droga desconocida, nadie sospecha y no hay justicia estatal. Y entonces concluye Catalina en primera persona:

> Cuántas cosas ya no tendría que hacer. Estaba sola, nadie me mandaba. Cuántas cosas haría, pensé bajo la lluvia a carcajadas. Sentada en el suelo, jugando con la tierra húmeda que rodeaba la tumba de Andrés. Divertida con mi futuro, casi feliz (p. 305).

Esta incorporación externa a la cadena argentina es crucial porque define su sentido desde otro lugar. Los cuentos de mujeres que matan, encadenados, constituyen en cada momento la puesta "en delito" de una representación femenina con poder, que no recibe justicia estatal. Pero según cómo se la lea, o cómo se la cuente, desde qué yo (desde la víctima, desde el cronista, o desde la que mata), o según desde dónde se mire la cadena, varía el sentido de la sustracción de la justicia estatal, porque en las que matan el género es el que decide el sentido de la representación. Desde el detective-médico, los estudiantes de medicina, o el pobre mantequero, la que mata se transforma en una mujer neurótica y loca, y recibe una condena médica y social, no jurídica: es el caso de Holmberg y, quizás, el de Arlt. Si se lo cuenta desde la voz femenina, o desde otro género, también literario, y desde "otra literatura nacional", la mujer que mata elude la justicia estatal porque hace justicia política y sexual, mata a un "delincuente" y recibe un premio liberador: recibe futuro (Mastretta, Puig, Almodóvar, y también, quizá, Borges y Aira).

El delito (y el artefacto cultural crimen y castigo) es un demarcador de áreas, un instrumento de diferenciación: crimen sustraído de la justicia estatal por "enfermedad" (alteración mental o social), o por representar otra justicia "legítima". La cadena de las que matan plantea un problema crucial de sentido, que depende precisamente de su carácter de género.[20]

* * *

Retomemos, desde el género, la correlación de la cadena con cierta "realidad". Las que matan en los "cuentos" están hechas de "signos femeninos": todas matan por pasión, por amor o celos o venganza, y sus crímenes son domésticos; matan a ex amantes o maridos que no han cumplido con su palabra o mienten. Este es uno de "los cuentos" de la cadena: crímenes privados, de pasión femenina desencadenada. Y ese lado de la cadena se toca directamente con cierta "realidad", porque el crimen doméstico es dominante en las mujeres que matan, según estudios y estadísticas en inglés.[21]

La literatura y la realidad se tocan en los "signos femeninos" de las que matan. Pero la "realidad" de la literatura dice más que cierta "realidad" que funciona como su correlato directo, porque las que matan en los cuentos encadenados no sólo actúan la pasión femenina desencadenada en la realidad del crimen doméstico, sino que además parecen condensar todos los "delitos femeninos" en el campo de lo simbólico (diferentes de los "delitos" del sexo-cuerpo de las mujeres víctimas). Son "delincuentes" de la verdad y de la legitimidad, los valores del estado: tienen hijos ilegítimos, amantes ilegítimos, y se sitúan en el campo semántico de la duplicidad, del travestismo, la falsificación y la simulación: la falsa estudiante de medicina, la falsa reina, la falsa prostituta, la falsa violada, la falsa delatora, las falsas revolucionarias Mao-Lenin. Y con estos "delitos femeninos" burlan la justicia estatal. Las que matan en los cuentos actúan "signos femeninos" (los de la histeria: pasión doméstica y simulación) y a la vez les aplican una torsión, porque se valen de los "signos femeninos" de la justicia, como el de "mujer honesta", para burlarla y para postularse como agentes de una justicia que está más allá de la del estado, y que por eso las condensa a todas.[22]

Las dos últimas torsiones de la cadena: la pronominal del género, y la de los "delitos" simbólicos del género, dan un sentido a la justicia de las que matan.

* * *

Pero las mujeres que matan no están solas sino con sus víctimas, que ocupan el lado político de la cadena, y su correlación con cierta "realidad". Son una serie de hombres, también encadenados, que representan un tipo de fuerza que fue crucial, y no sólo en la historia de las mujeres. Ellas:

– matan en 1896 a los futuros *médicos* que inventaron la histeria y la moderna ciencia de la mente con sus fotos y clasificaciones; en la *nouvelle* policial, eliminan de raíz al poder científico que acompaña al estado liberal;

– matan en 1936 al que representa, en el teatro del espejo, al *dictador latinoamericano* que quiere dominar el mundo;

– matan en el otro cuento "realista y social" de los años cuarenta *al patrón de la fábrica* en huelga en los años veinte;

– matan *al policía* de los años treinta en "el folletín" de los años sesenta,

– matan *al político* corrupto del PRI de los años veinte en la nueva novela histórica de los años ochenta;

– en los años ochenta la Gloria del cine de la movida de Almodóvar todavía mata al *taxista* nazi-franquista;

– y en la novela corta y violenta de los años noventa, Mao y Lenin matan a los *consumidores* del supermercado, hombres y mujeres.

El lado de las víctimas es el lado político de la cadena (el de la correlación y la torsión política)[23] porque mientras las mujeres se polarizan socialmente entre lo más y lo menos (y esa parece ser una de las lógicas del género), sus hombres se mueven, por así decirlo, en un mismo lugar en la correlación con cierta "realidad": en una de las fuerzas cruciales (científica, militar, política, económica, policial) que sostiene el estado en cada momento. O su "modernización". Pero desde abajo, desde sus fundamentos mismos, en el más pobre representante de esas fuerzas que es la víctima. Las que matan cortan las raíces del poder o cortan el poder en su raíz, en cada momento: la ciencia y la universidad, el comercio, la fábrica, la policía, la política local, los taxis y los supermercados. Ellas, las modernas, eliminan uno de los poderes que sostiene la "modernización" en esas coyunturas específicas.

"Mujeres que matan" y "Para una historia popular de algunas criminales latinoamericanas". Los elementos claves y violentos de esta figura lingüística, cultural, y literaria: eliminar el poder en su raíz y marcar un avance en la independencia femenina, la hacen especialmente apta para la criminalización, para la fundación y al mismo tiempo para la alegoría de la justicia. La cadena literaria, por las correlaciones que traza (por su lado de ficción, su lado de género y su lado político) toca todo el tiempo la realidad, capas diferentes de "realidad": *es* cierta realidad, representada y leída "en ficción de delito femenino".[24]

* * *

Finalmente, la cadena tiene un *lado puramente literario,* de género literario, que es fundamental porque hace coincidir las irrupciones femeninas, su criminalización y su sustracción de la justicia estatal con ciertas modernizaciones literarias también cruciales. Los cuentos que forman la cadena se definen cada vez en relación con cierto tipo de naturalismo y de realismo social; se definen como su otra cara, más moderna y con una politización más retorcida y perversa. La nueva novela (científica) policial de fin de siglo, el nuevo teatro (cinematográfico) de los años treinta, el otro, el único cuento "realista y social" de los años cuarenta, la otra "novela de folletín" de los años sesenta, la "nueva novela histórica" de los años ochenta y la otra nouvelle violenta de los noventa. Ese realismo "más moderno y perverso" de la cadena se diferencia del realismo social *porque lo que importa en los cuentos de las que matan no es la reproducción de la realidad sino la reproducción de la imagen*. Por eso, la cadena de mujeres que matan podría contar, también, una historia literaria de la reproducción de la imagen y del espectáculo de la pasión en la Argentina. De los géneros modernos de esa imagen: desde la fotografía de Clara, pasando por el teatro de Susana, el cine de Emma y de Raba, hasta la televisión de Mao, Lenin y Marcia.

Desde el delito, desde el otro lado de la frontera, los cuentos encadenados de mujeres que matan abren un mundo de correlaciones que no solamente terminan en cierto lado de la "realidad". Géneros sexuales, géneros literarios y géneros de la imagen y del espectáculo de la pasión podrían funcionar históricamente de modos semejantes, y podrían coincidir en sus torsiones, con la condición de que se ponga "en delito" la representación femenina.

Notas

[1] En Slavoj Zizek, *Looking Awry. An Introduction to Jacques Lacan through Popular Culture,* Cambridge, Massachusetts y Londres, The MIT Press, 1991, p. 77.

[2] Jean Franco ha mostrado la relación entre violencia y género sexual en las culturas de América Latina. En su artículo sobre la Malinche, de 1992 ("La Malinche: from gift to sexual contract", *Beelden Verbeelding Van Amerika,* Utrecht, Publications of Rijsunversiteit te Utrecht, Bureau Studium Generale, 1992, pp. 71-88), demostró la violencia real y epistémica que oculta la apropiación simbólica de la Malinche como el "primer ejemplo" y "el símbolo" de la mezcla de culturas.

Y también mostró las relaciones entre la violencia política del estado y el género sexual en América Latina ("Killing Priests, Nuns, Women, Children", en Marshall Blonsky (comp.), *On Signs,* Baltimore, The Johns Hopkins University Press, 1985, pp. 414-420), a propósito del asesinato de monjas en El Salvador (y de sacerdotes en Brasil y Argentina), la violación de mujeres ante sus familias, la tortura de mujeres embarazadas, y la "adopción" (secuestro) de sus hijos por parte de familias de militares en el cono sur. Aquí Jean Franco señaló la correlación de los espacios tradicionalmente asignados a las mujeres en la literatura y la cultura latinoamericana: el hogar para la madre, el convento para la virgen no madre, el prostíbulo para la prostituta y el cielo para la virgen-madre de Dios. Y dijo que la crítica feminista basada en la crítica al sistema patriarcal y al tráfico de mujeres no lamentó la liquidación de las figuras "sagradas" de madres, cuyo poder doméstico era también servidumbre. Pero esa crítica subestimó quizá, dice Jean Franco, las potencialidades de oposición de estos territorios femeninos cuya importancia como los únicos santuarios se hizo obvia en el momento de su desaparición: el caso de las Madres de Plaza de Mayo.

[3] La que mata es, por supuesto, pariente cercana de la *femme fatale,* que es una de sus versiones posibles. Dice Rebecca Stott, en *The Fabrication of the Late-Victorian Femme Fatale. The Kiss of Death* (Houndmills, Basingstoke, Hampshire y Londres, The MacMillan Press, 1992) que la mujer fatal nace a fin del siglo XIX, junto con la "New Woman": Sarah Grand habría inventado este último término en 1894, para referirse a las mujeres que estaban entrando en la educación universitaria y en nuevas áreas de empleo (p. 12).

La mujer fatal surgió en Inglaterra (y fue nombrada en francés) en un período de incesante clasificación y denominación, cuando se define la sexualidad normal, la anormal y las perversiones (p. 23). La novela victoriana muestra la fascinación que produce esta mujer, que emerge acompañada de médicos. En *Drácula,* en 1897, aparece el médico y las mujeres sexualmente voraces, insaciables; ese mismo año, dice Stott, se unieron diferentes sociedades sufragistas en la *National Union of Women's Suffrage Societies* (p. 73).

Según Stott, la figura de la *femme fatale* circuló junto con la expansión imperial de Inglaterra, la medicina, la criminología, y la prensa. Y circuló junto con otros "slogans de peligro": el peligro negro, el amarillo, el americano, y hasta el blanco, con la "decadencia" y la "degeneración". La correlación central de Stott: la mujer fatal como signo (se trata de una construcción cambiante) depende de qué otra cosa, además de la mujer, es considerada culturalmente o políticamente invasora en un momento o punto histórico (p. 44).

Por su parte, Mary Ann Doane (*Femmes Fatales. Feminism, Film Theory, Psychoanalysis*, Nueva York y Londres, Routledge, 1991) dice en la Introducción (pp. 1-14) que la mujer fatal produce cierta incomodidad, un trauma epistemológico potencial, porque nunca es lo que parece ser. Dirige una amenaza que no es enteramente legible, predecible, o manejable. Al transformar la amenaza de la mujer en un secreto, algo que debe ser revelado, desenmascarado, y descubierto, la figura es compatible con el impulso epistemológico de la narración. Tanto las pretensiones teóricas como cinemáticas a la verdad sobre las mujeres se basan en general en juicios sobre la visión. Aunque sus orígenes son literarios y pictóricos, la mujer fatal tiene una relevancia especial en la representación cinematográfica, particularmente la de Hollywood, porque apela a lo visible como la base de su producción de verdad.

La mujer fatal es una figura ambivalente porque no es el sujeto del poder, sino su conductora, dice Doane. Si sobrerrepresenta el cuerpo es porque se le atribuye un cuerpo como agencia dada, independiente de la conciencia. En un sentido, tiene poder a pesar de sí misma. El poder otorgado a la mujer fatal es una función de los miedos ligados con las nociones de impulsos incontrolables, y la pérdida de la conciencia, todos temas de las teorías emergentes del psicoanálisis. Pero la mujer fatal es situada como "el mal" y frecuentemente es castigada o matada. Por eso es un error considerarla una suerte de heroína de la modernidad. No es el sujeto del feminismo sino un síntoma de los miedos masculinos sobre el feminismo, concluye Mary Anne Doane.

La mujer fatal emerge como figura central en el siglo XIX, en escritores como Théophile Gautier y Charles Baudelaire, y pintores como Gustave Moreau y Dante Gabriel Rossetti. Si, como señala Christine Buci-Glucksmann (*La raison baroque: de Baudelaire à Benjamin,* París, Editions Galilée, 1984, p. 34), la arqueología de la modernidad está acechada por lo femenino, la mujer fatal es una de sus encarnaciones más persistentes. Se asocia con los estilos dc la Decadencia, Simbolismo, y Art Nouveau tanto como con la atención a la decoración y al detalle ligados a un Orientalismo popular y persistente. Su aparición marca la confluencia de modernidad, urbanización, psicoanálisis freudiano y nuevas tecnologías de producción y reproducción (fotografía, cine), nacidas de la Revolución Industrial. La mujer fatal es una clara indicación de miedos y ansiedades producidas por los cambios en la comprensión de la diferencia sexual a fin del siglo

XIX, cuando el varón parece perder acceso al cuerpo, que la mujer, entonces, llega a sobrerrepresentar (el cuerpo del trabajador es sustituido por las máquinas y sometido a la industrialización y urbanización, dice Buci-Glucksmann). Y el cuerpo femenino es alegorizado y mitificado como exceso en arte, literatura, filosofía, para devenir el correlato formal de una razón cada vez más instrumentalizada en una sociedad tecnológica. Y no es sorprendente que el cine, nacido bajo la marca de esa modernidad como tecnología de la representación, ofrezca un espacio ideal para la mujer fatal. Aparece allí en una cantidad de reencarnaciones: la vamp del cine mudo, escandinavo y americano, la diva del film italiano, la mujer fatal del film negro de los años cuarenta.

[4] *Caras y Caretas*. Semanario festivo, Literario, Artístico y de Actualidades, año I, 19 de noviembre de 1898, nº 7. Debo este texto a Viviana Hurtado.

[5] En Eduardo L. Holmberg (1852-1937). *Cuentos fantásticos,* Buenos Aires, Hachette, 1957, pp. 170-236, Estudio preliminar de Antonio Pagés Larraya. ("La bolsa de huesos", dice A. Pagés Larraya, apareció en un volumen de 114 páginas editado por la Compañía Sud-Americana de Billetes de Banco en 1896.)

En "La bolsa de huesos" de Holmberg se ve *la relación entre el periodismo* de fin de siglo *y el relato policial:*

> Dos días después de este diálogo con mi amigo, los diarios de la mañana, en castellano, en alemán, en francés, en inglés y en italiano, ofrecían a sus lectores la siguiente noticia policial:
>
> Sorpresa. En una casa de la calle tal, cerca de la estación *Centroamérica,* ha sido hallado, muerto en su cama, un joven que pasaba por estudiante de medicina, y que no lo era, según las averiguaciones llevadas a cabo por el comisario de la sección. Al examinarlo el médico de policía ha quedado perplejo, por haber encontrado, bajo un disfraz masculino, la mujer más soberanamente linda que han visto ojos humanos. Al suprimirle un pequeño bigote postizo que velaba su labio superior, ha quedado al descubierto una boca delicada que

> modelaba las curvas de un beso. Al separarle unos grandes anteojos oscuros todos los circunstantes se han estremecido, declarando que en la vida se habían soñado ojos iguales. Negros, profundos y aterciopelados, invitaban a asomarse por ellos, como suele curiosearse en los abismos. Más que muerta, parecía hallarse en éxtasis. "Así estaba Saturnino", dijo un caballero involuntariamente, y el comisario le pidió su dirección.
>
> Con la mano izquierda, crispada e invencible, apretaba un relicario de rubíes (p. 235).

Decimos que Holmberg, con Clara, funda el relato policial en Argentina porque es el primer escritor que no sólo inventa a la mujer que mata, sino el que experimenta con casi todos los géneros literarios que se asocian con la modernidad de fin de siglo: la literatura fantástica, la ciencia ficción y la literatura policial. Pero si se toma "fundación" en un sentido estrictamente cronológico, "La bolsa de huesos", de 1896, tuvo por lo menos un precedente, que es "La pesquisa" de Paul Groussac, de 1884 (publicada originalmente como "El candado de oro"), donde el asesino es un hombre.

Jorge Lafforgue y Jorge B. Rivera (*Asesinos de papel. Un riguroso recorrido por el género policial en la Argentina,* Buenos Aires, Colihue, 1996) dicen que el primer detective criollo debidamente documentado fue Andrés L'Archiduc, cuyo segundo apodo era "El Lince". Apareció en 1878 en la novela *La huella del crimen,* que con el seudónimo de Raúl Waleis firmara Luis V. Varela, un celebrado jurisconsulto que se confesaba ferviente admirador de Émile Gaboriau, el afamado folletinista francés que deleitaba a los lectores de finales del siglo anterior con las aventuras del policía Lecoq.

Pero Holmberg parece ser un fundador, porque en el mismo año de "La bolsa de huesos", en 1896, publica *La casa endiablada,* de la que dice A. Pagés Larraya en la Introducción a los *Cuentos fantásticos* (p. 80) que es la primera novela policial escrita en la Argentina, y "la primera en la literatura universal en que se descubre un delito por el sistema dactiloscópico" (inventado por el argentino Vucetich).

1896: fundación de la Facultad de Filosofía y Letras, Fundación del Museo Nacional de Bellas Artes, aparición en Buenos

Aires de *Prosas profanas* y de *Los raros* de Rubén Darío. Y también fundación del Partido Socialista Obrero Argentino.

Octavio Di Leo en "Zoología. Historia de la Ménagerie", *La Jornada*, México, 21 de abril de 1996, escribe una "curiosa biografía" de Holmberg:

"El primer director del zoológico de Buenos Aires fue Eduardo Holmberg. Era nieto de un barón del Tirol, que había llegado en 1812 a Buenos Aires en la fragata *Canning;* en la lista de pasajeros está San Martín, entonces teniente coronel. El abuelo de Holmberg peleó en las guerras de independencia y mandó la artillería patriota en la batalla de Tucumán. Holmberg padre acompañó a Sarmiento en el exilio a Chile. La biografía del primer director del Zoo, como se ve, está íntimamente ligada a la historia de la nación. En los años de aprendizaje, tuvo a Larsen de maestro de lenguas muertas, el mismo que Miguel Cané describe en *Juvenilia*, uno de los clásicos de esa generación que, a falta de nombre, se llamó del '80. Durante la epidemia de fiebre amarilla de 1871, se refugió en un pueblo de la provincia hasta que pasó la peste. A la muerte de Darwin, en 1882, se organizó en la capital un homenaje con dos oradores: Sarmiento y él. [...] Holmberg, que acababa de doctorarse en medicina con una tesis sobre el gas fosgeno, nunca la ejerció (y una nota remite a Arlt y la aplicación del gas fosgeno en la guerra de gases). Escribió "fantasías científicas" en las que Darwin, en primera persona, refutaba a un congreso de sabios. Tradujo a los tan ingleses Dickens y Conan Doyle. Y Rubén Darío, en una de sus visitas a Buenos Aires, llamó a Holmberg "nuestro sabio barón tudesco". En 1896, el diario *La Nación* anuncia la venta de la segunda edición de su tratado de Mineralogía y la inminente aparición de su novela *La bolsa de huesos,* cuyo manuscrito lee a un amigo en el jardín zoológico, mientras "la luz de la luna llena inundaba el ambiente, agitado de rato en rato por los bramidos de los leones y leopardos enjaulados".

Concluye Octavio di Leo con la genealogía de directores del zoológico: "Adolfo Holmberg, sobrino-nieto del hombre de ciencia y *homme de lettres,* dirigió el Jardín entre 1924 y 1943. Y Mario Perón, pariente del tres veces presidente, lo dirigió entre 1946 y 1955, año en que Perón fue derrocado".

* * *

Pero sigamos las huellas de nuestro vanguardista Holmberg un siglo después. Sergio Morero, Ariel Eidelman y Guido Lichman entrevistan, en *La noche de los bastones largos. 30 años después* (Buenos Aires, Editorial La Página, S.A. El libro acompaña la edición del domingo 28 de julio de 1996 del periódico *Página/12*) a Luis Quesada, biólogo investigador de la Fundación Campomar. En 1966 (durante "la noche de los bastones largos") era estudiante de la Facultad de Ciencias Exactas y Naturales de la Universidad de Buenos Aires y "todavía está conmocionado por lo que vivió en esa época" (p. 32). El Centro de Estudiantes de Exactas, cuenta Quesada, "recibía revistas científicas que no tenía ni la propia biblioteca de la Facultad, ya que esta las tenía que pagar. En cambio "Nosotros *las intercambiábamos* por nuestra propia publicación, *Holmbergia,* que se llamaba así en honor a Eduardo Ladislao Holmberg, un famoso naturalista y científico argentino del siglo pasado". Según Quesada, cuando los militares entraron en el Centro y lo destruyeron, a los números de *Holmbergia* "los vendieron como papel viejo o los quemaron" (p. 33).

6 Primero las maestras de escuela. Francine Masiello, en "Women, State and Family in Latin America Literature of the 1920s" (*Women, Culture, and Politics in Latin America.* Seminar on Feminism and Culture in Latin America, University of California Press, 1990, p. 29), dice que desde 1870 ya hay algunos movimientos feministas compuestos por maestras de escuela que formaban sociedades, editaban periódicos, y trabajaban para el mejoramiento cultural, económico y social de la mujer. Y que también organizaban huelgas y actos de sabotage.

Después la médicas. Lily Sosa de Newton (*Las Argentinas. De ayer a hoy,* Buenos Aires, Ediciones Zanetti, 1967. p. 143), se refiere extensamente a las primeras médicas en el capítulo V "El feminismo en la Argentina", pp. 142-159. Cecilia Grierson (1850-1934) fue la primera; se recibió en 1889 y en 1893 dirigía la Escuela de enfermería. "A su iniciativa se debe la fundación del Consejo Nacional de Mujeres de la Argentina, entidad que cumple una labor de gran envergadura para la época, en su afán de elevar el nivel moral e intelectual de la mujer".

En 1905 sólo once mujeres se habían graduado de la Universidad de Buenos Aires; entre 1905 y 1910 eran veinticinco en medicina, educación y ciencias, y todas fueron defensoras del avance social y económico de las mujeres, según Marifrán Carlson en *¡Feminismo! The Woman's Movement in Argentina From Its Beginnings to Eva Perón,* Chicago, Academy Chicago Publishers, 1988, p. 83.

* * *

Pero para poder oír a la primera médica argentina hay que leer a Juan José de Soiza Reilly, uno de nuestros Virgilios en el mundo del delito en la ficción. En "Habla la doctora Cecilia Grierson" (*Mujeres de América,* Buenos Aires, Anaconda, 1934, pp. 95-103) cuenta ella misma lo que ocurrió cuando se presentó a inscribirse en la Facultad, en los años ochenta del siglo pasado:

> Imaginaos la sorpresa. ¡Qué susto burocrático y científico para aquellos graves señores de la Facultad! ¡Una chiquilina de veinte años y, además, bonita, pretendiendo usurpar la ciencia de los hombres!

Es fácil reconstruir el miedo imaginativo de los antiguos dómines, dice Soiza Reilly:

> –¡Una mujer doctora en medicina! El mundo anda al revés. ¿A dónde iremos a parar si todas las mujeres quieren hacer lo mismo?
>
> Era la primera vez que un traje femenino invadía el sagrado recinto de la ciencia. Al principio, sonrisas irónicas. Una que otra tentativa conquistadora de Don Juan. Pero, pronto, los muchachos comprendieron que la jovencita anunciaba en sus ojos la fuerza de sus puños. [...] Para que su aspecto físico no chocara en medio de los hombres sacrificó su cabellera. Un día apareció en la Facultad con los cabellos cortos. Cecilia Grierson fue la primera mujer argentina que se anticipó, en casi medio siglo, a la moda presente... (p. 96).

Cuenta Cecilia a Juan José lo que le costó conseguir que la autorizaran a poner flores y plantas en las salas de enfermos:

–¡Si viera usted lo que me costó convencer a los directores de hospitales! ¡No querían! ¡Afirmaban que las flores hacían daño al paciente! Ignoraban que la salud entra muchas veces por los ojos... (p. 101).

Concluye Soiza Reilly, a comienzos de los años treinta:

Actualmente vive su bella vejez en plena juventud de ensueños. En verano se refugia en su casa de "Los Cocos", en las sierras de Córdoba, conservando su afición refinada por el arte pictórico. Allí, en una de sus casitas, ofrece hospitalidad a los artistas que sueñan y trabajan. ¡Mujer admirable! Sacrificó su amor por el amor de los demás. La mujer criolla le deberá una estatua. ¡Todos los argentinos tendrán algún día que besarla en bronce! (p. 103).

[7] Georges Didi-Hubermann (en *L'Invention de l'hystérie. Charcot et l'Iconographie photographique de la Salpêtrière*. París, Macula, 1982), además de registrar estos crímenes literarios, se refiere específicamente a la histeria como espectáculo, como teatro del dolor y la pasión, y analiza su relación con la fotografía como aparato de subjetividad, y también su relación con "la criminalidad" y la identidad femenina. Trabaja con las fotografías que se tomaban a las "histéricas" en el hospital de la Salpêtrière, con la "Iconografía fotográfica de la Salpêtrière" entre 1875 y 1880 que, dice, sólo en 1888 nos da un retrato de hombre (p. 82). La hipótesis central es que la situación fotográfica fue providencial para el fantasma histérico, así como las "actitudes pasionales" lo fueron para los fantasmas iconográficos (p. 165).

En el capítulo titulado "La leyenda de identidad y sus protocolos" dice: "Los médicos de la Salpêtrière fueron como "policías científicos" a la busca de un criterio de la diferencia, entendido como *principium individuationis;* es decir, un reconocimiento, una asignación de identidad (pp. 58-59). Como nuestro médico detective con Clara. Y agrega que la connivencia fue "exquisita, tácita e impecable", entre la Salpêtrière y la Prefectura de policía, porque las técnicas fotográficas fueron las mismas en los dos casos. De esta sutil complicidad médico-policial, dice Didi-Hubermann, se elaboró una noción de identidad a partir del juego combinado de signos e investigaciones, científicas o judiciales, y de sus respuestas técnicas, fotográficas. La fotografía fue la nueva maquinaria de una leyenda: el deber-leer de identidad en la imagen (p. 59).

La histeria como fuerza abismal y secreta, *como pasión y como farsa o mentira:* "¡que una mujer haga mentir a su propio cuerpo! ¿Cómo se puede ejercer honestamente la medicina, si los cuerpos mismos se ponen a mentir?" dice Didi-Hubermann que pensaba Charcot (p. 77). Y muestra cómo analizaba el ataque histérico: como "espectáculo", "movimientos ilógicos", "poses plásticas", y "actitudes pasionales" (p. 113); Charcot, dice, *domesticó la más barroca de las teatralidades.* Fue necesario que Freud pasara por el gran teatro de la histeria, en la Salpêtrière, antes de inventar el psicoanálisis (p. 81).

Porque la histeria como pasión, como "contacto entre alma y cuerpo" (p. 73), es "la enfermedad que no tiene lesión ni causa" (p. 74), y que parece "ofrecer el espectáculo total de todas las enfermedades a la vez" (p. 76). Es una "reproducción dramática" y la paradoja del deseo en representación, donde la mujer da a ver, actúa, lo que no puede realizar (p. 78). Es una imitación al extremo, como la foto y el teatro, porque la mímesis es el síntoma histérico mismo, y a la vez una máscara trágica hecha carne, y a la vez simulación, y también don ingenuo y sincero de identificaciones multiplicadas. Roba todos los roles. Una actriz nunca irá tan lejos y tan hondo como una histérica, dice Didi-Hubermann (p. 163).

* * *

Sander L. Gilman, en "The Image of the Hysteric" (en Sander L. Gilman; Helen King; Roy Porter; G. S. Rousseau; Elaine Showalter, *Hysteria Beyond Freud,* Berkeley-Los Ángeles-Londres, University of California Press, 1993, pp. 345-452), dice que la imagen de la histérica no surge simplemente del interés personal de Jean-Marie Charcot en la representación fotográfica; Charcot no inventó el acto de "ver" la histeria. La necesidad de ver y representar al paciente es parte de una larga tradición europea de representación figurativa del enfermo mental, en la cual debe situarse la imagen fotográfica de la histeria. Es una tradición tanto popular como científica y artística (p. 359).

En el mismo libro, Elaine Showalter ("Hysteria, Feminism, and Gender", pp. 286-344) se refiere a Augustine, la histérica de los surrealistas: entró a la Salpêtrière cuando tenía quince años, con dolores de estómago y ataques convulsivos que a veces la dejaban paralizada: a los trece había sido violada por el amante de su madre. Pasó cinco años allí y se escapó vestida de hombre en 1880 (p. 311). Dice Showalter que un grupo de coreógrafas y bailarinas montó en el Trinity College de Connecticut un espectáculo sobre Augustine titulado "Dr. Charcot's Hysteria Shows", y que en Londres en 1991 se representó la obra de teatro *Augustine: Big Hysteria* (p. 313). Showalter escribió sobre Augustine en *The Female Malady* (Nueva York, Pantheon Press, 1985).

* * *

El nacimiento de la novela policial también está ligado con la fotografía. En la Clara de Holmberg se lee claramente la correlación entre la medicina (y el secreto médico), la fotografía, la novela policial y la jurisprudencia en Argentina a fin del siglo XIX. Una correlación de la modernidad, según Jacques Dubois (*Le roman policier ou la modernité,* París, Nathan, 1992), que muestra las relaciones entre los procedimientos fotográficos y la ficción policial. La policía de la "bella época" usa la técnica fotográfica para sus investigaciones, y la fotografía llamada judicial sirvió para fundar, con la colaboración entre la policía y la psiquiatría, la "antropología criminal", *que es el correlato de la literatura policial de investigación,* dice Dubois.

Y muestra que el relato policial juega en el mercado de las ficciones el mismo papel que la fotografía en el mercado de las imágenes, porque la novela policial implica *nuevos usos de lectura:* cambia el modo de comunicación, e introduce relaciones inéditas en el plano de las prácticas y las representaciones (p. 21). El relato policial es voyeurista y fetichista: la focalización de la ficción sobre la vida íntima, y hasta secreta, de los personajes, es consustancial al enigma. Esa focalización y la atención al detalle, a la huella, lo ligan otra vez con la fotografía. La fotografía es huella, traza; la novela de detective practica la huella: los dos modos de expresión se refieren a un mismo principio indicial de la representación (p. 29).

[8] Roberto Arlt, "Saverio el cruel. Comedia dramática en tres actos", *Obra Completa*, tomo 2, Buenos Aires, Carlos Lohlé, 1981, pp. 443-486. Se representó en el *Teatro del Pueblo* el 4 de septiembre de 1936.

Omar Borré [en *Arlt y la crítica (1926-1990)*, Buenos Aires, Ediciones América Libre, 1996, pp. 208-210, Estudio, cronología y bibliografía] informa que el film *Saverio el cruel* es de 1977 y fue dirigido por Ricardo Wullicher; es una versión libre en la que no reconoce la obra de Arlt. Alfredo Alcón, Graciela Borges y Diana Ingro fueron los actores principales. Alfredo Alcón será Erdosain en la versión de Torre Nilsson de *Los siete locos,* de 1973, que incluye algunos pasajes de *Los lanzallamas,* y donde actúan, además, Norma Aleandro y Sergio Renán.

En 1984 se filma *El juguete rabioso* dirigido por José María Paolantonio. Actúan Pablo Cedrón (incorporado al film por su presunto parecido con el escritor), Julio de Gracia (el rengo), Cipe Lincovsky, Osvaldo Terranova. Y de 1998 es la nueva versión de *El juguete rabioso,* dirigido por Javier Torre.

En televisión se adaptaron *Pequeños propietarios* (1974), *Noche terrible* (15 de febrero de 1983), y *300 millones,* entre otros.

[9] El mismo José Ingenieros [en "La personalidad intelectual de José M. Ramos Mejía (1849-1914)", Conferencia pronunciada en el Ateneo de Estudiantes Universitarios, en *Revista de Filosofía. Cultura-Ciencias-Educación* (Publicación bimestral dirigida por José Ingenieros), año I, nº IV, julio de 1915, pp. 103-158] habla de la Syringa como un caso de confluencia entre la ciencia y la literatura, y le atribuye el nombre a Rubén Darío.

Ingenieros, que se declara socialista, cuenta que frecuentaba el "Ateneo", donde Rubén Darío concentraba el interés de los jóvenes: en 1898 el poeta Eugenio Díaz Romero editó la revista *El Mercurio de América* que fue auspiciada por Darío y "en la que colaboramos casi todos los ateneístas del último tiempo". Díaz Romero era bibliotecario del Departamento Nacional de Higiene y charlaba con Ramos Mejía, que era el presidente, dice Ingenieros, sobre Verlaine y D'Annunzio. En "El Ateneo" había algunos no sensibles a la predicacion de Darío (como Obligado, Quesada, Oyuela, Holmberg, Argerich) pero también jóvenes favorables a las tendencias modernistas: Lugones, Jaimes Freire, los Berisso, Soussens, Payró, Ghiraldo, entre otros. El "Mercurio de América" fue en cierto modo el portavoz de estos grupos. Dice Ingenieros que "Darío dio en llamar 'La Syringa' al cenáculo juvenil que frecuentaba 'El Mercurio', nombre que se difundió más tarde, cuando, muertos ya el Ateneo y 'El Mercurio', se rehizo el núcleo con la anexión de otros jóvenes, que hicieron después su aparición en la revista *Ideas*" (p. 134).

La Syringa, para Ingenieros, representa la alianza de la ciencia con la literatura modernista; *en ningún momento* la define, en esta conferencia, como "peña de cachadas".

(Si se quiere leer un "cuento" de la Syringa que se parece un poco al de Arlt, por el uniforme militar, véase "la cachada" al poeta provinciano haciéndole creer que había sido "consagrado" en el cap. 9 de *Escritores iberoamericanos de 1900* (México, Editorial Vértice, 1947, pp. 144-148) de Manuel Ugarte, titulado "José Ingenieros". Juan José de Soiza Reilly tiene también, por supuesto, su "cuento" sobre "Pepe Ingenieros", la Syringa y "la cachada" al poeta provinciano; se titula "La mujer que pecó" y está en su libro *Carne de muñecas* (Buenos Aires, Tor, 1922, pp. 19-40).

* * *

Jorge Salessi, en *Médicos maleantes y maricas. Higiene, criminología y homosexualidad en la construcción de la nación Argentina. (Buenos Aires: 1871-1914)* [Rosario, Beatriz Viterbo Editora, 1995], analiza al Ingenieros de los *Archivos de Criminología, Medicina Legal y Psiquiatría* y también al "Ingenieros fumista", y se refiere al texto de la conferencia sobre Ramos Mejía que hemos citado (y a muchos otros más) a propósito de lo que llama la "Proliferación finisecular de la simulación", y las "Simulaciones y titeos de fumistas" (pp. 133 y ss.). Dice que la simulación fue usada como estrategia de asimilación por inmigrantes y clases sociales en ascenso, y también fue usada como "titeo", como mecanismo de exclusión de los recién llegados. Y que ese doble uso se articula en la figura, la obra y la vida de Ingenieros, y en la Syringa (p. 141). En las crónicas de sus contemporáneos, dice Salessi, Ingenieros apareció como "titeador jefe" de la Syringa, con Darío, y al mismo tiempo fue rechazado por algunos intelectuales de familias consideradas tradicionales. El teórico de la simulación se declaraba simulador y fue despiadado con los simuladores. La simulación como arma de dos caras, hacia "arriba" y hacia "abajo".

Salessi ha trabajado con casi todos los procedimientos de definición de identidades del fin de siglo en Argentina: la literatura, las fotografías, las huellas digitales, los *Archivos,* la psiquiatría y la criminología, y el teatro.

Y Sylvia Molloy, en "Diagnósticos del Fin de Siglo" [en Beatriz González Stephan (comp.) *Cultura y Tercer Mundo.* 2. *Nuevas identidades y ciudadanías*, Caracas, Nueva Sociedad, 1996, pp. 171-200], se refiere a la Syringa a propósito de la relación entre simulación, ciencia y literatura, y dice: "La Syringa practica la burla de la literatura a través de la literatura, se distingue por sus despiadadas fisgas de otros literatos, sus *titeos*". Dice Molloy que "Ingenieros y los syringos inventan un verbo, *lhemisar* o *lemisar,* como homenaje a Lémice Terrieux, célebre simulador francés, y [que] emplean la expresión "Lemisar (o hacer) un lemís" para referirse a los titeos o habituales *performances* con que la Syringa victimiza a los incautos" que, en realidad, son los diferentes-débiles. Molloy hace notar además, y esto es fundamental y se puede leer en Arlt, la coincidencia entre el esquema del titeo y la "terapia" de varios casos clínicos descritos por Ingenieros.

10 La teoría de Arlt de la simulación-representación pasa por el cine y el psicoanálisis, o por el psicoanálisis en el cine, y por eso se acerca a la teoría de Lacan y al cine de Hitchcock: decir la verdad fingiendo. Dice Slavoj Zizek (en *Looking Awry. op. cit,* p. 73) cuando quiere ligar a Lacan con el cine de Hitchcock:

"Hay un topos clásico en la teoría de Lacan sobre la diferencia entre engaño animal y humano: el hombre es el único que puede engañar por medio de la verdad misma. Un animal puede fingir ser otro, pero sólo el hombre puede engañar fingiendo que engaña. Esta misma lógica estructura el argumento de muchos films de Hitchcock." Y agrega: "este 'afuera' nunca es simplemente una 'máscara' que usamos en público, sino más bien el orden simbólico mismo. Al actuar como si fuéramos algo tomamos cierto lugar en la red simbólica intersubjetiva, y este lugar externo es el que define nuestra verdadera posición, porque en la realidad social-simbólica las cosas *son* precisamente lo que *pretenden* ser". Y nos engañamos si pretendemos ser otra cosa. Parecer, actuar como, simular, es igual a ser, también en la ficción de Arlt.

* * *

En cuanto a las actrices de teatro en Argentina, Lily Sosa de Newton, en el capítulo IX "El trabajo de la mujer" *(Las Argentinas. De ayer a hoy, op. cit.)* se refiere al teatro como profesión y dice "En el teatro encuentra la mujer un medio apropiado para desenvolverse con cierta independencia, en un plano de mayor igualdad con el hombre, y con menos sujeción a los convencionalismos sociales, aunque su propio quehacer se nutra precisamente de convencionalismos" (p. 213).

Y a propósito del teatro: la primera representación teatral de *El casamiento de Laucha* (la novela de Roberto Payró, de 1906) la realizó Enrique García Velloso en 1917 en el Teatro San Martín, con una "corrección" fundamental. Dice Alfredo A. Bianchi en *Nosotros,* nº 96, 1917: "Doña Carolina, que en la novela es una mujer cuya vida poco nos interesa y cuyas desgracias no nos conmueven, es en la comedia un tipo de mujer noble y fuerte, buena y confiada, dispuesta a llegar hasta el sacrificio por la persona amada, pero no hasta tolerar la burla y el abandono. Por eso, *cuando al final de la obra, Carolina mata a Laucha al enterarse de que este se ha casado con ella "engaña pichanga", nos parece mucho más lógica su actitud que en la novela, donde la vemos de enfermera en el Hospital del Pago, después del abandono*". (*La revista Nosotros*, Buenos Aires, Galerna, 1969, p. 140, Selección y prólogo de Noemí Ulla.)

11 Los límites de la simulación, dice Ingenieros, son la locura (la patología) y el delito. Y le interesa precisamente ese límite donde las dos o los tres se encuentran (la simulación de la locura en los delincuentes), porque los delincuentes que simulan ser locos son declarados jurídicamente irresponsables. Ante la imposibilidad de saber con certeza hasta qué punto la locura es o no simulada en los delincuentes, Ingenieros reclama *una reforma jurídica.*

"Demostrado que la simulación de la locura en los delincuentes nace del criterio jurídico con que se aplica la pena según la responsabilidad o irresponsabilidad del sujeto, su profilaxia debe consistir en una reforma jurídica que la convierta en nociva para el simulador. Reemplazado el criterio de la irresponsabilidad del delincuente por la aplicación de la defensa social proporcionalmente a su temibilidad, la simulación de la locura tórnase perjudicial para los simuladores, desapareciendo de la psicopatología forense." José Ingenieros, *La simulación en la lucha por la vida* (capítulo 5: "Los delincuentes que simulan la locura", p. 117), en *Obras Completas,* vol. 1, Buenos Aires, Elmer Editor, 1956.

12 Alicia Dujovne Ortiz (*Eva Perón. La biografía*, Buenos Aires, Aguilar, 1995) cuenta una anécdota de César Tiempo sobre Arlt y Eva Perón (no da datos bibliográficos). "Una noche, en un bar de Buenos Aires, Roberto Arlt estaba hablando con su habitual fervor y sus gestos ampulosos. Sentada a su mesa, una muchacha pálida tomaba un café con leche de a sorbitos. Tenía un aspecto tan frágil y tosía tanto *que parecía salida de Los siete locos*. Era Eva. A fuerza de ademanes, el escritor terminó por derramarle la taza sobre la falda. Para hacerse perdonar, se arrodilló ante ella con una mano en el corazón. Eva se levantó y corrió hacia el baño. Cuando regresó, tenía la falda limpia y los ojos rojos. Volvió a sentarse con calma y dijo simplemente: "Me voy a morir pronto", "No te preocupes –le dijo él–. Yo moriré primero". Él murió el 26 de julio de 1942, y ella, otro 26 de julio pero diez años más tarde" (p. 52, bastardilla nuestra).

De esta maravillosa anécdota donde Arlt se liga con el peronismo, retengamos que Evita parece salida de *Los siete locos,* porque esto nos servirá para nuestros próximos "Cuentos de verdad y cuentos de judíos". En 1940, Arlt se une con Evita en un bar de Buenos Aires y en el día de la muerte joven.

[13] Jorge Luis Borges, *El Aleph,* Buenos Aires, Losada, 1949. En el Epílogo dice: "Fuera de 'Emma Zunz' (cuyo argumento espléndido, tan superior a su ejecución temerosa, me fue dado por Cecilia Ingenieros) y de la 'Historia del guerrero y de la cautiva' que se propone interpretar dos hechos fidedignos, las piezas de este libro corresponden al género fantástico".

Cecilia Ingenieros aparece dos veces en *El Aleph:* a ella está dedicado "El inmortal". Propongo relacionar a Cecilia Ingenieros, a los Ingenieros, con ese género único que Borges atribuye a "Emma Zunz", más allá de lo fantástico y de lo histórico. Entre "Emma Zunz" y Cecilia Ingenieros, en ese punto, Borges escribe su variante específica, la otra cara de la historia de la obrera y el patrón de fábrica del realismo social de los años treinta y cuarenta.

En 1975, en *Diálogos Borges-Sábato*, compaginados por Orlando Barone (Buenos Aires, Emecé, 1976), Sabato habla de la danza como lenguaje, "una forma de comunicarse con los dioses y con los hombres"; "es probable que la danza sea el arte primero, la base de todas las artes. El lenguaje hablado correlativo sería la poesía".

Y Borges la evoca inmediatamente:

"Borges: En nombre de Cecilia Ingenieros, le agradezco. *(Sonríe)*" (p. 76).

Los Ingenieros, como sus enemigos mortales "Los Moreira", están todas partes en el cuerpo del delito. Ingenieros y Borges; Ingenieros y Arlt en la muerte; Ingenieros y la Syringa con sus poetas provincianos…

[14] Dice Donna J. Guy (*Sex and Danger in Buenos Aires. Prostitution, Family, and Nation in Argentina,* Lincoln y Londres, University of Nebraska Press, 1991. Traducción castellana: *El sexo peligroso,* Buenos Aires, Sudamericana, 1994):

> La situación de las empleadas textiles es significativa porque esa industria se transformó en uno de los más importantes empleos en Buenos Aires. […] Hacia 1935 veintiún mil mujeres componían el 57,3% de la fuerza de trabajo textil en grandes establecimientos. La

> expansión de la producción textil significó que las mujeres podían competir con los hombres en el lugar de trabajo industrial". [...] Los hombres se preocuparon porque el trabajo más barato de la mujer les podía quitar empleos. Y también temieron la creciente libertad de las mujeres que eran económicamente independientes (p. 132).

Cuando se escribe "Emma Zunz", "durante el período 1930-1946, la posición de las mujeres en las estructuras económicas y políticas del país *cambió fundamentalmente*", dicen Ronaldo Munck, Ricardo Falcón, y Bernardo Galitelli (*Argentina. From Anarquism to Peronism. Workers, Unions and Politics, 1855-1985*, Londres y Nueva Jersey, Zed Books, 1987). En la época de la Primera Guerra, las mujeres en Argentina constituían un tercio de la fuerza de trabajo industrial. En 1939 representaban un tercio de los obreros en las industrias química, farmacéutica y de pintura, 48% en la industria del caucho y 58% en la industria textil. El trabajo barato de la mujer fue un ingrediente fundamental en la industrialización de los años treinta en Argentina. Además la migración interna de ese período era predominantemente femenina, contrastando con la migración masculina del exterior de la era anterior (p. 123).

[15] Manuel Puig, *Boquitas pintadas*, Buenos Aires, Sudamericana, 1969. En el momento del asesinato de Pancho, la de Mabel es "una casa delictiva" porque se investiga al padre de Mabel por negocios ilícitos.

Boquitas pintadas no solamente es "el folletín de los años sesenta por la ideología de la transgresión (la equivalencia metafórica entre la violación de los tabúes sexuales y la violación de las normas discursivas que hoy asociamos con la teoría de la textualidad), sino sobre todo porque exhibe el pasaje de una "cultura de la biblioteca" a una "cultura de los medios" audiovisuales (ese pasaje es el que Manuel Puig representa nítidamente en la literatura argentina). Un texto sobre los signos y la circulación; sobre la circulación de las cartas y de los cuerpos y su fin en la equivalencia cremar/quemar: las cartas se queman y los cuerpos muertos "se queman en contacto con el lienzo". Y también es un texto fuertemente enmarcado, que se autorrepresenta constantemente en su interior. Pero sobre todo es un "folletín" por la justicia de clase, popular, moralizante con que se cierra: los hijos y nietos pagan "las culpas de los padres". Y también un "folletín de los años sesenta" por el cuestionamiento de la categoría de "autor" y por la proliferación de narradores y cronistas que desmienten la existencia de una posición fija de donde emanaría el discurso.

16 Marta Diana, *Mujeres guerrilleras. La militancia de los setenta en el testimonio de sus protagonistas femeninas,* Buenos Aires, Planeta, 1996.

Dice Teresa Meschiatti ("Tina"). "Vivo en Suiza y fui militante del peronismo montonero. No estoy de acuerdo con el término 'guerrillera' porque está ligado a un problema de armas. No es la única práctica que tuve en nueve años de militancia. Prefiero la palabra 'militante', porque da una idea más completa y acabada de todas las actividades que una persona puede hacer dentro de una organización revolucionaria. 'Militante' tiene además una proyección de continuidad en el tiempo. Aunque ya no pertenezca a una organización, ni haga tarea de guerrillera, me considero militante haciendo denuncias" (p. 45).

Dice "Peti". "Una tarde que debía trasladar unas armas las puse en un bolso que quedó muy pesado. No tenía con quién dejar los chicos y los llevé conmigo. En Retiro, cuando iba a bajarme del tren luchando con el bolso y los chicos, se acercó un policía y aunque traté de darle los chicos, él tomó el bolso. El peso lo venció. Sonrió.

"–¿Qué lleva señora, fierros?

"–¿Parece, no? –le contesté mientras sonreía yo también. Sentía las piernas rígidas mientras chicos, policía y bolso caminábamos por ese andén hasta llegar a la fila de taxis" (p. 75).

Dice "Mariana". "En la ESMA, el proceso de 'recuperación' de las mujeres estaba centrado en la exaltación de nuestros sentimientos femeninos. Una demostraba estar más 'recuperada' en relación directa al interés que demostrara por vestirse, arreglarse, tener modales suaves, etcétera.

"Al mismo tiempo, y supongo que ahí reside una de las claves de las relaciones que se dieron, ellos estaban fascinados por nosotras. Éramos mujeres absolutamente distintas a las que eran sus esposas. Con nosotras podían hablar de política, armas, estrategia, cine o filosofía. De modo que junto con la atracción, se daba una contradicción, porque para 'recuperarnos' teníamos que ser como las mujeres tradicionales, pero a ellos los atraía, justamente, que no lo fuéramos" (p. 149).

Dice "Gringa". "Con respecto a la famosa cuestión de la acción armada realizada por una mujer, lo viví como un hecho que integraba un contexto de lucha global, de modo que no era algo que me produjera problemas morales. Manejar armas es duro para el que no estaba en el tema, y forma parte además de una cultura muy hipócrita que no se asusta, o no le resulta 'duro', que una mujer haga otras cosas para sobrevivir. Dentro del momento histórico que estábamos viviendo, el arma pasaba a ser una prolongación, una forma de exteriorizar la lucha en la que participaba la mujer. El caso no es aislado. Si bajamos por el mapa, desde Centroamérica vemos que hay miles de casos en que las mujeres han demostrado ser capaces de cuidar los hijos, hacer el trabajo de la casa y agarrar un arma para combatir contra el opresor que la priva de justicia, o de darle de comer a sus hijos" (p. 181).

[17] César Aira, *La prueba*, Buenos Aires, Grupo Editor Latinoamericano, 1992. El texto está datado en 1990. Con *La prueba* llegamos a otra "realidad" porque allí se cierra el espacio doméstico femenino que pasa a ser público en el supermercado (público-doméstico), desaparece la representación del estado, y abre un cambio en la representación de "el delito" femenino.

Léase la tapa de la revista *La Maga*, año 6, nº 271, 26 de marzo de 1997: "Un nuevo problema para el año 2000. Mujeres delincuentes. En la última década la cantidad de mujeres presas se multiplicó por seis. El 70% está en la cárcel por robo o narcotráfico. El avance de la mujer en la vida pública tiene como contracara el crecimiento del delito femenino. Sin embargo, como ocurre en la política y en los negocios, los hombres siguen ocupando la mayoría de los puestos de poder en las bandas delictivas".

[18] Para toda postulación existe su contraria: veamos qué nuevos sentidos aparecen cuando las mujeres que matan están en la cárcel. María Carolina Geel escribe *Cárcel de mujeres* (Zig Zag, Santiago de Chile, 1956, 2ª. Debo este texto a Raquel Olea) desde la cárcel donde está por haber matado a su amante en un hotel de Santiago. (El texto, de cien páginas, es una crónica de la vida en la cárcel, donde se describen algunas de las otras presas y se exalta la labor sacrificada de las monjas que las cuidan.)

Pero la excepción a la regla que muestra el texto narrado en primera persona (un texto sobre lo real, verídico, que sufrió la autora, una escritora chilena que ya había publicado varios libros), es que los motivos del asesinato se oscurecen y extrañan, y todo es no saber. La esposa del hombre había muerto y estaban libres para unirse, pero esa muerte lleva al asesinato:

> yo supe que él quería casarse con alguien sólo cuando el juez me preguntó si por eso lo había matado. Yo ignoraba ese hecho como ignoraba todos los otros con los que el buen sentido procuraba justificarme entre quienes se movieron ansiosos en mi ayuda. Sabía que había segado su existencia por una crisis que él provocó, pero cuyos elementos profundos venían de un pasado más lejano, o más bien, estaban ellos como un centro absorbente de mi sino. ¿O quizá permanecían situados en el tiempo, a la espera, aun antes de venir yo a la vida?... La mañana en que él fue a comunicarme la muerte de quien lo dejaba libre para unirse a mí, o sea un mes y veintidós días antes, ocurrió que en el momento en que hablaba, el aparato de radio transmitía una música coincidente hasta lo supersticioso y absurdo, es decir, la Marcha nupcial de Mendelssohn. Ambos la percibimos y ambos callamos, pero en la fracción de un instante me cogió la angustia de que aquella música entraba en la muerte o emergía desde ella. Y cuando horas más tarde él hablaba de la vida y de esa música anunciadora de un porvenir común, yo en mí ya había resuelto que esas nupcias no se consumarían. Así fue que sobre ello escribí a cierto amigo apócrifo: "Porque todo el bien que él pudiera darme no alcanzaría a desplazar la espantosa miseria moral que el matrimonio llega a infiltrar en los seres"... Sobrevino entonces algo sin nombre, una lucha silenciosa en lo profundo y de hecho en la periferia: allí estaba él con la fija idea del matrimonio, y acá estaba yo con mi terror por

este. El ruego absurdo empezó a brotar de mis labios: dejar las cosas como estaban. Nunca he logrado saber hasta dónde un hombre se siente herido cuando al ofrecer su nombre es rechazado (pp. 76-78).

Pero vanas son las disquisiciones sobre lo que pudo ser. Quizás si todo se redujo a que él, de pronto, sintió, como yo antaño, que el amor es sólo el espejismo de una misteriosa aspiración que anida en el alma y de ella se nutre (pp. 81-82).

Lo mata un mes después. Compra un arma ¡y él la ayuda a elegirla! (p. 98).

En la cárcel se siente extraña ante la brutalidad de las demás presas, que la miran, y "una dijo, con voz madura y ruda, exactamente estas palabras": "Bueno, y qué la miran tanto; pa' lo que hizo...; lo que es yo mataba a todos los hombres juntos" (p. 91).

Nuestro Juan José de Soiza Reilly, en *¡Criminales! (Almas sucias de mujeres y hombres limpios)* (Buenos Aires, Casa Editorial Sopena, 1926) titula:

"Un delito castigado con otro delito"

"Un crimen." Refiere que fue a la *cárcel de Mujeres,* atraído por un anónimo, y cuenta el caso de la Señora de Livingston, que asesinó a su marido, o mejor, contrató a dos pobres para que mataran al marido (un hombre rico y estricto) a puñaladas; estos fueron condenados a muerte y ella a prisión "por tiempo indeterminado". Ella no pudo ver más a sus hijos porque ellos no la quieren ver, y no saldrá viva de la cárcel, está muy enferma y se muere lentamente.

Y en "Otro crimen" cuenta de una mujer que fue muy bella y ahora es una viejecita, que dice que no acaba de morirse nunca y que su crimen fue horrible, que se casó con él enamorada, pero después de unos años el marido empezó a huir de la casa, venía tarde, se dedicaba a los caballos de carrera. Él ni siquiera hablaba con ella, la despreciaba, un día le pegó con una mirada de desprecio, y ella empezó a sentir un odio total hacia él. Entonces dice que si hubiera existido una ley de divorcio absoluto no hubiera tenido que llegar al crimen. Pero que ninguna ley ampara a la mujer cuyo esposo deja de quererla, porque la ley de separación exige pruebas, testimonios, y solamente Dios es testigo de su amargura. Dice que la opinión pública tiene un criterio especial para juzgar a las mujeres. Si un hombre mata a la esposa infiel, la gente aplaude porque "¡Mató en defensa de su honor!" y la ley lo absuelve, pero si es la mujer la que mata la gente se horroriza: "¡Asesina! Ha deshonrado a sus hijos", y la entierran viva en la cárcel. Al fin, dice que la única defensa de las mujeres honradas es el divorcio absoluto, que evitará muchos crímenes:

"–Cuando esa ley se ponga en vigencia, se verá que yo no merecía morir en la cárcel. ¿No creemos hoy injusto que la Inquisición quemara a las mujeres por el delito de adivinar el porvenir?" (pp. 46-47).

[19] Ángeles Mastretta, *Arráncame la vida*, México, Alfaguara, 1986.

[20] Mieke Bal (*Murder and Difference. Gender, Genre, and Scholarship on Sisera's Death*, Bloomington e Indianápolis, Indiana University Press, 1988) muestra en un episodio de la Biblia (en sus dos versiones: *Jueces*, 4 y 5) donde Jael, una mujer casada, asesina a Sísera, jefe de una tribu extranjera, cómo varía el sentido según sea hombre o mujer el enunciador del discurso y, en general, según los códigos con que se lo lea: histórico, teológico, antropológico, literario, temático y de género (pp. 125 y ss.). Analiza también una pintura del siglo XVII, "Giudetta e Oloferne" de Artemisia Gentileschi (*Galleria degli Uffizi,* Florencia), que muestra a Judith cortando la cabeza de Holofernes ayudada por otra mujer; esta segunda mujer, una anciana o una sirvienta, dice, aparece frecuentemente en el siglo XVII cuando se representa un tema similar, por ejemplo en "Sansón y Dalila" de Rembrandt y de Rubens.

[21] Según James W. Messerschmidt (*Capitalism, Patriarchy, and Crime. Toward a Socialist Feminist Criminology*, Totowa, Nueva Jersey, Rowman & Littlefield, 1986), que cita a Balkan, Berger and Schmidt (*Crimen and Deviance in America: A Criti-*

cal Approach, Belmont, California, Wadsworth, 1980) los crímenes de mujeres (robar en negocios, prostitución en adultas, "promiscuidad" y "incorregibilidad" en las jóvenes) reflejan las condiciones de existencia de las mujeres, definidas desde o por el varón y centradas en la familia, la sexualidad y el hogar. Cuando cometen asesinatos, sus víctimas son miembros de la familia, parientes o amantes (pp. 13-14).

Algunos autores atribuyen el aumento de la criminalidad femenina a los efectos de los movimientos feministas sobre las mujeres: cuanta más "liberación" más crímenes. Como estos movimientos han demolido los roles tradicionales del género, la "masculinización de la conducta femenina" llevaría al aumento de criminalidad y de violencia. Pero, dice Messerschmidt, más que la "liberación", es el cambio de posición de las mujeres en la sociedad lo que afecta las actitudes de los que consideran criminales a las mujeres (p. 145).

* * *

Claire McNab, en "Killing Women" [Delys Bird (comp.), *Killing Women. Rewriting Detective Fiction,* Sydney, Angus & Robertson, 1993, pp. 63-71], dice que muchas mujeres matan ahora en la vida, pero sobre todo en la ficción: las escritoras ejecutan con palabras. Las mujeres están cautivadas por el crimen como entretenimiento, y aplauden a las detectives mujeres. Las mujeres que matan son más excitantes y tienen mucho espacio en los medios. No se trata de crímenes obvios y brutales, sino más sutiles, con venenos en una comida cuidadosamente preparada, la dosis incorrecta de algún remedio recetado, *todos en el campo doméstico.*

En la "vida real" de Australia, por cada mujer que mata hay ocho asesinos hombres. Las pocas que matan a sus parejas, a veces después de años de abuso, rompen el concepto de roles genéricos, dice Claire McNab.

22 En "Gender, Death and Resistance; Facing the Ethical Vacuum" (*Chicago Review* 35.4, 1986, pp. 59-79), Jean Franco escribió que las Madres de Plaza de Mayo mostraron en Argentina (y esto fue publicado en *La Razón,* el 31 de mayo de 1985) que

el discurso sobre masculinidad y feminidad es una construcción social, y apelaron al artículo 259 del Código de Justic˙ Militar, que declara que "una mujer cuya vida es públicamente honesta puede prestar declaración legal en el domicilio que elija". Una de ellas, Zulema Leira, pretendió ser honesta y eligió prestar declaración ante la justicia militar en la sede de las Madres de Plaza de Mayo. Hebe de Bonafini declaró que "no reconocemos a la justicia militar, y esa referencia a las mujeres públicamente honestas nos parece totalmente anacrónica. Pero hacerlos venir aquí, mirarlos a la cara, es como ganar una escaramuza menor" (p. 76). Comenta Jean Franco que el movimiento de las madres usó el poder simbólico normalmente usado contra las mujeres, y que el incidente les permitió señalar además que este mismo código militar clasifica a las mujeres como "incapaces relativas", junto con los inválidos y los que no hablan español. Al usar la posición legalmente asignada a las mujeres y al enfatizar al mismo tiempo su naturaleza de construcción social, las madres fueron más allá de toda definición esencialista, dice Jean Franco.

[23] ¡Adulterio y crimen femenino en el fragor de la revolución del '90! Véase del Vizconde de Lascano Tegui *Mis queridas se murieron.* (Buenos Aires, Simurg, 1997, Edición y Estudio Preliminar de Gastón Sebastián M. Gallo y Guillermo García. El texto de la mujer que mata es "Al fragor de la revolución", pp. 121-146, que apareció en *La Novela Semanal,* año VI, nº 230, 10 de abril de 1922. Debo este dato a Martín Kohan.)

Marta mata al periodista envenenado y "revolucionario" que sabe que tiene un amante (y que la ama sin esperanza), y que gracias a un sirviente ha logrado tener en su poder las cartas que delatan sus relaciones con Roberto. El periodista ha publicado una en un panfleto anónimo titulado "la aristocracia en camisa". En medio del fragor de la revolución del '90 se encuentran el periodista, el marido de la mujer, y ella con su amante, que es ministro de Juárez Celman. Marta tenía oculta una pistola y mata al periodista Dalegri. "El fragor de la revolución servía de fondo a su drama íntimo… Iba hacia Roberto que la esperaba a resguardo de toda acechanza, a salvo de toda persecución" (p. 146).

24 Porque "Mujeres que matan" es también "Un ensayo sobre la realidad" (sobre las diversas capas o grados de realidad de la realidad) basado en el video de un "caso real", visto en Buenos Aires el sábado 22 de julio de 1995 en Canal 13, en la serie *Justicia para todos,* y titulado "Durmiendo con el enemigo" (Caso Demianec). (Debo este video a Marcela Domine y a Martín Kohan.)

Catharina Demianec (polaca, sesenta y dos años, treinta y tres años de matrimonio) mató a su marido Tiburcio Pérez, *policía*, en San Miguel del Monte, el 25 de abril de 1990. Le pegó repetidamente con un fierro mientras dormía y lo mató. Después lo dejó en la casa como diez días, y al fin lo arrastró con una cadena hasta una zanja (pesaba ciento treinta kilos), donde lo encontró un vecino en mayo de 1990 en una bolsa de nylon. Dice Catharina que su propia madre le pegaba con un *cinto militar* del padre, de la guerra de 1914; que estuvo de novia dos meses y se casó para salir de su casa y encontrarse con otra tortura.

Declara la hija Noemí Pérez (y también una sobrina) que jamás pensaron que ella lo podía matar. Catharina declara todo ante el tribunal: *no sabe cómo* lo arrastró, no sabe cómo murió, todo está en una nebulosa de pesadilla y tiniebla, dice.

Pero cuenta que él la maltrató siempre, desde el año de casados; la insultaba, le tiraba la comida, la culpaba de todo, y le decía que si se iba la mataría. Intentó dejarlo cuando la nena tenía dos años y medio, pero la nena lo extrañaba y volvió. El día del hecho él la insultó ante su hija y nietos, y la amenazó, como siempre, con matarla con el mismo caño con el que ella lo mató al fin. (También declaran policías contando cosas terribles de su colega: ponía chimichurri a la ensalada de fruta y tenía sanciones.)

Catharina llora, dice que está arrepentida y le "habla" al muerto, a la cámara y a las mujeres: si su marido la maltrata no se quede.

La hija dice que es una abuela común y corriente y pide que no la manden a la cárcel. La defiende una mujer abogada. Fallo: Homicidio en estado de emoción violenta, agravado por el vínculo. El fiscal pide diez años, pero votan y sale el *veredicto absolutorio*.

VI
Cuentos de verdad y cuentos de judíos

Cuentos de verdad

Entramos en el mundo de los delitos de la verdad. En la puerta hay un cartel que reza: "En este sitio del corpus los cuentos se relacionan formando pares o parejas: pares de cuentos, pares de delitos o parejas de delincuentes".

En la puerta nos esperan nuestros guías, un par de delincuentes de dos clásicos argentinos del siglo XX: Emma Zunz (del cuento "Emma Zunz" de Borges, 1948), que se disfraza de prostituta para vengar a su padre, y Gregorio Barsut (de *Los locos* y *Los monstruos* de Arlt, 1929-1931),[1] que le dice al farmacéutico Ergueta cosas como estas en el capítulo "Un alma al desnudo" de *Los Monstruos*:

> Sé que con usted puedo hablar, porque lo creen loco… […] Me creo extraordinariamente hermoso. […] Cuando menos, fotogénico. […] Dicha creencia ha modificado profundamente mi vida […] porque ha hecho que yo me coloque frente a los demás en la actitud de un comediante. Muchas veces he fingido estar borracho entre mis amigos y no lo estaba; exageraba los efectos del vino para observar el efecto de mi presunta embriaguez sobre ellos. ¿No le parece que puedo ser actor de cine?

En el mundo de los pares Barsut es el compañero ideal de Emma, que guardaba la foto de Milton Sills (un actor del cine norteamericano de los años veinte), en el mismo cajón donde escondió la carta engañosa de la muerte del padre que abre el cuento el 14 de enero de 1922 (una carta de Fein o Fain, donde lo único claro era la fecha, el lugar y el nombre falso de Emanuel Zunz). En el mundo de los delitos de la verdad la foto de Milton Sills es Gregorio Barsut.[2]

La pareja fatal de Borges-Arlt ("Un cinematográfico romance de fin de semana entre contemporáneos") está unida por el delito común de la verdad al estado y por una serie de extrañas coincidencias, que son las que nos abren la puerta del nuevo mundo. Nuestros guías –una mujer y un "actor"– nos introducen en el campo semántico de la duplicidad, el travestismo, y la simulación, que es uno de los campos de los delitos de la verdad. Y que es en la literatura el lugar de los segundos, los ilegítimos, los resistentes, las mujeres, y también el de los "actores". Emma: la joven que actúa de prostituta y guarda la foto de Milton Sills; Gregorio: el "artista" que quiere irse a Hollywood para volver a Buenos Aires:

> La gente me señalará con la mano diciendo: "¡Ese es Barsut, el artista Barsut; viene de Hollywood, es el amante de Greta Garbo!"

El "cuento" de la verdad

En los cuentos de nuestros guías la lengua es actuación: performance, representación, simulación y falsificación.

Emma y Gregorio nos cuentan que los une el cine y los años años veinte, el cine norteamericano de los años veinte (y también que los une, después, el cine de Torre Nilsson),[3] pero en verdad la coincidencia más notable, y esto no lo cuentan, es que los dos matan a "un judío" y después se burlan de la justicia con sus "cuentos".

En un viernes de apocalipsis de fines de 1929, Barsut (que vivía de una herencia) mata al judío Bromberg (un "esclavo" del Astrólogo que trataba de descifrar el Apocalipsis) en alianza con el mismo Astrólogo, que le da el revólver y le devuelve el dinero que le robaron; este asesinato es contado por un narrador omnisciente sin yo. Barsut es detenido en un cabaret por pagar con el dinero del Astrólogo (que resultó ser el falsificado por los anarquistas), y se burla de la justicia acusando a toda la banda con un delito de la verdad que todos creen.

Esto último lo cuenta, *y lo cree,* "el cronista de esta historia" que tiene el yo en el capítulo "El homicidio":

> Barsut había sido detenido en un cabaret de la calle Corrientes al pretender pagar la consumición que había efectuado con un billete falso de cincuenta pesos. Simultáneamente con la detención de Barsut se había descubierto el cadáver carbonizado de Bromberg entre las ruinas de la quinta de Temperley. Barsut denunció inmediatamente al Astrólogo, Hipólita, Erdosain y Ergueta. [...] Al amanecer del día sábado el descubrimiento del cadáver de la Bizca convirtió los sucesos que narramos en el panorama más sangriento del final del año 1929. [...] No quedaba duda alguna de que se estaba en presencia de una banda perfectamente organizada y con ramificaciones insospechadas. [...] Las declaraciones de Barsut ocupaban series de columnas. No cabía duda de su inocencia.

Y el 16 de enero de 1922, un sábado o domingo (según cómo se cuenten los días), la obrera Emma Zunz (dieciocho años, virgen) llama, con el pretexto de la huelga, para verlo al anochecer, a Aarón Loewenthal, uno de los dueños de la fábrica de tejidos Tarbuch y Loewenthal (un "judío avaro" cuya única pasión era el dinero); se acuesta en el Bajo con un marinero nórdico que habla otra lengua; mata en la fábrica al judío de "labios obscenos" (en las dos lenguas, idisch y español)[4] para vengar a su padre, su nombre y su honor; toma el teléfono y se burla de la justicia acusando a Loewenthal con un delito de la verdad que todos creen:

> Ha ocurrido una cosa que es increíble... El señor Loewenthal me hizo venir con el pretexto de la huelga... Abusó de mí, lo maté...

El delito de la verdad de Emma y de Barsut, que todos creen, consiste en un *enunciado idéntico al verdadero y legítimo, pero puesto en otro lugar, tiempo y nombres que los legítimos*. El cronista de Borges lo define así para cerrar el cuento:

> La historia era increíble, en efecto, pero se impuso a todos, porque sustancialmente era cierta. Verdadero era el tono de Emma Zunz, verdadero el pudor, verdadero el odio. Verdadero también era el ultraje que había padecido; sólo eran falsas las circunstancias, la hora y uno o dos nombres propios.

Para mostrar el delito de la verdad como "ficción creída" (y como más allá de la división verdadero/falso) es necesaria la presencia de un narrador-cronista con su despliegue temporal y espacial. Porque los "cuentos" de Zunz y de Barsut plantean un *problema de secuencia:* funden el antes y el después en tiempo y espacio (Emma: me violó, lo maté). La duplicidad los constituye, porque *ligan dos campos de representación* (dos órdenes distintos) en uno (y por eso pueden ser leídos como alegorías). El cronista muestra cómo los dos tiempos, espacios, nombres, circunstancias, que se funden en uno en "el cuento", pertenecen a dos órdenes distintos. Zunz y Barsut, con sus "cuentos", revelan la extraña coincidencia entre los delitos de la verdad y los discursos de la verdad: los discursos en los que se cree. Porque sus cronistas, que dicen lo que nuestros guías no nos cuentan, muestran que la crónica es el discurso de la verdad de una cultura fundada en la creencia en la verdad de la confesión.

El cuento de "la ficción"

Lo que dicen Emma y Barsut para burlarse de la justicia después del asesinato del "judío" (simulaciones verbales, duplicidades verbales, falsificaciones verbales que todos creen), esa descomposición verbal de la verdad que cierra sus cuentos, es "la ficción" de Borges y Arlt. Un "cuento" y un delito de la verdad que implica un uso ambivalente de la lengua, donde lo mismo vale para dos (vine/me hizo venir con el pretexto de la huelga). Emma y Barsut no mienten; ponen lo verdadero y legítimo en otro lugar, tiempo y nombres que los legítimos ("sólo eran falsas las circunstancias, la hora y uno o dos nombres propios"). Ponen la simulación (y también ponen el delito) en el campo de la lengua y eso es "la ficción" literaria en los años veinte y cuarenta en Argentina. Una ficción que pone en contacto verbal a dos simuladores, una mujer y "un actor", con una institución de verdad-justicia-legitimidad en la que se cree (no solamente el Estado sino también, en el caso de Arlt, "el cronista de esta historia"), que es la que cree "el cuento". A Emma y a Barsut se les cree, además, porque incluyen en los dos casos una prueba visible para ser creídos: *un cuerpo* femenino (el "violado" de Emma y el cadáver de la Bizca), y *un cuerpo* judío carbonizado. Que es el cuerpo del delito.

En esa descomposición de la verdad "legítima" (en esa "falsificación") descansa la ficción literaria de Arlt-Borges, una ficción que fue tomada como *la* ficción.

La política del cuento

Los "cuentos" de Emma y de Barsut son enunciados performativos, denuncias dirigidas al Estado para burlarse de la justicia, para engañar y ser creídos: ponen en escena una política de las creencias. No se puede separar los delitos de la verdad de Emma y de Barsut de su textualidad política, porque suponen algún tipo de representación estatal o institucional (una institución legítima en la que se cree) a la que se dirigen para ser creídos. En tanto la razón de estado es la racionalidad ligada con "la verdad", los enunciados de Emma y de Barsut no sólo serían delitos de la verdad sino también "delitos de la justicia" y "delitos contra el estado". *Es decir, actos políticos.*

Pero su política es (como su justicia) enigmática, porque se funda en las creencias. Su política es mostrar que la razón del estado descansa totalmente sobre el aparato de creencias y restos arcaicos *(que se escriben en los cuerpos, con sangre, y en los nombres legítimos)*. Los "cuentos" de Emma y Gregorio después del asesinato de judíos son un instrumento crítico que pone a la verdad en delito y genera enigmas en relación con la verdad de la justicia.

Los enigmas del cuento

Emma Zunz y Gregorio Barsut no sólo matan a un "judío" en la Argentina de los años veinte y cuarenta,[5] a un personaje que fue construido como "judío" en la narración (pasión por el dinero o pasión por la escritura) y se burlan de la justicia, todos les creen y quedan en libertad para servirnos de guías en este mundo, sino que matan, los dos, a "un judío"-"delincuente". Matan a Loewenthal y a Bromberg, que son alternativamente, nunca coincidentemente, representados por diferentes voces como "judíos" (dinero y Escritura) o como "delincuentes" (ladrón o asesino). Al judío lo narran voces o narradores diferentes para poder dividirlo entre "judío" y "delincuente".

Veamos la construcción del "judío" en Borges por parte del cronista o narrador de "Emma Zunz":

> Aarón Loewenthal era, para todos, un hombre serio; para sus pocos íntimos, un avaro. Vivía en los altos de la fábrica, solo. Establecido en el desmantelado arrabal, temía a los ladrones; en el patio de la fábrica había un gran perro y en el cajón de su escritorio, nadie lo ignoraba, un revólver. Había llorado con decoro, el año anterior, la inesperada muerte de su mujer –¡una Gauss, que le trajo una buena dote!–, pero el dinero era su verdadera pasión. Con íntimo bochorno, se sabía menos apto para ganarlo que para conservarlo. Era muy religioso; creía tener con el Señor un pacto secreto, que lo eximía de obrar bien, a trueque de oraciones y devociones. Calvo, corpulento, enlutado, de quevedos ahumados y barba rubia, esperaba de pie, junto a la ventana, el informe confidencial de la obrera Zunz.

Esta descripción del narrador contiene uno de los enunciados centrales del antisemitismo: la avaricia del judío y su pacto secreto fraudulento con Dios, y ocurre cuando Emma viaja hacia él para matarlo, en 1922.

Pero en otra parte del texto (en otro tiempo anterior, en 1916) el padre de Emma Zunz juró que Loewenthal era el "verdadero" ladrón (y no él mismo); se lo juró a su hija la última noche que se vieron, antes de cambiar su nombre por el de Manuel Maier y de exiliarse en Brasil. (Ella es la única que sabe el nombre secreto y el nombre del verdadero delincuente. O el nombre secreto del delincuente.) ¿Y si el último mensaje oral, personal, de Emanuel Zunz en 1916, cuando le juró la verdad (¿y en qué lengua?), que el ladrón era Loewenthal, fue también un engaño, para salvar su nombre ante la hija, y por eso se cambia el nombre? ¿Otra farsa –delito– de la verdad? Emma le creyó, pero la sospecha de que el crimen es totalmente gratuito tiñe el texto. El delito de la verdad de Emma se basa también en ese pacto secreto de la legitimidad (su nombre está contenido enteramente en el nombre del padre, Emanuel Zunz), en el que se cree.

(Otro enigma: ¿era judía Emma, quiero decir su madre muerta?[6] ¿Su asesinato es como el de Rabin en 1995: un judío "puro" contra el "verdadero delincuente", y por eso lo mata un sábado al anochecer? ¿O la obrera textil no era judía y el texto, puesto en los años veinte, es la metáfora borgeana del hitlerismo y del peronismo de los cuarenta? ¿"Emma Zunz" como otra "Fiesta del Monstruo" para hacer par con *Los Monstruos*?)

En Arlt el "judío" aparece en *Los locos* y el "delincuente" en *Los monstruos*. En el capítulo "Sensación de lo subconsciente" por primera vez el narrador dice que Bromberg o el Hombre que vio a la partera es judío, cuando plantea al Astrólogo "los problemas de interpretación" de las Escrituras.

> Mojado y con la cabellera revuelta, se detuvo a un costado de la escalinata el Hombre que vio a la Partera.
>
> –¡Ah! es usted –dijo el Astrólogo.
>
> –Sí; quería preguntarle qué es lo que piensa usted de esta interpretación del versículo que dice: "El cielo de Dios". Esto significa claramente que hay otros cielos que no son de Dios…
>
> –¿De quién, entonces?
>
> –Quiero decir que puede ser que haya cielos en los que no esté Dios. Porque el versículo añade: "Y bajará la nueva Jerusalén". ¿La nueva Jerusalén? ¿Será la nueva Iglesia?
>
> El Astrólogo meditó un instante. El asunto no le interesaba, pero sabía que para mantener su prestigio ante el otro tenía que responder, y contestó:
>
> Nosotros, los iluminados, sabemos en secreto que la nueva Je-

rusalén es la nueva Iglesia. [...] pero ¿por qué usted independientemente de otra escritura llega a admitir la existencia de varios cielos?

Bromberg, guareciéndose en el pórtico, miró la jadeante oscuridad estremecida por la lluvia, luego contestó:

–Porque los cielos se sienten como el amor.

El Astrólogo miró sorprendido *al judío,* y este continuó:

–Es como el amor. ¿Cómo puede usted negar el amor si el amor está en usted y usted siente que los ángeles hacen más fuerte su amor? Lo mismo pasa con los cuatro cielos. Se debe admitir que todas las palabras de la Biblia son de misterio, porque si así no fuera el libro sería absurdo. La otra noche leía entristecido el Apocalipsis. Pensaba que tenía que asesinar a Gregorio, y me decía si está permitido verter sangre humana.

–Cuando se estrangula no se vierte sangre –repuso el Astrólogo.

El "asesinato" de Gregorio Barsut por parte del "judío" resulta, al fin de *Los locos* (en el capítulo "El guiño"), una farsa, una simulación de asesinato con la complicidad del mismo Barsut. Pero en *Los monstruos* (en el capítulo titulado irónicamente "Donde se comprueba que el Hombre que vio a la partera no era trigo limpio") el Astrólogo dice a Hipólita y a Barsut que a Bromberg o "el Hombre que vio a la partera" (no dice allí que es judío), le dieron prisión perpetua por asesino, simuló estar loco y huyó de la cárcel:

–¿Bromberg?... La historia de Bromberg es interesante. Un tipo de delincuente simulador, un poco loco, nada más.

Hipólita comprendió. Se dijo: "No me equivocaba. Este demonio quería ganar tiempo".

Hipólita no le cree pero Barsut sí, y tiene sus motivos.[7]

Emma y Gregorio matan a esos judíos divididos entre "judíos" y "delincuentes" por dos voces narrativas *porque creyeron al padre de Borges y al Astrólogo de Arlt.*

¿Mintieron (¿o cometieron un delito de la verdad?) el padre de Borges y el Astrólogo de Arlt sobre el "judío" "delincuente"? Emma y Gregorio los matan porque creyeron, y después les creyeron sus "cuentos": la cadena produce una descomposición del círculo de las creencias. A este punto enigmático, al corazón de los delitos de la verdad, nos han traído nuestros guías.

Sabes o crees... Sabes o crees saber... Crees o quieres creer... dicen nuestros guías. Porque la "ficción" como descomposición de la verdad, como representación literaria, como ambivalencia perpetua, como lenguaje donde lo mismo vale para dos, como texto indescifrable, la "ficción" como la forma del secreto en literatura y como máquina generadora de enigmas, la ficción moderna argentina de los años veinte y años cuarenta, que fue representada y leída como *la* ficción, se escribe a propósito del asesinato del "judío"-"delincuente" según el padre y el Astrólogo.

(Pero hay *una diferencia entre Borges y Arlt:* en Borges los enigmas quedan para el lector; en Arlt para los personajes y narradores; es posible que este abismo sea el que los separa.)

Un camino lateral

Zunz y Barsut... los unen las reproducciones de los años veinte, y también las de los cuarenta. Los une, en realidad, el extraño movimiento de temporalidades literarias que tiene lugar entre Arlt y Borges, dos escritores estrictamente contemporáneos (Borges era de 1899 y Arlt de 1900). Tan contemporáneos como Emma y Gregorio, que viven y matan por los mismos años de 1920. Pero el cuento de Emma apareció en 1948, cuando Arlt y los años veinte habían muerto, mientras que en el de Gregorio coinciden la fecha de la ficción, la de la escritura y la de la publicación: las tres son estrictamente contemporáneas, como lo consigna el mismo autor en la nota que cierra *Los monstruos:*

> *Nota:* Dada la prisa con que fue terminada esta novela, pues cuatro mil líneas fueron escritas entre fines de septiembre y el 22 de octubre (y la novela consta de 10.300 líneas), el autor se olvidó de consignar en el prólogo que el título de esta segunda parte de "Los siete locos", que primitivamente era "Los monstruos", fue sustituido por el de "Los lanzallamas" por sugerencia del novelista Carlos Alberto Leumann, quien una noche, conversando con el autor, le insinuó como más sugestivo el título que el autor aceptó. Con tanta prisa se ter-

minó esta obra que la editorial imprimía los primeros pliegos mientras que el autor estaba redactando los últimos capítulos.

La diferencia temporal de los contemporáneos genera un extraño movimiento, que es el movimiento entre Arlt y Borges y entre los años veinte y los cuarenta en Argentina (y el movimiento de "la ficción"). En ese movimiento, los enigmas del presente se tienden hacia adelante, como anticipación, o hacia atrás, como memoria, y saltan a "otra realidad".

En "Emma Zunz" Borges pone en los años veinte los enigmas de los cuarenta en Argentina: el peronismo y el antisemitismo. Los lleva al antes, como memoria (como "breve caos que hoy la memoria de Emma Zunz repudia y confunde"). Lleva a los años veinte, sabiéndolo, el peronismo y el antisemitismo, para *representarlos extrañamente* en "cuento", en delito de la verdad, en otra "realidad": en otro lugar, tiempo y con otros nombres.

Y todo el Arlt de 1929 pone (sin saberlo, como el Astrólogo), los enigmas del presente en el después de la narración, como visión y anticipación y por eso *puede representar, también extrañamente,* la "realidad" de los años cuarenta. Puede representar el hitlerismo y el peronismo del presente de Borges en "cuento" o delito de la verdad: en otro lugar, tiempo y con otros nombres que los legítimos. Al hitlerismo lo representa en 1929, en Argentina, con la solución final de *Los monstruos:* el asesinato del judío (por parte de Barsut), y el asesinato de la bizca, el exterminio por gases y el suicidio (por parte de Erdosain). Y puede representar extrañamente al peronismo, en el después del anarquismo *(en la continuidad de la cultura argentina entre el anarquismo y el peronismo),* con el paradero final de la ex prostituta y del Astrólogo, que desaparecieron con el dinero de todos (el de Barsut incluido) y no fueron encontrados, contó "el cronista de esta historia" que la cierra un año después, en 1930. Hoy sabemos más que él: sabemos que la pareja del "Astrólogo" y "la ex prostituta" de Arlt se fugó de la ficción en 1929 para volver a "la realidad" del peronismo en dos ciclos diferentes, primero ella como Eva Perón, y después él como López Rega, para formar un par con el mismo General Perón. Volvieron por los extraños nombres de Arlt que les dieron sus enemigos.

Pero dejemos aquí el movimiento de los contemporáneos Emma y Gregorio, donde las simultaneidades del presente oscilan, en la ficción (y en "la realidad"), entre el futuro y el pasado. Es por ahora un camino lateral, entre zonas de tiempo y de realidades, del mundo de los pares y los delitos de la verdad.

El plan del cuento

Emma y Gregorio nos guían y nos cuentan sus historias... Las dos se abren cronológicamente por así decirlo (dicen), con el dinero "en delito", junto con "la delación anónima". Como si formaran parte de un cuento semejante, enmarcado con los mismos elementos: como si hubieran nacido el uno para el otro. La historia de Emma comienza con el "delito del cajero"; la de Barsut con el "delito del cobrador". La pareja no sólo comparte "la delación anónima" y ese dinero puro, ese signo-dinero en delito en el punto de partida de cada uno de sus cuentos. Otro "dinero en delito" los acompaña y los une en el punto final, el día del asesinato del judío y del delito de la verdad, porque Emma *rompió el dinero* (un acto de "impiedad" y de "soberbia", dice) que ganó simulando ser prostituta, y a Barsut lo encontraron en un cabaret pagando con el *dinero falsificado* del Astrólogo.

Sus historias comparten cierto principio y cierto fin; también comparten el movimiento entre principio y fin (el movimiento mismo de la narración) que responde a *un plan* secreto. El plan de Emma que es su "cuento" de la justicia, y el plan del Astrólogo que es su "cuento" de la revolución.

Ese plan o "cuento" de la justicia y la revolución es una de las ficciones de los años veinte y cuarenta escrita en Argentina, en el capitalismo periférico latinoamericano. Un cuento que requiere los momentos y las encarnaciones del dinero puro, del signo dinero "en delito", como su punto de partida y de llegada, y que requiere además a un "judío" y a un plan secreto. Un plan que conecta al dinero y a la verdad con "el delito", a propósito del "judío".[8] Un "cuento" capitalista (o un instrumento crítico capitalista) de la justicia y la revolución que puede representarse totalmente con el lenguaje de la falsificación (falsificación verbal, de dinero, de documento, de una prueba, de una obra de arte, del *Quijote*). Delito de la verdad, falsificación y ficción literaria ligan lenguajes diferentes que giran alrededor del mismo eje: lo mismo pero en otro lugar, tiempo y protagonistas. Dinero falsificado por los anarquistas es lo que tiene Barsut en la mano cuando lo encuentran después de matar al "judío". Y la falsificación literaria está en el título mismo del texto matriz de Borges de los delitos de la verdad que, como "Emma Zunz", tienen por título un nombre: "Pierre Menard, autor del Quijote" (datado en Nîmes, 1939), cuyo narrador, aliado con la aristocracia francesa, dice que hará "una breve rectificación" de "la Memoria" de Menard, porque "cierto diario cuya tendencia protestante no es un secreto ha tenido la desconsideración de inferir a sus deplorables lectores –si bien estos son pocos y calvinistas, cuando no masones y circuncisos–, un 'catálogo falaz' de sus obras visibles".

(Borges escribe con "Pierre Menard, autor del Quijote" su propia iniciación delictiva en "la ficción". "Pierre Menard" (un texto sobre el nombre masculino, sobre la "restauración" de su "memoria"), "dedicó sus escrúpulos y vigilias a repetir en un idioma ajeno un libro preexistente"; "su admirable ambición era producir unas páginas que coincidieran –palabra por palabra y línea por línea– con las de Miguel de Cervantes". Que coincidieran en otra lengua, en otro lugar, tiempo, y protagonistas: que fueran "su ficción", su "falsificación" y su delito de la verdad. Y que incluyeran a "los circuncisos".)[9]

Emma y Barsut nos explican que las políticas del dinero y de las creencias, que rigen en este mundo, conectan la "ficción" con la falsificación y con el racismo en el capitalismo periférico de los años veinte y los cuarenta. A este punto enigmático, al corazón de los delitos de la verdad, nos han traído nuestros guías.

La reproducción del cuento

Los guías nos señalan la coincidencia final de los "cuentos de verdad" y los "cuentos de judíos" del par Arlt-Borges, todos "en delito" en el Buenos Aires de los años veinte y cuarenta. Una extraña coincidencia en los "epílogos", en el futuro. Porque tanto Zunz como Barsut se liberaron de la justicia estatal para reproducir "el cuento".

En el "Epílogo" de *El Aleph,* fechado el 3 de mayo de 1949, el mismo Borges dice que el "cuento", *ni fantástico ni fidedigno,* se lo contó Cecilia Ingenieros:

> Fuera de *Emma Zunz* (cuyo argumento espléndido, tan superior a su ejecución temerosa, me fue dado por Cecilia Ingenieros) y de la *Historia del guerrero y de la cautiva* que se propone interpretar dos hechos fidedignos, las piezas de este libro corresponden al género fantástico.

Y en el "Epílogo" de *Los Monstruos* la última ironía (sarcasmo, sátira expresionista) de Arlt: Barsut se lo cuenta a todo el mundo, porque en 1930 se va a Hollywood a filmar "el cuento". Dice "el cronista de esta historia" que usa el yo y que es el que creyó las declaraciones de Barsut (y también creyó las confesiones de Erdosain):

> Barsut, cuyo nombre en pocos días había alcanzado el máximum de popularidad, fue contratado por una empresa cinematográfica que iba a filmar el drama de Temperley. La última vez que le vi me habló maravillado y sumamente contento de su suerte:
>
> –Ahora sí que verán mi nombre en todas las esquinas. Hollywood. Hollywood. Con esta película me consagraré. El camino está abierto.

Los guías (el cuerpo-nombre de una "mujer" y el cuerpo-nombre de un "actor") nos abren el camino porque cierran en el futuro la historia que se cree con la historia de su reproducción mecánica.

En una de las calles de este mundo…

Los enunciados de Emma y de Barsut al estado después del asesinato del "judío" definen el delito de la verdad y al mismo tiempo definen "la ficción" de Borges y de Arlt de los años veinte y cuarenta. Que es un tipo de representación literaria (que se creyó y hasta fue postulada como "la ficción") que pone la simulación en la lengua, descompone la verdad "legítima", representa el secreto en literatura, y puede ser comparada o metaforizada con la falsificación de dinero. Un delito de la verdad cierra el cuento (o la secuencia) del dinero, el plan, "el judío"-"delincuente" (si se cree al padre y al Astrólogo), y su asesinato.

Esa "ficción", que es una moderna máquina capitalista generadora de enigmas (o un instrumento crítico capitalista), coincide extrañamente, en la "realidad", con los "cuentos" del aparato del antisemitismo que circularon en Argentina en los años veinte, los cuarenta y después, hasta hoy: *fakes and forgeries*[10] (como los "Protocolos" y el "Plan Andinia") que siguen el cuento de Emma y el padre, de Gregorio y el Astrólogo: el cuento del dinero, el plan secreto, y el "judío"-"delincuente".[11]

Una aclaración final, nos dicen los guías. No quisimos mostrarles el supuesto antisemitismo (o su contrario) de nuestros autores Arlt y Borges (o el de Baudelaire...) en esta excursión. Los acompañamos para dejarlos aquí, en una de las calles de este mundo del delito, en el punto donde coinciden enigmáticamente esas ficciones de la modernidad de los años veinte y cuarenta que se creyeron: la que giraba alrededor de "la verdad" y la que giraba alrededor de "el judío".

Como nosotros (dicen Emma y Gregorio para despedirse), esos cuentos se implican mutuamente, van juntos aunque se cambien de lugar y de signo, uno refiere al otro, cada uno está dentro del otro: son un verdadero par...[12]

Notas

[1] Las citas de Arlt remiten a la *Obra Completa*, Buenos Aires, Carlos Lohlé, 1981, Tomo 1.

Los locos y *Los monstruos* de Arlt resultan de una pequeña operación de trasmutación para ponerlo a la par de Borges. La operación consiste en quitar el número cabalístico de la primera novela *(Los siete locos)* y restituir el nombre original de Arlt a la segunda, titulada *Los lanzallamas* por Carlos Alberto Leumann. La estética de Arlt ("La vida puerca", "Los monstruos") puesta en su lugar, y no en los títulos o las estéticas de Güiraldes y de Leumann.

César Aira ("La genealogía del monstruo" "Arlt", *Paradoxa* nº 7, Beatriz Viterbo Editora, 1993, pp. 55-71. Artículo datado en 1991) no alude al título original de Arlt pero lo lee dentro de lo que llama "la lógica del Monstruo", que es *una opción formal expresionista*.

Dice Aira en un texto crítico notable:

> En Arlt el mundo expresionista, de contigüidades excesivas y deformaciones por falta de espacio en un ámbito limitado, un interior (su mundo es un interior), es una opción formal. Es inútil pensarlo en términos psicológicos o socio-históricos o lo que sea. [...] Pues bien, el mundo expresionista de Arlt es el interior de un organismo, de un cuerpo. No es que lo sea: lo parece, que en términos de representación es lo mismo. El Monstruo es un organismo. O al revés, el organismo es el Monstruo. Despues trataré de hacer la génesis del Monstruo arltiano. La mirada que ya no puede funcionar por falta de espacio anula toda transparencia e instaura una contigüidad táctil, obscena y horrible, rojo contra rojo, en un medio de sangre donde to-

do se toca. El Monstruo es el hombre dado vuelta, que nos acompaña como un *doppelgänger* espeluznante (pp. 57-58).

Arlt puede hacer Monstruo con cualquier material dice Aira, y trata el "dispositivo de hacer monstruo":

Todas las aporías arltianas, la de la sinceridad, la ingenuidad, la calidad de la prosa, se explican en este dispositivo de la conciencia que pretende asistir a su propio espectáculo, el lenguaje que quiere hablarse a sí mismo, en una palabra el Monstruo. Ese dispositivo mismo es el Monstruo.

Dice que "Monstruo" también es "una palabra" que necesita explicarse o expresarse:

El Monstruo y la explicación progresan juntos hacia el infinito. Siempre habrá necesidad de un suplemento de explicación, al menos mientras haya tiempo. Pero no es la explicación la que genera al Monstruo, lejos de ello. Es demasiado razonable para hacerlo. El monstruo nace de lo novelesco puro, que Arlt encontró en el folletín truculento (pp. 61-62).

Al fin, Aira se sitúa *(y me sitúa)* en relación con Arlt y con el Monstruo:

Yo mismo, proponiéndome como ejemplo de la singularidad extenuada del tiempo, trepo a la cinta del continuo y corro tras el Monstruo revestido de la figura irrisoria de la explicación. Ahí puedo elegir entre los posibles de lo real, y elijo, sin razón alguna, sólo por hacer girar el "círculo de factores enigmáticos", la crítica "impresionista". Ya no la proyección desdichada de lo simbólico, sino la introyección feliz de lo imaginario, la recepción del cine mudo de Arlt, que me alcanza en ráfagas de luz sombría, en visiones deliciosamente escalofriantes: el molino de los Monstruos en su carrousel congelado, la Virgen colgada del Aire: Duchamp la llamó Perspectiva, yo la llamo Inspiración (pp. 70-71).

[2] Se encuentran datos de Milton Sills en Sol Chaneles y Albert Wolsky, *The Movie Makers* (Secaucus, Nueva Jersey, Derbibooks Inc, 1974, p. 444); en *Notable Names in the American Theater* (Clifton, Nueva Jersey, Jones T. White & Company, 1976, p. 464); en John Stewart (comp.), *Filmarama, Vol. I: The Formidable Years, 1893-1919*, y en *Vol. II: The Flaming Years 1920-1929* (Metuchen, Nueva Jersey, Scarecrow Press, 1975, p. 232, y 1977, p. 488).

Pero el artículo que muestra la otra cara, filosófica, de Sills (y muestra su biblioteca y por lo tanto justifica a Borges), es el de Dumas Malone ed. *Dictionary of American Biography*, vol. IX (Nueva York, Charles Scribner's Sons, 1935), que informa en pp. 164-165:

> Su nombre completo era Milton George Gustavus Sills. Se graduó de la Universidad de Chicago en 1903 con el grado de Bachiller en Artes y por un año y medio permaneció en ella como investigador y *fellow* en filosofía. Sus experiencias en las actuaciones dramáticas de la Universidad lo prepararon para su debut profesional en 1906. Un compromiso con el repertorio de Charles Coburn le dio experiencia en las obras de Shakespeare. En 1914 dejó el teatro por el cine y en 1916, después de una experiencia preliminar en los mal equipados estudios de Nueva York, se fue a Hollywood donde comenzó una nueva era de éxito como estrella de cine.
>
> Fuera de los estudios estaba muy lejos de la idea popular del ídolo de cine: su biblioteca contenía libros en griego, en francés y en ruso, y su conversación iba de la filosofía a las ciencias experimentales y de allí al tennis o al golf. Nunca abandonó sus estudios académicos y de vez en cuando daba conferencias en universidades; en 1927 habló en la Escuela de Negocios y de Administración de Harvard sobre las condiciones del mundo del cine. También fue co-autor con Ernest S. Holmes de un libro publicado después de su muerte, en 1932, y titulado *Values: a Philosophy of Human Needs*. A diferencia de muchos actores, fue un hombre rico; dejó una herencia de varios cientos de miles de dólares.

Hasta aquí, el Milton Sills de la biblioteca. Por su parte, Evelyn Mack Truitt, *Who Was Who on Screen* (Nueva York,

R.R. Bowker Company, 1983, p. 663), nos informa sobre algunas películas de Milton Sills que pudo haber visto Emma Zunz (y que también, por supuesto, pudo ver Barsut):

Antes del crimen: 1915 *The Rack;* 1917 *Patria (serial);* 1919 *Shadows;* 1920 *The Week-End;* 1921 *The Marriage Gamble; At the End of the World;* 1922 *Burning Sands; Borderland; The Woman Who Walked Alone; The Marriage Chance.*

Después del crimen: 1923 *Why Women Re-Marry; The Last Hour*; *A Lady of Quality; Legally Dead;* 1924 *Madonna of the Streets; The Heart Bandit;* 1925 *As Man Desires; I Want My Man; A Lover's Oath;* 1926 *Paradise; The Silent Lover;* 1927 *Framed; Hard-Boiled Haggarty;* 1928 *The Barker; Burning Daylight; The Crash;* 1929 *His Captive Woman; Love and the Devil;* 1930 *Man Trouble; The Sea Wolf.*

[3] Torre Nilsson filmó "Emma Zunz" de Borges en 1952, con el título *Días de odio* (y la ubica en la "época actual" dicen los críticos). Y filmó a "Los locos-Monstruos" de Arlt (con el título *Los siete locos*) en 1972, durante la guerrilla y la dictadura militar de 1966.

Mónica Martin (*El gran Babsy. Un hombre como yo no debería morir nunca. Biografía novelada de Leopoldo Torre Nilsson*, Buenos Aires, Sudamericana, 1993) se refiere a *Días de odio:*

> Para demostrar que Emma Zunz –interpretada por Elisa Christian Galvé– estaba sola en el mundo la convierte en una mujer taciturna disgustada con lo que la rodea. *Ubica la historia en la época actual* y hace que Emma camine por una ciudad gris y fabril, tapizada con graffitis a Eva Perón. Con estas hebras sutiles solicitaba al espectador que interpretara que en Buenos Aires el hombre estaba solo en los conglomerados comunitarios *del peronismo.*

Mónica Martin hace que Torre Nilsson mismo cuente su biografía:

> Sólo ochenta mil personas vieron *Días de odio.* Con *Días de odio vuelvo a ser minoritario.* Se prohibió que la película fuera vendida

al exterior y se limitó al máximo su distribución en el país. *No sé si porque Borges es un autor no visto con simpatía por el gobierno, o porque se piensa que el tema es demasiado negro o desagradable, que no muestra una Argentina demasiado feliz* (pp. 46-47).

En cuanto a *Los siete locos:*

Cuando me hice definitivamente cineasta, es decir, cuando empecé a hacer a través del cine cosas que significaban algo de mi visión del mundo, filmar a Roberto Arlt fue una especie de gran ambición. Como ocurre con casi todos los grandes creadores, se va actualizando cada vez más. [...]

Cuando se estaba por iniciar el rodaje [de *Los siete locos*], invade la escena Miguel Paulino Tato con una orden oficial para suspender la película. Tato era el sinónimo de la censura argentina y en poco tiempo más se convertiría en el mayor enemigo de Torre Nilsson y en el Salieri de su vida. Dicen que cuando se enteró de que Nilsson iba a filmar *Los siete locos,* se enfermó de envidia. *Aparentemente, lo odiaba a Roberto Arlt* desde la época en que habían sido compañeros de redacción en el diario *El Mundo*. Arlt había muerto en 1942, pero él lo seguía odiando. El rencor lo mantenía vivo. Nadie se quedó de brazos cruzados. Toda la gente de Contracuadro salió a hacerle frente a la censura y poco tiempo despues se levantó la prohibición. [...]

Los siete locos costó ochenta mil dólares y se hizo en siete semanas. [...] Se estrenó por fin el 3 de mayo de 1973 en el Gran Rex y treinta y nueve salas simultáneas (pp. 226-231).

[4] Dice Sander L. Gilman (*Jewish Self-Hatred. Anti-Semitism and the Hidden Language of the Jews*, Baltimore y Londres, The Johns Hopkins University Press, 1986, pp. 72-73) que en 1699 Johan Christoph Wagenseil publicó su *Instrucción sobre la manera judío-alemana de leer y escribir,* donde afirmó que *el idish* era el instrumento de *la conspiración judía.* El vínculo entre los judíos que ocultan sus maldades en un lenguaje que no es comprensible al poder, y la idea de que los judíos mienten cuando son confrontados por este poder *dio al idish, percibido no como*

una lengua sino como el medio para la conspiración, su propio poder oculto, dice Gilman. Y más adelante se refiere a los Estados Unidos y a Henry James (uno de los escritores que practicó el tipo específico de "ficción" que hoy recorremos), y dice que en *The American Scene* (1907) James se preocupó por el futuro del inglés a causa de la "conquista hebrea de Nueva York", donde los cafés del East Side se habían transformado en la "sala de tortura de los idiomas vivos" (p. 316).

[5] Podría decirse que entre los años veinte y cuarenta *cambia la posición* de los judíos en la literatura argentina; siguen siendo representados, como desde 1880, como usureros extranjeros, avaros, y "femeninos" (véase el apéndice "Cuentos de judíos: una 'antología'"), pero en Arlt y en Borges son asesinados y los que los matan hacen una farsa de la verdad al estado para salvarse de la justicia. Esa "ficción" continúa "la realidad", porque el primer pogrom en Argentina se realizó durante la Semana Trágica, en 1919, con un muerto (y sin justicia estatal); se acusó a Pedro Wald, un redactor del matutino en idish "Di Presse", de pretender convertirse en presidente de la Nación "luego que triunfara la conspiración soviético-maximalista" (*Breviario de una infamia*, Cuaderno nº 1. Comité de Lucha Contra el Racismo y demás formas del Colonialismo, 1975, p. 10).

Boleslao Lewin (*Cómo fue la inmigración judía a la Argentina*, Buenos Aires, Plus Ultra, 1971) describe los atentados durante la Semana Trágica de enero de 1919, que se desencadenó con la huelga en los talleres de Pedro Vasena. En ese momento, dice Lewin, el judío se hizo antipático, tanto por su condición de súbdito ruso como por la difundida creencia, desde el proceso de Radovitzky, de que participaban en toda labor "disolvente". (En 1909 el anarquista judío Simón Radovitsky asesinó en un atentado al jefe de policía coronel Falcón.) Lewin dice: "por más que sectores oportunistas israelitas pretenden silenciar el hecho" durante la semana trágica murió León Futaievsky, miembro de la organización socialista judía *Avangard;* "es también contraria a la verdad la tentativa –de gentiles y judíos– de negar que una de las tristes facetas de la Semana fue *el pogrom que duró desde el jueves 9 de enero hasta el martes 14 del mismo mes.* Su saldo fueron más de *ciento cincuenta heridos graves,* centenares de contusos y considerables pérdidas materiales. Los barrios habitados por judíos se convirtieron en meta de expediciones punitivas de toda laya de patrioteros que, además de atropellos físicos de todo orden, repitieron *la hazaña del año del Centenario,* quemando los libros de las bibliotecas obreras judías ubicadas en la calle Ecuador 359 *(Avangard)* y Ecuador 645 *(Poalei Sión)*". Lewin *señala que no se identificaron a los responsables ni se indemnizaron las víctimas* (pp. 171-174, bastardilla nuestra).

Lo que Lewin llama "la hazaña del año del Centenario" fue el primer ataque en 1910. Dice Juan Jose Sebreli ("La cuestión judía en Argentina", que cierra el volumen de su compilación *La cuestión judía en la Argentina,* Buenos Aires, Tiempo Contemporáneo, 1968): "Al terrorismo de izquierda se opone el terrorismo de derecha. *Para el Centenario,* Luis Dellepiane organiza la Policía Civil Auxiliar, con carácter ad honorem, compuesta por *jóvenes de las clases altas,* con el pretexto de cooperar para los festejos, siendo su verdadero objetivo mantener atemorizados a los obreros. *Jóvenes patoteros* reunidos en la muy exclusiva *Sociedad Sportiva Argentina, presidida por el Barón Demarchi* y de la que formaba parte, entre otros, Juan Balestra, se dedican *en vísperas del 25 de mayo de 1910* a incendiar las redacciones de los periódicos *La Protesta* y *La Vanguardia,* saquear locales sindicales y agredir militantes obreros. *Estos mismos jóvenes son los autores del primer pogrom argentino.* El 15 de mayo, un grupo de ellos llega hasta el barrio judío, en la antigua circunscripción 9ª. En la esquina de Lavalle y Andes (actualmente José E. Uriburu) saquean un almacén judío y llegan hasta la violación de mujeres. Estos hechos son relatados por las propias víctimas a los redactores del boletín de la C.O.R.A. (Confederación Obrera de la República Argentina)" (pp. 229-230, bastardilla nuestra).

En cuanto al Barón De Marchi y sus patotas, sólo cabe recordar que aparecieron en "Los Moreira" en 1912, en la famosa fiesta que el Barón organizó en el Palais de Glace, con el objeto de que la sociedad porteña admitiera el tango en su seno.

[6] No hay indicios en el texto de que el apellido Zunz sea judío, aunque Borges juega todo el tiempo con *dos nombres* y con las variantes entre nombres y apellidos judíos y alemanes: Fain o Fein, Manuel Maier o Emanuel Zunz, Elsa Urstein o las dos Kronfuss.

No hay indicios pero no cabe duda porque, a propósito de los nombres, un famoso judío Leopold Zunz figura en la *Enciclopedia Judaica. Vol. 16, Supplementary Entries* (Jerusalén, Keter Publishing House, 1972, pp. 1235-1240).

Zunz, Leopold (Yom Tov Lippmann; 1794-1886), historiador y uno de los fundadores de la "Ciencia del Judaísmo" (*Wissenschaft des Judentums*). Estudió en la Universidad de Berlín entre 1815 y 1819 donde adquirió las bases de su enfoque científico; fue particularmente influido por el gran investigador clásico Friedrich August Wolf. En 1836 fue comisionado por la comunidad para escribir un tratado sobre *los nombres judíos* como respuesta a un decreto real prohibiendo el uso de nombres cristianos por los judíos (*Namen der Juden,* 1837).

[7] El motivo es "real", porque Bromberg fue "asesino" de Barsut en la ficción en segundo grado o "simulación en la ficción" que es "El guiño" final de *Los locos*. Le cree porque lo conoce como un "delincuente simulador" en carne propia.

[8] Un cuento que Baudelaire (punto de partida de la "modernidad literaria") escribió en "La moneda falsa" en 1869 ("La fausse monnaie", en *Spleen de Paris. Petits poèmes en prose*) y que Jacques Derrida leyó como "la ficción" en *Donner le temps 1. La fausse monnaie*, París, Galilée, 1991.

En el texto de Baudelaire no aparece el judío sino el mendigo, que es otra encarnación pura del signo-dinero y por lo tanto de los delitos de la verdad (y es posible que el mendigo sea otro de nuestros guías en el mundo de los delitos de la verdad). A partir de "La moneda falsa" de Baudelaire que se le da al mendigo, Derrida define la falsificación como *la* ficción e introduce la categoría de convención literaria. "La moneda falsa" es "como" *la* ficción porque parece compartir con ella un rasgo (pasar algo como "verdad"), pero no es lo mismo, dice Derrida, porque la convención nos permite saber que esta es una ficción. Yo diría: el delito de la verdad-falsificación-ficción marca el punto en que literatura y política se unen y se separan absolutamente en esta tradición moderna, porque el delito de la verdad es ilegítimo en el campo del estado, y legítimo en el campo de la literatura. Y hasta puede definirla.

Pero en el contexto puramente monetario del ensayo de Derrida sobre "la ficción" de la falsificación al mendigo, aparecen de golpe *–en dos notas al pie–* los judíos, primero ligados con la escritura y el dinero a través de Léon Bloy, y después ligados directamente con la Biblioteca y con el plan de exterminio de Baudelaire. Veamos esta última nota.

Derrida se refiere al racismo antibelga de Baudelaire y cita en la nota 1 de la página 166-167 una secuencia de *Mon coeur mis à nu:* "Bella conspiración a organizar para el exterminio de la Raza judía. Los Judíos, *Bibliotecarios* y testigos de la *Redención*" (Charles Baudelaire, *Obras Completas,* edición de Cl. Pichoir, París, Pléiade, vol. 1, p. 706). Derrida agrega que Walter Benjamin (en *Pasajes. París Capital del siglo* XIX) vio en esto una "Gauloiserie" y dijo que Céline continuó en esta dirección. Y concluye que la idea de Baudelaire de la Exterminación no era tan nueva en Europa, ni propia de la Alemania nazi, *pero no la relaciona* con la metáfora de la ficción como falsificación.

Dicho de otro modo: Derrida no lee la relación entre "modernidad", "ficción" como delito de la verdad y la legitimidad, y "judaísmo", pero la con-tiene en su libro. Muestra involuntariamente que la metáfora de la falsificación para pensar cierta ficción, la teoría capitalista de la ficción de Baudelaire, incluye como elemento fundamental al judaísmo (se lo sepa o no, y se esté en favor o en contra). O lo incluye, o "el judaísmo" es un aparato que le es paralelo, un par con el cual coincide como narración y como falsificación.

[9] Otros textos de Borges de la década de 1940 con nombres en el título, además de "Pierre Menard", muestran delitos de la

verdad (delaciones, falsas identidades o nombres, pactos fraudulentos o juramentos falsos, y en el campo de la escritura, plagios y pseudoepigrafismos): "La búsqueda de Averroes", "Abenjacán el Bojarí, muerto en su laberinto", "La forma de la espada" (que es la traducción del nombre Moon como delator escrito en su rostro), "Funes el memorioso", "Examen de la obra de Herbert Quain", "Biografía de Tadeo Isidoro Cruz (1829-1874)", y "Emma Zunz". Este último es el único cuento con nombre femenino, y de una obrera (si se deja de lado "La viuda Ching, pirata", de *Historia universal de la infamia,* que es el texto matriz de los delitos verbales). Los cuentos de Borges con títulos de nombres giran alrededor de los delitos de la verdad y la legitimidad, y son políticos o incluyen alguna referencia política. Y su política es, también, ambivalente. Incluyen otras lenguas orales o escritas, extranjeras, y delitos verbales como nombres falsos, delaciones, y pactos fraudulentos que sostienen y acompañan a la ficción. En todos se combinan crónica y confesión, discursos narrativos de la verdad (como en *Los locos-Los monstruos*).

Otros textos de Borges con judíos y verdades: "La muerte y la brújula", "El milagro secreto", "Deutsches Requiem", "La fiesta del monstruo", "Guayaquil", "El indigno". Y de Arlt: *El juguete rabioso.*

Juan José Sebreli abre *La cuestión judía en la Argentina (op. cit.)* con una "Cronología de la comunidad judía argentina", que va desde 1856 hasta 1967. En 1937 consigna:

"Julio: Declaración inicial del Comité contra el Racismo y el Antisemitismo en la Argentina. Jorge Luis Borges forma parte del Consejo Directivo del Comité."

10 Dice Umberto Eco ("Fakes and Forgeries", en *VS*, 46, 1987: "Fakes, Identity and the Real Thing") que dos cosas diferentes son la misma si ocupan en el mismo momento la misma porción del espacio. Remite a Ian Haywood (*Faking It. Art and the Politics of Forgery,* Nueva York, Saint Martin Press, 1987): hablamos de *falsificación* cuando algo presente es desplegado como si fuera el original, mientras que el original, si hay uno, está *en otra parte*. Eco agrega que la falsificación presenta proble-

mas filosóficos y semióticos como los de originalidad y autenticidad, identidad y diferencia. Es falsificado cualquier objeto producido, usado o mostrado con la intención de hacer creer que es idéntico a otro, único. Esa pretensión de identidad plantea un problema pragmático, porque algo no es falso si no hay pretensión de identidad con otro. Las condiciones necesarias para la falsificación son que el objeto sea diferente, hecho por otro, en circunstancias diferentes, y que tenga fuertes semejanzas con el primero.

11 Hannah Arendt, en *The Origins of Totalitarianism* [1951], Nueva York, Harcourt, Brace & World, 1966 [3ª ed.], se refiere a la teoría de los judíos como chivos emisarios en las crisis. Dice que una ideología que tiene que persuadir y movilizar no puede elegir a su víctima arbitrariamente. En otras palabras, añade, si una *falsificación* patente como los *Protocolos de los Sabios de Sión* es creída por tanta gente que puede llegar a ser el texto de un movimiento político, la tarea del historiador ya no es descubrir una falsificación. El *hecho es que la falsificación es creída, y este hecho es más importante* que la circunstancia (secundaria, desde el punto de vista histórico), *de que es una falsificación* (p. 7, bastardilla nuestra).

Dice Meir Waintrater ("Le mauvais juif de Sion. Antisionisme et antisémitisme: les fortunes d'un concepte", en Léon Poliakov (comp.) *Histoire de l'Antisémitisme. 1945-1993,* París, Seuil, 1994, 19-32) que los *Protocolos* eran, sobre un fondo que mezclaba el plagio literario y la provocación policial (*exactamente como "Pierre Menard", diría yo*), "una pura fabulación"; no solamente no había complot, sino que la asamblea de los Sabios sólo existía en la imaginación de los *funcionarios zaristas que editaron el panfleto*. Pero agrega: "No es por azar si los primeros lectores de los *Protocolos confundieron la reunión secreta de los judíos con el primer congreso sionista que se había reunido en Basilea en 1897*. (La pusieron en otro lugar, tiempo y protagonistas: la pusieron en 'delito de la verdad', *agregaría yo*, para que fuera creída.) En los dos casos, continúa Waintrater, la evocación de los judíos se asocia con *sombríos fantasmas de do-*

minación. Y agrega: el mito recurrente del complot sionista se alimenta de las mismas fuentes que esa extraña superstición que llevó al *Times* y a Henry Ford *(en los años veinte norteamericanos, añado yo)* a creer, por algún tiempo al menos, en la autenticidad de los *Protocolos*" (p. 22, bastardilla nuestra).

En cuanto a las falsificaciones argentinas, veamos por ahora sólo este texto de propaganda nazi aparecido en 1946, después de la derrota. Se titula *Un judío contesta a tres argentinos,* y está editado por una "Liga argentina por los derechos del hombre no judío" y datado *Jüdische Wochenschau*, 2 de abril de 1946. Tiene treinta páginas.

Son los años en que se escribió "Emma Zunz" y, por supuesto, también allí está el "cuento" a la justicia después del asesinato de judíos. El marco del panfleto es narrativo: Roberto, gerente de una casa bancaria, cuenta que hace muchos años "formamos un círculo de cuatro amigos: Marcelo, ingeniero, Raúl, médico, Mauricio, comerciante, y yo". Estaban de acuerdo en todo pero en ocasión de la victoria de los aliados se produjo una ruptura de relaciones porque el único que mostró entusiasmo fue el comerciante Mauricio que "habla" así:

> nosotros los judíos somos los que hemos ganado la guerra y nuestra victoria es tan decisiva que nos llevará al dominio absoluto sobre todos los pueblos de esta tierra! (p. 4).

Pero no sólo "habla" "el judío" a los tres argentinos, sino que unos días después les manda una carta fechada en julio de 1945. Y entonces "escribe" un "judío", porque el texto de la carta (cuya "cita" ocupa casi todo el folleto) contiene todos los elementos de nuestros "cuentos de verdad y cuentos de judíos", desde *el complot y el plan* (dice que los "Protocolos...." son efectivamente nuestra "Magna Carta" y cuenta el plan para dominar y "devorar a todos los pueblos del mundo") hasta *la reproducción mecánica* de la carta.

Pero lo que nos interesa hoy es el momento en que este "judío" pone a la verdad en delito (y es creído, dice) cuando se refiere al Holocausto; nos interesa qué dice "el judío" después del asesinato de judíos, cuál es su "cuento":

> Mientras tanto hacemos levantar la voz sobre las *supuestas atrocidades de los alemanes nazis*. ¡Qué bien nos ha venido esa terrible epidemia de disentería y tifus en Buchenwald! ¡Cómo hemos podido sacar provecho de ese fenómeno, por lo demás muy frecuente en guerras largas. [...] Hoy hemos convertido un campo de concentración para disentéricos y tíficos en un campo de masacre de varios millones de seres humanos y la gente nos lo *ha creído nuevamente*. [...] Y luego esas sepulturas en masa de los centenares de miles de muertos por los ataques aéreos que ni siquiera cabían en las fosas de emergencia y por eso tuvieron que ser quemados por medio de *lanzallamas*, etcétera.
>
> Han vuelto de los campos de concentración nazis, sanos y salvos, los enemigos máximos del nazismo, como ser: el ex canciller de Austria Schuschnigg, luego Thälmann, jefe del partido comunista alemán, el obispo protestante Niemoeller, quien tanto combatió a los nazis desde el pupitre de su iglesia y hasta el propio Leon Blum, judío y ex premier de Francia. Es de comprender que si los nazis no han matado a estos sus enemigos máximos, menos habrán dado muerte a otros enemigos de menor categoría.
>
> Tampoco han matado o vcjado a mis connacionales los judíos, solo les habían quitado la libertad de acción, obligándolos así a salir del país (p. 23, bastardilla nuestra).

Una vez leída la "bestialidad", como dice el gerente, llega el momento de comprender y el médico Raúl concluye:

> Ahora lo comprendo todo. Nos han hecho ver el fantasma nazi para engancharnos y quitarnos el último resto de independencia y soberanía nacional que teníamos (p. 28).

Imprimen la carta "creída" del "judío", *renuncian* a la amistad con todos "los judíos" *y exhortan* a todos a hacer lo mismo, puesto que obedecen a "regímenes extranjeros infernales y subversivos".

[12] Nuestra hipótesis de los pares es que la correlación "moderna" (entre los años veinte y cuarenta) de la "verdad" (de la filo-

sofía y la estética de la verdad) con los "judíos" se ve nítidamente cuando se la lee desde el delito. Desde el delito, el par "verdad" y "judíos" funcionó como cuento literario y definición de la ficción. También funcionó en la filosofía europea en los años veinte y cuarenta, cuando el cuestionamiento de la verdad apareció como definición del "pensar" o de la filosofía de la modernidad. Y funcionó, otra vez, "en par" o "en pareja" con el asesinato de judíos en la "realidad".

Pero veamos qué ocurre con la poesía. Según Anthony Julius (*T. S. Eliot, Anti-Semitism, and Literary Form,* Cambridge, Cambridge University Press, 1995) lo que hay que interrogar a propósito del antisemitismo de Eliot (que estaba en el aire en los años veinte) son las conexiones entre modernismo y antisemitismo: qué tiene que ver la historia de una infamia con el examen de un movimiento literario central del siglo XX. Esas conexiones no pueden ser de perspectiva: leer el antisemitismo desde la perspectiva del modernismo puede trivializar el horror en la historia judía contemporánea, y al revés, interpretar el modernismo desde la perspectiva del antisemitismo parece perverso y reductivo (p. 38).

El problema, para Julius, es la idea de la "verdad poética"; la idea de que la poesía tiene una relación diferente con el mundo que la prosa, y que es superior a ella, porque no hace afirmaciones sobre el mundo sino que muestra "verdades" sobre el mundo o, en la versión deconstructiva, sobre el lenguaje (p. 75). Estas ideas subyacen a los sostenedores del simbolismo, que dio el contexto para la composición de la poesía de Eliot, y también del New Criticism, que dio el contexto para su recepción, dice Julius. Eliot escribió sobre el simbolismo, y el New Criticism popularizó la idea modernista de la literatura basada en una estética kantiana-simbolista, "no significante". La estética de estas escuelas de poesía y crítica no emergió de un vacío teórico; se ligaron con viejas opiniones sobre las propiedades de la poesía y la literatura en general (p. 76). *La poesía simbolista devino el modelo de toda la poesía,* a diferencia de la prosa (y esto se ve en Sartre, dice Julius) y representa "el descubrimiento de que las palabras pueden tener sentidos aunque no referentes".

Julius sostiene que la poesía puede ser proposicional, y que las obras literarias pueden escribirse para dramatizar un conjunto de creencias (p. 77). Por ejemplo, el poema de Eliot "Sweeney Among the Nightingales" juega con la noción de una conspiración judía. *Es una obra antisemita y modernista: van juntos,* dice Julius. La poesía introduce la noción de un narrador que obstruye la lectura del poema como un rompecabezas que oculta una respuesta. El punto central del poema es que no hay respuestas (p. 86). Los esoterismos, intangibilidades y visiones rarificadas del simbolismo parecen tornarlo invulnerable a las vulgaridades del antisemitismo. Generadora de ambigüedad, destinada a ser leída con un sentido del matiz y de la pluralidad de sentidos, la poesía produce la impresión de que no puede caer en el prejuicio (p. 92).

Julius dice que el antisemitismo del simbolismo es un efecto de esa poética, y también de su lucha contra ella. *Es la tradición que se abre con Baudelaire y culmina en Paul Valéry,* como el mismo Eliot escribió en 1946. La tradición de la relación de la poesía con la música, y no con el sentido (p. 95). Julius insiste en que el antisemitismo de Eliot es evidencia de un simbolismo en crisis: lo intuitivo deviene lo programático, y lo vago y sugestivo, una fantasía de conspiraciones (p. 108).

Es fácil caracterizar el *discurso antisemita en términos simbolistas,* dice Julius. El antisemitismo borra la distinción entre el mundo real y el imaginario. También, cuando se lo disimula, puede ser vago y sugestivo. Como el simbolismo, el antisemitismo postula órdenes que no corresponden al mundo real. Julius no afirma que el antisemitismo sea involuntariamente simbolista o que el simbolismo sea potencialmente antisemita, pero sí que hay suficiente congruencia entre los dos como para hacer posible una poética simbolista antisemita. Esta es una posibilidad que las distinciones entre lo literario y lo no literario, lo ficcional y lo mítico, no pueden negar, concluye Julius (p. 96, bastardilla nuestra).

Y cuentos de judíos

Proyecto para una "Antología" con Introducción, Personajes, Notas, y Coda

Introducción

"Los judíos"[1] como usureros, como simuladores o delincuentes de la verdad, y como antipatriotas que actúan en los dos bandos políticos y preparan el caos: la figura surge nítida con la coalición, con Eleazar de la Cueva de *La gran aldea,* 1884. Y está definida por el gentilhombre-dandy Cristal, que rescata al sujeto autobiográfico Julio ("la nación") del escritorio-cueva del usurero. La "alta" cultura argentina de la coalición liberal nos abre uno de los caminos que recorre el Manual.

El "cuento" de "los judíos" (un lugar de margen, alteridad y exclusión) es un cuento de la modernidad latinoamericana que aparece a fin del siglo XIX para ligar elementos económicos, políticos, y después raciales seudo científicos, en una constelación cultural: un artefacto hecho de materiales simbólicos (signos recombinantes o reciclados) y de relatos entretejidos. Esa constelación, puesta en serie en "la antología", no sólo serviría para representar la figura del dinero con sus correlatos "reales" y estatales: "modernizaciones" liberales o neoliberales, crisis económicas, desestabilizaciones y golpes de estado. Serviría también para señalar a sus escritores como orgánicos de la coalición cultural del estado liberal del '80 y del nacionalismo católico de 1890 y de 1930: sería el artefacto que *pondría en relación los sujetos liberales y los antiliberales*.

Los "cuentos de judíos" de "la antología" son *ficciones de exclusión:* ponen en escena un conjunto de diferencias simbólicas en relación con la verdad, y también un conjunto de diferencias empíricas (una voz-lengua o mirada diferente); esas diferencias son puestas "en delito" y en relación con el estado. Y circulan en la "realidad" política y social, y no sólo en la literatura. El "cuento" político y económico de "los judíos" (que se ve nítidamente cuando se lee desde el delito: "en" el mundo del delito) aparece en Argentina en los panfletos antisemitas desde fin de siglo hasta hoy.

"Los judíos" como artefacto cultural del dinero

"Los judíos" son siempre los *representantes del dinero* y el relato que los incluye es un relato económico: Bancos, Bolsa, y Oro. "Los judíos" son el signo del signo dinero: una suerte de representación al cuadrado. O mejor, "los judíos" son los representantes del dinero, que *es un aparato de representación*. Porque el dinero es una sustancia simbólica, una pura abstracción que reduce todo a un común denominador; es material e inmaterial a la vez, es mental pero es "una cosa" mental, es un mediador de las relaciones sociales, y representa la interacción social. El dinero crea "realidad"[2] y reduce todo a mercancía; todo puede comprarse, todo tiene su precio, sobre todo lo que no tiene precio.

"Los judíos" de "la antología" tienen *la lengua y el sexo del dinero:* otra nación, otra lengua, otro sexo (o no nación, no lengua, no sexo). Representan el dinero como lo otro de la verdad, de "la nación", de la lengua, y también del sexo. ¿Escándalo lógico de representar el dinero y a la vez el margen y la exclusión?

La política del dinero

Una *teoría del dinero* (y de "los judíos" como sus representantes) *sería* a la vez *una teoría del signo, de la ficción, del poder y del deseo*. Y también *una teoría del estado* y los golpes de estado en relación con las crisis económicas en la periferia. La representación de "los judíos" en "la antología" se definiría por su relación con el estado.[3]

Los "judíos" usureros, simuladores, locos, afeminados, que sexualizan el dinero y el poder (y se ligan con la prostitución)[4] se ocultan en las sombras, en las Cuevas, y desde allí ejercen una invasión solapada contra la sociedad, una conspiración contra "la nación". Actúan en partidos políticos opuestos, como Eleazar de la Cueva (más tarde serán comunistas y capitalistas al mismo tiempo), son enemigos del estado: "el enemigo que infecta el cuerpo político" (Hitler). Y cuando se reúnen es para tramar una conspiración, un "plan" secreto, y constituir *un Estado dentro del Estado*.

El centro de "los cuentos de judíos" de "la antología" es siempre político pero se trata de *un tipo específico de política:* la del doble agente y del complot (que nos lleva al Astrólogo de Arlt con sus discursos comunistas y capitalistas y con el judío Bromberg en su casa-quinta). Un tipo de política que articula estado y creencias, y que incluye figuras complementarias como los criminales, enfermos, locos, homosexuales y prostitutas. El de "la antología" es un discurso sobre los enemigos políticos y también una retórica del odio, que es la condición de la aceptación del homicidio. Allí se vería de qué modo "los judíos" "argentinos" han encarnado en la literatura, desde 1880 hasta que son asesinados por Gregorio y Emma, la política del dinero, la política los dos bandos y "el plan", la política de la lengua y el físico afeminados, la política de la sociedad secreta y el estado dentro del estado, y la política de la "invasión judía" en Argentina.

En "la antología" de la literatura argentina los "judíos" son la antítesis de la "alta cultura" de "la aristocracia" (y de "la nación"), y se los contrapone siempre con una figura "de verdad" (la nobleza, el honor, la transparencia, la nación, la religión, y hasta la poesía). Se los opone al gentilhombre en *La gran aldea* (la Cueva y el Cristal); al hijo del inglés en *La Bolsa* (Mackser/Glow); al hombre de ciencia en *Los simuladores de talento* (Moisés en Ramos Mejía); a lo blanco-nacional en *Divertidas aventuras de un nieto de Juan Moreira* (Eulalia Rozsahegy/María Blanco) y a la "espiritualidad" del Congreso Eucarístico al final de *Oro*.

Se los opone y también se los acompaña de otros "enemigos" o "culpables": las mujeres adúlteras de Lucio V. López, los inmigrantes y especuladores de Julián Martel, los Moreira de Payró, los liberales de Wast. En "la antología" se vería que el racismo no consiste en prejuicios más o menos abstractos o individuales sino en una relación social específica en una situación histórica.

La "Antología" estaría integrada por fragmentos de los siguientes textos argentinos:

Lucio Vicente López, *La gran aldea*, 1884.

Julián Martel (seudónimo de José María Miró), *La Bolsa*, 1891.

José María Ramos Mejía, *Los simuladores del talento,* 1904.

Roberto J. Payró, *Divertidas aventuras del nieto de Juan Moreira*, 1910.

Hugo Wast (seudónimo de Gustavo Martínez Zuviría), *El Kahal*, 1936, y su segunda parte *Oro,* 1936.

El caso Sirota y el problema judío en la Argentina, Movimiento Nacionalista Tacuara. Secretaría de Prensa y Propaganda, Buenos Aires, 1962.

El Plan Andinia o El nuevo estado judío, Buenos Aires, Editorial Nuevo Orden, 1965.

También estaría integrada por "personajes"; sería una "galería" de "judíos":

Don Eleazar de la Cueva de *La gran aldea,* el viejo judío simulador que "quiebra" y gana, o que gana con las quiebras, que no tiene honor ni patriotismo y que actúa en los dos bandos políticos; el Barón de Mackser de *La Bolsa* "el rey de las finanzas del Plata", "el enviado secreto de Rothschild", que ostentaba una "hipócrita humildad" y preparaba "la invasión"; Moisés T. de *Los simuladores de talento,* un loco con el "instinto rapaz intacto", que deja de orar para tasar joyas con entonación de salmo; Estanislao Roszahegy, el banquero sin nación ni lengua de *Divertidas aventuras del nieto de Juan Moreira;* y los Blumen, Kohen, Migdal, Silberstein y demás banqueros del gobierno secreto judío de *El Kahal* y de *Oro*.

Pero la "antología" se cerraría con un salto a "la realidad" de los años sesenta y setenta en los dos últimos textos, donde se lee la política de los dos bandos políticos y "el plan" antes de los golpes de estado. *Se cerraría así:*

El caso Sirota y el problema judío en la Argentina, Movimiento Nacionalista Tacuara. Secretaría de Prensa y Propaganda (Buenos Aires, 1962, 31 páginas).

> La política de la Colectividad Israelita en la Argentina constituye un intento de *crear un Estado dentro de nuestro Estado.* El judío es ciudadano argentino y ciudadano israelí: jura lealtad a dos banderas, reconoce dos territorios, *se afilia a dos partidos políticos,* obedece a dos poderes ejecutivos, está representado en dos poderes legislativos, es defendido por dos poderes judiciales" (p. 22, bastardilla nuestra).[5]

El Plan Andinia o El nuevo estado judío (Buenos Aires, Editorial Nuevo Orden, 1965, 34 páginas).

> Estos son siempre los "consejeros" de todos los gobiernos en materia económica y política interna e internacional [...] "los judíos" malgastan las divisas que posee la Nación, fomentan la corrupción administrativa ("negociados y sustracción de fondos del Estado"), desencadenan el agio y la especulación, empobrecen la nación, agitan el ambiente de malestar en el sector obrero, y preparan la revolución social (p. 19).
>
> Pretenden que la Argentina sea la capital de la gran nación judía latinoamericana. *El plan* implica que se conceda la soberanía sobre una porción de superficie de la tierra a la "Society of Jewish", porque *el plan original* de Teodoro Herzl incluía dos estados judíos, uno en Palestina ("la patria histórica") y otro en la Argentina (por ser "la tierra más rica del mundo") [...] "la mayoría de los argentinos ignora esta *conspiración*", que se apoderaría del *petróleo patagónico* [...] el plan dará lugar a "la intervención de fuerzas armadas inter-

nacionales en nuestro territorio, que el actual Gobierno Argentino, solapadamente, va preparando en forma acelerada. Por un lado somete al país a la total hegemonía *norteamericana* y por el otro facilita el copamiento *comunista* en todo el territorio argentino (pp. 20-33, bastardilla nuestra).[6]

Y en la Revista *El Caudillo*, abril de 1975, aparece este texto de Gabriel Ruiz de los Llanos para terminar con "la antología":

Hoy toca romper todo. Las nueve de la noche es buena hora para eso. Se los convoca a destrozar los reductos enemigos. Ya verán cuando arda si es en serio. Que el fuego se confunda con los gritos, los gritos con la noche, la noche con el humo, el humo con el barrio, las llamas con las llamas. Seamos el fuego. El mundo sólo recuerda lo brutal y lo grande. Seamos esa brutalidad y esa grandeza. Por cada *usurero* corriendo despavorido, existe un premio prometido. Despleguemos generosos *nuestro odio,* múltiple y multicolor. Demos paso a *nuestro odio* blanco y negro. Fuego y fuego. Subamos *nuestro odio* todo rojo. Ese *odio* magistral para sacar *mercaderes* de los templos. Para que no vuelvan a entrar más en ningún lado. Hoy la oracion será el blandir de las barretas. Será multiplicar las ruinas. Ellos nos han chupado la sangre y esquilmado. Es justo que paguen con la sangre. Acordonar el barrio. Nadie se va sin previo aviso, sin posterior permiso. Se autoriza el saqueo, la requisa, lo que sea. Los que descubran los negocios de *los especuladores* pueden usar la opción de tirar de nuevo. El lugar ya lo conocen: el *Barrio de la Usura.* Se agitan mil bastones, se sangran mil cabezas... que todo quede desvastado..." (p. 4, bastardilla nuestra).[7]

Tenemos escritas, hasta hoy, las notas y la coda; sólo nos falta "la antología literaria"...

Notas

[1] Escribimos, como Jean-François Lyotard (*Heidegger et "les juifs"*, París, Éditions Galilée, 1988) en plural, en minúsculas y entre comillas. Lyotard se refiere a "los judíos" como un lugar de margen, de exclusión, de radical alteridad, obligado a la memoria de lo que no puede ser representado. Michel Onfray (*Politique du rebelle. Traité de résistance et d'insoumission,* París, Grasset, 1997; existe traducción castellana de Perfil Libros, 1999) discute esa posición que niega la posibilidad de representación al horror de Auschwitz. Y toma como punto de partida la antepenúltima obra de Primo Levi anterior a su suicidio titulada "Buco nero di Auschwitz" aparecida en la *Stampa* el 22 de enero de 1986. Para no cerrar el *agujero negro*, dice Onfray, hay que negar las tesis de Adorno en virtud de las cuales el horror ha sido tal que no sería posible, en el campo del pensamiento ni de la escritura, hacer de esta tragedia un objeto de reflexión o un momento susceptible de ser superado. Para esto hay que criticar dos posiciones, la "teología negativa" y la "teodicea" que procede de un Dios malvado. La primera sostiene la imposibilidad de decir, lo inefable e indecible, la impotencia del lenguaje y los límites de la razón en tanto la empresa de destrucción superaría el entendimiento. Dice Onfray que "esos glosadores" que reciclan la tesis hegeliana de los "finales", en vez de llamarse a silencio publican largas páginas oscuras para explicar la inutilidad de las palabras y los límites del lenguaje. La prueba contraria está en los textos de Primo Levi, de Jean Améry, de David Rousset o de Jorge Semprún, y en el cine *Shoah* de Claude Lanzmann. La segunda posición es la del "mal radical": una suerte de modo neoleibniziano sobre el nazismo con variaciones sobre el horror, el

infierno, la monstruosidad y la atrocidad. *Ninguno de los dos se apoya en la experiencia para pensar de otro modo la política* dice Onfray, y esa es la apertura de su *Tratado* cuyo capítulo primero se titula "De la génesis. Para llenar con memoria el agujero negro".

2 Dice Georg Simmel (*Filosofía del dinero* [1900], Madrid, Instituto de Estudios Políticos, 1977; traducción de Ramón García Cotarelo) que el dinero es el símbolo de la modernidad, el símbolo del carácter dinámico del mundo, el vehículo de un movimiento perpetuo. Pero a la vez puede encarnar su opuesto porque representa no sólo un simple valor económico, sino también el valor económico abstracto en general. El dinero es lo más efímero y a la vez lo más estable. Simboliza el movimiento, el intercambio, y es "la araña que teje la tela social". El dinero "representa la interacción en su forma más pura"; hace comprensible el concepto más abstracto; es una cosa individual cuya significación esencial es ir más allá de las individualidades... El dinero es la expresión de la unidad de los diversos elementos, la "fuerza integradora que soporta y permea cada elemento"; "conecta todas las singularidades y, de este modo, crea realidad" (pp. 102, 106, 112, 116, 129, 175, 510).

Dice Simmel que la correlación entre el interés pecuniario y la situación social de inferioridad y marginalidad encuentra su ejemplo más completo en los judíos. Y que en relación con los judíos se ponen de manifiesto dos puntos de vista importantes para comprender la significación esencial del dinero. El carácter mismo del dinero, liberado de todo condicionamiento específico, hacía que los judíos, en su situación de parias, lo tuvieran como el objeto de negocios más adecuado y con menos probabilidades de fracaso, y también los convertía en un objeto de explotación especialmente buscado y fructífero: ninguna otra forma de propiedad se puede incautar de modo tan rápido, tan simple y con tan pocas pérdidas.

La relación de los judíos con el dinero se manifiesta, además, en un sistema social que también expresa el carácter del dinero, y es su relación con el extranjero. La relación entre el dinero y el extranjero ya se anuncia en ciertos pueblos primitivos. El extranjero, como persona, está interesado en el dinero por las mismas razones que lo hacen valioso para el que está privado de derechos: porque le procura posibilidades que son accesibles al nativo y al ciudadano de pleno derecho. La conexión entre la importancia sociológica del dinero y la del extranjero tiene aún otra vertiente, y es el comercio, dice Simmel. Por razones obvias, en el comienzo de los movimientos económicos el comerciante es un extranjero. Pero lo decisivo de esta relación se manifiesta también en una propiedad inversa: no solamente el comerciante es un extranjero, sino que el extranjero suele estar dispuesto a convertirse en comerciante, y esto se ve cuando no se halla solamente de paso sino que se instala y trata de encontrar una ocupación. En las *Leyes* de Platón se prohíbe a los ciudadanos la propiedad del oro y de la plata y todo comercio y negocio se reserva a los extranjeros. Así, la razón por la que los judíos se convirtieron en un pueblo de comerciantes reside en su opresión, pero también en su dispersión por todos los países. Ya durante el último exilio en Babilonia los judíos ingresaron en el negocio de dinero que hasta entonces les había sido desconocido; asimismo hay que recordar, dice Simmel, que son los judíos de la diáspora los que cada vez en mayor número se dedicaron a esta profesión. En su calidad de extranjero, sin vínculos orgánicos con su grupo económico, el judío estaba destinado al comercio y a su sublimación en el puro negocio del dinero. Pero el judío no solamente era el extranjero con respecto a la raza, sino también con respecto a la religión. En consecuencia, como para él no tenía validez la prohibición medieval del préstamo a interés, resultaba la persona adecuada para la actividad de prestamista. El alejamiento de la propiedad agraria es la causa originaria de los elevados intereses que los judíos exigían: nunca podían estar seguros de las deudas en tierras, y además temían que el poder anulara su derecho (Simmel da varios ejemplos de esta anulación en el siglo XIV.) En sus empresas y en su préstamos, el extranjero siempre necesita una tasa de riesgo más elevada. Esta conexión no sólo se da entre los judíos, sino que está enraizada en la esencia misma del comercio y del dinero. La importancia financiera de muchas familias florentinas en la época de los Medici descansaba en el hecho de que, habiendo sido expulsadas por éstos, que les habían arrebatado el poder político, estaban obligadas a recuperar su fuerza y su prestigio en el extranjero por medio de los negocios pecuniarios, puesto que no podían ejercer ningún otro (pp. 255-260).

Para un análisis comparativo de la modernidad y del dinero en Simmel, Kracauer y Benjamin, véase David Frisby, *Fragments of Modernity*, Cambridge, Massachusetts, MIT Press, 1986.

[3] Dice Hannah Arendt (*The Origins of Totalitarianism*, Nueva York, Harcourt, Brace & World, Inc., 1966 [3ª ed., orig. 1951]) que el antisemitismo moderno debe entenderse en el marco más general del desarrollo de la nación-estado, y su fuente debe encontrarse en ciertos aspectos de la historia judía y específicamente en las funciones judías durante las últimas centurias. Desde el siglo XVII surgió en Europa una necesidad de crédito y una expansión del interés económico y comercial por parte del estado, y los judíos, con su larga experiencia como prestamistas y sus conexiones con la nobleza europea, fueron convocados por los príncipes; se les garantizó ciertos privilegios y se los trató como un grupo separado (p. 11). Así, en los siglos XVII y XVIII los judíos financiaban asuntos de estado: su función era de soporte financiero del gobierno (pp. 14-15). Arendt sostiene que *en contraste con otros grupos, los judíos fueron definidos por su posición en el cuerpo político. Su desigualdad social era diferente de la desigualdad del sistema de clases; fue de nuevo el resultado de su relación con el estado* (p. 14, bastardilla nuestra).

Este período (que les garantizó privilegios a la clase adinerada que se había establecido en los centros urbanos y financieros en el siglo XVIII) terminó con el surgimiento del imperialismo al fin del XIX, cuando la expansión capitalista ya podía ser llevada a cabo sin su ayuda. El imperialismo minó la base misma de la nación-estado e introdujo en Europa el espíritu competitivo de los negocios. Los judíos perdieron su exclusiva posición en los negocios del estado ante los hombres de negocios con mentalidades imperialistas. Como grupo entonces, los judíos occidentales se desintegraron junto con la nación-estado en las décadas anteriores a la primera guerra. La declinación de Europa después de la guerra los encontró privados de su poder anterior, atomizados. En una era imperialista, la riqueza judía fue insignificante, y *el judío no-nacional, inter-europeo, devino un objeto de odio universal por su riqueza inútil, y de desprecio por su falta de poder* (p. 15).

Se los atacaba como el poder oculto tras los gobiernos, o sea como el estado, y como grupos supra e internacionales. *Al atacar a los judíos los partidos antisemitas podían atacar al estado mismo*, dice H. Arendt. (pp. 35-39, bastardilla nuestra).

Y agrega: el antisemitismo como movimiento político puede estudiarse más en Francia, donde dominó la escena política por casi una década (pp. 42-45). Los socialistas tomaron posición en favor de los judíos en el Affaire Dreyfus porque los antisemitas eran los clericales. *Hasta ese momento la izquierda era antisemita* dice Arendt; seguía la tradición de la Ilustración, que identificaba a los judíos con los capitalistas y los agentes financieros de la aristocracia. Charles Fourier (*Nouveau Monde Industriel*, 1829) fue antisemita (p. 47).

Dice Foucault que el socialismo del siglo XIX es racista (se ve en Fourier y los anarquistas), y que antes del caso Dreyfus los socialistas eran racistas porque no habían discutido los mecanismos del biopoder (Michel Foucault, *Genealogía del racismo,* Buenos Aires-Montevideo, Altamira-Nordan Comunidad, 1993).

Bryan Cheyette (*Constructions of 'the Jew' in English literature and society. Racial representations, 1875-1945*, Cambridge University Press, 1993) analiza las construcciones del "judío" en la tradición liberal inglesa desde Matthew Arnold y George Eliot, pasando por George Bernard Shaw, H. G. Wells y G. K. Chesterton hasta llegar a James Joyce y T. S. Eliot. Y dice en la Introducción que la indeterminación de las representaciones semíticas significa que "el Judío" puede ser construido para representar ambos lados de una división política y social. Los judíos pueden ser representados como la encarnación del progreso liberal y a la vez como la encarnación de los vestigios de un medievalismo arcaico; como bastiones del imperio y como una de las principales amenazas al imperio; como la prefiguración de un estado socialista mundial y a la vez como una fuerza clave contra su desarrollo; como el hombre económico ideal y a la vez como un degenerado plutócrata. En cierta medida, dice Cheyette, esta doble faz señala un discurso cristológico recibido que ha construido a los judíos como "una nación deicida *y a la vez* como una nación... de la que la humanidad espera la redención" (p. 9). Cheyette agrega que la historización del discurso semítico evita el esencialismo que puede asociarse con la eternamente "mítica" construcción de "el Judío", y que él lo considera, en los textos literarios que analiza, como sujeto de un "discurso" y no como un sujeto histórico (p. 11). Es la indeterminación misma de "el Judío" construido en el discurso la que hace posible la exploración de sus límites; como todos "los dobles", "el Judío" es ambivalente y puede representar tanto lo mejor como lo peor de los sujetos. Pero a diferencia de los "sujetos coloniales" marginalizados que fueron confinados racialmente a las colonias a fin del siglo XIX, los judíos estaban en el centro de la sociedad europea y a la vez eran expulsados de esta esfera privilegiada por un discurso semítico. Es la proximidad de los judíos en la órbita imperial europea la que los constituyó tanto en un poderoso "yo" como en un "otro" sin poder, un punto clave para las fronteras raciales de la "cultura" europea y el carácter "inglés" de la literatura inglesa moderna (pp. 11-12).

[4] Sander L. Gilman escribió sobre Jack the Ripper como caricatura del judío oriental: "'I'm Down on Whores': Race and Gender in Victorian London", en David Theo Goldberg (comp.), *Anatomy of Racism,* Minneapolis, University of Minnesota Press, 1990, pp. 146-170. Dice Gilman que "la perversión del judío" yace en su *relación sexualizada con el capital.* Esto es, por supuesto, un eco de la calumnia más antigua y básica contra el judío, su avaricia por la posesión de "cosas", de "dinero", que señalaría su incapacidad para comprender (y producir) el valor estético.

Pero la imagen del judío como prostituta no es meramente la del paralelo económico entre la sexualidad del judío y la de la prostituta, sino también la de una sexualidad enferma y contaminante (sífilis). La imagen del judío infectado e infeccioso también tuvo una dimensión política: *la del enemigo que infecta el cuerpo político.* Para Hitler *(Mein Kampf),* la fuente oculta de la enfermedad del cuerpo político es el judío y su instrumento la prostituta, dice Gilman.

"La antología" también tendría Notas, por ejemplo:

Notas a La Bolsa

Dice Juan José Sebreli ("La cuestión judía en Argentina", en su compilación *La cuestión judía en la Argentina, op. cit.*): "El antisemitismo argentino tuvo su *origen histórico en el liberalismo,* es decir está en las raíces mismas de la organización capitalista y burguesa del país. Toda la literatura clásica argentina está impregnada de un profundo racismo, la raza blanca es contrapuesta a los indios, a los negros, a los mestizos y a los mulatos" (p. 224). Y agrega que el racismo se da por igual en los nacionalistas aristocráticos y en los liberales. Sebreli cita a la escritora Silvina Bullrich: "Aquellos que como yo descendemos de varias generaciones de constructores del país, sólo podemos mirar, con desdén y con lástima, a los quc no ticncn patria, ni raza, ni responden a nada ni a nadie, y terminan por justificar a Tacuara" (p. 225).

Dice Sebreli que *La Bolsa,* donde se responsabiliza a los financistas judíos de la crisis económica por la que atraviesa el país, no es un hecho aislado de antisemitismo en el diario *La Nación.* Desde 1886 a 1893 se publican una serie de artículos *contra la colonización agrícola judía,* que expresaban, seguramente, la opinión de Mitre al respecto, y también en el diario *El Nacional*, de Sarmiento, pueden encontrarse artículos adversos a los judíos (pp. 227-228).

Sander L. Gilman y Steven T. Katz (comps.) escriben en la Introducción a *Anti-Semitism in Times of Crisis* (Nueva York y Londres, Nueva York University Press, 1991, pp. 1-19): La imagen de los judíos, desde el medioevo, no es solamente una imagen "religiosa" sino también la de *un enemigo político.* Los judíos han sido siempre los otros de Europa. En los siglos XVIII y XIX la imagen se seculariza, y el antisemitismo se hace "racial" y "científico" a fin del XIX. En los períodos de desequilibrio parece necesaria la función de las categorías de diferencia para preservar las fronteras del mundo en donde hay un sentido de *inminente disolución.* La fuente de esos miedos debe localizarse en alguna parte. En Occidente, el locus tradicional han sido los judíos. *Los judíos son así el locus "natural" para el origen del sentido de disolución* (pp. 14-15).

Dice Sander L. Gilman (*Jewish Self-Hatred. Anti-Semitism and the Hidden Language of the Jews*, Baltimore y Londres, The Johns Hopkins University Press, 1986):

"La relación entre el *físico femenino* que se adscribió al judío varón y el discurso de los judíos, con sus atributos femeninos, *pertenece a la larga tradición de percibir el discurso de la mujer como diferente y en muchos sentidos ligado con el de los judíos.* Las mujeres y los judíos usan mal el lenguaje y son identificados por *el tono falso y manipulativo* de su discurso." El vínculo entre misoginia y antisemitismo durante la última mitad del siglo XIX no es azaroso, dice Gilman. Tuvo lugar una natural asociación porque tanto unos como las otras se hicieron más visibles en el horizonte de la conciencia europea a través de sus demandas de emancipación, legal y cultural (p. 244, bastardilla nuestra).

Dice Gilman que la cuestión del lenguaje de los judíos está presente constantemente en la Ilustración. Toma formas variadas pero todas vuelven a la cuestión de la naturaleza cambiante (y por lo tanto la falta de confianza) del lenguaje de los judíos. La idea de que *los judíos mienten,* aun cuando estén bajo juramento ante una corte cristiana, que su naturaleza es engañar, se refleja en la práctica legal de esa época (pp. 106-107). El primer intento alemán de presentar a los judíos en forma positiva fue el drama de Gotthold E. Lessing titulado *Los judíos,* de 1749, donde *se suprime* el acento idish o el mismo idish del personaje central, un judío viajero, como medio de presentarlo como un individuo que posee las virtudes de la civilización occidental (p. 82).

El cambio de la retórica de la religión a la de la raza introdujo la cuestión del lenguaje de los judíos en el centro mismo del discurso científico, a fin del siglo XIX. Todas las ciencias insisten en la determinación biológica o en el modelo biológico para explicar la naturaleza de la diferencia humana: el lenguaje se transformó en un reflejo de la biología. Y el lenguaje especial del Otro se transformó en un signo de la diferencia innata, biológica, inherente en el concepto mismo de raza. El otro aspecto que la ciencia "descubre" es la *incapacidad racial de los judíos para formar parte de la nación* en la que viven (p. 213).

Las raíces de la imagen del judío como loco y como el que posee un discurso desequilibrado se encuentran en la biología racista del siglo XIX y principios del XX, dice Sander L. Gilman (p. 361).

Notas a "Los simuladores de talento"

Los primeros locos y simuladores de la literatura argentina aparecen después de 1880 en los exámenes de física (en la escena de la verdad de la ciencia) "como" judíos, judíos metafóricos:

Genaro Piazza, hijo de un tachero napolitano y el primer simulador de la literatura argentina, está por robar una bolilla para su examen de física del colegio secundario, y mira la urna con "un ojeo avariento de judío" (Eugenio Cambaceres, *En la sangre* (1887), *Obras Completas*, Santa Fe, Castellví, 1956, p. 224).

Y "El hombre de los imanes", el loco de *Irresponsable. Recuerdos de la Universidad* (1889), de Manuel T. Podestá (Buenos Aires, Editorial Minerva, 1924, p. 23), es comparado a propósito del examen de física con "un judío errante de la Universidad, un paria".

Jorge Salessi [*Médicos, maleantes y maricas. Higiene, criminología y homosexualidad en la construcción de la nación argentina. (Buenos Aires: 1871-1914)*, Rosario, Beatriz Viterbo, 1995] se refiere a la identificación entre judío y homosexual en *Los simuladores de talento* de Ramos Mejía, y agrega: "George Mosse en *Nationalism and Sexuality*, un libro clave para los estudios sobre la relación entre nociones de Estado y sexualidades, señaló que en la imaginación cultural europea de fines del siglo XIX, *la conspiración* de homosexuales corría paralela a la conspiración judía universal; tanto judíos como homosexuales eran considerados '*un estado dentro del estado*'" (p. 244, bastardilla nuestra).

Salessi marca también que *el antisemitismo de Ramos Mejía*

se hizo política estatal cuando este fue empleado de la burocracia higienista, entre 1892 y 1898, y de la educación, entre 1908 y 1912, en el mismo momento en que los nacionalistas atacaron a las escuelas judías de las colonias agrícolas de Entre Ríos.

En 1895, cuando Ramos Mejía fue presidente del Consejo Nacional de Higiene, generó una persecución contra las colonias judías entonces representadas como focos de insalubridad. "Durante la presidencia de Ramos Mejía en el Departamento, a los inmigrantes judíos se les achacó la importación del tifus", y Salessi señala además que "Los inmigrantes judíos conformaron el único grupo cultural que, sistemáticamente, debió pasar por esa desinfección". Se trataba de desinfecciones obligatorias en la isla Martín García, donde debían cumplir cuarentenas (pp. 247-248).

La inmigración judía "atentaba contra los intereses de los grupos hegemónicos" dice Salessi, y *esboza una teoría económica del antisemitismo liberal,* basándose en el trabajo de Manuel Bejarano aparecido en *Los fragmentos de poder* [Torcuato Di Tella y Tulio Halperín Donghi (comps.), Buenos Aires, Jorge Álvarez, 1969]. Dice Salessi: "Sugiero que el antisemitismo argentino, alternativamente negado o debatido, pero siempre latente y pronto a resurgir (especialmente durante las dictaduras militares), tiene una de sus raíces en la historia del latifundio argentino". Las explotaciones agrícolas se subordinaban a las explotaciones ganaderas, con excepción de algunas pocas colonias, como las fundadas por la Jewish Colonisation Association del barón Hirsch. Los latifundistas temían que las colonias judías, en las que se radicaron inmigrantes que con el tiempo podían hacerse propietarios de parcelas de campo, compitieran con ellos. "A diferencia del inmigrante urbano, los colonos inmigrantes judíos representaban la invasión extranjera en la zona que encarnaba el poder económico y simbólico de la clase patricia terrateniente" (pp. 245- 246).

Hasta aquí Salessi. Agreguemos que frente a Ramos Mejía y sus simuladores-usureros-judíos de "La fauna de la miseria", su discípulo José Ingenieros *politiza la simulación: tanto el antisemitismo como el nacionalismo serían "simulaciones políticas*". En el capítulo II, parte II de *La simulación en la lucha por la vida* (Vol. 1 de las *Obras Completas,* Buenos Aires, Elmer Editor,

1956) dice Ingenieros: Simulaciones son muchas propagandas que tienden a presentar como *luchas de razas a ciertos conflictos entre naciones* que luchan por notorios intereses económicos. *El antisemitismo* es otro fenómeno curioso de simulación en la lucha de razas; "como el tiempo demostró, el pretendido antisemitismo francés fue una máscara de la reacción clérico-militar, que en Francia se disfrazaba con la indumentaria de una guerra al judaísmo para arrastrar en ese engaño a las masas populares, explotando el sentimiento de odio al rico" (pp. 49-50).

También considera al nacionalismo como simulación: "El "nacionalismo", esa forma mórbida colectiva del patriotismo, es en muchos casos una simulación de politiqueros hábiles y ambiciosos, que saben encontrar los resortes de la popularidad en la excitación de las más atrasadas pasiones de las turbas" (p. 51).

En Ingenieros la simulación es *una categoría masiva, ligada con cierto grado de evolución social.* Se refiere a los políticos de profesión como simuladores por excelencia: "Sólo una casta disputa a los políticos el centro de la simulación: los *sacerdotes* de todos los cultos, antiguos y modernos". Los sacerdotes son "*consumados actores de pantomima*" (p. 55).

Notas a El Kahal *y* Oro

Ramón Alcalde ("De judíos, dineros y Bolsas: Drumont, Bloy, Zola, Martel", en *Estudios Críticos de poética y política,* Buenos Aires, Conjetural, 1996, pp. 161-222) dice: "Gustavo Martínez Zuviría (Hugo Wast) tuvo a su manera pruritos teológicos análogos (a los de Gilder y Bloy) que curó reinsertándose en el discurso antisemita de Martel y de Drumont, amplificado ya por el *Gniga Kahal* (Libro del kahal) de Branfman (1870), *Der Talmudjude* (El judío del Talmud), de August Rohling (1871) y *Los protocolos de los sabios de Sión* (1902), cuya autenticidad, con dudosa inocencia, Wast da por descontada. [...] Sólo un detalle: *Oro* y *El Kahal* son de 1936, Gustavo Martínez Zuviría es el Director de la Biblioteca Nacional, sinecura recibida de Uriburu; Agustín P. Justo preside a los argentinos; Mussolini y Hitler han reemplazado a Vittorio Emanuele III y a Bismark, y los judíos argentinos, que en la época de Martel eran un puñado, son varios centenares de miles…" (p. 163).

Alcalde se refiere a los judíos en la literatura de Shakespeare, de Walter Scott, de Balzac, de Maupassant y de los hermanos Goncourt, y analiza *La france juive* de Edouard Drumont y las respuestas de Bloy y de Zola. Marca "en el Judío" de Drumont lo que llama "un residuo, irreductible para la antropología de Drumont, una Emanación plotiniana del Uno Judaico que perturba todas las oposiciones: *La Judía* […] sobrehumanamente hermosa. […] Hermosas mujeres que seducen y *matan* o hacen matar" (pp. 187-188).

Dice Alcalde que "para Zola y para Bloy lo importante no es el judío en cuanto tal sino el judío como detentador mítico o real del dinero. La *función y/o el simbolismo* del dinero, que en definitiva es lo que hace del judío lo que el judío es, y no a la inversa". Pero marca las perspectivas opuestas de ambos: "Zola busca primordialmente la función, y secundariamente el simbolismo, en el *mundo histórico y social contemporáneo*, descripto e investigado sin juicios previos de valor" y cita a Zola de *L'Argent:* "El dinero, sin atacarlo ni defenderlo. No oponer lo que se llama nuestro siglo del dinero a los que se denominan siglos del honor (los de otrora). Mostrar que el dinero se ha convertido para muchos en la dignidad de la vida… Luego, la fuerza irresistible del dinero. No existe más que el amor y el dinero". En cambio marca que Bloy, en *La salvación por los judíos* ("la única respuesta católica al antisemitismo confesional, por lo tanto teológico, en que está comprometido militantemente gran parte del clero francés"), se interesa exclusivamente en el *estatuto simbólico* del dinero, "dentro del devenir sagrado de la manifestación de Dios en la temporalidad humana" (pp. 193-194). Bloy, concluye Alcalde después de analizar *La salvación,* "inaugura un pensamiento social-católico que, con todos sus meandros y contradicciones, quizá contenga ingredientes para la superación del economicismo reduccionista que tanto daño ha hecho y sigue haciendo al pensamiento y la acción políticos socialistas" (p. 220).

Notas para la parte final de "la antología", que hemos "transcripto":

[5] Leonardo Senkman, *El antisemitismo en la Argentina*, Buenos Aires, Centro Editor de América Latina, 1986 (Tres tomos). En el Tomo 1 se refiere a *El caso Sirota:*

Durante el interinato de Guido (después de la caída del presidente Arturo Frondizi) el antisemitismo alcanzó el punto más alto de la ola que se desató a partir del ajusticiamiento de Eichmann, en agosto de 1960 (p. 27). "La ola de atentados antisemitas que se registraron desde marzo de 1962 alcanzaron su culminación con el secuestro y tatuaje (de una svástica) de la estudiante Graciela Sirota" (p. 33).

La reacción de la comunidad judía y la respuesta oficial por las denuncias del antisemitismo y *su impunidad,* ofrecen material para el estudio del antisemitismo. Senkman se refiere a las vacilaciones para reconocer la naturaleza racista del atentado por parte de la Policía, y dice:

> Nada más ilustrativo que el *folleto editado por el Movimiento Nacionalista Tacuara* titulado *El caso Sirota y el problema judío en la Argentina,* 32 pp., octubre de 1962, que se vendía en los quioscos. Bajo una dudosa objetividad de cifras y citas pretendía efectuar una radiografía histórica, política, cultural y económica de los judíos en Argentina. Intentaba probar que desde sus orígenes, los judíos fueron *izquierdistas,* primero como obreros y asalariados, luego como intelectuales, pero al mismo tiempo, aducía que se consolidaba el judío-comerciante hasta constituir un sólido núcleo *capitalista.* También acusaban a los judíos de *doble ciudadanía política* con el Estado de Israel y de estar sometidos a un doble poder ejecutivo, legislativo y judicial. Económicamente, los judíos fueron mostrados como una *"sinarquía financiera"* que habría pactado con el frondicismo. La cabeza de esta disparatada hidra era *bifronte, los judíos manejarían las finanzas del país y también la cultura académica*: Bancos para unos y Universidad Estatal para otros. Pretendía demostrar también la supuesta *responsabilidad de la colectividad por la crisis económica* (pp. 28-29).

6 En cuanto a *El Plan Andinia o El nuevo estado judío* (Buenos Aires, Editorial Nuevo Orden, 1965, 34 páginas), era un panfleto para desestabilizar al gobierno elegido democráticamente del presidente radical Arturo Illia, y fue impreso *un año antes del golpe de Onganía* en 1966. Su autor fue Walter Beveraggi Allende, según consta en *Breviario de una infamia.* Cuaderno nº 1. Comité de Lucha Contra el Racismo y demás formas del Colonialismo, 1975, 10 pp.

Evelyne Kenig ["L'antisémitisme en Espagne et en Amérique latine" (pp. 165-195), en Léon Poliakov (comp.), *Histoire de l'Antisémitisme*, 1945-1993, París, Seuil, 1994] dice que en Argentina, donde se concentran los dos tercios de la población judía del subcontinente, y donde el antisemitismo y los movimientos fascistas o nazis tienen mucha influencia, el momento más violento fue el de comienzos de los años sesenta, cuando Tacuara y otros grupos de extrema derecha lanzan ataques contra personalidades e instituciones judías. 1964 fue un año cargado de episodios antisemitas, con trescientos tres atentados. Entre 1965 y 1972, el fenómeno desaparece casi enteramente. En 1972, la violencia antisemita toma tres aspectos: artículos virulentos en la prensa de derecha o árabe, en el periódico peronista *Las Bases,* bajo la firma de López Rega *(el "Astrólogo"),* a pesar de las aparentes protestas del mismo Perón. Aparece un pretendido "complot judío" y dos bombas explotan en dos grandes sinagogas en el momento en que se desencadena una campaña de intimidación. Durante el régimen militar de 1976, el término "judío" deviene sinónimo de "guerrillero", "extremista" y "comunista." (pp. 182-184).

La novela antisemita (y también *contra "las mujeres modernas"*) de [Raúl] Barón Biza, *Todo estaba sucio* apareció en Buenos Aires en 1963. Algunas citas:

> Cuando Hitler soñó destruir aquel pueblo que se decía descendiente de Abraham, ciudadano de Ur –civilización que floreciera entre el Tigris y Eufrates, hace más de cinco mil años–, ignoraba que a toda persecución o matanza, resurgía poderoso y dominante a través del oro que acumulaba, para dominar los conflomerados humanos, millones de veces mayores que ellos.

> Hitler se justificará en la historia, pese a sus errores militares, por el solo hecho de haber intentado liberar a su patria de los que la mercaban en Londres y Nueva York (p. 271).

Y esto:

> El judío se vanagloria de la fidelidad de sus mujeres, comparándolas con las de otras religiones. Su secreto es la circuncisión. Obligatoria como medida sanitaria en su mugriento vagabundear por el desierto, da a las mucosas menos sensibilidad, lo que hace más duradero el coito. La rápida eyaculación de los no circuncisos deja generalmente insatisfecha a la compañera y la predispone al histerismo y al divorcio. Es una de las sabias leyes del pueblo judío. Como medida sanitaria, llegará el día en que todo niño será obligatoriamente circunciso. Bautizado a la manera judía" (p. 274).

[7] La revista *El Caudillo* era de López Rega, el "Astrólogo", y uno de sus directores era Felipe Romeo, después de la editorial RoCa que publicó a Camps, según dice Horacio Verbitsky en "Diálogos con la muerte", *Página/12*, domingo 31 de agosto de 1997.

Gabriel Ruiz de los Llanos, que en 1975 "autorizaba" a invadir "el Barrio de la Usura", publica en 1984 *El antisemita* (Buenos Aires, Editorial del Nuevo Amanecer), relato en primera persona donde se arrepiente de su pasado y cuenta su historia: el padre era alcohólico, la madre ganaba el dinero y mandaba en la casa (y tenía pretensiones de familia distinguida, con parientes "bien"; curiosamente el mismo caso que Martel, el autor de *La Bolsa*). Dice el antisemita arrepentido o psicoanalizado que el primer nazi que conoció fue su madre: "ella mi nazi, yo su judío" (p. 11). Y: "El judío es para el antisemita, un delincuente que cuando no delinque está tramando algo. Condenado antes de ser considerado como ser condenable o no, el judío queda aprisionado en el enfoque del antisemita, haga lo que haga" (p. 22).

Coda
1938: Un cuarto de hora para Soiza Reilly

Nuestro Virgilio no solamente escribió sobre los Moreira, las celebridades, los locos, delincuentes, anarquistas, mendigos y mujeres, sino que también iba de su cátedra de historia en la Escuela Comercial de mujeres "Dr. Antonio Bermejo" a la radio: *inauguró* en nuestro país *la charla radiofónica*. Tenía un espacio de quince minutos donde comentaba problemas de actualidad de los años treinta y cuarenta y, adelantándose a Andy Warhol, hizo famoso el "se me terminó el cuarto de hora" con que concluía. Estos son extractos de una de sus charlas (que también puede entrar en "Cuentos de educación"), publicada en un cuaderno de diecisiete páginas editado por "Columna", "empeñada en someter a examen un tema vital de nuestro tiempo", con el título de *El judaísmo visto con ojos argentinos,* Buenos Aires, Columna, 25 de enero de 1938, pp. 7-17.

No he querido improvisar sobre este tema; he confiado al papel mis opiniones.

Hay muchos argentinos que tienen ideas erróneas sobre el judaísmo: hay muchos criollos que no saben todavía cómo deben pensar los argentinos sobre los judíos. Por otra parte, hay en el mundo un 80% de personas que no saben pensar por cuenta propia. De ahí el éxito de los editoriales periodísticos.

Alguna vez me ha sucedido oír hablar improperios de cierta persona. Yo he salido en su defensa, porque soy entrerriano y ningún entrerriano deja que le peguen a un gaucho caído... Pero, me han atajado con esta frase contundente:

–Sí, sí... Pero ¡es judío!

Yo no voy a afirmar que los judíos pertenecen a una raza de excepción. Las personas honradas que me escuchan no permitirían semejante lisonja servil. Pero sí digo que los judíos son dignos de toda simpatía por dos razones fundamentales:

Como hombre: considero a los judíos mis hermanos porque pertenecen a la raza humana.

Como argentino: los considero mis compatriotas, ya porque nacieron bajo mi mismo cielo o ya porque, nacidos en otras regiones de la tierra, dan a mi patria el esfuerzo varonil de su trabajo, o la luz de su ciencia, o el tesón de su raza.

Examinemos algunas de las objeciones que suelen hacerse a los judíos. En primer lugar, alguien podrá decirme:

–Usted está hablando de una cosa que no existe. En la República Argentina no existe la cuestión judía; no hay problema social. Los judíos viven, ganan plata, prosperan o padecen miseria, al amparo de las leyes comunes...

En efecto. En nuestra patria generosa y abierta como el pórtico magnífico de su Constitución, no existe el problema racial del judaísmo. Las mismas leyes que amparan a mi vida de obrero intelectual, protegen y amparan al judío y al mahometano y al budista y al protestante inglés y al ortodoxo.

No existe ninguna ley de persecución... ¡Lo sé! Pero, no podemos negar que existe una persecución oculta, solapada, constante, secreta, que se empeña en negar al judaísmo el derecho a comer... ¿Por qué?

¿Con qué razón argentina puede justificarse la intención de cerrar las puertas de nuestras escuelas superiores a la juventud que lleva apellidos judíos? Si yo estuviera autorizado a citar nombres propios, daría el de un ilustre psiquiatra argentino –criollo de muchas generaciones– que en una Facultad de Medicina sostuvo una polémica heroica con los consejeros porque estos pretendían que en el examen escrito de ingreso, se "bochara", para usar un término clásico del estudiante, a todos aquellos que llevaran apellidos hebraicos o nombres que olieran al Viejo Testamento...

Se acusa a los judíos radicados en todos los países del mundo, de su desmedida afición al dinero. ¿Y qué van a hacer? Saben que si llegaran a necesitar un pedazo de pan, sus manos tropezarían con el egoísmo de sus impugnadores. ¿Por qué los judíos se dedicaron desde la Edad Media, con particular preferencia, al comercio del dinero? Porque se les negaba la propiedad de la tierra... Eran tiempos salvajes. Pero sostener, en pleno siglo XX, las ideas de entonces, ¿no es ponerse a la altura de los tiempos aquellos? se les acusa de ser prestamistas usurarios. ¿En qué raza no los hay?

Una maldición gaucha dice: ¡Ojalá caigas en poder de un criollo que te preste dinero a interés! ¡Cuando un criollo se mete a usurero!...

Querer que los argentinos persigamos a los judíos como se hace en algunos países de Europa, no sólo es una actitud que repugna a nuestro argentinismo, sino que es también peligroso y contraproducente. Se explica que algún país del viejo mundo expulse a los judíos, como hace Alemania. ¿Acaso los expulsan porque son judíos? *Los expulsan para expropiar sus bienes,* para apoderarse de sus riquezas acumuladas en siglos de paciencia y de trabajo…

El maquiavelismo moderno sabe que cuando un gobierno quiere perpetuarse en el poder, a espaldas de las leyes, dispone de dos recursos mágicos para echar arena en los ojos del pueblo: el peligro judío o la amenaza de una guerra con un país vecino…

Recordemos lo que dijo Mitre al presidente Manuel Quintana, cuando este quería fusilar a los cabecillas de una "revolución" vencida: "–Doctor Quintana: no haga mártires. ¡Perdóneles la vida! No haga mártires, doctor!".

Así yo, esta tarde, invocando los manes de los Constituyentes del '53; haciendo asomar mi corazón al borde de mis labios, les diría a quienes piden la persecución del judaísmo:

No hagamos mártires, señores. Dejemos que la patria siga siendo grande como hasta ahora, con el esfuerzo de todas las razas honradas de la tierra. Sólo de esta manera conquistaremos, como dice el Preámbulo, "el bienestar general".

Sólo así el odio podrá gritar desde ultratumba:

–Pasó mi cuarto de hora…

Final

El cuento del delito de los muy leídos

En el cuerpo del delito habría, también, "programas" o ficciones teóricas: cuentos hechos solamente de símbolos, diferencias, órdenes, espacios, poderes, verdades y justicias. Hoy, en la "estación terminal", tengo el honor de presentarles uno de esos cuentos geométricos y virtuales: "el cuento del delito de los muy leídos". Es el "cuento" de algunos de los textos argentinos del siglo XX más editados, filmados, que se enseñan en los colegios secundarios, y que tienen delitos.[1] Y sería uno de los "programas" centrales de esa cultura segunda, moderna y progresista, que desde la frontera del siglo apareció como lo otro de la alta cultura "aristocrática" argentina de los sujetos del estado liberal. Y que hasta ahora caracterizamos como la que ataca al estado en las instituciones del estado, que combina los célebres internacionales con los "monstruos" locales, que se funda en las colecciones –a las que casi siempre falta un tomo–, y en la crónica y la confesión. Esta ficción teórica hace posible cierta reflexión sobre algunas formaciones culturales latinoamericanas (posiciones, travesías, espacios, y soluciones finales) que forman la base de una de las fábulas de identidad de la cultura progresista, siempre en demanda de una transformación del estado en el sentido de la justicia y la verdad.

Nuestro "cuento muy leído" se constituye sobre la subjetividad culpable del delincuente, la representación del poder político-estatal, la ausencia de justicia estatal por el delito, y el delito de la verdad. Y cuenta crímenes pasionales y políticos a la vez, porque contiene, además de la representación del personaje delincuente, alguna representación del estado nacional como delincuente. Estos datos son importantes para diferenciar este cuento de otros centrados en representaciones exclusivamente económicas y sociales, y no político-estatales, y donde la culpabilidad por el delito no está subjetivizada.

Los protagonistas del "cuento" son el delincuente, que es el que cuenta y que es un hombre segundo (puede ser una mujer); un hombre primero (que en general representa al estado); la víctima y su espacio; y la verdad, encarnada a veces en un cronista a quien el delincuente confiesa su crimen, y que lo escribe: "la verdad" de la escritura. El "cuento de los muy leídos" se cuenta en general en forma de crónica y confesión, que son dos "discursos de la verdad". Y también, por fin o al fin, está "la justicia". Es un "gran cuento" de la modernidad latinoamericana, con valores universales y representaciones del estado nacional: "un cuento de ficciones de exclusión y de sueños de justicia".

La constelación del "cuento de los muy leídos" articula delincuente y víctima (y esto quiere decir que articula sujetos: voces, palabras, culturas, creencias y cuerpos) y también articula la ley, la justicia, la verdad, y el estado con esos sujetos. Contiene un universo de creencias, un sistema de diferencias y un discurso epistemológico, porque su centro son las diferencias simbólicas (que no se ven), las diferencias empíricas (sensibles, que se ven), y las creencias en los delitos de los diferentes.

Los delincuentes

En el "cuento" el delincuente es el personaje central, el lugar de la subjetividad, el que habla y confiesa su delito. Ese delincuente está marcado por dos tipos de diferencias: de orden (jerarquía o número) y de nombre o título. Cuenta que entra en un espacio donde antes hubo otro (o cuenta que es hijo menor o que es un dependiente), y por lo tanto aparece de entrada como un segundo, el que viene después del principal: su campo es el de la secundariedad social, o económica, o política, militar, familiar, sexual. Puede tener además una falta en el nombre o título en relación con los otros nombres de la ficción. Si los demás personajes tienen nombre, él sólo tiene un sobrenombre; si tienen dos nombres, él sólo tiene uno, y hasta puede carecer totalmente de nombre.

Los delincuentes de este cuento son menores, segundos, "ilegítimos" por sus nombres o títulos, o están sometidos a una autoridad capaz de castigar o aniquilar. Representan una zona de ausencia de estatus y de derecho, que se delimita por oposición a una zona de soberanía: por esa representación invierten simbólicamente, desde afuera y desde abajo, al poder. Se sitúan fuera del trabajo productivo y muchas veces más allá de la división de clases y, por esto, representan esa división. *Pero tienen "algo más" que los diferencia de sus iguales:* pueden ser "artistas", "científicos" o "escritores". Circulan como el dinero y las creencias y atraviesan la sociedad para dividirla en ricos/pobres, legítimos/ilegítimos, crédulos/incrédulos. Se mueven en los intersticios (espaciales, económicos, sociales, lingüísticos: pueden representar nuevos grupos sociales) y en ese movimiento definen flujos (por ejemplo, del campo a la ciudad a principios de siglo[2] o de los barrios al centro en los años veinte y treinta, o del centro a la escena internacional después) en un tiempo de cambio, de convulsión, de ambivalencia, y de "modernización" latinoamericana.

En el "cuento de los muy leídos" nos encontraríamos con dos tipos de delitos o legalidades: el que determina el estado según las leyes, y el que determinan las creencias (restos tradicionales, ideologías difusas que muchas veces se inscriben en los cuerpos, con sangre, y en los nombres) o representaciones culturales sobre las diferencias. Y en "la ficción teórica" se vería el modo en que las diferencias de sexo, lingüísticas, sociales, religiosas, nacionales, raciales, familiares, se inscriben en la literatura desde el punto de vista de sus "delitos". Por ejemplo, las creencias en los "delitos" de los que hablan otra lengua, en los "delitos femeninos", en los "delitos" de los que están en contacto con el dinero o lo manejan, en los "delitos" de "los judíos"... O las creencias en los "delitos" de los ilegítimos o segundos, que son las creencias en "los delitos del nombre y honor". El aparato de estado y el aparato cultural de creencias sobre las diferencias de legitimidades y delitos que constituyen a los sujetos de ese estado son correlativos, pero esta correlación es tensa y contradictoria; las creencias no son sincrónicas con la división estatal, sino que arrastran estadios anteriores y a veces arcaicos. El "cuento de los muy leídos" exhibe esa correlación y pone en escena dos dramas o dos pasiones: el de las creencias en los "delitos" de los diferentes (el drama de una cultura) y el drama del estado latinoamericano en cada coyuntura histórica. Los agentes de articulación entre estado y cultura serían las subjetividades culpables de los delincuentes con su marca de secundariedad (social, económica, familiar), y su "algo más".

Los hombres primeros

En "el cuento", el delincuente cuenta su relación con lo que podría llamarse algún hombre primero que tiene lo que le falta, una marca de poder en el nombre, otro nombre o título añadido al suyo. Puede ser un representante del estado y aparecer como político, juez, comisario, sacerdote, médico, militar; pero también puede ser una institución ligada con el estado. La ficción teórica establece de entrada la cercanía, alianza, suplemento o complicidad entre el delincuente y el hombre primero o institución (la puesta entre paréntesis del trabajo, constante en "el cuento", permite esa relación sin mediación): *los une un campo semántico, el de la simulación o fraude.*

Todo ocurre del otro lado de la justicia y la ley en el cuento del delito de los muy leídos: el representante del estado es un delincuente; el estado es un estado delincuente. Porque el primer hombre comete delitos religiosos, políticos, militares, médicos, jurídicos, económicos, en forma de farsas o "delitos de la verdad", que acompañan y complementan los robos o asesinatos de los personajes centrales.[3] En tanto la razón de estado es la racionalidad ligada con la verdad y la legitimidad, el delito de la verdad es el modo en que gobierna y administra justicia el estado delincuente del "cuento": con discursos, actos y ceremonias idénticas a las legítimas, pero sin valor. Son actos para hacer creer, como las falsificaciones y las ficciones, dichos o ejecutados del mismo modo que "los verdaderos", pero en otro lugar o tiempo, diferentes, o por otro sujeto o protagonista, diferente. O bien se acompañan de un discurso o acto opuesto, diferente. Como la justicia se identifica con la verdad, se trata, en el "cuento", de una ilegalidad generalizada: farsas de educación y de matrimonio, de discursos o proyectos políticos y científicos, farsas religiosas y militares, farsas de la justicia. Para contar historias pasionales de exclusiones y justicias, la ficción del "cuento" pone en relación al delincuente con el estado delincuente latinoamericano: pone en alianza, suplemento o complicidad, al "hombre segundo" con "el hombre primero". Comparten el campo del fraude, del delito de la verdad y de la ficción.[4]

Las víctimas y el cuerpo del delito: ficciones de exclusión

La víctima de la ficción teórica se encuentra, social o económicamente, más arriba o más abajo del delincuente y muchas veces pertenece a la oposición política (a lo que podría llamarse el antiestado o el contraestado: a las fuerzas políticas de oposición con posibilidades de llegar al poder). Tiene un espacio propio y un suplemento o añadido, otra marca de diferencia, visible o audible: otra lengua u otra mirada. El suplemento puede estar fundido con la víctima (que puede ser bizca o ciega, o que puede hablar italiano, guaraní o árabe o idish), o puede estar separado, pero en alianza o contacto con ella.[5]

Esa diferencia sensible, suplementaria, de la víctima del "cuento de los muy leídos", la otra voz o mirada, convoca las creencias relativas a los delitos de los estigmas: mal de ojo (mal de ver o ser visto) y maldición (de *maledictus*, mal dicho). Son las creencias más arcaicas, en "el mal", que a veces se asocian con la diferencia de género. El choque entre las diferencias simbólicas (de orden y de nombre) del delincuente y las diferencias empíricas (visibles o audibles) de la víctima es el choque entre signos de alteridad en una relación específica, social, política y estatal, de poder. Entonces el delincuente comete el crimen para vaciar ese espacio y cortar su descendencia; la víctima puede ser un hombre; si es mujer, nunca es madre. La aniquilación implica un cambio violento, el fin de un tipo de asociación, la borradura de un espacio, y un cambio de lugar para el delincuente.

Donde el delincuente se relaciona con la víctima encontramos, por fin, un "cuerpo del delito": la otra voz y mirada, que en las creencias aparece como "mal" y que se superpone a las diferencias sociales y políticas. Como la víctima podría representar el peligro o la amenaza política para el estado en una coyuntura precisa, la construcción cultural de las diferencias y su colusión en el delito aparece como un suplemento del estado nacional delincuente. Es una relación específica, sexual, social, política, y a veces racial *(cada campo con su lógica propia: lo cultural se sitúa en las fronteras de las categorías sociales)* entre dos conjuntos de diferencias, simbólicas y empíricas, en el polo del "mal". Y entonces la alianza entre el hombre primero y el segundo tiene sentido: el estado se serviría del delincuente, y con él del aparato cultural de creencias en los delitos de los diferentes, para eliminar un espacio social, económico o político "enemigo", donde se encuentra el cuerpo del "mal": el delincuente sería un agente del estado delincuente. La ficción teórica dice, a veces: cuando el estado es una farsa de la verdad, los segundos ejecutan ficciones de exclusión. Y las exclusiones se leen *desde una doble política:* pueden ser asesinatos de judíos, de extranjeros, de mujeres, de obreros o de representantes de la oligarquía.

Por eso "el cuento de los muy leídos" se liga con coyunturas determinadas, de fuerte amenaza al estado por parte de la oposición, o bien con coyunturas de cambio estatal. Quiero decir con esto que el lugar (y el cuerpo) del delito incluye cada vez, en el "cuento de los muy leídos", la realidad política contemporánea.

El cronista y la escritura: sueños de justicia

En el "cuento de los muy leídos" el delincuente cuenta su relación con el hombre primero y con la víctima (se desplaza entre los dos y ese movimiento es el movimiento mismo de la narración), en forma de confesión, a un cronista que la escribe (también puede escribirla él mismo, en forma de crónica-confesión). El cronista se opone nítidamente al investigador o incluso al erudito, que puede aparecer en otras ficciones de delito, pero podría tener algunos de sus rasgos. La escritura del cronista representaría la instancia de la verdad, y por lo tanto un estado posible, justo, contra el estado delincuente.

Crónica y confesión son discursos enunciados para ser creídos porque se constituyen en función de la verdad de un sujeto o de la verdad de la sucesión de los acontecimientos, localizados en tiempo y espacio. La crónica puede funcionar a la vez como "la historia" y "la escritura legal" de una cultura fundada en la creencia en la verdad de la confesión y en las subjetividades culpables.[6]

Crónica y confesión, dos "géneros de la verdad" (y a veces otro género de la verdad y la justicia, el apocalíptico)[7] son los discursos narrativos fundantes del "cuento" porque sostienen el pacto narrativo de verdad y justicia, los valores centrales de esta línea de la cultura latinoamericana. (Crónica y confesión aparecen a la vez en la "realidad", porque ocupan los espacios jurídicos, científicos, médicos, periodísticos, psicoanalíticos y literarios que ocupan y han ocupado los representantes de la cultura de "los muy leídos".) El pacto entre crónica y confesión es un pacto temporal, limitado, entre la verdad oral de un sujeto y la justicia escrita (del tiempo), entre un segundo y un primero, que está en la base de las fábulas de identidad y conforma un díptico, una matriz de doble entrada. El delincuente puede decirlo todo porque lo dice desde un borde más bajo y desde fuera de la ley. El delincuente y el cronista, y su pacto de discursos, constituyen los marcos y los espacios de representación del "cuento". Son sus dos fronteras *(sus dos yoes)*, la inferior y la superior; entre las dos, el territorio del estado y el territorio de los diferentes, y por lo tanto el conjunto de creencias sobre sus delitos que llevan a las ficciones de exclusión.

El delincuente es cómplice de los delitos de la verdad del estado pero en la confesión, que es el momento de la verdad, denuncia al estado como delincuente e ilegítimo por sus delitos de la verdad. O mejor: los delincuentes del "cuento" son agentes dobles y ejecutan dos políticas a la vez: la política criminal del estado (las "ficciones de exclusión" de los diferentes) y, en la confesión, la política de la crítica y la verdad contra el estado delincuente (los "sueños de justicia"). El delincuente aparece como un suplemento interior del estado nacional delincuente y a la vez como su crítico, y como un suplemento de la justicia y verdad del cronista. Aparece como "el hombre segundo" de dos "primeros". Este tipo de delincuente segundo, agente doble y subjetividad culpable, el tipo de representación del estado como delincuente en relación con la verdad, la justicia y la legitimidad, la ausencia de justicia estatal, y el cronista que escribe la verdad y la justicia, sólo ocurre en "el cuento del delito de los muy leídos" y define una zona de la cultura latinoamericana: la progresista modernizadora desde fin y principios de siglo hasta, quizá, la última globalización o la última reformulación del estado latinoamericano. Fue su textualidad literaria y política, que se representó en la relación directa entre el estado (el específico estado latinoamericano) y una posición de secundariedad (con "algo más"), y también en la relación directa entre esa posición y la verdad y la justicia de un cronista.

El cronista encarna también a la justicia porque contiene un tiempo suplementario en relación con el delincuente, y cuenta lo que ocurre después del delito y de la confesión. Como el delincuente, en "el cuento", no recibe castigo por parte de la justicia estatal, la justicia textual-temporal del cronista cuenta que ha muerto, se ha suicidado o se ha ido del país. Es decir, que ha salido de las fronteras temporales o espaciales. En este suplemento de tiempo el cronista puede narrar también el premio al delincuente (puede cuestionar la categoría de delincuente). El intervalo temporal restablece "la justicia".

La temporalidad suplementaria es la temporalidad específica de los muy leídos, la necesaria para la verdad y la justicia, y nos lleva al futuro. Porque puede ocurrir algo más en el "cuento", algo que escapa al cronista y a la verdad y la justicia de la ficción, y nos hace retornar a la "realidad". Algo así como una "justicia" o "verdad" futura, fuera del cuento pero en el interior del cuerpo del delito, que desborda por todos lados: creencias, realidades, destinos, profesiones, estados pasados y futuros... Si los delincuentes del cuento no han muerto, si no se han exiliado *(si el cronista no aplicó justicia después del delito),* pueden reaparecer en el futuro político "real" al lado del gobernante o como *segundos del estado.* Aquí se lee la función de anticipación de la literatura en un mundo configurado por la relación entre el estado y la cultura. El "cuento del delito de los muy leídos" (un extraño resto cultural en el corazón de lo político) podría abarcar así las historias futuras del estado, y la historia de los sucesivos contraestados contemporáneos.

Las leyes de los diferentes

La "ficción" teórica incluiría una serie formaciones culturales, con proliferación de tiempos y de realidades. Porque con "el cuento muy leído" no sólo es posible formular una "teoría" de las víctimas y de los delincuentes, del lugar del delito y del cuerpo del delito, del estado real y del estado posible, sino también una "historia" de coyunturas y de correlaciones específicas: con la oposición política, con las rupturas y reformulaciones del estado y, quizá, con los estados futuros.

Porque el "cuento" despliega siempre "algo más", señala una relación específica entre la literatura y el derecho estatal en la cultura argentina. Las creencias en las diferencias y sus delitos, las ficciones de exclusión que resultan, y los sueños de justicia que producen, se ligan cada vez con las leyes sobre "los diferentes" de la cultura progresista modernizadora: las prostitutas, los peones, los peronistas, así como las creencias en el honor y el nombre, y sus delitos, se ligan con las leyes sobre las justicias privadas o corporativas de los militares y la oligarquía. Desde la ley de residencia o expulsión de "extranjeros indeseables" (1902), pasando por la de cierre de prostíbulos o ley de profilaxis (1935-36); el estatuto del peón (1945); las leyes de prohibición del peronismo y la ley marcial (1955), hasta las leyes de prohibición del duelo (1921) y de justicias privadas por ofensas "al honor". Cada una de estas leyes tiene su correspondiente puntual en la representación de las diferencias y las creencias en "el cuento de los muy leídos". Que cada vez excluye o incluye a alguno de esos "diferentes". La historia del "cuento" seguiría, también, la historia de las leyes electorales y golpes de estado, y los cambios del estado nacional, sus transformaciones, caídas, y democratizaciones. Que cada vez se acompañan de leyes sobre los diferentes o las justicias diferentes de la cultura progresista modernizadora. Y otra vez pueden leerse las dos políticas: por un lado prostitutas, peronistas, peones, y por otro los militares y la oligarquía.

Envío

La historia del "cuento del delito de los muy leídos" (un texto jurídico, político, lingüístico, literario, cultural, que siempre incluye una red de símbolos y diferencias y "algo más" para hablar de la justicia y de la verdad) cuenta también la lucha por el poder literario, y no sólo por el poder estatal, de esta línea de la cultura latinoamericana.

A lo largo de su historia, nuestro cuento de los muy leídos reguló cierta estética, cierta relación de la literatura con la sociedad, y cierta política literaria. Fue dejando de lado "no leídos" que pudieran descifrarlo; fue dejando un residuo literario que significaba "exceso" o "crueldad" o "dureza" o "pesimismo" o "destrucción". Y lo largo de sus reediciones y filmaciones fue sembrando el alimento de la librería de usados y de la Biblioteca, que son los espacios que han dado cierto "entretenimiento" a nuestro "Manual de curiosidades"...

De ahora en adelante, sólo preguntas y posibilidades.

¿Es posible decir que el "cuento de los muy leídos" necesitó esas exclusiones (necesitó a "los no leídos") para ganar una sus guerras, la guerra de la cultura segunda para ser primera, la del menor o segundo contra el mayor? ¿Y que ese triunfo coincide con la disolución de la cultura "alta", que parece haber sucumbido ante el avance de "los muy leídos" en la era de la globalización?

¿Es posible decir en "la ficción teórica de los muy leídos" que "el cuento" "ganó los lugares" de la alta cultura desde 1880, y que "ese triunfo" coincide con la transformación de lo cultural en económico, y con la separación casi total entre la cultura y el estado que produce el mercado y la globalización? Una, transnacionalizada, el otro "nacional-regional". Y esta separación entre cultura y estado (que implica una casi total autonomización literaria) y este triunfo, ¿serían capaces de producir una disolución de las fronteras entre los diferentes niveles de cultura? ¿Serían capaces de borrar los límites y de fundir todas las líneas en "una cultura nacional-regional"?

Y entonces, en esa situación, ¿cómo se transformaría "el delito" que es precisamente para nosotros, en este Manual, un instrumento que separa culturas y líneas de la cultura, un instrumento de división y de exclusión?

¿Cómo contará el cuento esa nueva situación? ¿Cómo se escribirá "el cuento de delito de los muy leídos"? ¿Seguirán necesitando los estados nacionales latinoamericanos "esas ficciones de exclusión" y "esos cuentos de justicia" o quedarán únicamente para "la literatura"?

¿Quién será el delincuente? ¿De qué lenguas y discursos estará hecho? ¿Como escribirá su suplemento temporal con el cronista, la justicia y los medios? ¿Tendrá que autocriticarse internamente y mostrar la falta de sentido de "su cuento" como emblema de "la cultura segunda"? ¿Querrá reformularlo con los desechos de la cultura primera y los desechos de su propio "cuento"? ¿Y quiénes serán los "hombres primeros" y las víctimas?

Y en esa cultura globalizada, y en esos estados, y en ese estado de fusión de los diferentes niveles de la cultura, y en esa literatura ¿cuáles serán los futuros "no leídos"? ¿Cuáles serán los *best-sellers* de la globalización que se transformarán en libros viejos, de librería de viejo o de Biblioteca de Universidad?

En este punto preciso "la Sherezada de los cuentos modernos" sueña con tomarse unas merecidas vacaciones… y se despide de ustedes, queridos lectores, que la acompañaron tan pacientemente en este largo y sinuoso viaje en busca del "cuerpo del delito". De la evidencia de lo que no se sabe…

Notas

[1] Este "programa" fue construido a partir de una masa de cuentos y novelas argentinas desde principios de siglo hasta, digamos, hoy. Muchos han sido "contados" a lo largo del Manual, pero también forman parte del "cuento de los muy leídos" textos de otros países latinoamericanos. Se trata de un corpus que se encuentra en el interior del cuerpo del delito en estado de ficción teórica. Lo que importa no son los títulos ni los autores sino "el cuento" que aparece como conjunto virtual que los contiene y los trasciende, y que permite una reflexión sobre ciertas formaciones culturales.

La ficción teórica del "cuento" es un aparato ("literario") de articulación entre textualidades políticas y fábulas de identidad de una línea-zona de la cultura, y permite una doble lectura. Por un lado aparece como un corpus de ficciones de exclusión (es decir, de ficciones de eliminación de una diferencia y vaciamiento de su espacio, con corte de descendencia), y por lo tanto podría ser una de las construcciones del sexismo y del racismo. Y por otro, pero a la vez, como un corpus de sueños de justicia, es decir, como una de las construcciones de la razón igualitaria. La doble lectura, o la doble política, parece ser un efecto del encuentro entre la categoría de delincuente y la fábula de identidad cultural.

(La fábula de identidad es, por supuesto, una ficción sobre la relación entre sujetos y comunidades; define –y esencializa– razas, naciones, regiones, géneros, clases, culturas; se articula en relación con algún poder, toma la forma de un díptico y establece un pacto. Está enunciada entre dos yoes o voces (aparece como una matriz de doble entrada); funciona casi siempre como aparato de distribución de diferencias y determina integraciones, exclusiones y subjetividades. En literatura puede tratarse de una construcción de lectura, y muchas veces se relaciona con los procesos de canonización. La hipótesis de que las fábulas de identidad son susceptibles de una doble lectura política cuando se construyen sobre la categoría de delincuente y cuando incluyen representaciones del estado, es experimental y tentativa: es "la ficción teórica".)

2 *El casamiento de Laucha* (1906) de Roberto Payró fue representado por Enrique García Velloso en 1917 en el Teatro San Martín, con una "corrección" fundamental, como vimos en "Mujeres que matan": al final, Carolina mata a Laucha. Y fue filmado en 1976 por Enrique Dawi y Emilio Villalba Welsh. La posición casi inaugural de *El casamiento de Laucha* (el pícaro que engañó a la gringa con el matrimonio) da al "delincuente" una transparencia particular: pueden leerse las nociones de "menor", segundo, "pícaro" o simulador, que lo caracterizan en uno de los primeros momentos de la ficción teórica.

Roberto Payró (1867-1928) es uno de los "muy leídos" de la cultura progresista modernizadora. Fue escritor y periodista profesional de *La Nación* desde 1891 hasta su muerte; fue amigo de Rubén Darío; participó en la revolución del '90; se afilió al Partido Socialista en 1894, y fue Presidente de la Sociedad Argentina de Escritores en 1907, año de su fundación. Publicó, como director de la Biblioteca de La Nación, tres obras clásicas de la novela picaresca. Tradujo *Fecundidad y trabajo* de Émile Zola al castellano y en 1902, con motivo de su muerte, dio una conferencia en el Centro Socialista Obrero. Entre 1908 y 1922 vivió en Bélgica. Escribió teatro (*Marco Severi* es su obra más conocida, contra la ley de extradición, a sus países de origen, de ciertos anarquistas y socialistas pacíficos radicados en Argentina), crónicas de viaje como *La Australia Argentina*, y varias novelas picarescas (entre ellas *Divertidas aventuras de un nieto de Juan Moreira*) donde se representa "la política criolla" (la política latinoamericana del caudillismo, el fraude, la coima y el clientelismo).

"Laucha", ratero, hombre segundo y pícaro-simulador, podría abrir la historia de la representación del "delincuente" en la cultura moderna y progresista porque da vuelta el "cuento" autobiográfico de educación y matrimonio de los sujetos del estado liberal (el suyo es un falso "casamiento"); en esa vuelta y esa puesta entre comillas se lee una de las marcas de esta cultura segunda, *que presupone una "cultura alta" ya establecida*. Laucha es un sujeto ambivalente que circula en primera persona, como el dinero; se encuentra a mitad de camino entre el interior y la capital y entre lo viejo y lo nuevo, y también entre las diferentes lenguas y sublenguas: en un ya no-todavía no. Y se inserta en la tradición de la picaresca española y la gauchesca, con apelaciones al "overo rosado" del *Fausto* de Estanislao del Campo, con un gaucho llamado Contreras que saca el cuchillo, y con un gaucho viejo que muere la noche del "casamiento": *la cultura progresista presupone una cultura nacional ya establecida*. La primera persona de Laucha puede inscribirse en la historia del simulador y la verdad desde *En la sangre* de Cambaceres con su sujeto científico o positivista (y en el contexto de Ingenieros y Ramos Mejía: la "simulación en la lucha por la vida"), pero con otra correlación, porque la "primera persona" oral de Laucha está transcripta por una instancia de la verdad diferente del sujeto científico: el cronista que oyó la narración-confesión de Laucha en Buenos Aires, y que la reproduce por escrito. La *subjetividad del pícaro,* que es lo que importa, también establece una diferencia crucial con los sujetos del estado liberal: la primera persona del delincuente, con su voz y su ritmo, no se encuentra en Cambaceres, ni tampoco en Ingenieros y Ramos Mejía, los autores de los tratados sobre la simulación con sus "historias clínicas". La confesión del pícaro abre una línea fundamental de la literatura y un cambio retórico; abre la novela en primera persona del "ilegítimo" por su nombre. Dice el cronista que abre el texto: Laucha "era su único nombre posible", un nombre icónico del cuerpo que es un nombre-cuerpo de animal: el género picaresco aparece como *especulación iluminista* sobre el nombre propio y la legitimidad de los títulos.

La primera persona autobiográfica del pícaro, ligada con la pobreza, el hambre, la ilegitimidad y el delito de la verdad, sería una *persona fundante* en la literatura. Y el género picaresco tiene función de fundación de la novela; se relaciona con el derecho, la ley y el estado, tanto en España como en la literatura hispanoamericana. Según Roberto González Echevarría (*Myth and Archive: A Theory of Latin American Narrative*, Nueva York, Cambridge University Press, 1990; traducción castellana: *Mito y Archivo: una teoría de la narrativa latinoamerican,* México, Fondo de Cultura Económica, 1999) la novela moderna surge de la picaresca, *con su puesta en cuestión de los discursos de la verdad*, y en estrecha relación con la ley; el pícaro busca legitimidad a través de los códigos en los que la nueva autoridad es hipostasiada: *la retórica del nuevo Estado.* Imita los modelos dados por esa retórica y está hecho por su escritura (p. 56).

Ya estaba en *La vuelta de Martín Fierro,* con Picardía, la combinación entre la primera persona del segundo e ilegítimo como "pícaro" (enmarcada por otra primera, de "la verdad", que la escribe "tal como se la escuché", dice el escritor que abre *El casamiento de Laucha,* y "no me aparto de la verdad muchos centímetros"), y el discurso de la pobreza (la intimidad de la pobreza: la representación del hambre desde adentro). Dice Laucha: "siempre pobre, siempre rotoso, algunos días con hambre, todos los días sin plata"; "más pobre que las ratas"; "La miseria, como buena vieja brava, hace con el hombre lo que se le antoja… A mí me hizo llegar hasta el casorio, ya verán…". Y también estaba en la gauchesca la denuncia del estado como delincuente. Pero Laucha sabe leer y escribir y ha sido "maestro"; tiene un saber más respecto de los miserables de su propia condición: *es la pobreza con una diferencia cultural* que parece apuntar al *nacimiento de una clase media criolla.*

La pobreza desencadena en Laucha, como en los pícaros tradicionales, una travesía espacial, social, económica y lingüística, en el momento de la gran modernización de fin del siglo XIX. Laucha decide ir a probar suerte a Buenos Aires y en el trayecto cuenta los cambios económicos, monetarios y tecnológicos: hay una nueva moneda, un vapor de la carrera, los saladeros se transformaron en frigoríficos, la lana que antes iba a Buenos Aires en tropas de bueyes va ahora en tren. Toma y pierde el tren, y juega y se le termina el dinero cerca de Pago Chico (el Macondo de Payró), y llega (llevado por un español) a la pulpería (el lugar de circulación social) de doña Carolina, una italiana viuda

(Laucha es un "hombre segundo" también para ella) donde se ofrece como dependiente, y donde va a vivir la "aventura culminante de su vida": el casamiento falsificado por el cura.

El centro es el delito de la verdad: la falsificación y el engaño ligados con la escritura, que es la diferencia cultural de Laucha. La falsificación de bebidas con las "etiquetas escritas" en la pulpería (y su socia es la misma Carolina), y la falsificación de la "escritura" del matrimonio (su socio es el cura Papagna que habla en un dialecto napolitano: una lengua en el interior de otra, y la víctima la misma Carolina, que habla en italiano); en los dos casos, Laucha "traduce".

En el capítulo VI falsifica licores con Carolina como socia:

> –¿Sabe, señora, lo que se me ha ocurrido? Que, como yo sé fabricar coñá, hacer dos cuarterolas de vino de una sola, falsificar el biter, el ajenjo, el anís, y todo lo demás, lo mismo que mixturar la yerba buena con la mala sin que se conozca, podemos hacer aquí todas esas cosas. Usté ganaría muchísimo más que ahora, que está regalando la platita al licorero falsificador de Pago Chico.
>
> [...] En Buenos Aires compré etiquetas con todos los nombres y todas las marcas de las bebidas...

En el capítulo VIII falsifica el casamiento con el cura como socio, que primero pide "sesanta... Un pozo fá de meno" por casarlos en la casa de la novia. Y después oigamos a Laucha:

> Y el cura se quedó un rato callado, como pensando. Después, medio riéndose, se levantó de la silla, se me acercó, y agarrándome la solapa de la chapona, me dijo despacito, como para que nadie lo pudiese oír, aunque no hubiese nadie en la sacristía...
>
> ¡Ah! Como me parece que alguno de ustedes no entiende el nápoli, lo voy a hacer hablar en Castilla.
>
> –¿Pero usté quiere casarse de veras?... ¿En el libro de la parroquia? –me dijo.
>
> Al principio no entendí lo que quería decirme y lo miré azorado.
>
> –¿Por qué me dice esto? –le pregunté por fin.
>
> –¿Eh? –me contestó el muy sinvergüenza–. Porque hay algunos que quieren casarse, sí, pero que no les pongan el casamiento en el li-

bro... Entonces, yo les hago un certificado en un papel suelto, y se lo doy para que lo guarden. Entonces... pero no va a decir nada, ¿eh?

–¡Qué esperanza, padre!

–¿De veras?

–¡Mire: por éstas!

–Entonces, si la mujer es buena, ellos lo guardan; pero si no es buena, lo rompen y se mandan mudar si quieren y la mujer no puede hacer nada, ¡eh!... Yo tengo permiso para casar así, pero nadie tiene que saberlo, porque es un secreto de la Iglesia... y también es mucho más caro que el otro casamiento...

¡Qué iba a tener permiso el cura picarón! Era una historia que había inventado para *far l'América,* y llenar pronto el bolsillo aunque se fuera al infierno derechito; tantas ganas tenía de volverse a su tierra a comer pulenta y macarrones.

Pero, después de un rato... la verdá... pensé que no sería malo casarse así, como él decía, aunque nunca, ni menos entonces, se me había pasado por la cabeza engañar a la gringa, tan buena y cariñosa... El diablo del cura me tentó, yo no tenía la culpa, al fin y al cabo, y como lo que era por plata no había que echarse atrás, porque Carolina tenía bastante, pisé el palito, me pareció que esa era una gran seguridad para mí, y le dije al cura:

–¿Y cuánto sería el gasto de ese modo, padre Papagna?

–Trechento pesi.

Al fin arregla por ciento cincuenta.

Laucha se asocia con el cura para falsificar el casamiento con Carolina. Y es víctima del comisario Barraba asociado con el gaucho Contreras que hace trampas en las carreras de caballos, y declara, el comisario: "–La carrera es legal ¡ha ganau Contreras". Y Laucha: "Contra la fuerza no hay resistencia". James D. Fernández ("The Last Word, the First Stone: Lázaro' Legacy", en *Journal of Interdisciplinary Literary Studies,* vol. 5, 1, 1993, pp. 23-37) parte de la categoría de *autobiografía de resistencia* para analizar la picaresca. La resistencia es, dice Fernández, un subproducto de la ruptura de los "grandes relatos" de la modernidad, del cuestionamiento de las nociones de pureza, origen, esencia, y del reconocimiento de hibridaciones, sincretismos y alianzas provisorias.

La diferencia crucial de "Laucha" respecto de la tradición de los sujetos del estado liberal (y su conexión con la tradición gauchesca) radicaría en las representaciones estatales "en" delito de la verdad: en el cura Papagna y el comisario Barraba; los "hombres primeros" con títulos, representantes del estado, son más pícaros que el mismo Laucha. En una sociedad "moderna" totalmente penetrada de simulación y falsificación el pícaro delincuente (pacífico, sólo roba) sería un revelador de los delitos de la verdad del estado.

Laucha termina robando a Carolina lo poco que le queda y la abandona, después de confesarle el casamiento falso, y después que el cura, después de *far l'América*, ha vuelto a Nápoles a "comer pulenta y macarrones". Ella termina de enfermera en el hospital del Pago y Laucha llega a Buenos Aires donde muere a los treinta y seis años, dice el cronista que abre la novela, antes de la reproducción de su confesión: no hay justicia estatal por sus delitos.

> De sus mismos labios oí la narración de la aventura culminante de su vida y, en estas páginas, me he esforzado por reproducirla tal como se la escuché. Desgraciadamente, Laucha ya no está aquí para corregirme si incurro en error pero puedo afirmar que no me aparto de la verdad muchos centímetros.

* * *

En el interior de "la ficción teórica" Laucha se enlaza y yuxtapone con los hermanos Espila, un par de perdedores de *Los locos* y *Los monstruos* (1929 y 1931) de Roberto Arlt, que piden limosna en un barrio de Buenos Aires con un falso cartel y un derrotero "científico". Ellos son, también, hombres segundos, científicos ilegítimos sin títulos. (Laucha sabía leer y escribir, no era un gaucho o campesino común; los Espila saben cálculo infinitesimal, el Quijote de memoria, pero no tienen títulos universitarios y están en el extremo de la pobreza y el hambre). Esa parodia de la picaresca (su actualización "científica": el falso ciego, que es sordo, se disfraza de "víctima de la ciencia") está en el último día del texto, el viernes fatal de apocalipsis que cierra *Los monstruos*, que vacía espacios y corta descendencias (Barsut mata al judío, Erdosain a la Bizca, el

Astrólogo pone fuego a Temperley y huye con la Coja de la Biblia). Y que se abre a las diez de la mañana con "Los dos bergantes" y su cartel:

DÍA VIERNES

Los dos bergantes

Son las diez de la mañana.

Los dos hombres vistos a la distancia de veinte metros parecen fugados de un hospital. Caminan casi hombro con hombro. Uno tantea con su palo los zócalos de las casas, porque le cubren la vista unas siniestras gafas enrejadas, con cristales que de frente parecen negros, y oblicuamente, violetas. Una gorra de chófer, con visera de hule, alarga aún más su cara flaca y escuálida, con puntos grises de barba. Además, parece enfermo, pues aunque la temperatura es tibia se cubre con un macferlán imposible, a cuadros marrones y rojizos, cuyas puntas casi le tocan los pies. Sobre el pecho lleva un cartón donde se puede leer:

Ciego por efecto de los vapores del ácido nítrico. Socorred a una víctima de la ciencia.

El lazarillo del ciego se engalana con guardapolvo gris. Colgada a un costado, mediante una correa que le atraviesa oblicuamente el pecho, lleva una valija de viajero, entreabierta. Se distinguen en el interior paquetes anaranjados, violetas y ocres.

Son Emilio y el sordo Eustaquio.

–¿Qué calle es ésta? –murmura el Sordo.

–Larrazábal…

–¿Está en el itinerario de hoy?

–Ufa, que zoz molezto… Claro que eztá en el itinerario de hoy. Claro… Ufa…*

* *Nota del comentador:* El sordo Eustaquio preparaba todos los días un derrotero a seguir para evitar de pedir limosma en las mismas calles, arguyendo que sin principios científicos las profesiones más productivas no daban resultado.

Obsérvese la necesidad de un comentador al pie, la necesidad del cronista. Tanto los Espila como Laucha y sus socios se insertan en la tradición cultural y literaria de la novela picaresca y del discurso de la pobreza, un proceso en el que *las estrategias de sobrevivencia y las estrategias retóricas convergen y se mezclan;* se refieren al hambre como el punto de partida de la travesía, son "delincuentes" de la verdad, e incluyen "una lengua en el interior de otra" y un cronista. Y son "hombres segundos" que sostienen una *inversión simbólica* [en el caso de los Espilas son los únicos personajes que no tienen contacto con el Astrólogo y se relacionan solamente con Erdosain]: se oponen polarmente a la cima de poder representado en las ficciones [como en la novela de Mark Twain *Prince and the Pauper* (1882) traducida como *Príncipe y mendigo*]. El pícaro es el bufón que siempre tiene presente la posición del rey, la restauración de la ecuación poder-verdad con un previo tránsito por la comedia-falsedad, dice Horacio González (*La ética picaresca,* Buenos Aires-Montevideo, Altamira-Nordan comunidad, 1992).

(Una rápida "travesía". La tradición cultural de la pobreza y la picaresca se abre con las leyes de prohibición de la mendicidad en Europa al comienzo mismo de la era moderna [siglo XV].) Estas leyes se relacionan con los cambios económicos, monetarios y tecnológicos del primer capitalismo comercial y, en general, con las "modernizaciones" (monetarias, tecnológicas, estatales, y económicas que Laucha describe en su viaje desde la provincia a la capital), y muestran desde el siglo XIV una opinión hostil al pobre que mendiga. Increíblemente (o irónicamente) hay un momento en que el elogio cristiano de la pobreza es reemplazado por el de la riqueza, y ese momento coincide con la aparición, y con la criminalización, del delito de la verdad en los mendigos. Y con el surgimiento de un nuevo "yo" y de la novela como género literario "moderno".

Desde el comienzo mismo del capitalismo, desde el Renacimiento al Barroco, la literatura picaresca y de costumbres y el teatro (y no sólo la literatura: los discursos legales y penales, los sermones religiosos, las doctrinas canónicas, la iconografía: véase Antonio Serrano González, *Como lobo entre ovejas. Soberanos y marginados en Bodin, Shakespeare, Vives*, Madrid, Centro de Estudios Constitucionales, 1992) no deja de aludir a los engaños, farsas, simulaciones y falsificaciones de esos vagabundos marginales. Hay una relación entre el mendigo y el pícaro, que atraviesa desde *El lazarillo de Tormes* la novela picaresca clásica; hay una relación tradicional, constante, de los mendigos y los pícaros con el delito de la verdad. Edmond Cros (*Protée et le Gueux. Recherches sur les origines et la nature del récit picaresque dans Guzmán de Alfarache*, París, Didier, 1967) liga la confesión del pícaro con el universo de la mendicidad, concebido como campo de gravitación de la dicotomía entre lo "verdadero" y lo "falso", que termina por englobar todos los comportamientos humanos. El debate sobre los pobres, dice, se diluía pronto en un discurso sobre la "criminalidad". (La relación aparece también en "Moneda falsa" de Baudelaire, esa especie de manifiesto de "la ficción" del capitalismo, y en cierta bibliografía "moderna" sobre la simulación.) Y, por lo tanto, también hay una relación constante, tradicional, entre el mendigo y el actor, que aparece en *The Ship of Fools* (1509) de Alexander Barclay, porque la terminología del actor ("la actuación") se usaba en Inglaterra desde el comienzo del siglo XVI para describir a los "mendigos fraudulentos", que podían fingir enfermedades y mutilaciones (William C. Carroll, *Fat King, Lean Beggar. Representations of Poverty in the Age of Shakespeare*, Ithaca y Londres, Cornell University Press, 1996). Y también hay una relación entre los falsos mendigos y los monstruos, que se encuentra en la Enciclopedia renacentista de Ambroise Paré, un cirujano que despertó la cólera de la Facultad, fue acusado de plagio y sometido a un proceso. Su título: *Des Monstres et Prodiges* [1573]. Édition critique et commentée par Jean Céard, Ginebra, Librairie Droz, 1971. (La *Enciclopedia* de Ambroise Paré sigue siendo un "libro popular", un "*best-seller*", "el libro más veces impreso", dice Leslie Fiedler en el capítulo "From Theology to Teratology" de *Freaks. Myths and Images of the Secret Self*, Nueva York, Simon and Schuster, 1978.) Y hay una relación entre el mendigo y la prostituta, porque el cuerpo del mendigo es, también, mercancía: está teatralizado, ilegalizado, naturalizado y animalizado. Y hay una relación entre el mendigo y el filósofo, en la tradición de la teoría antiteórica de Diógenes y los cínicos, y entre estos y el estado, como se ve en la famosa anédota de Diógenes con Alejandro el Grande (quien decía que le gustaría ser Diógenes si no fuera Alejandro): cuando este se le acercó en la plaza, Diógenes le dijo que se apartara porque le estaba tapando el sol (R. Bracht Branham, "Diogenes' Rhetoric and the *Invention* of Cynicism", en *Le Cynisme Ancien et ses Prolongements*. Actes du Colloque International du CNRS publiés sous la direction de Marie-Odile Goulet-Cazé et Richard Goulet, París, Presses Universitaires de France, 1993, pp. 445-473). Y también hay una relación entre el mendigo y el poeta, como se ve en *The Beggar's Opera* (1728) de John Gay, una sátira (la sátira entra en la literatura inglesa de delito con Gay y Fielding) que transcurre en el submundo de Londres, con sus ladrones y prostitutas, en pleno capitalismo comercial: lo único que interesa es el dinero. En la *Ópera* se funden las figuras del famoso reducidor y delincuente inglés Wild con el primer ministro conservador Sir Robert Walpole. Y por lo tanto, hay una relación entre el mendigo (el pícaro), el delincuente y el estado. *La ópera del mendigo* de John Gay fue representada en Londres en 1926; más tarde su música fue adaptada por Benjamin Britten; en 1953 fue dirigida por Peter Brook; en 1963 la Royal Shakespeare Company la produjo una vez más. Se hizo un film con Laurence Oliver, y volvió a los teatros y a las grabaciones. Cuando Gay escribía, la coima *(bribery)* era endémica en los círculos de la corte y en la vida política, y las prácticas corruptas eran ejecutadas con impunidad. E. P. Thompson (*Whigs and Hunters: the Origin of the Black Act*, Londres, Allen Lane, 1975) dice que fue por esos años que se acuñó *la comparación de hombres de estado con criminales* y que la vida política en la Inglaterra de 1720 tenía algo de una "Banana Republic". Es una fase reconocida del capitalismo comercial donde los depredadores luchan por las migajas del poder y no se someten a reglas ni a formas racionales o burocráticas. Cada político, por nepotismo o interés, reunía a su alrededor un conjunto de dependientes leales.

Pero lo más notable es que *The Beggar's Opera* (traducida al alemán por Elisabeth Hauptmann en 1927-28) fue la base de *La ópera de tres centavos* (*Die Dreigroschenoper*, 1928) de Bertolt Brecht, que se basó en ella en estructura, personajes y también algo de su música (de Kurt Weill). *La ópera* de Gay tiene lugar al comienzo del siglo XVIII; la de Brecht tiene lugar a fin del XIX. En la *Opera* de Gay el mendigo aparece como Autor y poeta que abre y cierra la representación en diálogo con el Actor: "If Poverty be a Title to Poetry, I am sure No-body can dispute mine. I own myself of the Company of Beggars" (John Gay, *The Beggar's Opera, Dramatic Works,* compilado por John Fuller. Volume II. Oxford, Clarendon Press, 1983). En la de Brecht los mendigos son los miserables proletarios de la Compañía "El amigo de los mendigos", propiedad del empresario Peachum. La película *Drei Groschenope*r (1931) de G. W. Pabst (sobre *La ópera de tres centavos* de Brecht) usó la técnica de "barrido" de René Clair y le añadió los recursos de sombras y fotografía angular que había desarrollado Murnau. Fin de "la travesía".)

Los pícaros y mendigos *(que subvierten la economía del trabajo, del matrimonio y de la sociedad y que hoy, en este final, nos convocan con sus travesías)* nos sirven para entrever cómo el delito de la verdad, cuando se liga con el discurso de la pobreza (así como antes se ligó con el discurso sobre los judíos) define ciertas exclusiones y cierta fábula de identidad. La fábula de identidad de una cultura segunda, que se fundaría en los "cuentos" de matrimonio (Laucha) y en los "cuentos" de "científicos" (los Espila, pero también el delincuente Erdosain), y que incluiría representaciones estatales ("hombres primeros") en delito, y cronistas que escriben.

Los mendigos nos sirven también para ver cómo esta fábula se separa de otras, que son sus límites: por un lado la de los sujetos del estado liberal; y por otro la de "los no leídos". Con respecto a estos últimos sólo mencionaremos, en esta "estación terminal", otro par de mendigos que se encuentran en un discurso literario marginal, "en delito", y no son delincuentes de la verdad sino asesinos que no reciben justicia estatal. Son, entonces, dos partes o dos pares de pobres, los pícaros y los asesinos, con dos diferentes discursos sobre la pobreza, los que pueden trazar límites entre líneas o zonas de la cultura, delimitadas por "el delito" como instrumento crítico.

Hay muchos cuentos de mendigos en la literatura argentina. Mendigos "profesionales" (como el inmigrante italiano Saverio de *El organito* de Armando y Enrique Santos Discépolo, estrenado el 9 de octubre de 1925 en el Teatro Nacional de Buenos

Aires por la compañía de Pascual Carcavallo), anarquistas, sociedades de linyeras como los de *Caterva* [1937] de Juan Filloy, al que Cortázar rinde homenaje en *Rayuela* a propósito de la clochard de París, y que fue reeditado recientemente por la Universidad Nacional de Río Cuarto). Pero no hay tantos "cuentos de mendigos asesinos". Esos mendigos asesinos se encuentran en dos textos, cada uno contemporáneo de los pícaros Laucha y Espila (contemporáneos de dos saltos modernizadores). El primero en "La vida trágica de una bailarina célebre" de nuestro Soiza Reilly, que la incluye en los *Cien hombres célebres (Confesiones literarias),* Barcelona-Buenos Aires, Maucci, 1909, pp. 295-299. El segundo en el capítulo IV de la novela *El derecho de matar* (1930) de Raúl Barón Biza (M. Alfredo Angulo editor, Buenos Aires, 1939). Estos mendigos matan hombres de dinero y no reciben justicia del estado: en Soiza Reilly "la mendiga del Paseo de Julio" cuenta que fue una famosa bailarina que en Italia mató al hijo de un banquero; en Barón Biza el personaje central, en primera persona, cuenta que gastó todo su dinero en un viaje con su amante y que en Brasil tuvo que pedir limosna; se encontró con un conocido de otras épocas, un "potentado" que se la negó, y lo asesinó: "el derecho de matar". Con ellos se tiene la impresión de tocar un límite, porque los escritores de mendigos asesinos son escritores "en delito" en la literatura argentina (en *El derecho de matar* se representan relaciones lesbianas). Escritores "duros" que postulaban una estética del odio, del exceso y de la venganza. Con sus mendigos asesinos aparece otra "verdad", porque la característica común es *el brusco* ascenso o descenso social: la mendiga nació en la pobreza y llegó a la cima por su arte, y ese es el momento en que mata al banquero para después caer en la mendicidad; el personaje de Barón Biza descendió socialmente hasta la mendicidad, mató como mendigo, y después recuperó su estatus social para terminar matándose cuando descubre que su amante y su hermana son amantes.

[3] Leer el Astrólogo de *Los locos-Los monstruos* de Arlt como "hombre primero" es leer desde los destinos de "la verdad" y

desde los delitos de la verdad. Y también es leer ese discurso astrológico de "la verdad" en su relación específica con el estado latinoamericano.

La verdad y sus destinos

El Astrólogo forma parte de un grupo de "personajes" (una serie de "monstruos" o "locos") que articula el dinero o "la verdad" (siempre con los cuerpos y los números en Arlt), con la verdad de la Biblia, la Matemática y la Astrología (tres tipos diferentes de "verdades" en las que se cree). Esos "personajes" tienen más de un nombre (o tienen un título), y contrastan con los "hombres comunes", con un solo nombre y sin título (otra clase de "monstruos"), que son los asesinos. Sigamos los destinos de las "verdades" de los hombres primeros "en ganadores y perdedores" y en la huella del Astrólogo.

1

El dinero con la Biblia es el farmacéutico Ergueta: "Un hombre extraño": un "droguero", jugador y delirante, que parece "un cretino" y un "tratante de blancas", y que conoce la Biblia de memoria. La Biblia le da los números para jugar a ganadores y perdedores en la ruleta (en las docenas), y también le da la Coja, la prostituta. Este farmacéutico Ergueta de Pico, que en el primer día de *Los locos* está en Perú y Avenida de Mayo a las diez de la mañana, une la verdad de la Biblia con los números y los cuerpos, porque le dice a Erdosain que Jesús le reveló el secreto de la ruleta y que se casó con la prostituta de la Biblia (y también le dice que será el Rey del mundo y reedificará el templo de Salomón). Pero no le da el dinero o "la verdad" a Erdosain, que necesita los $ 600,07 que robó a la Compañía Azucarera para el día siguiente, si no va preso. Ergueta resulta ser un "perdedor"-mendigo: se volvió loco y en "La Revelación" habló con Dios; la Coja de la Biblia se fugó con el Astrólogo y con el dinero de la farmacia, y terminó, en *Los monstruos,* pidiendo limosna por los caminos y delirando con el fin del Imperialismo inglés hasta que se lo llevaron al Hospicio.

2

El dinero con las matemáticas se llama Haffner, un Rufián matemático y melancólico que sí le da el cheque salvador a Erdosain. Cuando Erdosain llega a Temperley oye el plan "revolucionario" del Astrólogo, *y después* el Rufián melancólico (que está armado) le da el cheque de $ 600,07. Lo "salva" con "la verdad" porque une el dinero (de los cuerpos de las prostitutas) con los números de la matemática, y Erdosain empieza a creer...

El Rufián-melancólico Haffner hace su dinero con los cuerpos femeninos y con sus números. Es un Al Capone nacional (y quizás "alemán", como el capitán "Germán" que va a aparecer ese mismo día en la casa de Erdosain), y es "el capitalista" de la revolución del Astrólogo. Del otro lado de la frontera, en Temperley, el burgués como gángster o "rufián" mafioso: *la representación "en delito"* del capitalismo de los años veinte y una de las representaciones de la cultura de masas del capitalismo, y también la representación del capitalismo del expresionismo alemán, por ejemplo la de George Grosz y Bertold Brecht, que adoptó la Revolución soviética. Los dibujos de Grosz de la época de la guerra fueron los mejores ejemplos de la *mitología del gángster y de los buscadores de oro* del Oeste, dice Beth Irwin Lewis (*George Grosz. Art and Politics in the Weimar Republic,* Madison, The University of Wisconsin Press, 1971). Los dibujos de Grosz forman la contraparte visual de las primeras obras de Brecht (por ejemplo, "En la jungla de las ciudades", 1921); ambos ponían como escena favorita el bar o el hotel barato, *siempre poblado por personajes siniestros y asesinos.* Brecht siguió escribiendo dentro de este *mundo satírico, anglosajón, hasta el fin de los años veinte* (p. 28, bastardilla nuestra).

Dice Hans Magnus Enzensberger en "La Balada de Chicago. Modelo de una sociedad terrorista" (*Política y delito*, Barcelona, Seix Barral, 1968): "El siglo XIX, en sus postrimerías, acuñó una colección de notables figuras mitológicas: el explorador (representado por Livingstone y Nansen), el dandy (Oscar Wilde), el inventor (Edison), el artista como mago (Richard Wagner)." En cambio, dice Enzensberger, el siglo XX sólo erigió en mito al revolucionario de profesión (personificado por Lenin), y al gángster con Al Capone. En la enumeración de los mitos "modernos" que hace Enzensberger a propósito de Al Capone podríamos colocar los personajes de los locos y monstruos. El explorador (Livingstone) aparece como el Buscador de oro, como farsa de la expansión colonial; el dandy (O. Wilde) aparece como Rufián, que también es Al Capone y un industrial y "el capitalismo"; el inventor (Edison) aparece como Erdosain; el revolucionario (Lenin) aparece como Lezin el Astrólogo.

Dice Enzensberger: "Entre las figuras mitológicas extremadamente escasas del siglo XX el gángster ocupa un lugar descollante. La fuerza imaginativa del mundo entero se lo ha apropiado. [...] Pero un solo nombre personifica el prototipo del gángster: el nombre de Al Capone. Cuarenta años después de sus "buenos tiempos" su aureola no se ha desvanecido. [...] Lo único que en Capone y su mundo merece nuestro interés es su función mitológica. [...] El mito del gángster, este engendro de la fantasía colectiva, se puede localizar y datar con toda exactitud: su época fue la de los *roaring twenties,* mejor dicho: el período de catorce años de la prohibición norteamericana (del alcohol) que discurre entre 1920 y 1933; su lugar es Chicago, en su día la segunda ciudad de los Estados Unidos (pp. 81-84). Dice Enzensberger que Al Capone debe su éxito no a un ataque contra el orden social del país, sino a una incondicional adhesión a sus premisas. "Obedeció a la ley todopoderosa de la oferta y la demanda. Se tomó trágicamente en serio la lucha por la competencia. Creyó de todo corazón en el libre juego de fuerzas" (p. 107).

El matemático Rufián melancólico Haffner que le da "la verdad" a Erdosain *después* del discurso del Astrólogo, es el "capitalista" de "la revolución" del Astrólogo (no cree en ella, está para hacer negocios, dice) en el mundo de los locos y monstruos. Su capital proviene de la prostitución, y ese es uno de los postulados centrales de la "revolución" que acaba de describir el Astrólogo a Erdosain, la "revolución" financiada y sostenida por la cadena de prostíbulos. La combinación del Matemático-Rufián (la verdad de los números con los cuerpos de las prostitutas que dan dinero) es *la misma combinación* de "la verdad" de "la revolución" del Astrólogo, en la que Erdosain va a creer.

(El Rufián melancólico le da el dinero a Erdosain en Temperley –en el sitio de la "verdad" de la Astrología y de "la revolución"–, y no el millonario melancólico (y la relación entre dinero y melancolía queda soldada) con el cual *soñó antes,* ese mismo primer día o Capítulo primero, mientras caminaba de tarde por el Barrio norte. En el camino de los melancólicos puede verse claramente la relación entre "el sueño" y "la realidad" de la ficción, o *la anticipación astrológica de la narración* en *Los locos* y *Los monstruos*. Porque como en la adivinación o la mántica (se dice la verdad engañando), son los términos mismos del "sueño" del Barrio Norte, pero en la "realidad" de la quinta del Astrólogo de Temperley, un mundo dentro de otro (como el Barrio Norte) pero del otro lado de la ciudad, de la verdad y de la ley. Los sueños verbales, las palabras, se realizan "después" de la estación y del viaje en tren (y así fue como se suicidó Erdosain en *Los monstruos*), en el sitio de *las ciencias ocultas del Astrólogo.*) Los sueños se realizan después en *Los locos* y *Los monstruos*, primero "en simulación" (la "ficción" en segundo grado) y al fin "en delito" en "la realidad" de la ficción.)

En el mismo año de 1929 pero en *Los monstruos* "Haffner cae" (y muy precisamente en Barrio Norte); la "revolución" pierde su capitalista porque el Rufián termina baleado por un problema de cuerpos y números con la banda rival de rufianes. Y en "La agonía del rufián melancólico" mientras delira con la cieguita y con su fin, es torturado por el Auxiliar Gómez del Departamento de Policía y muere sin confesar. (Como se sabe, esta escena forma parte de "Una historia literaria de la tortura en Argentina", pero no podemos detenernos hoy en ella porque estamos con "el cuento de la revolución" del Astrólogo o con los perdedores y ganadores de "la verdad" de los locos y los monstruos, para tratar de relacionar nuestra ficción del hombre primero con el estado y la "anticipación astrológica" con las formaciones periféricas.)

3

"En" ganadores y perdedores, los destinos de "las verdades": el de la Biblia termina loco y mendigo, el de las Matemáticas termina asesinado y torturado: son verdades perdedoras. Sólo queda la Astrología con sus cuerpos y números; queda "la revolución" del Astrólogo que es el plan ganador, porque si el

dinero (con los cuerpos y los números) es la única verdad, *el delito de la verdad para quedarse con el dinero* ("el cuento" que se cree: la simulación y la falsificación en la lengua) es la única ficción posible. Y el plan de revolución del Astrólogo resulta ser un "cuento" para quedarse con el dinero (los números y los cuerpos) de los hombres comunes o segundos, cuando lo han perdido todo. En ese momento les vende "revoluciones" a medida y se fuga con su dinero.

Digamos que el Astrólogo es una representación política porque vende la "revolución", la "contrasociedad" y "la colonia" (la expansión imperial a Chile). Es una figura política (hace "alianzas revolucionarias" con los anarquistas y los militares, pertenece a los dos bandos y actúa como un doble agente); y es una figura modernista (ligada con las ciencias ocultas y la secta espiritista). Pero también es una figura *New Age* porque adapta "la revolución" al gusto del cliente: a cada uno la suya. Vende "verdades" (las de la cultura de masas de su época): deseos de trasmutación y de justicia, "revoluciones" y "apocalipsis" (y al final de *Los monstruos*, cuando emprende la fuga con Hipólita, un vecino lo confunde con "un pastor metodista de la localidad"). Ofrece "la revolución" surtida al cliente que le cree (porque lo incluye personalmente en su discurso "revolucionario" anticipatorio, y también porque incluye una lista de celebridades que encarnan los sueños de los "hombres comunes" en la cultura de masas del capitalismo), que tiene o consigue el dinero, y que paga. En el momento en que los hombres comunes o segundos lo han perdido todo en Argentina en 1929 les da "la verdad" de la revolución y se queda con "la verdad" del dinero. Erdosain, el futuro asesino de "la bizca", le cree y le compra la revolución el primer día de *Los locos*.

La política del Astrólogo es la de "la verdad" (el dinero, con sus números y cuerpos) y la de las creencias o las "verdades" de su época; esa política del dinero y las creencias liga su ficción con la falsificación y el racismo (como lo demostraron Emma y Gregorio en "el cuento judío"). La revolución o cuento de la "verdad" del Astrólogo es también una ficción de las ciencias ocultas como sub-mundo que está *del "otro lado"* de la frontera de la ciudad, de la verdad y de la ley, del lado de la simulación y el delito. (Continúa *Las ciencias ocultas en la ciudad de Buenos Aires*, donde aparece *La ciudad de los locos* de Soiza Reilly, pero ahora en Temperley, en la provincia de Buenos Aires.) Pero el Astrólogo es, sobre todo, "un monstruo" (pura cultura: existe sólo para ser leído), un híbrido cuyo cuerpo resiste todo intento de incluirlo en cualquier estructuración sistemática o taxonomía. Jeffrey Jerome Cohen ["Monster Culture (Seven Theses)", en Jeffrey Jerome Cohen (comp.), *Monster Theory. Reading Culture,* Minneapolis-Londres, University of Minnesota Press, 1996, pp. 3-25], parte de la premisa de que vivimos en un "tiempo de monstruos", y explora la monstruosidad como un discurso cultural. El monstruo marca la frontera y al mismo tiempo representa el otro lado: "El monstruo habita en las puertas de la diferencia"; "El monstruo vigila las fronteras de lo posible"; "El monstruo siempre escapa"; "El monstruo es el precursor de una crisis de categorías" titula Cohen algunas de sus siete tesis. El "monstruo" que es el Astrólogo exhibe la diferencia hecha carne, la diferencia radical que paradojalmente amenaza con borrar la diferencia, y aparece como parte de una categoría sexual mixta (castrado) que resiste clasificaciones. Condensa una simultaneidad (no sólo pone juntos el presente, el pasado y el futuro, el socialismo y el fascismo, el militarismo y el anarquismo, sino que rompe la frontera que los encierra), y aparece en momentos de crisis como un tercer término que problematiza el choque de los extremos y cuestiona el pensamiento binario. Rompe la bifurcación o/o con un tipo de razonamiento y/o: una revolución en la lógica del sentido. "El cuento de la revolución" del Astrólogo (de Lezin/Lenin, o de n/z) es el plan ganador de los locos y monstruos, el plan narrativo de las dos novelas, y "la representación-Arlt". Y nos lleva de Locópolis al Apocalipsis y de allí a los dos Peronismos.

Porque en el plan del Astrólogo de Temperley que anuncia el golpe de estado de 1930 y que triunfa con el asesinato del judío, el incendio y la fuga, podría leerse una formación cultural, política y "astrológica" a la vez, del capitalismo periférico en relación con Estados Unidos en la crisis de 1929. Sería una formación "monstruosa" (en el sentido de "la lógica del monstruo" o modo de representación en Arlt) que se abre al futuro.

El Astrólogo es el "jefe revolucionario" (el "hombre primero" o monstruo principal) de la sociedad secreta o estado revolucionario de Temperley *(del otro lado de la frontera de la capital)*, que es un tipo específico de representación, la de un contra-estado latinoamericano en 1929. La sociedad criminal simula las estructuras del estado; los delincuentes forman un estado dentro del estado y sus estructuras son las mismas. El de Temperley es un contraestado periférico pero también es "el estado" en simulación, como se ve en la reunión política que es "La farsa" de *Los locos* con el Astrólogo como jefe, el militar (que dijo la verdad cuando mintió), el abogado comunista, el Rufián capitalista, el Buscador de Oro en el sur de Chile (que después dijo que mintió), y el "ministro de industrias" que es Erdosain. El "estado" tiene una cárcel con un preso que es Barsut (secuestrado con su dinero), custodiado por "el judío": son los dos excluidos de la reunión. La sociedad secreta del Astrólogo podría ser *el contraestado* (el estado golpista, con su plan de expansión imperial a Chile), *y también* el estado "real" argentino en 1929. El lado simulación-farsa-falsificación o lado "astrológico" representaría a la vez, puesto en el estado, a este y al contraestado. *Esa doble representación política es un rasgo "astrológico" (o "de monstruo" : "la representación Arlt")* porque en los discursos políticos del Astrólogo los opuestos se ponen en contacto directo. Sólo desde la simulación o delito de la verdad del Astrólogo (y sus límites: la locura y el crimen) se puede ver a la vez el estado y el contraestado.

Hay "verdad" del Astrólogo (hay formación cultural "latinoamericana" y "plan ganador", y hay "representación-Arlt en monstruo") no sólo cuando se ven los opuestos en el eje de la verdad y la ley como ellos y lo otro (como equivalentes, como en el tango "Cambalache", el "clásico argentino" de la crisis del '30: "es lo mismo un burro que un gran profesor..."), sino también cuando se ve esa operación fundamental con "la representación" política del otro lado de la frontera. Una representación del lado de la simulación y el delito, donde la simulación (el delito de la verdad) es ella y "la verdad", y el delito es él y "la ley". Todo existe en *Los locos* y *Los monstruos* desde ese otro lado: el capitalismo en el Rufián Melancólico, la clase obrera en los anarquistas que fabrican bombas y falsifican dinero... Un tipo de representación sin binarismos, donde los términos opuestos en el eje de la verdad y de la ley se ponen en contacto directo, se significan mutuamente, y se equivalen desde el punto de vista del valor. En esa equivalencia de los términos de los dos lados de la frontera (del sentido), puede verse nítidamente el tipo de *representación "monstruosa" de la periferia latinoamericana en el momento de la crisis norteamericana de 1929*. En el momento del apocalipsis (el género apocalíptico como género de la verdad y la justicia, y también como género de resistencia y oposición al Imperio) que trata de interpretar el judío Bromberg, el momento de "La Revelación" de Ergueta (con el fin del Imperio británico), y también el momento de ese otro apocalipsis de "Perece la casa de iniquidad" o incendio de Temperley con el cadáver del judío asesinado.

Porque la representación "en monstruo" no sólo identifica los opuestos y se sitúa en la frontera para señalar su otro lado, sino que implica también una multiplicación de las voces y una proliferación de los tiempos y los niveles de "realidad" que la hace capaz de prever cierto futuro a partir de la crisis central de 1929 ("El monstruo está parado en el umbral.... del devenir"). Porque el "sueño", las palabras del Astrólogo ("la revolución") se realizan siempre después, en otro lugar, espacio y protagonistas que los "legítimos", y en otro nivel de "realidad": "la revolución" de Erdosain se realiza primero "en simulación" (la farsa de estrangulamiento de Barsut en "El guiño", que cierra *Los locos*). Y "la revolución" de Barsut se realiza después, y "en delito", en la "realidad" final de *Los monstruos*, cuando Barsut asesina a Bromberg. Son los lados y los tiempos (y las "realidades") del plan anticipatorio del Astrólogo, las dos "revoluciones" que necesita para ganar y desaparecer en 1929 con el dinero: "El monstruo siempre escapa".

La anticipación y la doble vuelta del deseo o "sueño" para llegar a "la verdad", con la simulación primero y con la "realidad" en delito después (y con la serie de narrador-cronista-comentador-autor con sus "realidades" y "verdades"), la representación del estado y del contraestado, y el trabajo con la imaginación social y política (de la cultura de masas moderna, norteamericana, que funde elementos tecnológicos, científicos, y políticos al mismo tiempo), hace que el plan del Astrólogo no sólo sea el ganador sino que sea capaz de predecir cierto futuro: el golpe militar de 1930 y a la vez el futuro nazi con la bizca, el judío, los gases y los hornos crematorios ("Si es horno", aconseja Erdosain en *Los locos*, "hay que tener un mínimo de quinientos grados para carbonizar también los huesos"). Una futuridad que cada vez "comenta" o muestra a lo anterior como "sueño" o "ficción" o farsa que precede a "la verdad" y "la realidad" de la ficción y que después puede reaparecer en otra "realidad".

De Cosmópolis a Locópolis, de Locópolis al Apocalipsis, y de allí a los dos Peronismos... El camino de 1930 a la "revolución" de Perón (y el camino de "la realidad de la ficción" a "la realidad") pasa por "la revolución" del monstruo hombre primero que es el Astrólogo, por esa formación cultural de la periferia capitalista, política-astrológica-apocalíptica, de "la verdad". La continuidad cultural entre anarquismo y peronismo con la pareja ganadora de "la revolución": "la ex prostituta" y "el Astrólogo", que se salvaron de la justicia del cronista de 1930 para reaparecer en los estados futuros junto al "hombre primero".

(La crisis posterior a 1929 representa un momento de importancia decisiva en la emergencia del Estado contemporáneo. La víctima principal de la crisis fue la base material del estado liberal constitucional; el "jueves negro" de la bolsa de 1929 destruyó las mitologías políticas y del estado de un siglo de dominación burguesa; *marcó el fin histórico del estado de derecho,* comprendido como un aparato de poder estatal que tendía a proteger formalmente los derechos individuales, y el fin de un poder estatal establecido para garantizar la hegemonía social burguesa. Fue el fin del mito liberal clásico de la separación del estado y el mercado, el fin del *laissez-faire,* dicen Michael Hardt y Antonio Negri en *Labor of Dionysus. A Critique of the State-Form,* Minneapolis-Londres, University of Minnesota Press, 1994, pp. 26-27.)

4 Desde esta perspectiva puede verse cómo la obra de Borges, donde no aparece el estado como delincuente (y que lleva a su

culminación imperial la combinación "aristocrática" de la enciclopedia y el elemento criollo), queda afuera de las formaciones culturales segundas, modernas y progresistas que constituyen "el cuento del delito de los muy leídos".

5 Las víctimas o los excluidos en *Los locos* y *Los monstruos* (la bizca María y el judío o "El hombre que vio a la partera") tienen algo así como "el mal de ojo"; la mujer asesinada de *El túnel* de Ernesto Sábato está casada con un ciego; la italiana engañada de *El casamiento de Laucha* habla en italiano; la víctima de *Crónica de una muerte anunciada* habla árabe... Es allí donde se toca una "realidad" de otro tipo porque estas diferencias se oponen a "la ideología" del sujeto clásico.

Homi K. Bhabha (*The Location of Culture,* Londres y Nueva York, Routledge, 1994) analiza en el capítulo 3 ("The Other Question: Stereotype, Discrimination and the Discourse of Colonialism", pp. 70-80) la construcción ideológica de la otredad en el discurso del colonialismo, un modo de representación que insiste y se repite. Explora el estereotipo como un modo de representación ambivalente, y el proceso de "subjectification" (subjetivización de la sujeción) que el estereotipo hace posible, tanto en el colonizado como en el colonizador. Esa "otredad" articularía formas de diferencia raciales, culturales y sexuales, donde el cuerpo es inscripto tanto en la economía del placer y del deseo como en la economía del discurso de la dominación y el poder. Bhabha dice que las *diferencias visibles y naturales son la base del estereotipo: marcan a la víctima y el objeto a discriminar*. El régimen de visibilidad es fundamental en el discurso colonial, que implica una problemática del ver/ser visto relacionada con la *vigilancia* del poder colonial que funciona en relación con el régimen del impulso escópico. Se liga con el fetichismo y el voyeurismo: el estereotipado puede ser un servidor de Satán, odiado o amado, dice Homi Bhabha.

6 Laucha podría ser uno de los primeros textos de la ficción teórica o "cuento de delito de los muy leídos"; uno de los últi-

mos (y no argentino) es el "muy leído" de Gabriel García Márquez *Crónica de una muerte anunciada* (1981) donde todo "el sistema" se pone en cuestión. No hay verdad, y no hay creencia en la confesión, porque las creencias sólo se escriben con sangre en los cuerpos y en los nombres. Allí puede leerse nítidamente cómo el estado se sirve de las creencias en las diferencias para expulsar a alguien y vaciar su espacio. Los delincuentes son dos, son mellizos y son Pedro y Pablo Vicario, los matarifes del pueblo (matan cerdos con nombres de flores, como los árabes): la secundariedad y la representación que soporta la figura están especialmente marcadas. Pero en realidad, como se sabe, el "culpable" de la muerte de Santiago Nasar (que habla árabe y tiene ojos árabes, es rico y tiene poder), es el conjunto del pueblo, del que los Vicario, incluida Ángela, son vicarios. "La culpable" es Ángela, por haber perdido la virginidad antes del matrimonio, según contó a sus amigas, y haber decidido "no operar". Porque como se sabe, todo ocurre cuando la noche de bodas Bayardo San Román descubre que su mujer, Ángela Vicario, no es virgen; Ángela "denuncia" a Santiago Nasar y ante el juez dice: "fue mi autor" y no miente, porque "el árabe", la cultura árabe, parece haber inventado el mito de la virginidad y del honor femenino. Y sus hermanos los mellizos limpian su nombre y su honor asesinándolo salvajemente. (La autopsia que realiza el cura en la escuela es una farsa de la verdad.)

Los "culpables" son las creencias en el nombre y el honor, y también las creencias en los delitos de las diferencias. La novela recorre la historia y la literatura de la "guerra santa": la matanza de moros por parte de los cristianos y sus cronistas, y alude a Cervantes en el nombre de la prostituta. El forastero San Román es algo así como un "inspector de las creencias" y se asocia directamente con el estado: su padre es coronel y senador conservador, y llega en un barco del Congreso Nacional para el matrimonio. (El Obispo, que pasó ese día por el pueblo, no se detuvo.)

El cronista que narra, y el juez que llega al pueblo para ocuparse del caso, carecen de nombres y son los que desnudan las creencias. La justicia del cronista (que está entre las dos familias enfrentadas y es un semiforastero) es la del tiempo, el futuro, el espacio, el intervalo y el cambio de género literario (de la crónica a la novela epistolar y de allí a la novela romántica). El juez que no puede hacer justicia (un joven lleno de literatura española y latina, de filosofía, de Nietzsche, y de pensamiento jurídico) escribe con tinta roja: *Dadme un prejuicio y moveré el mundo* y *La fatalidad nos hace invisibles*. "Las notas marginales del juez, y no sólo por el color de la tinta, parecían escritas con sangre".

[7] John J. Collins (*The Apocalyptic Imagination. An Introduction to the Jewish Matrix of Christianity,* Nueva York, Crossroad, 1984) se refiere al género apocalíptico que se encuentra en la tradición judía y lo define como un género de "escribas", letrado, y como un tipo de literatura esotérica. Se caracteriza por una "convención de revelación", a través de visiones o jornadas en el cielo mediadas por un ángel, a un visionario con pseudónimo. El género apocalíptico implica un marco conceptual que asume que la vida está limitada por el mundo celestial de los ángeles y por el juicio final, dice Collins. Es una estructura conceptual a la que se le da expresión según diferentes tradiciones teológicas. El género puede ser usado por diferentes grupos en diferentes situaciones: puede responder a una persecución, un cambio cultural, impotencia social, reorientación después de un trauma histórico, consolación por la muerte.

Importa, dice Collins, *la relación del género apocalíptico con la verdad*. "Apocalipsis" proviene del griego *apokalypsis* (revelación a un hombre) mediada por un ser de otro mundo, que descubre una realidad trascendente, que es a la vez temporal (apunta a una salvación escatológica) y espacial (implica otro mundo sobrenatural). Implica un marco narrativo. Los elementos principales de la revelación son visiones y jornadas en otros mundos, suplementadas por discursos y diálogos, y a veces por un libro celestial. El ángel interpreta la visión y guía en la jornada. La escatología del género apocalíptico difiere de los primeros libros proféticos porque apunta a la retribución después de la muerte. Podría compararse con los movimientos milenaristas, dice Collins, con los que tiene en común la promesa del cielo sobre la tierra, la reversión del orden social presente, una liberación de energía emocional, la duración breve del movimiento y el rol central de un líder profético o carismático. *La esperanza de una transformación inminente del orden social sería típica de los apocalipsis.*

Dice Collins que entre los apocalipsis cristianos *El libro de la Revelación* es el primero presentado explícitamente como un apocalipsis, y tiene afinidades con los apocalipsis judíos. No usa seudónimos, y Juan es mediado por un ángel. Su lenguaje no es descriptivo sino poético, un intento simbólico de penetrar la oscuridad y lo desconocido. Tiende a persuadir y consolar y dar una visión del mundo. *Habla de libertad política y social pero no da un programa para la acción. La revolución apocalíptica es una revolución en la imaginación,* acarrea una visión diferente de la común. No debe subestimarse el potencial revolucionario de esa imaginación que denuncia las deficiencias del mundo, concluye Collins.

Lois Parkinson Zamora [*Writing the Apocalypse (Historical Vision in Contemporary U.S. and Latin American Fiction)*, Cambridge, Cambridge University Press, 1989] marca la *funcion crítica del Apocalipsis,* la promesa de justicia y salvación, y dice que el narrador *se opone a las prácticas políticas y espirituales* existentes y muestra su impotencia política para cambiarlas. El deseo del narrador es vengarse de sus opresores por la justicia de Dios. Los secretos en el libro del Apocalipsis, su imaginería y numerología críptica, responderían a necesidades políticas (ambivalencia entre revelar y esconder), que necesitan interpretación y traducción. Establece una *diferencia entre apocalipsis y utopía:* el apocalipsis se mueve por la dialéctica histórica entre bien y mal y enfrenta la violencia del presente; la utopía se centra en un mundo futuro y perfecto, pero como un régimen moral y político diferente. El apocalipsis puede ser leído en referencia a acontecimientos históricos y también a acontecimientos internos de un sujeto. Es un mito historizado y un mito sobre la historia, dice Parkinson Zamora y lo analiza en la literatura norteamericana y latinoamericana.

Jacques Derrida (*D'un ton apocalyptique adopté naguère en philosophie,* París, Galilée, 1983) dice que l*a estructura de la verdad sería apocalíptica:* corta con el tiempo, impone una mística matematizante, una idolatría de cifras y números, que va junto con fenómenos de secta, y también impone una *cripto política*. Y que la verdad del apocalipsis es verdad de la verdad (p. 69).

Derrida despliega una cantidad de significados para la palabra "apocalipsis": visión-revelación, descubrir-esconder (una de las concepciones de la verdad), predicción, profecía, visión, contemplación, mirada, inspiración, iluminación mística, catástrofe, descubrimiento de "secretos". Y analiza el tono apocalíptico que multiplica las voces, los códigos y los tonos en una politonalidad y en un delirio de la destinación y de la emisión. No se sabe quién habla en el Apocalipsis. El narrador general se llama el testigo y Derrida analiza la voz narrativa y muestra las tretas, trampas y seducciones de esa voz como máquina de guerra y de placer. El Apocalipsis, dice, salta de un lugar de emisión a otro, de un nombre y tono a otros. No es conservador, engaña a la censura. *Los escritos apocalípticos se multiplicaron en los momentos en que la censura del estado era fuerte en el Imperio romano*, dice Derrida. Signos de mezcla de géneros, de tonos, de clandestinización, y ecos de citas son todas filiaciones apocalípticas.

Y Gilles Deleuze, en "Nietzsche et Saint Paul, Lawrence et Jean de Patmos" (en *Critique et clinique,* París, Minuit, 1993, pp. 50-70; originariamente apareció como prefacio a D. H. Lawrence, *Apocalypse,* París, Balland, 1978; traducción castellana en Barcelona, Anagrama, 1996), establece una diferencia entre el San Juan del Evangelio y el otro Juan del Apocalipsis. El Evangelio, dice, es aristocrático, individual, amoroso, decadente, bastante cultivado. El Apocalipsis, en cambio, *es colectivo, popular, inculto, odioso y salvaje*. El autor no puede ser el mismo. Cristo inventaba una religión de amor, *el Apocalipsis aporta una religión del Poder*. Se refiere al texto de Lawrence y a su actualidad: el Apocalipsis es el libro de los que se piensan como sobrevivientes, el libro de los Zombis.

Lawrence está muy cerca del Nietzsche del Anticristo, dice Deleuze. Cierto número de "visionarios" se opusieron a Cristo como persona amorosa y al cristianismo como empresa mortuoria (y entre ellos nuestro Virgilio). Nietzsche opone Cristo y San Pablo; Lawrence Cristo y "el rojo" Juan de Patmos, el autor del

Apocalipsis, que hace valer *la protesta del alma colectiva,* la parte descuidada por Cristo (la expresión "alma colectiva" es de Lawrence, dice Deleuze, pero la hemos leído en el *best-seller* de nuestro Virgilio *El alma de los perros*). *La reivindicación de los "pobres" y "débiles", pues estos no son lo que se cree, humildes o desdichados, sino los hombres temibles que sólo tienen alma colectiva* (p. 53) dicen Deleuze y Lawrence. Lo que el alma colectiva quiere es el Poder pero no para apoderarse simplemente del poder o reemplazar al déspota. Por una parte quiere destruir el poder (que es el Imperio romano), y por la otra filtrarse en todos los poros del poder, multiplicarlos: quiere un poder cosmopolita en cada repliegue del alma colectiva. *Un poder último que juzgue a todos los otros. El poder como una larga política de venganza, revancha y autoglorificación de los débiles,* dicen Lawrence-Nietzsche y dice Deleuze. El cristianismo inventa, con el Apocalipsis, una nueva imagen del poder: el sistema del Juicio. Un contrapoder, el poder de los hombres últimos. El sistema del juicio aparece como la facultad dominante, y en ese sentido el Apocalipsis ha ganado: no hemos salido del poder de juzgar. Los judíos habían inventado el destino diferido, en espera, pero lo que el Apocalipsis trae de nuevo es que la espera se transforma en el objeto de una programación maníaca sin precedentes. Dice Deleuze: el Apocalipsis es sin duda *el primer gran libro-programa, con el gran espectáculo:* una especie de Folies-Bergères con ciudad celeste y lago infernal de azufre.

Deleuze marca la oposición, en el cristianismo, entre *visión apocalíptica* y *palabra profética:* el profeta espera un acontecimiento en la vida, algo nuevo, mientras que el cristianismo espera después de la muerte. La visión o el programa apocalíptico reemplaza a la palabra profética. En el Apocalipsis hay fantasmas, expresión del impulso de venganza de los débiles. El libro del Apocalipsis es sedimentario y estratificado, lo que fascina a Lawrence y a Nietzsche. Es producto de un hombre del pueblo, duro, que representa el alma popular del cristianismo, mientras que San Pablo (y Lenin también, dicen Lawrence y Deleuze) es un aristócrata que va al pueblo. El enemigo de Juan de Patmos no son los paganos sino el Imperio romano. Para ver la caída del Imperio romano hay que reunir, convocar, resucitar el cosmos entero, destruirlo para que arrastre al Imperio bajo sus escombros. Una destrucción justa, esa voluntad de destrucción se asume como Justicia. *Y ese es el aporte del Apocalipsis: destruir un enemigo anónimo, intercambiable, es el acto esencial de la nueva justicia.* Hoy, dice Deleuze, ciertos pensadores trazan un cuadro apocalíptico donde se leen tres rasgos: los gérmenes de un Estado mundial absoluto; la destrucción del mundo "habitable" y el ambiente; y la caza de un enemigo "cualquiera".

Agradecimientos

Este libro fue escrito entre dos mundos, y debe mucho a muchas personas. Me dieron generosamente escrituras, libros, datos, ocurrencias, referencias, ideas, compañías, ayudas y afectos, en Estados Unidos o en Argentina:

Rolena Adorno, Martha J. Barbato (Biblioteca del Instituto de Literatura Argentina "Ricardo Rojas" de la UBA), Amelia Barona, Marta Cisneros, Nora Domínguez, Gigi Dopico-Black, Marilí Fassi, Sandra Ferdman, Jean Franco, Roberto González Echevarría, Sandra Guardo, Susana Haydu, Tamara Kamenszain, Martín Kohan, Susana Martínez (mi asistente de investigación), Luis Martínez (Biblioteca del Congreso de la Nación), María Rosa Menocal, Sylvia Molloy, Graciela Montaldo, Cristina Moreiras, Marta Palchevich (Biblioteca del Congreso de la Nación y lectora de varias partes del manuscrito), Jorge Panesi, César Rodríguez (bibliógrafo para América Latina en la Sterling Memorial Library de Yale: me consiguió lo inhallable), Adriana Rodríguez Pérsico, Lidia Santos, Horacio Tarcus (Biblioteca del CeDinCI), Margherita Tortora, Alejandra Uslenghi y Mariano Siskind (que cuidaron de la edición), David Viñas. El Yale Center for International Area Studies y el Whitney Fund me otorgaron una beca para el año 1997-1998 que pasé en Argentina.

Y en los dos mundos la compañía, la ayuda y el cariño de mi hijo Fernando Alcalde.

A todos, muchas gracias.

INDEX